Guerra Civil en Cantabria
y pueblos de Castilla

Guerra Civil en Cantabria y pueblos de Castilla

Jesús Gutiérrez Flores

www.librosenred.com

Dirección General: Marcelo Perazolo
Dirección de Contenidos: Ivana Basset
Diseño de cubierta: Emil Iosipescu
Diagramación de interiores: Juan Pablo Vittori

Está prohibida la reproducción total o parcial de este libro, su tratamiento informático, la transmisión de cualquier forma o de cualquier medio, ya sea electrónico, mecánico, por fotocopia, registro u otros métodos, sin el permiso previo escrito de los titulares del Copyright.

Primera edición en español - Impresión bajo demanda

© LibrosEnRed, 2006
Una marca registrada de Amertown International S.A.

ISBN: 1-59754-140-0

Para encargar más copias de este libro o conocer otros libros de esta colección visite www.librosenred.com

Introducción

El estudio se centra en la represión sufrida en la Comunidad Autónoma de Cantabria y en comarcas limítrofes de las provincias de Burgos y Palencia en Castilla-León durante los años de la guerra civil y de la posguerra franquista con referencias a otros núcleos castellanos como Nava del Rey (Valladolid), Valderas (León) y Villadiego (Burgos). También se incluye una lista de víctimas del País Vasco ejecutadas o "paseadas" en Cantabria.

Abarca un período en el que se inscribe como acontecimiento cumbre y umbral multiplicador, la Guerra Civil (1936-1939) y la inmediata posguerra, hasta bien pasados los 50. Se incluye un análisis causal y cuantitativo de las víctimas en el conjunto regional por comarcas, municipios. En algunos de ellos en los que las bajas alcanzan altos niveles, caso de la comarca de Campoo, de Torrelavega y, dentro de la misma, Los Corrales de Buelna, Molledo y Viérnoles, la comarca del Miera (con Penagos, Liérganes como municipios de alta intensidad represiva), se dedica una extensa introducción al ámbito socio-económico, al análisis y la reflexión en torno a las ideologías, a la evolución histórica de los conflictos como forma de retroproyección que nos ayuda a comprender la movilización social y política y, por ende, la coerción sufrida durante la guerra civil y los años de plomo posteriores.

Se destina un apartado especial a la guerrilla cántabra con figuras como "El Cariñoso", "El Hijo del Practicante de Los Carabeos", Ceferino Machado, "Joselón", Inocencio Aja, a los últimos guerrilleros, los míticos "Juanín" y Bedoya, caídos en fecha tan inimaginable, para su capacidad de resistencia y supervivencia, como la de 1957.

La memoria de las víctimas exige el recuerdo y la rehabilitación con una visión integradora, sin arrojarse los muertos desde una u otra trinchera política e ideológica. Se pretende una intrahistoria del sufrimiento que afectó por ambos bandos a personas sencillas y concretas. Por ello, se incluye la relación nominal de la represión republicana y franquista por comarcas y ayuntamientos en los apéndices junto con las circunstancias de sus muertes.

Si bien las víctimas de los republicanos fueron honradas en su momento, los republicanos quedaron olvidados en las fosas comunes y las cunetas.

Una básica obligación moral nos impone su rescate del descrédito y el olvido que pesa sobre su memoria, tantas veces vituperada, acusados inocentemente en virtud de denuncias falsas. Una pesada losa que tuvieron que arrastrar sus herederos y deudos vituperados como "rojos" durante el franquismo, la tragedia de la pérdida del ser querido y la de su dignidad manchada por la dictadura. Sobre ese pasado se ha cimentado una buena parte de la Historia reciente de España y es necesario conocerlo.

Este trabajo tiene como función primordial contribuir modestamente con un granito de arena a ese estudio que ya se ha realizado o está aconteciendo en otros pueblos y provincias de la geografía española y que en Cantabria era casi desconocido.

Los objetivos, por lo tanto, son los siguientes:

> Realizar una recensión de los recursos agropecuarios, la industrialización, la forma en que se concretan las ideologías y la violencia en una perspectiva histórica amplia.
>
> Investigar las causas de la violencia desde la huelga general de 1917, pasando por los periodos siguientes y los años de la Segunda República.
>
> Analizar cómo el conflicto tiene un efecto multiplicador durante la guerra civil en un contexto espacio - temporal limitado.
>
> Hacer una reflexión añadiendo nuevos enfoques al estudio de la violencia política: el antropológico, el sociológico y el de la interiorización o recepción de los mensajes político-ideológicos en los contextos sociales, políticos y económicos.
>
> Analizar la represión republicana y franquista, conocer el número de muertes debidas a la represión republicana y "nacional"; establecer las diferencias cualitativas y cuantitativas entre ambas violencias.

La fuente documental más importante para estudiar la represión republicana es *La Causa General*, convenientemente pulida en sus duplicidades y contrastada con fuentes orales y registros civiles.

Para la represión franquista, los vencedores apenas dejaron constancia evidente y las magnitudes son mucho más difíciles de evaluar. Recurro como fuente básica a los registros civiles de los respectivos ayuntamientos y al Archivo Regional de la Región Militar Noroeste del Ferrol, importante e inédita fuente, abierta recientemente a los investigadores, que reúne los expedientes de los consejos de guerra del norte de España.

Las fuentes orales son determinantes no sólo porque sobrevivan todavía algunos, cada vez menos, miembros de la generación de la guerra y constituya un derroche, incluso desprecio, no utilizar sus vivencias, sino también, porque a pesar de las limitaciones de los entrevistados (interpretación sesgada o interesada, distorsión de datos y fechas) nos permiten reconstruir las mentalidades y revivir los traumas del conflicto y de la represión de posguerra. El historiador saca conclusiones no sólo de sus palabras, también de sus silencios, de sus dudas, de sus lágrimas, de sus reticencias. Un hecho que marcó tanto la vida de los españoles no debe quedar sólo a merced de la interpretación fría de los documentos. Es preciso poner el "alma" de los protagonistas del conflicto.[1]

---

[1] En este sentido Tilly afirma: "El documento mismo tiende a ocultar el rastro del rebelde. Los documentos históricos… proceden de las deliberaciones de los tribunales, de las comisarías de policía, de las unidades militares o de otras oficinas del Gobierno que se dedican a arrestar y a castigar a sus adversarios. Por esa circunstancia, los documentos sostienen las opiniones de los que tienen poder. Todo protestatario que escapa al arresto escapa también a la Historia…" Cit. por González Calleja, Eduardo, 1994: 58 - 59.

Otra de las ventajas de la fuente oral es que permite llenar un vacío documental y obtener el número de víctimas (los datos personales son más difíciles de obtener) con cierta fiabilidad, sobre todo, en los pequeños pueblos donde se sabe lo que ocurrió y cómo ocurrió consultando y contrastando la información de diversas personas.

La entrevista sirve para obtener un primer contacto con la realidad ambiental de la época, para completar datos o para propiciar la búsqueda en documentos a partir de los datos suministrados por mis informadores. La entrevista es un medio más para conocer la realidad que completa al tradicional de los archivos. Digamos que proporciona la vida de la que carece el documento escrito y ayuda mucho a entender las concepciones mentales de las ideologías políticas, de los microcosmos de normas, valores, ideas, actitudes, modos y costumbres. Los estudios de la guerra civil, en este sentido, todavía cuentan con el privilegio de la fuente oral, a punto de agotarse.

El "rastreo" de los periódicos de la región y la consulta de los documentos en los Archivos en Salamanca, Alcalá de Henares, Ferrol, Histórico Nacional de Madrid y los archivos municipales, guían y complementan las fuentes orales con la ventaja de fijar o anclar los datos que se han resistido a la memoria, a la asepsia o a la mistificación personal.

Se recurre también a los métodos y a la utilización de bibliografía Antropológica, de la Etiología, la Psicología Social, la Biología y Sociología, ciencias hermanadas con la Historia y relacionadas con el tema del conflicto y de la violencia.

Teniendo en cuenta estas consideraciones, podemos afirmar que la violencia es un fenómeno multidimensional que ha pasado a tener la consideración de sujeto histórico y cuya máxima expresión tuvo lugar en el siglo XX con nefastas ideologías totalitarias como el fascismo y el estalinismo que declararon no personas y enemigos exterminables a seres de otras razas o de otras clases sociales, aunque en el caso del comunismo soviético con el loable propósito del reparto social. Pero también ¡Cuántos crímenes se cometieron en nombre de la igualdad y de la justicia social, del gobierno del "pueblo"!

Tampoco las ideologías y poderes restantes están exentos del recurso a la violencia, aunque la suelen proclamar como medio y no como el fin en sí misma que perseguía el fascismo.

Los estados tienen el monopolio de la distribución y administración de la violencia, pero pueden surgirle competidores por parte de actores políticos que pueden instrumentalizarla con un cálculo racional de los costes sociales, minimizándolos y tendiendo al máximo de eficacia y efectividad en la consecución de sus logros.

Este enfrentamiento de actores políticos y grupos de poder puede desbordar, en las crisis profundas, al propio Estado y verse desmoronado como ocurrió a la Segunda República con el levantamiento militar de 1936. Entonces le sustituyen fuerzas antagónicas que recurren a la guerra armada total en la calle y en los frentes. La réplica de los partidarios, dan lugar a excesos dentro del exceso, violencias colaterales que se convierten en la causa más palpable de las muertes originadas y provocadas por intereses presumiblemente mezquinos y espurios como el resentimiento, la mezquindad y la envidia bajo el paraguas de la confrontación política.

Este estudio pretende recorrer la travesía de la condición humana en situaciones de conflicto con sus miserias y grandezas. El silencio de la mayoría permitió los excesos de una minoría sin escrúpulos ante la muerte cruel, siempre abominable, de sus semejantes.

Se trata de un recorrido exhaustivo, poliédrico, lleno de aristas, de algunas luces y muchas sombras, que convierten el odio en el desgraciado puesto de motor de la Historia como movilizador de las voluntades de las masas, alimentado en los dos bandos enfrentados, y perpetuado por el régimen victorioso.

¿Será posible, después de setenta años del inicio de la guerra civil y ahora en democracia, una síntesis superadora de las dos Españas que nos conduzca a despejar para siempre los nubarrones del pesimismo, a la confianza en nuestro futuro, a la crítica constructiva, a la definición definitiva de los que somos y queremos?

Agradecimientos

Quisiera agradecer la desinteresada y irremplazable ayuda proporcionada en el Archivo Regional de la Región Militar Noroeste del Ferrol (en adelante ARRMN) por el teniente José Taboada Fernández y la archivera María José López Venancio. Recientemente abierto a los historiadores, este archivo permite la consulta de los consejos de guerra de los perdedores de la Guerra Civil de todas las provincias del Norte y constituye una fuente inédita y muy valiosa para estudiar la represión.

Especial reconocimiento merecen los infatigables luchadores por la memoria y últimos testigos sobrevivientes de la guerrilla, Jesús de Cos Borbolla ("comandante Pablo", delegado de AGE en Cantabria) y Felipe Matarranz ("José Lobo").

Es preciso ampliar esta consideración a Marisol González Lanza, colaboradora de la Asociación Archivo Guerra y Exilio (AGE), a Valentín Méndez Díaz ("Nito"), a los colegas investigadores de la guerra civil en Cantabria, por las gratas e interminables horas de animosa conversación y datos facilitados, Fernando Obregón Goyarrola, Miguel Ángel Solla Gutiérrez, Enrique Gudín de la Lama, Enrique Menéndez Criado y Miguel García Bañales.

A Juan Toribio Bravo por su memorando de las víctimas de Aguilar de Campoo por su meticuloso trabajo y amabilidad, a Dolores Puente Martínez por la aportación de fotos y documentos de su abuelo fusilado, al doctor Pedro Matorras Galán por su ayuda, y a todas las personas protagonistas cuyos testimonios intercalo. La relación de sus nombres figura en los apéndices.

¡Cuánto horror y cuánto sufrimiento de personas sencillas, simples peones de la contienda! Pagaron en sus carnes el látigo de la intransigencia y de la tiranía cuando no de la exterminación de sus seres allegados y queridos.

Por lo demás, presento de antemano mis disculpas por los posibles errores en la transcripción de nombres y datos de las víctimas, muchas veces confusos, difíciles de leer, y contradictorios en los documentos. Se ha procurado el máximo rigor con el mayor esfuerzo, pero la certeza absoluta es muy complicada de alcanzar.

El fracaso de la sublevación militar en Cantabria

De entrada, el movimiento subversivo contra la República en Cantabria estuvo mal planificado y peor ejecutado. Se dejaron muchos cabos sueltos, fiándose el entramado al voluntarismo de ciertas personas, especialmente militares, a los que se les suponía que con sólo publicar el bando de Mola, quedaría la región incorporada al Movimiento. Esta confianza se basaba en la apreciación errónea, fruto de una generalización simplista de Santander, como provincia conservadora.

Santander, en 1936, era una región desarrollada en pleno proceso de transformación social y política y por lo tanto más compleja, de lo que en principio puede sugerir la generalización tópica de considerarla conservadora.

Por supuesto que la coalición derechista había obtenido los puestos de la mayoría en las elecciones de febrero de 1936, pero la diferencia de votos no era tan apabullante como en principio parecía suponer este reparto de diputados. Los 374.995 sufragios de la CEDA se oponían a los 303.911 (51,1%) del Frente Popular (41,4%). Y es que existía una fuerte implantación de la izquierda en las zonas más industrializadas como el corredor del Besaya (Torrelavega, Polanco, Cartes y Los Corrales de Buelna), el arco sureste de la bahía (Camargo, Astillero, Villaescusa), en el área periurbana de Santander, en algunas villas de la costa como Castro Urdiales y en los contornos de Reinosa (Matamorosa), Mataporquera, Las Rozas) hasta introducirse en los núcleos mineros del norte palentino (Barruelo).

El resto de la provincia, la Cantabria rural o interior, siguió confiando de formaabrumadora en la candidatura contrarrevolucionaria.

La observación principal, que puede hacerse, era la dualidad entre la Cantabria rural conservadora y la Cantabria industrializada izquierdista. Una división que se repetía en la capital con el triunfo global del Frente Popular, gracias a los distritos más proletarizados, mientras que la candidatura contrarrevolucionaria hacía lo propio en los barrios burgueses.

Por otro lado, no hubo contacto alguno de los sublevados con la proclividad golpista que se adivinaba, de las fuerzas de orden público (Guardia Civil, Asalto y Carabineros) ni con las organizaciones de extrema derecha (falangistas y tradicionalistas).

En Cantabria existía una doble trama para la preparación del levantamiento. La primera civil, giraba en torno a Emilio Pino Patiño, antiguo triunviro falangista, miembro del ARI y ex – concejal primoriverista del Ayuntamiento de Santander, que coordinaba los distintos grupos civiles comprometidos, y de Pedro Sainz Rodríguez, diputado de la Agrupación Regional Independiente por la provincia, y que se encontraba en Burgos en el inicio de la sublevación.

La trama militar estaba comandada por los oficiales de la guarnición de Santoña que estaban al tanto de los planes de Mola a través del teniente coronel de Caballería, Marcelino Gavilán Almanzara, integrante de la Junta Militar de Burgos. Por lo demás, se contaba con la colaboración segura del coronel José Pérez García - Argüelles, jefe del Regimiento Valencia Núm. 21 sito en la calle del Alta y simpatizante de la "sanjurjada" de agosto del 32 - y de aproximadamente 2.000 civiles armados más 1.260 hombres de la Guardia Civil, de Asalto, carabineros y municipales. Con ellos se esperaba controlar la zona oriental de la provincia, limítrofe con Vizcaya, y el eje industrial Torrelavega - Corrales - Reinosa a lo largo de las vías de comunicación Santander - Palencia. En Reinosa se esperaba también la confluencia de refuerzos procedentes de Burgos y Palencia a cuyo mando se pondría el capitán Sanjurjo.[2]

Pero los planes no salieron como se habían planeado. La sublevación se inicia el 17 de julio y los conspirados pierden un tiempo precioso al romperse las comunicaciones con Burgos y Valladolid, de donde procedían las órdenes de los principales implicados; tiempo que es aprovechado por los grupos de izquierdas para armar a sus juventudes, organizar las guardias cívicas en defensa de la República y ponerse en contacto telefónico con Madrid en la noche del 17 al 18.

En Santoña, después de desplazarse a Burgos, se reúnen varios capitanes que dudan sobre la conveniencia de detener al comandante García Vayas, simpatizante socialista; circunstancia que es aprovechada por éste para detener a los implicados. En la capital, el coronel García - Argüelles no se decide a intervenir según sus propias palabras hasta que las órdenes no vengan de la superioridad militar de Burgos, quizás curándose en salud ante un fracaso de la rebelión como ocurriera con la "sanjurjada". Mientras tanto sobresale un hombre, Juan Ruiz Olazarán, presidente de la Diputación Regional, que alienta a través de la radio a las fuerzas de izquierda, logra la dimisión del coronel como comandante militar y pone en su lugar a García Vayas después de ordenar la interceptación de un telegrama del Cuartel General de los sublevados destinado al coronel que daba la clave de la sublevación. En adelante, el militar desoiría las peticiones de los grupos civiles comprometidos y cuando quiso sublevarse ya era demasiado tarde.

José Pérez y García–Argüelles nació en La Coruña el 10 de septiembre de 1877 y desarrolló parte de su carrera en África. Durante la Dictadura de Primo de Rivera fue gobernador civil de La Coruña, Baleares y Albacete. En septiembre de 1935 fue nombrado jefe del Regimiento y gobernador militar de Santander. La Historia había de jugarle una mala pasada. Encarcelado por las autoridades republicanas, fue ejecutado al entrar las tropas de Franco en Santander acusado de negligencia y responsable del fracaso de la sublevación en Santander y provincia por su "no pronunciamiento".
Foto El Cantábrico, 1/10/1935.

---

[2] Vid. Arrarás, J., Vol. V, 1984: 596 y s. s; Saiz Viadero, J.R., 1988: 56 - 57; Solar, D., 1987: 79 – 84, Gutiérrez Flores, J., 1998, Menéndez Criado, E., 2003: 103-138 y Solla Gutiérrez, M. A., 2003: 141-187.

Entretanto, en la mayoría de las localidades, se formaron comités de defensa de la República alentados por las organizaciones sindicales, partidos políticos o Corporaciones Municipales, controladas por el Frente Popular, desde el nombramiento de las Comisiones Gestoras en la primavera de 1936. En estos días, los milicianos integrados en los comités llevaron a cabo la requisa de armas en los domicilios de las personas de derechas, las llamadas guardias cívicas para la protección y vigilancia de edificios, las líneas de comunicaciones (carretera, ferrocarril, etc.), y la detención de los líderes de las organizaciones políticas como posibles implicados en la rebelión. Se hacen cargo, también de todos los aspectos relacionados con la vida local: abastos, transportes, recluta de voluntarios para los frentes, etc.

Capítulo I

La represión republicana

La represión republicana

Según "La Causa General", la represión republicana produjo en Cantabria 800 muertos y 343 desaparecidos lo que representa el 2,90 por mil sobre la población de hecho en Cantabria en 1940 (393.710 habitantes) o el 3,13% sobre la población en 1930 (364.147). Dado que la Causa General publica sus resultados en noviembre de 1937, un número importante de víctimas quedaba todavía sin registrar y según las investigaciones de Enrique Menéndez y mis propias conclusiones la cifra alcanza a 1.144 cántabros, a los que hay que añadir 67 forasteros y 80 de las zonas limítrofes de Palencia y Burgos bajo dominio del gobierno de Santander. En esta relación no se incluyen los cántabros muertos en otras provincias.

Afectó sobre todo a 181 eclesiásticos, 170 falangistas, a militares y miembros de las fuerzas de orden público. Por grupos sociales el peor parado fue el de los labradores y las clases medias de comerciantes y empleados.

En Cantabria, las viejas afrentas y odios personales de clases se resolvieron en una violencia política vicaria y los pudientes urbanos pudieron salvar su vida con contraprestaciones económicas. Muchas veces fueron revanchas procedentes de la Revolución de 1934 y ello explica el alto porcentaje de obreros y jornaleros muertos por ser considerados *esquiroles* en aquellos acontecimientos o por estar afiliados a Falange. En los núcleos rurales se eliminaron a los representantes de viejas tenencias de propiedad como los aparceros. Por edades, el segmento más castigado fue la población joven, sobre todo, el comprendido entre los 25 y 29 años.

Por núcleos de población la capital tuvo 206 muertos, Reinosa 74, Corrales 67 y Torrelavega 54.

Hubo 4.500 personas encarceladas. 7.500 palentinos, sobre de todo de la zona minera de Barruelo se refugiaron en Santander y tras la caída de Bilbao lo hicieron 170.000 vascos a principios de agosto.

Un número importante de evadidos cántabros en una cifra todavía sin determinar, pasó a las provincias de Palencia y Burgos buscando la seguridad ideológica que les ofrecía el bando rebelde. De ellos, alrededor de 200 jóvenes procedentes en su mayoría de Los Corrales de Buelna, Cieza, Santiurde de Reinosa y Vega de Pas pasaron a engrosar las filas de las Centurias Montañesas en Burgos y Palencia en los primeros meses de la guerra.

En la represión republicana podemos distinguir una etapa de violencia popular, de masas, en relación con el estallido revolucionario del verano de 1936 dirigida contra personas odiadas por su actuación anterior y los primeros días de la sublevación militar. La acción más importante tiene lugar en los núcleos industriales de Corrales, Reinosa, Astillero, Camargo, Torrelavega y la capital santanderina. Entran en escena odios personales, revanchas, envidias como ingredientes de la lucha ideológica y de poder. El suceso más grave se produce el 21 de julio con la matanza de 19 guardias civiles en el Ayuntamiento de Reinosa. Los guardias habían sido requeridos para defender la Casa Consistorial. El teniente Gerardo García Sánchez al mando de los guardias mata de sendos disparos al alcalde socialista Isaías Fernández Bueras y al cenetista Benito Mesones. A continuación, toda la fuerza fue pasada por las armas. El mismo día era detenido en el balneario de Corconte el capitán Justo Sanjurjo, hijo del general fallecido el día anterior en el aeródromo de Cascaes. Moriría en el Hospital de Reinosa a consecuencia de disparos de milicianos el 6 de agosto.

Una represión más sistemática se produce a partir de la constitución de la policía del Frente Popular nombrada por el entonces gobernador, Juan Ruiz Olazarán, el 26 de septiembre de 1936. Su acción se extiende en los meses de octubre a diciembre contra dirigentes derechistas y personas significadas por su valor simbólico (sacerdotes, frailes, ingenieros). Un dependiente de una tienda de tejidos y campeón de tiro de fusil, Manuel Neila, sería nombrado comisario de policía y a él se atribuyen decenas de muertes de presos derechistas, muchos de ellos lastrados en los fondos de las proximidades de la isla de Mouro y al que algunos notables republicanos como Gregorio Villarías califican de execrable personaje.

Tras la movilización forzosa y estabilización de los frentes en el período de enero a julio de 1937, la violencia se traslada a los frentes de combate contra soldados derechistas, soldados que intentan evadirse o son sospechosos de evasión. A partir del 14 de agosto, ante el avance militar de los rebeldes son asesinados presos de la Brigada Disciplinaria de Cabañas de Virtus (Burgos) y de la Prisión de Santander.

Las primeras víctimas se produjeron el día 20 en Reinosa tras ser interceptados falangistas de Torrelavega que se dirigían a Burgos para conseguir el bando del general Mola, solicitado por el coronel García – Argüelles, como requisito para sumarse a la sublevación. Se trataba de Luis Martín Alonso, Ceballos y Eleuterio P. Marcos Ingelmo. Su destino fue trágico. Fueron tiroteados, resultando muertos los dos últimos y Alonso herido. El 22 de agosto, una vez recuperado de las heridas, fue asesinado a tiros en el Gorgollón, cerca de Pesquera." [3]

El día 20 de julio por la tarde llega al pueblo de Saro, un camión cargado con una veintena de milicianos pertrechados de escopetas, pistolas y cananas para recoger armas y detener a los fascistas del pueblo. Al llegar a la casa de uno de éstos, encuentran en el portal a su madre a la cual amenazaban con pistolas a la vez que la interrogan por el paradero de su hijo; uno de sus hijos pequeños que presencian la escena, se asusta y grita llorando, "padre que matan a mi madre".

Aquel, llamado José Luis Mesones, un electricista de 47 años, se halla en el balcón de la casa y empieza a disparar contra los milicianos que vienen en busca de su hijo. De resultas de los disparos son heridos gravemente Alberto Lacalle Calderón de 17 años domiciliado en Santander, parado y Agustín Nistal Guerra de 20 años, de Santander y de profesión tramoyista. Alberto Lacalle moriría poco

---

[3] Solla Gutiérrez, M.A.: 122.

después en la capital santanderina y José Luis Mesones salta por una ventana trasera y se pierde su rastro. Se habla en los mentideros de Santander de haber sido el cura (Marcelino Sainz – Pardo y López, huido a Burgos y nombrado capellán de la columna Sagardía) el instigador de los sucesos. Al parecer iban a por él. Acababa de celebrar la boda del hijo del maestro del pueblo.

Vuelven al cabo de dos horas, todos los hombres han huido al monte incluido el párroco, derriban con dinamita la puerta de la iglesia, profanan el sagrario y amenazan a mujeres y niños con provocar un escarmiento ejemplar. La noche se echa encima y los resultados de búsqueda han sido infructuosos. Las visitas se repetirían más veces. Al día siguiente vuelven a Saro y extienden su radio de acción a Santibáñez de Carriedo.[4] Podemos imaginar las represalias en el pueblo en la vuelta triunfal.

Al sur de la provincia se esperaban fuerzas insurgentes de las vecinas sublevadas Burgos y Palencia. En la localidad industrial de Reinosa poblada por apenas ocho mil quinientos habitantes cuya vida giraba en derredor de la fábrica metalúrgica conocida como *"La Naval"* morían masacrados diecinueve guardias civiles con su teniente a la cabeza. Era el 21 de julio, día de mercado en la ciudad.

Aquel fatídico día 21 se encontraban detenidos en Reinosa los guardias civiles de los puestos del norte de Burgos concentrados en Sedano, bajo las órdenes del alférez Ignacio Vecina Esteban. Los militares sublevados le habían ordenado que partiese con la fuerza concentrada en Sedano hacia Corconte con el fin de proteger al capitán Justo Sanjurjo que se hallaba veraneando en el lugar.

Llegaron el 19 de julio a media tarde. Eran 18 guardias más la pareja que se hallaba de servicio en el Balneario. En la madrugada del 20, aparecieron tres automóviles con milicianos de Reinosa que viraron para dar parte de la situación. Poco después arribaron varios camiones repletos de milicianos desde la capital campurriana. Al mando se encontraba Miguel Aguado Cadelo, jefe de la Guardia Municipal de Reinosa, y su lugarteniente, un guardia de seguridad apodado "el Andaluz".

Rodearon el balneario y empezaron a parlamentar con el alférez Vecina y el médico de la casa, Vicente Gómez de la Torre. Varios guardias y agüistas se apostaron en el interior para acometer la defensa del edificio. Cobraría protagonismo en los momentos siguientes la actuación del militante cenetista Francisco Fervenza.

El alférez Vecina tras el cruce de palabras con los jefes de milicias dio la orden de concentrar a su gente en el jardín y negociar la entrega de las armas.

Mientras tanto, Sanjurjo, vestido de uniforme, intentó salir en dirección a Burgos, pero fue interceptado en la bifurcación de la carretera hacia Santander y detenido por Aguado y "el Andaluz". Montaron en su coche y le hicieron volver rumbo a Reinosa. Al pasar frente al Balneario, el capitán se arrojó del automóvil hiriéndose en la cabeza. El médico trató de curarle con la mayor lentitud posible para dar tiempo a que se marcharan los milicianos y después ponerle en libertad,

---

[4] Mazorra Septién, Joaquín, 210 y Santander C — 70 en AGCS.

pero éstos continuaron allí. Así que una vez curado, intentó que lo llevasen al Hospital Valdecilla en Santander. Los milicianos se opusieron y en un coche, acompañado de su mujer Concepción Comyn, fue trasladado al Hospital de Reinosa. Su esposa permaneció detenida en un hotel de la población.

Los guardias fueron desarmados y conducidos en un autobús a Reinosa y desde allí, por orden del coronel del 23 Tercio, Indalecio Terán Arnaiz, trasladados a Santander. Quedaron detenidos hasta fines de julio. En los traslados consiguieron fugarse, el cabo González Velasco, los guardias Recaredo Rico Acitores y Eulogio Arce Terciado, un falangista llamado Corpas y el hijo del boticario de San Vicente. Permanecieron en el monte hasta enero, cuando pudieron pasarse a filas nacionales.[5]

Mientras tanto fallecía el padre del capitán Justo Sanjurjo. El general moría en el hipódromo de Cascaes, cerca de Lisboa, al estrellarse la avioneta que debía conducirle a España para ponerse al frente de la sublevación.

La decisión de deponer las armas, le costó cara al alférez Vecina. Enviado para proteger al capitán Sanjurjo en el manantial de Corconte, depuso las armas ante fuerzas muy superiores, pensando con ello evitar una tragedia. Un año más tarde, cuando los nacionales entraron en Santander, el alférez fue acusado de ser responsable por negligencia de la muerte de Sanjurjo. Fue fusilado.

En Reinosa se fueron concentrando los guardias de los puestos cercanos. La Jefatura del Tercio de la Guardia Civil de Santander había ordenado la concentración de los efectivos de los puestos de Reinosa, Arroyo, Bárcena de Ebro y Polientes, todos ellos al mando del teniente del Cuerpo, Gerardo García Fernández. En total se reunieron unos cuarenta guardias en el cuartel de la ciudad.

De madrugada, se ordenó la salida de dos formaciones de agentes acompañados por milicianos, una hacia Corconte y otra hacia Pozazal. Se pensaba en la inminente llegada de una columna sublevada procedente de Burgos y Palencia.

En la expedición de Corconte figuraban los guardias Nicanor Gutiérrez Gutiérrez, Felipe Crespo Martínez, Nicéforo Serna Saiz, Aquilino Rodríguez Rodríguez, Ángel Saiz Segura, Julio Pérez Arce, Mauro Aparicio Díez, José Vallejo Martínez, Aurelio López Martínez, Aquilino Santiago Moroso, Antonio Sendra Borontal, Dionisio Nobreda Miñón y el cabo Eusebio Raso Palomino. Una vez allí, se pasaron a la zona nacional.

Según testimonios orales, algunos de los guardias se prestaron a ir a Corconte porque estaban resueltos a unirse a los nacionales. En efecto, el destacamento, llegado el momento oportuno, volvió sus fusiles contra los milicianos acompañantes, a la vez que avanzaban de espaldas hacia la zona nacional.

En el sumario causa 563/37 de Burgos contra el grupo de 14 milicianos, capturados en los hechos de Corconte,[6] se indica el pase de los guardias civiles a los sublevados:

"Para reducir los focos rebeldes… al norte de la provincia de Burgos, salió de esta ciudad el 21 de julio por la mañana una columna formada por fuerzas militares y

---

[5] Causa 22/37 contra el alférez Ignacio Vecina Esteban.

> falangistas… a Villarcayo, marchando de allí a Corconte por Soncillo y al llegar cerca de Cabañas divisaron a los guardias civiles y… paisanos… armados, diseminados algunos y parapetados otros a ambos lados de la carretera a los que tirotearon y cañonearon … los guardias enarbolaron pañuelo blanco entregándose a la columna, haciendo lo mismo los paisanos que constituían una avanzada o guardia roja… bajo el mando de un comandante de Intendencia (el Comandante retirado José Motta) que logró escapar..."

Mientras tanto, en Reinosa, el delegado gubernativo solicitó la presencia en el Ayuntamiento del teniente Gerardo García Fernández con una fuerza de dieciocho números.

Todo podía suceder. Sanjurjo herido en el Hospital, los guardias del norte de Burgos detenidos, los mineros del cercano Barruelo desplazados al monte, una expedición de guardias pasados a los nacionales en Corconte, los territorios vecinos y la frontera próxima en poder de los sublevados, la guarnición de Reinosa solicitada. Miedo, ajetreo, máxima tensión, recelos, desconfianzas, rumores. En fin, se presentaba el clima propicio para que sucediera la tragedia.

Llegaron los uniformados al Ayuntamiento, donde fueron conducidos al piso alto para que se apostasen junto con milicianos en las ventanas. No sabemos con exactitud el desarrollo de los sucesos, pero el caso es que el teniente acompañado de un guardia entró en el despacho del alcalde Isaías Fernández Bueras. Se produjeron disparos que ocasionaron la muerte del alcalde y de un cenetista que lo acompañaba, Benito Mesones. A continuación, a los gritos de *¡el teniente ha matado al Alcalde!*, dieciséis guardias civiles y el teniente fueron pasados por las armas. Dos lograron escapar, arrojándose por las ventanas de la parte trasera, uno de ellos fue muerto en la bolera del parque de "Las Fuentes" y el otro, después de pedir inútilmente auxilio, fue linchado en los portales de "los herrerucos".

La encarnizada reacción popular no obedeció a un plan preconcebido como se afirma en la Causa General confeccionada por los vencedores. Fue una masacre tan certera y brutal que no hubiera salido tan milimétricamente ajustada con un designio perfectamente trazado. Más bien, fue una explosión violenta en un territorio de frontera que intuía cercana la presencia de fuerzas sublevadas y en cuyo ánimo todavía se hallaba presente la represión del 34. Y además, había visto aquella misma mañana cómo una patrulla se pasaba al enemigo en Corconte.

Ante una fuerza numéricamente superior, el factor sorpresa neutraliza cualquier respuesta armada. La fuerza estaba armada, pero no estaba prevenida ante la posible actuación temeraria de su teniente. Por otra parte, no hay más que recordar la foto que dio la vuelta al mundo en los sucesos de Reinosa de 1987 con

---

[6] El acta sólo recoge los nombres de siete y eran Emilio Castañeda García, Severino Fernández Díez, Luciano Gutiérrez Puente, Antonio Lafuente Riancho, José María Martínez Somavilla, Donato Mediavilla Fernández, Virgilio Vega González. La mayoría procedían de la localidad de Arija. Fueron condenados en Consejo de Guerra celebrado en Burgos el 5 de enero de 1937 a la pena de 30 años de reclusión. El 25/03/1937 fueron trasladados a Pamplona donde murió, al menos, José María Martínez Mediavilla al aplicársele la "Ley de fugas" en el Fuerte San Cristobal. Vid. Altaffaya Kultur Taldea, Tomo 2, 1992: 355.

unos guardias civiles preparados, pero acorralados e incapaces de actuar. Un solo tiro salido de sus fusiles hubiera bastado para que fuesen linchados.

En Pozazal, el jefe miliciano Manuel Fernández García procede al desarme de los guardias que ayudaban a los milicianos, según órdenes del Comité de Reinosa, cursadas por teléfono al factor de la estación de ferrocarril. Después de expresar los agentes su temor por los recientes sucesos del ayuntamiento, les garantiza que no tienen que temer por sus vidas. Las defenderá hasta donde sea preciso. Al regresar a Reinosa, una multitud encolerizada se congrega en torno a la camioneta que los transportaba pidiendo que los mataran. Los guardias civiles se encuentran al fondo de la caja del camión, acurrucados y presas del pánico. Manuel, empuñando un fusil ametrallador, grita:

> ¡No más muertes…! ¡No más muertes…!. Si han sido culpables de algo que se les juzgue y encarcele. El que se atreva a hacer algo con ellos tendrá que pasar por encima de mi cadáver.

A continuación, el jefe miliciano requiere la presencia del Comité de Guerra. Cuando esto ocurre, les comunica su firme propósito de defender la vida de aquellos hombres. Después de darle garantías de que sus vidas serían respetadas, Manuel entrega a los cuatro guardias. [7]Todos ellos, excepto el corneta José Mediavilla Uldemolins fusilado más tarde por los nacionales en Santander, fueron recluidos en la cárcel de Reinosa hasta la entrada de las tropas de Franco.

Las autoridades republicanas encargan al comandante militar de Reinosa, el teniente de la Guardia de Asalto Alfonso Jambrina Brioso, la apertura de una investigación sobre los hechos. Nada se conseguiría: el médico forense, José Álvarez Quevedo y el alguacil, Nazario Gutiérrez, encargados de efectuar la exhumación y autopsia de los cadáveres, serían asesinados en septiembre. El teniente Jambrina y su escolta pasarían poco después a zona nacional.

En Castro Urdiales se originó un intento frustrado de alzamiento de los falangistas locales el 18 de julio tratando de involucrar a la Guardia Civil local. En la mañana del 21, un grupo falangista, ante las pocas expectativas de éxito, se internó en los montes de Guriezo y Sámano.

Aquel mismo día, el 21, se dio muerte al falangista Julián Yanci Edesa que se hallaba detenido en el calabozo municipal con carácter gubernativo, por la muerte en julio de 1936 de Lino Saráchaga Llaguno, comunista, en el transcurso en una pelea en la que el primero le asestó un navajazo. Antes del linchamiento, se perpetraron varios disparos por un "ventanuco". Después se derribó la puerta del calabozo con hachas y se procedió a su ejecución. Se empleó una saña tremenda sobre el cadáver que fue golpeado y arrastrado hasta la plaza del Ayuntamiento. Los autores fueron milicianos movilizados por el Delegado de Orden Público. [8]

---

[7] Testimonio de su hijo, Luis Fernández Revuelta. Manuel Fernández García fue condenado a muerte en Bilbao. La comparecencia de estos guardias para que declarasen a su favor, le valió la conmutación de la pena y salvar su vida en justa correspondencia de las que él había salvado.

[8] AGCS, Juzgado Castro Urdiales; Santander C — 63. Inscrito en T. 64. F. 101. N. 105 Registro Civil Castro Urdiales. Sumario 51/36.

Los internados en el monte tampoco tuvieron mejor suerte. El 23 de julio por la mañana cayeron abatidos el jefe de las milicias falangistas locales Carlos Bares Tonda (estudiante de 27 años, natural de Málaga y vecino de Castro), Moisés Gutiérrez Jiménez (natural y vecino de Castro Urdiales, 19 años, jornalero) y Rafael González Sámano (natural y vecino de Castro, 23 años, jornalero).

La centralización del aparato represivo dio lugar a la creación, el 29 de julio, del Comité Ejecutivo Jurídico del Frente Popular para regular y homogeneizar las actuaciones sobre los detenidos. A fines de agosto, este organismo se disgrega en otros dos: por un lado, el Tribunal Popular encargado de juzgar a los detenidos por delitos de rebelión y sedición y contra la Seguridad del Estado y por el otro, la Dirección General de Justicia. El Tribunal Popular estaría compuesto por tres magistrados judiciales y catorce jurados, nombrados por los partidos y sindicatos del Frente Popular, a razón de dos por cada uno de ellos. La presidencia recayó en Roberto Álvarez Eguren, actuando junto con los abogados Ramón Mendaro Sañudo y Francisco de la Mora y de la Gándara. Este Tribunal no empezó a ejercer hasta el 19 de septiembre y su ámbito se limitó a los delitos cometidos por militares o paisanos que hubiesen hecho uso de armas (presuntos desertores, prisioneros de guerra capturados en los frentes de la Cordillera, tripulantes del "bou" Tiburón, falangistas sublevados en Potes y en Espinosa de los Monteros).

La Dirección General de Justicia fue ocupada por un activista de la CNT llamado Teodoro Quijano, encuadernador de profesión. Su función era centralizar los informes de los enemigos políticos facilitados por los frentes populares locales, a través de los delegados comarcales, para ingresar a los detenidos en las cárceles de Santander y sustraerlos a las decisiones de comités y milicianos incontrolados.

Paralelamente, se creó la Comisión de Policía del Frente Popular para encarrilar las acciones represivas contra desafectos y enemigos del régimen republicano. A su frente se colocó a Manuel Neila Martín, antiguo dependiente de tejidos. Personaje tristemente célebre, por ser el último responsable de la eliminación de gran parte de los asesinados en Santander, de practicar torturas a los presos, de robar sus pertenencias, acumulando una gran fortuna personal.

Las comisiones de Policía, luego conocidas como checas, se difundieron en la capital y provincia. Torrelavega, Castro Urdiales, Los Corrales de Buelna, Reinosa, incluso pequeños pueblos como Viérnoles, Rocamundo y Piedras Luengas, fueron sedes de estos centros de detención, palizas, "paseos" y desapariciones.

El Decreto del 20 de septiembre y Orden Ministerial de 6 de octubre de 1936 [9] dispuso la disolución de los "controles" y de las "milicias de la retaguardia", a la vez que se creaba una policía unificada bajo el control del ministro de la Gobernación y del director general de Seguridad, Wenceslao Carrillo. La medida tenía como fin centralizar la represión. En Cantabria, esta medida no hizo sino refrendar y confirmar a los policías del Frente Popular por el entonces delegado del Go-

---

[9] *Gaceta de Madrid*, 17/09/1936. Decreto del Ministerio de Gobernación: "para organizar en España un cuerpo de carácter transitorio, encargado de colaborar con los hoy existentes en el mantenimiento de Orden Público en la retaguardia, denominado "Milicias de Vigilancia de la Retaguardia".

bierno, Ruiz Olazarán. A partir de esta confirmación empiezan a practicar sacas de las cárceles, con la consiguiente oleada mortífera en los meses de octubre a diciembre.

Las checas de Piedras Luengas, Rocamundo y Reinosa, próximas a los frentes de combate y más alejadas de la capital, actuaron de forma autónoma, independiente de la jurisdicción de Neila, pero su actuación bárbara nada tenía que desmerecer respecto a la de Neila.

La checa de Piedras Luengas en el valle de Polaciones se hizo tristemente célebre. Tras la revolución de 1934 algunos asturianos se refugiaron en este valle. Entre ellos, uno apodado Ángel "El Neno", de penosa catadura moral. Ya había dado muerte a otro refugiado del octubre asturiano llamado Esteban Diego Huría Dosal que había rehecho su vida como ganadero en el pueblo de Rioseco. En una noche de vino del 21 de mayo de 1936, "El Neno" agredió a Esteban para despojarle de su cartera y tiró su cadáver por un precipicio al río Nansa. La Guardia Civil detuvo al autor que se declaró culpable de haberle sustraído la cartera con 500 pesetas producto de la venta de una vaca en la feria de Unquera y arrojar su cuerpo a las frías y turbulentas aguas del Nansa.

Este sujeto salió de la cárcel como todos los presos comunes en agosto de 1936, a principios de la guerra. Apareció en Cabezón de la Sal como jefe del comité de la CNT – FAI y se erigió en señor de horca y cuchillo. Eligió como radio de acción el Valle de Polaciones donde se encontraba acantonada la columna de Piedras Luengas. Asesinó a gentes sencillas, que según él, no colaboraban en la causa antifascista, pasaba por dinero a personas a la otra zona a las que, a veces, mataba, como le ocurrió al indiano de Obeso, o al boticario de Puente Nansa, que aparecieron con un disparo en la nuca en la collada de Carmona.

En Tresabuela vivía una familia de honrados trabajadores. "El Neno" asesinó a dos hermanos y obligó bajo amenazas a una hermana, María ("la guapa"), de increíble belleza, a pasearse con él y otros dos miserables acólitos en una coche requisado haciendo gala de coche y de chica, cometiendo atropellos sin nombre ensuciando los bellos parajes de la geografía cántabra. Elementos así no deben de tener hueco en la vida y menos en la lucha por la libertad y la dignidad de los seres humanos. La CNT que tenía en su seno personas ejemplares, verdaderos santos laicos como el comandante de milicias Paco Fervenza, acogía en su seno a este tipo de basura humana, que sembraron el terror. Los anarquistas tenían un optimismo increíble en la condición humana y apadrinaban a estos elementos descastados con el ánimo de redimirlos.

Un minero asturiano, comandante de milicias, jefe del sector del Escamplero, conocedor de sus andanzas, días antes de entrar los franquistas, fue a vérselas con el "Neno". En Asturias ya había cometido toda clase de atropellos. En Cabezón de la Sal preguntó donde se alojaba y dieron con la casa de aquella hiena. Con voz firme le llamó desde la entrada del portal. Bajaba las escaleras y descargó su fusil en aquella fiera sanguinaria, no sin antes decir que era ajusticiado por sus crímenes.[10]

---

[10] Testimonio de Jesús de Cos Borbolla.

A las tropelías de este sujeto, se unió la acción de Miguel Pacheco Blázquez, del PCE, comandante de milicias acantonadas en el sector. De carácter más idealista, muy ideologizado, de fuertes convicciones izquierdistas, creyendo honestamente en la causa antifascista, llevó a cabo fusilamientos. Bien es verdad, que la zona estaba siendo hostigada del otro lado, en el frente limítrofe de Palencia, por milicias falangistas conocidas como "*La Muerte*", y que realizaron incursiones y golpes de mano en Polaciones.

En Reinosa, el jefe de Policía del Frente Popular, Miguel Aguado Cadelo, "sacaba" a los presos en camiones. En la carretera del Saja, les mandaba bajar para ser ametrallados, algunos fueron terriblemente torturados. Era otro de los personajes de firmes convicciones ideológicas que entendían que no se podía transformar la sociedad, sin eliminar a los que se oponían a los cambios político - sociales.

Estos métodos de eliminación escandalizaron a sus propios correligionarios. El alcalde socialista de Campoo de Suso se interpuso delante de uno de los vehículos y afirmó que si salían, tenían que pasar por encima de su cadáver. Afortunadamente, los propósitos no se llevaron a cabo, pero el alcalde fue desplazado al frente como comisario político, con miedo a que atentasen contra su propia vida, y expuesto a los rigores y peligros del combate.

La actuación represiva de los Frentes Populares locales fue muy dispar. En muchos municipios se intentó proteger la vida de las personas, en otros se participó activamente en la muerte de convecinos derechistas.

La literatura justificativa o interpretativa de la represión republicana suaviza y califica a ésta como propia de incontrolados. ¿Eran o estaban, estos personajes, incontrolados? O más bien eran fruto del descontrol, en cuyo caso les adjetivaremos como descontrolados.

Las violencias del Frente Popular obedecían a un estado de opinión que calificamos de "dictadura social". Por dictadura social, entendemos una imposición de capas sociales históricamente sometidas, administrada por poderes locales, almagamada por ideologías afines fraguadas en la lucha de clases como premisa fundamental. La represión fue ejercida por la vanguardia de este estado de opinión y respondía a iniciativas individuales de hombres que o bien tenían las "ideas" firmes y muy claras o eran mezquinos personajillos, sin ideología, "aprovechados" de la situación, carentes de escrúpulos morales y enormemente mezquinos.

La contestación de las autoridades del Frente Popular se caracterizó por la dejación, a la hora de pedir responsabilidades, o por lo menos, tratar de situar a estos ejemplares en otros puestos, lejos del ámbito represivo. Parece ser que la táctica de alejamiento consistió en promocionar a los más concienciados a cargos militares y les confiaron mandos de batallones por "méritos de guerra".

Respecto a los considerados execrables, sin ningún tipo de principios, fueron depurados o muertos por sus propios compañeros de armas. Pero la excepción fue Neila. ¿Quién fue el responsable de la elección de Neila?

Neila fue el peor producto humano que puede originar una guerra civil. En uno y otro bando, se reprodujeron elementos similares de la peor caterva. Neila fue, sin duda, uno de ellos. Algunas fuentes apuntan que Neila era un hombre de confianza de Bruno Alonso; otras señalan su proximidad a Ruiz Olazarán, argumentando que tres de sus hermanos (Enrique, Emilio y Clemente) eran policías a sus órdenes. Neila sostenía conversaciones frecuentes relacionadas con asuntos de despacho con Ruiz Olazarán y por lo tanto al corriente de la situación en muchos de sus aspectos más terribles. Caída Santander, Neila se refugió en Bayona, donde fue detenido en marzo de 1938 por apropiación ilegal de dinero y joyas, por haber hecho ejecutar en Santander a centenares de personas (entre ellas súbditos franceses). Solicitaron, sin éxito, su extradición tanto las autoridades de Burgos como el comité de la CNT de Barcelona. Seguidamente se instaló en Méjico en donde arrepentido de su oscuro pasado, se convirtió en un devoto practicante del catolicismo, en un "santurrón" amparado por el arrepentimiento que la Iglesia prodiga a los hijos descarriados.

El asalto al barco–prisión

Particularmente duro fue diciembre en el que caen 324 víctimas. En este mes se produjeron las matanzas del barco "Alfonso Pérez".

Un bombardeo sobre el Barrio Obrero del Rey por una escuadrilla rebelde causó la muerte instantánea de sesenta y siete personas y sesenta heridos (117 víctimas en total, entre ellos 47 mujeres y 11 niños). Media hora después una multitud asaltó el buque citado con unos novecientos ochenta presos. Desde las escotillas les arrojaron granadas y tirotearon. Pero lo peor fue cuando llegaron el delegado del Gobierno Ruiz Olazarán, el consejero de Justicia, Quijano, y el jefe de Policía, Neila. Acompañados por un grupo de milicianos armados, montaron allí mismo un tribunal que iba pronunciando sentencias de muerte hasta que se prescindió del trámite y diezmaron a los hacinados en las bodegas, ciento cincuenta y seis personas en total. El Alfonso Pérez era un barco de carga propiedad de Ángel F. Pérez, que había servido de cárcel a los presos del 34. El 17 de julio de encontraba fondeado en la bahía por falta de fletes y fue requisado el 28 de julio de 1936 por el Frente Popular para descongestionar la cárcel provincial y la prevención municipal ocupadas por mil presos.

El final de la guerra civil dio lugar a una producción literaria abundantísima de coetáneos conmocionados por su experiencia personal en el Santander republicano. Una tragedia tan lamentable como los sucesos del barco ha sido objeto principal o referencia en todas ellas. Ramón Bustamante Quijano narró los hechos como testigo directo de la matanza. Todavía quedan testigos vivos, presos en el barco que vivieron en primera fila los acontecimientos. Se trata del vecino de Los Corrales de Buelna, Bernardo Urreta y del entonces ciclista de cierta fama, Ezequiel López.

Bernardo pertenecía a la Juventud Católica y fue detenido el 26 de agosto de 1936. Había nacido en 1919. Le liberaron el 26 de agosto de 1937 en el Dueso. Le salvó la vida el Bon. Vasco Padura que se hizo cargo del Penal y de la población de Santoña hacia el 23 de agosto.

En principio estuvo preso en la iglesia habilitada como cárcel, luego en la checa instalada en el Ayuntamiento, pasó por la Prisión Provincial hasta recalar en el Barco (El Alfonso Pérez) convirtiéndose en su preso más joven con dieciséis años. En la iglesia de Los Corrales habría unos 50 o 60 presos. Dormían encima de un colchón traído de casa y les dedicaban al arreglo de calles. No recibió malos tratos, ni le pegaron, ni le molestaron.

En el Barco, hasta que sucedió el asalto el 27 de diciembre, el ambiente era de gran alegría. Cantaban la Salve y el 12 de octubre celebraron el día de la Hispanidad con misa, salve, rosario y una comida especial. Ya pensaban que si bombardeaban Santander, se meterían con los presos. De oídas ya sabían lo de Bilbao. A la 1 de la tarde fue el bombardeo, a las 2 empezaron las sacas... Oyeron los frenazos de camiones y a la gente profiriendo gritos. El escenario era el siguiente: el barco era un carguero de 8.000 toneladas con un puesto de mando situado en la parte central de la cubierta, a popa había dos bodegas (la 1 y 2) a proa otras dos (3 y 4). No se veían la 1 y 2 con la 3 y la 4. La 2 y la 3 eran bodegas mayores. En el techo había una boca grande recubierta con tablones. Levantan los tablones y los presos se retiran de la boca para evitar las bombas. ¡A ver donde está la gente! Y empiezan a tirar bombas de mano y ráfagas de ametralladora. Seríamos unos 250 presos y mataron 80.

Se marchan a comer y luego a las 4 de la tarde vuelven más organizados. Entonces ya bajaron a la bodega bien protegidos. Arrinconaron a los presos y fueron mandando salir de uno en uno al centro. Y preguntaban "¿De dónde eres?" "¿Cómo te llamas?" "Tienes cara de cura o de fascista", "Enséñame las manos. Tienes manos de no trabajar", etc., etc. "Venga para arriba".

El que subía a cubierta estaba sentenciado. Al primero que llamaron era de Viérnoles (Arenal). El de Viérnoles dijo "Yo no subo" y se negó varias veces. "Bueno, pues siéntate ahí." Luego se olvidaron de él y salvó la vida. A él le preguntaron "a ver qué manos tienes. Tú no has trabajado en la vida, tú eres un cura".

La matanza empezó en la bodega núm. 1, serían las 9 de la noche cuando acabó. El 50 por ciento fue nombrado por lista y el resto a voleo. Recuerdo a Corbín que era estudiante de la UIMP. Había seis universitarios que subieron de dos en dos cantando "Perdona a tu pueblo Señor. "

En estas circunstancias hay gente que no miente y otras que ocultan su identidad, comenta Ezequiel López González ("El Zapa"), también preso en el barco. Recuerda que a uno le preguntan "¿A qué te dedicas?" "Soy músico." "Bueno, pues quédate." Al poco tiempo aquel hombre se volvió contra los milicianos y les dijo: "Soy organista y sacerdote de la catedral de Toledo." "Pues, sube para arriba." Y después del arrepentimiento espontáneo, de esta confesión sincera, acabaron con su vida.

Otro sacerdote, jesuita por más señas, ocultó su condición y se limitó a responder soy profesor de idiomas. Y en efecto no había mentido. Enseñaba francés en el seminario pontificio de Comillas y salvó su vida.

Uno y otro estuvieron presos por sus creencias y significación católica. Por entonces ser católico equivalía a ser de derechas.

Ezequiel fue un gran ciclista. Hoy tiene 87 años bien llevados tanto como Bernardo. La afición dividía sus favores entre Vicente Trueba y él, ambos de Torrelavega. Un cura gran aficionado al ciclismo les imbuyó de tradicionalismo católico. Aquel cura organizó una peregrinación de ciclistas a Roma para visitar al Papa. "El Zapa" cree que aquella peregrinación le costó la cárcel y por poco la vida. Sin embargo, con Trueba no se metieron. Trueba era Trueba [11]y yo era López, afirma. En este caso, el peregrino fue Fermín Trueba, otro hermano del famoso, y también, afamado ciclista.

---

[11] Vicente Trueba ("La pulga de Torrelavega") por su corta estatura de 1,50 y su obligada forma de pedalear dando saltitos en el sillín, fue el primer español en proclamarse rey de la montaña en la historia del Tour en 1933.

Los heridos subieron a cubierta, uno de ellos, Sánchez Trallero, era presidente de Acción Católica. Una bomba de mano le había sacado el vientre y subió a cubierta sujetándose las vísceras para caer desplomado. Al volver antes de nada, remataron a los heridos. Se salvaron dos, por la compasión de un miliciano.

Cuando terminaron, reclutaron a varios presos para hacer la fosa común en Ciriego. Llevaron los cadáveres en camiones después de haber abierto las cárcavas. Y allí empezaron las discrepancias entre los milicianos: unos eran partidarios de acabar con la vida de los presos que habían cavado las hoyas y otros de respetarla. Un preso faccioso estaba con el torso desnudo y uno de los milicianos le dijo: ¡Cómo vienes así, no ves que vas a coger una pulmonía! Curiosamente, después de toda la orgía de sangre, tenía este delicado detalle. Así es el género humano, así es la guerra. Contradictorio, cruel y muchas veces inteligible a través de sus anécdotas.

De Los Corrales mataron a diez en el barco, todos de su bodega, la núm. 2. Un muchacho de Los Corrales intentó salir airoso de aquella terrible situación diciendo que era alemán y le contestaron: "Pues con más motivo, sube para arriba."

"Ya que me matan a mí respeten a mi suegro" "¿Dónde está tu suegro?" Y mataron también al suegro.

El teniente Cossío: sube las escaleras y expresa: "Sois unos cobardes, venís a asesinar a gente indefensa. No temáis a estos esbirros, nos podrán quitar la vida, pero no el alma, no temáis, que España se salva." El trato de los milicianos era despótico, sólo recuerda a uno apodado Mahoma, que era cortés.

Un perito electricista de Los Corrales, Dañobeitia, incorporado aquel día a la prisión tras un permiso concedido para visitar a su mujer e hijo, recién nacido el 24 de diciembre, fue sacado de la cárcel horas después de los sucesos del barco.

Uno al que apodaban "Tarzán", excelente nadador, confiado en sus posibilidades se lanzó al agua y en el mar le remataron. Alguno se hizo el muerto entre el montón de cadáveres. Así salvaron la vida Hermosilla, que llegó a ser presidente del "Racing", y Bourgón López - Lóriga, un soldado que alcanzó el grado de general y la jefatura de los servicios secretos del CESID. A éste una bala le atravesó el cuello. Inconsciente bajo los cuerpos, pasado el rifirrafe, quedó con vida.

El extremo del horror fue la ejecución de hermanos. Algunos se habían ofrecido para ocupar el fatídico destino: Él es más joven y tiene que cuidar de mis padres, de nada valió, ¡qué falta de compasión!, ¡qué crueldad!, sube tú también y así dos o tres de la misma sangre ofrendaron sus vidas. Los tres hermanos Cosío Escalante, los tres hermanos García Solinís, los tres hermanos Zorrilla Cano, los hermanos Burgués, los hermanos Chevalier, los hermanos Leal, los hermanos Negrete, los hermanos Quintana, dejaron para siempre a sus familias abatidas por el dolor de la plural ausencia.

Los hermanos Sentíes de Astillero

En Astillero cayeron víctimas de aquella debacle los hermanos Sentíes (Enrique tenía diecisiete años), Ignacio (dieciocho años), Manuel (veintitrés años) y Vicente (veintisiete años). Eran de la Juventud Católica y falangistas. En principio se resistieron a la detención que querían practicarles varios policías de Neila, negándoles la entrada en su domicilio. Hubo intercambio de disparos y uno de los asaltantes resultó herido; a la hora y media se presentó una caravana de veinte automóviles llenos de policías y milicianos armados hasta los dientes, provistos de bombas de mano y dinamita.

Cercaron la casa, penetraron en ella y en presencia de su madre y hermanas, dieron muerte a bocajarro a los cuatro hermanos cuando ya estaban desarmados, llevándose detenidas a la madre y dos hermanas y una tía, que permanecieron presas hasta la toma de la provincia.[12] La madre tras ver morir a cuatro hijos, perdió la razón teniendo que ser ingresada en el Pabellón Psiquiátrico de Valdecilla.[13]

Ese cerebro reptiliano que llevamos dentro, herencia lastrada de nuestra evolución, sale a flote en momentos de locura, rasgando la vida de nuestros congéneres con los zarpazos mecánicos del cocodrilo que devora a sus presas al paso por el río de los carneros del Serengueti.

Pero generalmente, en el mundo animal, dos ejemplares se enfrentan y el rival muestra una primera señal de sometimiento, de apaciguamiento, el más fuerte se retira sin insistir en la agresión. En el género humano ocurre lo contrario. Se puede dar el ensañamiento con la víctima cuando se humilla, se somete o se ofrece generosamente. Verdugos, cómplices, inspiradores, todos muestran una total incapacidad para ponerse en el lugar del otro. No era suficiente con matar a uno. "Sube tú también."

La matanza no acabó en el barco. A las dieciocho horas, después de regresar de aquel escenario, un pistolero de la CNT, Hermenegildo Torre Iglesias y otros, se presentan en la Comisaría de Vigilancia (chalet de Juan de la Cosa) donde estaban detenidos, entre otros, siete guardias de asalto implicados en la fuga al territorio nacional del teniente del cuerpo Jambrina y a los que se pretendía sacar y dar el "paseo". Se entabló un tiroteo entre los agentes de vigilancia y los pistoleros, produciéndose la muerte de Hermenegildo Torre Iglesias y el expresidiario Escribano. En la refriega cayeron heridos los agentes de vigilancia, Eugenio Herrero Torres, muerto a las pocas en Valdecilla, y Nicéforo García Cantero. Después, "a las once de la noche, un grupo se dirigió a la Prisión Provincial reclamando a un grupo de presos para "hacer la justicia que pedía el pueblo". Los responsables de

---

[12] En Menéndez Criado, Enrique, Aspectos generales de la Represión Republicana: 166–167.
[13] Arráras, Vol V: 623.

la cárcel entregaron al teniente fiscal de la Audiencia, Julio Fernández Dívar; al comandante de Ingenieros y director de la Compañía de Tranvías de Miranda, Manuel Rodríguez González Tánago y al alférez provisional y falangista, Jesús Dañobeitia. Los dos últimos fueron quemados y los tres asesinados a las puertas del cementerio. También el abogado santanderino, Arturo Casanueva, defensor en los Tribunales Populares, sería quemado ese mismo día. Además se producirían veintidós víctimas más en la capital y provincia en los traslados o en sacas de las prisiones. [14]

Nos confiesa Bernardo Urreta que a partir de aquel aciago día se hizo un silencio metálico dentro de las bodegas y la vida no volvió a ser la misma.

Un comité de la Cruz Roja y el vicecónsul inglés recomendaron su cierre. En la visita de las delegaciones, los presos fueron aseados y adecentados para causar buena impresión, pero los presos comentaron las matanzas y el trato desconsiderado que recibían. La Cruz Roja se mostró tajante. Había que clausurar aquel tétrico barco escenario de una dantesca matanza, hecho que se llevó a efecto el 4 de enero de 1937. Fueron trasladados al Dueso, y allí la vida era otra cosa.

En la noche de su liberación en el Dueso, Bernardo Urreta, pensó que podía quedarse a dormir en el Penal y no salió hasta el amanecer. Durante su estancia salían a Cicero a fortificar y hacer nidos de ametralladoras. Por ello, recibían doble ración de pan. Estaban adscritos al Ministerio de la Guerra por el día y por la noche pasaban a depender de Asuntos Penitenciarios. Los guardianes con educación eran una lotería y abundaba el trato descortés, desconsiderado y malhablado. Le transportaron en un pesquero de Santoña a Santander y allí Antonio Peña, jefe de Falange de Los Corrales, fue a buscarle con un camión.

Cuando salió se encontró con la familia deshecha. Su madre muerta hacía quince días. Ya no quedaba nadie de sus allegados. Era ya huérfano de padre. Había empezado a trabajar con 14 años. Acabada su odisea en la cárcel, tiene que incorporarse a la guerra en marzo de 1938. Le destinaron a Pamplona y al frente extremeño y cordobés. Terminó la guerra entre Fuente Obejuna y Peñarroya y de ahí le asignaron a Valencia. Al cabo de tres años de guerra más la mili complementaria, le vuelven a movilizar en 1942 al producirse el desembarco de los aliados en el norte de África. Estaba recién casado (el 15 de octubre de aquel año). En noviembre está en San Sebastián, sirviendo en el Destacamento de Lezo (Rentería) y tenía como misión el reforzamiento de la frontera. No se considera vencedor, la guerra la perdimos todos, concluye.

---

[14] Menéndez Criado, Enrique: 184 – 185.

La persecución religiosa

La persecución religiosa constituye por sí misma un baldón de deshonor en el deber de la República. Cientos de páginas se han escrito para justificar o tratar de entender este terrible fenómeno. Que si la iglesia estaba al lado del poder, de los ricos, que si era un vehículo de opresión, que si estaba en contra de La República, etc. Muchos historiadores explican las matanzas anticlericales basándose en el odio a la Iglesia de las capas populares y sectores de la burguesía progresista. También había (hay) odio contra los judíos, pero no por ello explicamos el holocausto nazi argumentando la preexistencia del antisemitismo. Ambos fenómenos son similares en sus orígenes. No se corrige una opresión con una aberración. Se diga lo que se diga nunca podremos entender la magnitud que alcanzó la oleada anticlerical, si no acudiendo a los mitos de los que son pasto algunas minorías o grupos dentro de la imprevisible condición humana.

En Cantabria fueron prácticamente exterminados los frailes de los conventos y seminarios diseminados por su geografía. Los 19 trapenses de Cóbreces, los 19 Dominicos de Las Caldas y de Montesclaros, los 3 capuchinos de Montehano, 9 jesuitas y 9 seminaristas de Comillas, pero cabría esperar una muerte con el menor sufrimiento dentro del menos malo de los casos. No. La mayoría de sus miembros fueron amordazados, vituperados, objeto de blasfemias e insultos, palizas, algunos castrados, otros quemados, o atados de pies y manos y arrojados en las proximidades de la isla de Mouro previo palancazo en la cabeza. Por no hablar de las vejaciones, insultos, humillaciones que degradaban a cualquier ser humano.

El número de víctimas entre los frailes docentes fue menor, no por una deferencia especial de aquellas "brigadas de desinfección", sino por la coincidencia de las vacaciones de verano con la sublevación militar lo que hizo que muchos de sus componentes se desplazaran a sus lugares originarios, la mayoría, en las zonas bajo control sublevado (Burgos, Palencia, Navarra) pródigos en vocaciones religiosas o se refugiaran en el País Vasco donde el culto católico estuvo permitido.

A pesar de todo, los pocos maristas (seis) que quedaban en Cabezón de la Sal, los cinco escolapios que permanecían en Villacarriedo, los nueve claretianos del Colegio Barquín de Castro Urdiales, los seis agustinos del Colegio Ruamayor de Santander, también desaparecieron. Se dirá que enseñaban a los hijos de los ricos, pero nunca negaron el acceso libre y gratuito a los hijos de las clases populares y muchos testimonios orales recuerdan la calidad de la enseñanza que recibieron.

En cuanto al clero secular, sobrevivieron aquellos que pudieron esconderse y no ser descubiertos para su fortuna, otros fueron protegidos por amistades o familiares de izquierdas, o consiguieron escapar. Hubo casos excepcionales en los que el cura vestido con el buzo miliciano, pudo desarrollar su vida civil con normalidad siempre protegido por la población en la que vivía.

La represión afectó también a las organizaciones laicas. El mero hecho de pertenecer a una organización católica era motivo de detención y posible asesinato. Estas organizaciones habían prohibido a sus miembros, bajo anatema de conciencia, que jamás respondieran a las provocaciones con armas. Lo que, dicho sea de paso, contribuyó a que muchos jóvenes pasaran a Falange que les eximía de escrúpulos religiosos. Las autoridades del Frente Popular la consideraron política.

La Juventud Católica era una vigorosa organización que contaba en Cantabria el 18 de julio de 1936 con 115 centros de la Juventud Católica. Perdieron la vida 240 jóvenes de Acción Católica y 21 sacerdotes- consiliarios. Murió el presidente de la Unión Diocesana Francisco Sánchez Trallero, en el barco – prisión Alfonso Pérez; y el vicepresidente Ángel Villanueva (muerto como alférez el 8 de enero de 1938 en el frente de Madrid), Fernando Escudero, presidente de los Estudiantes Católicos, José María Soler, presidente de los Maestros Católicos, José Gutiérrez Alonso de los Sindicatos Agrícolas Católicos, Joaquín Suárez Gómez, presidente de los Sindicatos Profesionales de Trabajadores (afecta a los Sindicatos Católicos). [15]

En la provincia de Santander, el colectivo más represaliado fue el clero, con 161 víctimas, [16] aunque posteriores investigaciones han ampliado la cifra a 187. Las órdenes religiosas se reparten así:

TABLA 1: VÍCTIMAS DEL CLERO		
Sacerdotes	77	85
Cistercienses	17	19
Seminaristas	14	14
Dominicos	14	14
Religiosos del Corazón de María	9	9
Jesuitas	8	9
Agustinos	5	7
Escolapios	5	5
Maristas	4	10
Capuchinos	3	3
Carmelitas	3	5
Salesianos	1	2
Religiosas Oblatas	1	1
TOTAL	161	187

Fuente: Causa General (columna izquierda)
Menéndez, Enrique (columna derecha): 158 - 159

Ningún estamento poderoso (Ejército, Burguesía) recibió un mazazo tan brutal. El rumor más extendido para desalojar y detener a los frailes de las órdenes religiosas era que tenían depósitos de armas (rumor generalmente falso, pero rumor convicto, al fin y al cabo, y objeto de las creencias populares). Todavía

---

[15] Anónimo, 25 años. Apuntes para una historia de la Juventud Católica: 144, 169.
[16] Vid. Suplemento Núm. 4 del Boletín Oficial Eclesiástico de La Diócesis de 1940 en la que los datos de la Causa General son corregidos al alza.

hoy en películas, en libros se repite la figura de frailes disparando, y a pesar de que existieron, fueron rarísimas excepciones, convertidas por la fuerza de la propaganda en norma. Imágenes descontextualizadas en las que se olvida la natural inclinación del ser humano a defenderse cuando experimenta que su vida corre peligro. En esos casos, la doctrina de poner la otra mejilla tiene muy poca efectividad.

Otra de las imputaciones consistía en captar emisoras de radio facciosas (algo más frecuente). Si hubieran hecho uso de armas, quizás hubiera habido mayores prevenciones. Desgraciadamente, el género humano se manifiesta más cruel con el indefenso. Porque generalmente fueron atacados por su excesiva vulnerabilidad. Era más fácil detener a un clérigo, que a los falangistas armados emboscados. Éstos disparaban y los milicianos preferían blancos más fáciles.

La inexistencia de hijos reconocidos o reconocibles, de esposa pública, hizo que los crímenes se hicieran más permeables al olvido, más frágiles en el recuerdo de la pequeña memoria. En compensación, la Iglesia dentro de sus propias normas, ha elevado a algunos de estos mártires a la santidad.

La represión anticlerical fue un fenómeno protagonizado por huestes urbanas. Muchos factores influyen en el anticlericalismo. Empezaremos por los más pedestres y populares. Se envidiaba al cura (vivir como un cura), ocupaban una posición visible en la sociedad (vestidos con sotana), se recelaba de su lenguaje de buenas palabras, de su mansedumbre peligrosa, de su fácil acceso al mundo femenino, de sus supuestos atributos sexuales, de su vida oculta. Subyacían complejos machistas expresados en refranes, chistes, canciones obscenas, burdas reproducidos en periódicos anticlericales y que explican la abundancia de víctimas entre los frailes, o las castraciones que sufrieron, en comparación con las de las monjas (a las que dejaron relativamente en paz). Los gobernantes republicanos se dejaron llevar por la vena populista que tenía el anticlericalismo en España y le señalaron como chivo expiatorio de los problemas del país en un grave ejercicio de irresponsabilidad por sus trágicas y abrasadoras consecuencias. No se puede prescindir de una tradición de siglos de golpe y plumazo utilizando la confrontación en lugar de una negociación y una política de pequeños pasos. No podemos utilizar chivos expiatorios, sacrificios rituales contra los que tienen algún rasgo, un modo de vida distinto. Sean curas, judíos, bosnios, gitanos, croatas, maestros, periodistas, moros, seguidores del Barcelona o del Madrid. Porque mañana se volverá contra nosotros mismos.

A fines de 1936, la Iglesia de Cantabria fue reducida a la nada. Sus miembros encarcelados, desaparecidos, fusilados, ahogados, algunos castrados. Las iglesias desvalijadas, quemadas, convertidas en cenizas, en almacenes, depósitos, cuarteles. Y todavía no existía la "Carta de los obispos españoles al Episcopado mundial" declarando la guerra como cruzada contra el ateísmo, el marxismo y el materialismo (publicada el 1 de julio de 1937). Se dirá que mataron a los curas de vida poco edificante, pero no, también a los que se distinguieron por su ayuda a los demás, a los de acrisoladas virtudes, a los que llevaban una vida ejemplar. Muchos frentepopulistas entendían que no se hacía la revolución sin matar al cura.

En Cantabria, las comunidades religiosas de dominicos y cistercienses fueron exterminadas. Si hubiera sido una raza distinta, un grupo étnico aparte, hubiéramos estado seguros de hablar de una "solución final" para el problema de la Iglesia, algo que para una mentalidad de izquierdas coherente tiene que resultar doloroso y difícil de asumir.

Encarcelamiento y desaparición de los cistercienses

Monasterio cisterciense de Cóbreces.
Fuente: Pagina web de Cantabria Joven.

La capital Cóbreces, en el municipio de Alfoz de Lloredo, es pródiga en fundaciones religiosas procedentes de indianos y jándalos bienhechores oriundos del pueblo.

El primer bienhechor fue Pedro José de Villegas Ruiz fallecido en Cádiz el 11 de agosto de 1871. En su testamento afirma que deja su capital para emplearlo en educar a los hijos del pueblo. Se invirtió en dos colegios para ambos sexos y una nueva iglesia parroquial.

El 6 de noviembre de 1872 se establecieron en El Colegio del Patrocinio de San José cinco Hijas de la Caridad que regentaron un colegio femenino y poco más tarde un Asilo de Ancianos. Durante la guerra civil las hermanas fueron desalojadas y dispersas.

La fundación creó también un colegio regido por Hermanos de las Escuelas Cristianas en 1882 que cerró sus puertas en 1925.

Manuel y Antonio Bernaldo de Quirós Pomar nacidos en Ruiloba, hijos de Manuel Bernaldo de Quirós Portilla nacido en Cóbreces, dejan sus bienes para una fundación agrícola regida por la Comunidad de Trapenses. Falleció don Manuel en Ruiloba el 7 de julio de 1893, y don Antonio en Jerez de la Frontera en 1901. El capítulo General de la Orden aprobó en 1903 la fundación de Cóbreces.

En principio, monjes de varias nacionalidades y monasterios franceses, belgas, holandeses y españoles vinieron a la casa de Ruiloba donde habían nacido los bienhechores que habitaron como convento provisional.

Municipio de Alfoz de Lloredo.
Fuente: Página web de Cantabria Joven

En 1906 se terminó el edificio del Colegio – Agrícola Teórico – Práctico bajo el impulso del P. Esteban Muñoz Musoles, natural de Burriana. En ella se instaló una fábrica de queso y mantequilla que elaboraban los frailes.

El 14 de julio de 1907 fue destinado a Cóbreces el P. Manuel Fleché Rousse, nacido en la localidad francesa de Tarbes y en 1926 resultó elegido abad de la Casa. Falleció el 31 de enero de 1940 tras ser expulsado en la guerra civil.[17]

El 22 de julio de 1936 individuos armados irrumpieron en el monasterio de Cóbreces. Registraron, insultaron y pusieron contra la pared a los religiosos, simularon fusilamientos, detuvieron a tres padres. Les dejaron en libertad pasadas seis horas.

En septiembre de 1936, conceden tres horas para el abandono del monasterio de todos los religiosos. Conducidos en autobuses a Santander, permanecen ocho días detenidos. Son objeto de constantes insultos y han de atravesar calles formados de dos para ir a comer a un comedor público del Frente Popular. Algunos días sólo comen un pedacito de pan y para ello han de estar en la calle expuestos a las burlas del público más de una hora. Meses después son conducidos a la Comisaría de Policía catorce o quince. Algunos resultaron bárbaramente apaleados como el Hermano fray Leandro y cosidos los labios con alambre y luego asesinado; el Rvdo. Padre Pío, prior del monasterio. Desaparecieron los catorce después de ser arrojados al mar. Detrás corrieron la misma mala suerte otros seis. Nadie ha encontrado sus restos, ni en la bahía, ni en cualquier cuneta, ni en siniestros descampados.

Fueron saqueados el monasterio y colegio adjunto y son robados cuantos efectos son útiles y destrozadas imágenes, objetos de culto y ropas.

La misma suerte corrió el Colegio de las Hermanas de la Caridad de Cóbreces, destinado a refugio de Asistencia Social. Infinidad de objetos, sobre todo de culto, desaparecieron.

Los maristas de Cabezón de la Sal

Existían dos comunidades de maristas dedicadas a la enseñanza en Cabezón y Carrejo, respectivamente. La de Cabezón estaba compuesta por los HH. Pedro, Luis María, Narciso y María Ruperto. La segunda por los HH. Erasmo José, Columbanus Paul y Néstor Eugenio.

El día 19 de julio ya se habían instalado controles armados en la carretera Santander – Oviedo inspeccionando los vehículos que la transitaban. En la tarde de ese mismo día, varios individuos armados se presentaron en el Colegio de Carrejo para proceder a un registro y encuentran una bandera roja y gualda. Se detiene por esa causa al director H. Erasmo al que recluyen en Cabezón y, tras pagar una multa de 100 pesetas, le ponen en libertad. Un nuevo registro deja a la comunidad sin pertenencias.

---

[17] Guerin Betss, Patricio, Cóbreces, Asociación Cultural Kaopreces, 1998: 72 – 82.

El 30 de septiembre se ordena el cierre de ambos centros. Los frailes se dedican a las clases particulares y el director es requerido para llevar los libros de Asistencia Social y actuar de secretario del presidente de esta institución. Como el Colegio es requisado se alojan en casa de una familia de Carrejo. En la noche de aquel 27 de diciembre, día del bombardeo de la aviación nacional y del posterior asalto del barco, una patrulla de milicianos irrumpe en la casa y les detiene, dejándoles en libertad al día siguiente, 28.

El día 30 se presentaba la policía de Santander para detener a los HH. maristas y otras personas de Cabezón. Tras ser conducidos a Santander son presentados al Comité del Frente Popular. Son recluidos en la Comisaría, encerrados en dos celdas, incomunicados durante 72 horas.

El día 1 de enero de 1937 se presentan dos carceleros y dicen a los hermanos que han de seguirles. Preguntan por ellos tras dos semanas de ausencia y afirman que les han concedido la libertad. Desde entonces nada se supo de su paradero.

Los HH. Pedro (Jaime Cortasa Monclús), Narciso (Baldomero Arribas Arnaiz), Columbanus Paul (Enrique Aza Martínez) y Néstor Eugenio (Tesifonte Ortega Villamudrio) aparecieron en la carretera de Novales con sus cuerpos carbonizados.

Los jesuitas de Universidad Pontificia de Comillas

Municipio de Comillas.
Fuente: Página web de Cantabria Joven

La vida de Comillas estaba muy vinculada a la de un hijo preclaro de ascendencia humilde, que recibiría con el progreso de sus negocios el título de marqués de Comillas.

Antonio López era hijo de María López Conde, una humilde aldeana que quedó viuda muy joven con dos hijos y una hija. Sería apodada la Condesa o la "Condesuca" por su porte, clase e inteligencia natural. Antonio deja su hogar materno para dirigirse al pueblo andaluz de Lebrija, se coloca en la tienda de un tío suyo, un almacén que a la vez sirve de taberna. En 1831 cuando no había salido de los catorce años, decide abandonar aquel lugar y llega a Cádiz donde se emplea en los astilleros y se familiariza con los sueños ultramarinos de los barcos que van y llegan. La casualidad del destino hace asomar por aquellas tierras un navío de cuatro mástiles propiedad de otro comillano ilustre, Ignacio Fernández de Castro a quien el muchacho se dirige para pedir un pasaje para el Nuevo

Mundo. Y obtiene una respuesta positiva que le instala en la bodega del buque rumbo a América.

Desembarca en La Habana y se instala en una tienda de comestibles. Conoce a otro muchacho de Portugalete, también inquieto como él. Hacen planes juntos. Con los ahorros conseguidos con sus trabajos se deciden a la compra de una cierta cantidad de harina para transportar hasta Santiago de Cuba en una barcaza con la que obtienen buenas ganancias, y así unas cuantas veces hasta que Antonio se establece en Santiago con un negocio de telas y compra de fincas en la sierra del Cobre. Es el momento en el que empieza la insurrección cubana y los españoles empiezan a malvender sus casas, sus terrenos.

Antonio se hace con una red de almacenes y oficinas yendo contracorriente de la imprevisible rueda de la fortuna. Llama a su hermano Claudio y a un amigo de la infancia, José Andrés Cayón, para que le presten colaboración en sus incipientes y ya florecientes negocios. En 1845 se traslada a Barcelona y establece sólidas relaciones comerciales con la Madre Patria. En 1847 compra un motovelero de 300 toneladas y una barcaza a vapor para comerciar entre los dos puertos cubanos. En Barcelona casa en 1847 con Luisa Bru, hija de un comerciante catalán establecido, como él, en Santiago de Cuba. Del matrimonio nacen tres hijos: María Luisa en 1849, Isabel, en 1850; y Antonio, en 1851.

La peste declarada en Cuba determina el traslado de Antonio y su familia a Barcelona, donde nace su cuarto hijo, Claudio, el 14 de mayo de 1853.

Sin olvidar los negocios cubanos, el patriarca decide abrir un servicio regular entre Cádiz y Marsella. Adquirió en pública subasta el servicio postal entre España y Cuba y poco después "la Trasatlántica" que aprovecha la inmensa corriente migratoria hacia los países americanos en la segunda mitad del decimonónico siglo. Cuando muere, la Compañía contaba con catorce grande vapores.

Este hombre hondamente religioso levanta en su Comillas natal la capilla – panteón, el palacio, una obra benéfica para que los jóvenes pobres puedan estudiar, la concesión de dotes para muchachas pobres, el beneficio eclesiástico para la capilla panteón y la fundación del seminario, después Universidad de Comillas.

Para facilitar fondos al gobierno en la guerra de Cuba, Antonio López funda el Banco Hispano Colonial, que muy pronto está dispuesto a prestar al Estado ciento veinticinco millones de pesetas, equivalentes a cincuenta mil millones de hoy y pone a disposición del Ejército el traslado de las tropas para combatir la insurrección. En 1878 recibe el Collar de Carlos III y el título de marqués. En este momento empieza la construcción del palacio de Comillas. Antonio y Claudio estudian Leyes en la Universidad de Barcelona, donde el segundo se doctora el 17 de junio de 1873.

D. Claudio hereda los negocios de su padre y el 10 de julio de 1870 firma el acta de fundación del Seminario Pontificio. El marqués cedía en propiedad a la Santa Sede bajo la dirección y administración perpetua de la Compañía de Jesús.

Murió en 1925 con 72 años y fue uno de los modelos del capitalismo católico, de carácter paternalista, dando un gran impulso a la creación de los sindicatos católicos, fundando la Banca Popular de León XIII y construyendo viviendas obreras, que reproducían casa rural con huerta, en las minas de Orbó y Aller, Comillas y el suburbio barcelonés de Sans.[18]

El edificio es un gran rectángulo con dos patios interiores divididos por la iglesia central. De estilo neo – gótico mudéjar, en él se combinan la piedra, el azulejo y el ladrillo. En 1889 se concluyeron reformas interiores bajo la dirección del gran arquitecto modernista Luis Domenech. A él se deben las piezas más importantes del seminario: vestíbulo, escalera, paraninfo, puertas de bronce con alegorías de las virtudes, mosaicos y artesonado.

Junto al seminario, se construyeron los edificios más representativos de la villa. Los relacionados con el marqués de Comillas: el palacio, el panteón y el "Capricho" de Gaudí. El Palacio es una soberbia fábrica diseñada por Domenech i Muntaner, con fachada gótica de influjo catalán. La capilla – panteón, de bellas proporciones dentro del mismo estilo, contiene obras del modernismo catalán en admirables sepulcros de mármol, debidos, entre otros a Llimosa y Vallmitjana, así como réplica del Cristo del Perdón, del barroco escultor portugués Pereira.[19]

El 6 de agosto de 1936 residían en el Seminario Pontificio treinta y tres profesores, ochenta alumnos, veinticinco miembros de las Juventudes Católicas que se encontraban allí siguiendo unos cursillos de verano. Una expedición miliciana dirigida por el secretario de milicias Jesús González Malo penetró en el edificio. Sus moradores fueron detenidos y enviados a Santander bajo la acusación de estar en posesión de una emisora de radio con la que escuchaban las noticias facciosas y lámparas con las que hacían señales al buque nacionalista Cervera.

La villa se tornó en sede de una de las Jefaturas Regionales de Falange Española que abarcaba los partidos judiciales de San Vicente de la Barquera, Cabuérniga y Potes; y al parecer, contaba con un importante grupo armado falangista. Durante unos días dominaron Comillas. [20]Parece ser que algunos se escondieron en el Seminario Pontificio y a raíz de este hecho fue requisado el Seminario y detenidos los religiosos. [21]Los detenidos de la Pontificia fueron llevados en una caravana de camiones a Santander a cuyo paso se reprodujeron escenas de histerismo anticlerical con insultos, blasfemias y amenazas. Fueron asesinados 9 jesuitas, 9 seminaristas y varios sacerdotes que allí se encontraban, la mayoría arrojados al mar. Reproducimos la muerte atroz del Padre Olegario Corral, de sesenta y seis años, profesor de Filosofía.

Era el 27 de diciembre de 1936, el día del bombardeo. El Padre Corral puesto en libertad, se había alojado en la casa de huéspedes de la Blanca con su traje seglar. Ese día sonaron las alarmas. Una de las bombas penetró dentro del refugio. La lógica confusión y pánico sembraron el ambiente. El cura se sumió en la oración sacando un breviario. Se alejó el bombardeo y uno de los que allí se encontraban espetó: "Eh, tú, falso curilla, levántate y déjanos de latines."

---

[18] Datos de Papàsogli, Giorgio, El marqués de Comillas. D. Claudio López Bru.
[19] Enciclopedia de Cantabria, T. 3: 16 – 19.
[20] Solla Gutiérrez, M.A.: 183-184.
[21] Para una versión pormenorizada de requisas y detenciones en Comillas, Arrarás, Joaquín, Vol. V.: 608 - 614 que dedica una amplia, exhaustiva y desgarradora descripción.

Absorto en sus rezos, un bárbaro le amenazó con una pistola. Los insultos y las burlas iban en aumento. Hasta que le asestó un golpe enrabietado con el arma en la cabeza. Se repuso y tambaleándose volvió a su posición de rodillas Otro porrazo más fuerte y entonces la sangre empezó asomar a su cuello. Continuaba rezando. Ahora una turbamulta la emprendió a patadas sobre aquel hombre inerme. Así acabaron con su vida.

Pero aún peor fue la muerte del Hermano Mendizábal que dirigía los servicios eléctricos y mecánicos. Como en principio necesitasen de sus servicios, le mantuvieron como asesor en el seminario. Pero un día le mandaron ir a reparar en Santander una máquina de la factoría Corcho y después de efectuar su cometido le enterraron vivo. Arrarás afirma que los 40.000 volúmenes de la Biblioteca fueron enviados a Bilbao para ser transformados en papel.[22]

El sacrificio de los claretianos (Hijos del Corazón de María) del Colegio Barquín de Castro Urdiales

La Fundación Barquín regula un importante legado de una familia de Castro Urdiales que dejó su herencia para que los niños pobres de la localidad recibieran una cultura. Estaba regentada por los Claretianos.

Juan Manuel Arteaga, natural de Ledesma, 27 años, sacerdote claretiano junto con José Martínez, nacido en Villadiego (Burgos), 25 años, ambos misioneros, fueron asesinados el 2 de octubre de 1936. Otros como Félix Barrio Barrio nacido en Villafranca de Montes de Oca (Burgos), 52 años, hermano claretiano, Isaac Carrascal Mozo, nacido en Castrillo de Don Juan (Palencia), 40 años y Joaquín Gelada Hugas sacerdote y misionero, nacido en Olot (Gerona), 54 años, todos del Colegio de Castro, fueron sacados del convento de las Clarisas, convertido en prisión, y quemados vivos en las proximidades del cementerio de Riocabo de Torrelavega un 14 de octubre de 1936. Además fue sacado de la Checa de Neila y arrojado al mar, un 3 de noviembre de 1936, el párroco de Otañes, José Martínez de la Colina, de 30 años. Eliseo Alonso Pumarejo, nacido en Secadura, párroco de Ontón, recibió un tiro en la nuca el 27 de diciembre de 1936 en el barco – prisión. Eduardo Díez Lorenzo natural de Zamora, 54 años y preceptor de la capellanía de Muñecas de Otañes fue sacado de casa de sus padres el 22 de agosto de 1937 y asesinado en la víspera de entrada de los nacionales.

La persecución religiosa en la capital santanderina

En la capital santanderina, fueron arrojados a la bahía, fusilados en el barco o desaparecidos de la Comisaría de Neila y la de Los Ángeles Custodios, ocho sacerdotes, cinco agustinos, dos capuchinos, y un salesiano, procedentes de los conventos, colegios y parroquias de la ciudad.

---

22 Arrarás: 612 – 613.

Los agustinos tenían un colegio para niños pobres en la calle Ruamayor, denominada actualmente Alcázar de Toledo. De los siete agustinos sacrificados de la comunidad de Santander, dos llamados Eugenio Cernuda Febrero y Miguel San Román Fernández, fueron sacados de una pensión el 18 de diciembre de 1936 y fusilados aquella misma noche en el cementerio de Ciriego. De la fonda en la que se hospedaban, sacaron a Claudio Julián García San Román y Leoncio López García desapareciendo de la Comisaría de Neila el 28 de octubre de 1936. El quinto, Epifanio Gómez Álvaro, fue arrojado al mar el 27 de diciembre de 1936.

El santuario dominico de Las Caldas de Besaya

Santuario de Las Caldas del Besaya.
Fuente: Página web de Cantabria Joven

Cerca de Los Corrales, en Las Caldas, existe un santuario de dominicos. Es un centro de advocación mariana de tremendo prestigio en toda la comarca. El 2 de agosto de 1936 se personó en el convento el comité frentepopulista de Los Corrales de Buelna y prohibió a los frailes que se moviesen del recinto, no sin prometerles protección. Meses más tarde, fueron denunciados por milicianos de Barruelo bajo la acusación de tener escondido a un capitán y poseer armas almacenadas. Y fueron requisados todos los objetos conventuales, entre ellos su valiosa biblioteca. La talla de la Virgen se salvó de ser fusilada porque fue escondida por una vecina de Somahoz.

El 22 de diciembre de 1936 se presentaron milicianos y milicianas de Santander y ordenaron su traslado e ingreso en la Checa de la capital. Pidieron sin éxito entrevistarse con el Comité de Los Corrales. Un miliciano pone la pistola en la sien de un niño: "Tienes que confesarnos que tiene armas escondidas, aunque sea mentira, si no te disparamos". En el convento sólo quedaron 25 niños y el padre Florián Luis, cocinero de la comunidad.

A las 10 de la noche del 22 de diciembre son sacados de la checa. "Os vamos a dar la vuelta a Francia y algunos van a dar la vuelta al mundo", les dijeron entre sarcasmos. Maniatados y conducidos de dos en dos, son embarcados en la "gasolinera" del tristemente célebre "Tragabalas" para ser arrojados al mar en las proximidades de la isla de Mouro. Antes de fondear tan macabra carga, les propinan un golpe en la cabeza y les atan adoquines en las manos. Sus cuerpos aparecieron en la playa de Somo. Unos en la noche del 5 al 6 de enero, otros el 25 de enero de 1937. Se trataba de los padres Enrique Izquierdo Palacios (Superior),

Enrique Cañal Gómez, Manuel Gutiérrez Ceballos, Eliseo Miguel Largo, Miguel Rodríguez González y de los hermanos fray Bernardino Irurzun Otermín, fray Eleuterio Marne Mansilla, fraile Pedro Luis Luis, fraile José María García Tabar. En total, los nueve frailes, de los diez que componían la comunidad. Salvó la vida el que era cocinero. [23]

Los dominicos de Montesclaros

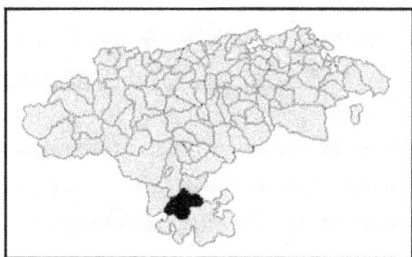

*Municipio de Valdeprado del Río donde se encuentra ubicado
el santuario de Montesclaros.*
Fuente: Página web de Cantabria Joven

En el santuario de Montesclaros, centro de peregrinación de la comarca, donde se venera a la patrona de Campoo, fue exterminada toda la comunidad de dominicos. Uno de ellos, Eugenio Andrés Amor, de 77 años, que servía la ermita de Sotillo intentó ganar territorio rebelde junto con el joven de la familia que le había acogido, Donato Rodríguez. Capturados por el Frente Popular local, fueron atados a la cola de un caballo hasta llegar al pueblo de Sotillo.

La comunidad de Montesclaros, integrada por cuatro frailes, fue dispersada el 16 de agosto de 1936, pasando a vivir en domicilios particulares. Se presentaron como religiosos en el Comité de Reinosa y fueron encarcelados en la prisión habilitada del Colegio San José. Sacados por la policía de Reinosa, resultaron fusilados en sucesivas expediciones, en el Monte Saja el 29 de septiembre, 17 y 22 de octubre de 1936. Se trataba de los Padres Estanislao García Obeso (fundador en Lavapiés de Escuelas gratuitas para hijos de obreros), Germán Caballero Atienza (antiguo misionero en México, Costa Rica y El Salvador), José Antonio Menéndez García (cantor, organista y bibliotecario) y el Hermano Victoriano Ibáñez Alonso (cuidador del convento). Con un ¡Hasta la eternidad! les despidieron.

Al religioso dominico encargado de la ermita de Sotillo (fray Eugenio Andrés Amor) interceptado por el comité local del Frente Popular en el paso a zona nacional con un joven de la localidad, le castraron con las tenazas para "capar" los cerdos. Para acallar sus gritos, pusieron en marcha la bocina de un camión. Sobran los comentarios. No encuentro justificación alguna a una muerte tan atroz.

---

[23] María de Castro, Felipe, *Ofrenda Martirial de los Dominicos...* 1996.

Los escolapios de Villacarriedo

Colegio de los Escolapios de Villacarriedo.
Fuente: *Página web de Cantabria Joven*

El 13 de junio de 1746 se inauguró el Colegio de las Escuelas Pías fundadas por el aragonés San José de Calasanz en Roma el año de 1617.

En 1936 habían transcurrido ciento noventa años de aquella fundación y nunca se interrumpió la vida ni siquiera en los convulsos años de la Guerra de la Independencia. Sólo en 1838 en los estertores de la 1ª Guerra Carlista, el general Espartero había ordenado el traslado de la mayor parte de la comunidad a Santander por ser sus miembros militantes de la causa de D. Carlos, pero dentro de unas normas de respeto y consideración. Es cierto que en aquel entonces la comunidad hubo de ser reducida por la fuerza y tuvo que requerirse la intervención de la fuerza armada.

Fue un municipio pacífico durante los años republicanos. Lo único destacado fue la detención y encarcelamiento de cuatro jóvenes acusados de actividades fascistas el 15 de abril de 1936, que permanecieron en la cárcel de Santander hasta el 27 de mayo.

El 14 de agosto de 1936 los componentes del Frente Popular notificaron a los 19 religiosos la orden de expulsión y confiscación de todos los bienes del Colegio con la prohibición de no llevar más ropas que las puestas. Se pusieron centinelas a la puerta del edificio. El día 15, festividad de la Asunción, un automóvil de turismo se llevó vigilados a tres religiosos delicados de salud y poco después en un autobús marchaba el resto: Padres Bonifacio Saiz, Vicente Lasacaray, Claudio Sedano, Fortunato Ruiz, Antonio Fernández, Luis Rosales, Avelino Fernández, Sinesio Fernández, Alfredo Parte, Julián Peña, Pedro Martínez, Rogelio López, Eustasio Saiz, Vicente Hidalgo, Aurelio López, hermanos Cirilo Vázquez, Natalio Saiz, Amaro Isla. Se hallaban ausentes y de vacaciones: el rector padre Antonino Ballesteros, los padres Leonardo Rodríguez, Benjamín Navarro, Rufino Gutiérrez, Ángel Navarro, Jacinto Morgante, Nicolás Soberón, Hermenegildo Martínez, Mariano Ruiz y Casimiro Casado. De éstos, fueron asesinados los PP. Claudio Sedano, Alfredo Parte Saiz, Sinesio Fernández, Jacinto Morgante y el hermano Natalio Saiz y murieron de enfermedad el padre Aurelio López y el hermano Joaquín Ruiz.

Consumada la detención, el paso sucesivo fue la destrucción de la imagen de la Virgen de Valvanuz y la detención de seis emboscados en el barrio de El Campillo, entre ellos Rafael Losada Azpiazu, fiscal de la Audiencia de Santander. Los detenidos fueron llevados al barco no sin antes prestar declaración en el comité del pueblo, a excepción de Losada que fue puesto en libertad y detenido al día siguiente para su traslado a la prisión de Santander donde sobrevivió hasta la entrada de los franquistas.

El colegio se convirtió en sede del Frente Popular y se llenó de paisanos uniformados con el buzo azul, gorro cuartelero y corbatines rojos.

Los franciscanos de San Pantaleón de Aras (Junta de Voto)

En San Pantaleón de Aras escondido entre montañas se encontraba un colegio seráfico o seminario menor de franciscanos. El 11 de enero de 1937 se presentaron las milicias de la FAI llevándose a los tres religiosos que fueron sacrificados en la madrugada del 12. Se trataba del P. Antonio Vara Rodríguez, de 44 años, natural de Cubillos (Zamora), fray Lucas Corres Luzuriaga, de 34 años, natural de Arbulo (Álava) y fray Diego Miguel Alcalde, de 24 años, natural de Castrojeriz (Burgos).

El profesor del Seminario, Manuel Cagiga Marroquín natural de San Miguel de Aras, tenía 52 años cuando fue apresado en su pueblo natal y arrojado por el Faro el 4 de agosto de 1936 junto con el párroco de Herada de Soba y también natural de la referida localidad, Guillermo Alonso Setién, con 55 años.

Especial regocijo causaba ver a los sacerdotes trabajando en obras de construcción, hasta entonces algo totalmente impensable, como escribe Feliciano Gutiérrez:

> "... Llamaba mucho la atención ver a personas que, por su rango y situación social y económica, nunca les habíamos visto hacer tales trabajos, pasar por las vejaciones y humillaciones que en alguna medida se les propinaba... Vi a un sacerdote (D. Domingo) que sin los hábitos al uso, vestido con un guardapolvo, trabajaba con los demás haciendo zanjas. Esto te producía un efecto incomprensible, acostumbrados a la consideración y distancia que se guardaba al Sr. Cura, en este caso el de mi pueblo. Más duro era escuchar y ver la mofa e insultos de personas muy adictas a los Rojos. Le decían. "Ahí, ahí... tira de pico y pala para que sepas lo que es trabajar", y además de ciertos calificativos que no venían al

Misa en el Faro en honor de los caídos.
Biblioteca Nacional

caso, le decían: "Trabaja, trabaja, para que sepas lo que cuesta ganarse la vida. Vosotros, los curas, os lo ganáis cantando". [24]

Se salvan el obispo de Santander y otros clérigos

De toda esta serie de atrocidades, se libraron el obispo José Eguino Trecu, que, gracias a la intercesión del ministro vasco Irujo, pudo salir de la cárcel de Santander hacia Bilbao, vestido de paisano, sin gafas y del brazo de una mujer para evitar ser identificado, hasta la estación de ferrocarriles de vía estrecha. El obispo había nacido en Azcoitia (Guipúzcoa) el 16 de octubre de 1880. Fue ordenado el 31 de marzo de 1906, tras finalizar sus estudios de doctorado en Teología y Derecho, canónigo en el seminario pontificio de Comillas. Ejerció de párroco en Irún, fue elegido obispo el 20 de octubre de 1928 y tomó posesión de la diócesis de Santander el 27 de enero de 1929 donde murió el 6 de mayo de 1961. Fue autor de gran número de cartas pastorales y se le conoció como "el obispo bueno".

En Torrelavega, de manera sorprendente dado su carácter industrial y la quema de iglesias en la comarca en la primavera de 1936, no mataron a ningún sacerdote. Parece ser que contaron con especial protección de los prohombres de izquierda. Merece la pena recrear las circunstancias de esta salvación.

Emilio Revuelta, párroco de la localidad bautizó a la que fuera hija del presidente del Frente Popular, José Manuel Ruiz ("Carrollo"). La ya joven pertenecía a las Juventudes Socialistas. El padre, poco después, topó con el sacerdote y le pidió explicaciones, diciendo que no había contado con su permiso. La increpación terminó con una bofetada que hizo volar el sombrero del clérigo hasta el suelo. El dirigente fue detenido y arrestado por agresión. El párroco gestionó su puesta en libertad. Cuando estalla la guerra, agradecido por este detalle, dispensó al párroco de guardia miliciana y de un teléfono directo para ahuyentar el peligro. De esta consideración se beneficiaron todos los curas de Torrelavega alojados en el domicilio del protegido principal. [25] Los frailes del colegio de Torrelavega fueron auxiliados por Miguel Guerra, a la sazón, secretario de la FUE en la Facultad de Medicina de Madrid, y conducidos a Bilbao.

El médico Francisco Guerra Pérez Carral señala que su padre, presidente de Izquierda Republicana en Torrelavega, le contó que querían quemar el convento y el colegio y fue a hacer guardia por las noches con una escopeta de caza con unos cuantos republicanos. La comunidad religiosa logró salir con vida gracias a las gestiones del doctor que agrega:

> "Yo fui entonces, debió ser a finales de agosto, a ver al Comité del Frente Popular ubicado en el Casino "Círculo de Recreo" y les pedí un salvoconducto para llevarles a Bilbao. Uno del PCE, apodado, creo que "Granizo", "Perales" o "Calleja", bajo, flaco y de mala jeta, quería acabar con ellos, y se negó constantemente a mi requerimiento. Pero los comunistas me respetaban y al fin conseguí el salvoconducto

---

[24] López Gutiérrez, Feliciano: 43.
[25] Entrevista el 20/11/03 con Francisco Muriedas Díaz.

para los frailes. El Padre Víctor Cadilhac, francés, superior allí de los Sagrados Corazones, me lo agradeció y fueron vestidos con unas batas, sin ropa religiosa hasta Bilbao, en un autobús que conseguí en Torrelavega. En el mes de agosto de 1936, mi primera actividad en Torrelavega fue proteger las personas y los bienes de los Sagrados Corazones y trasladarlos al País Vasco, como era su deseo."

La comunidad de trinitarios del santuario de la Bien Aparecida también sobrevivió gracias a las gestiones del matrimonio integrado por Alfredo Matilla y Dolores Rivas Cortázar. Alfredo Matilla era un abogado que ingresó en el Cuerpo Diplomático durante la Segunda República. La Guerra Civil le sorprendió en Santander y pasados unos meses fue ayudante de Manuel Azaña. Su mujer era originaria de la localidad de Ampuero y en esta zona intervinieron para proteger numerosas vidas. También fueron afortunados los paúles de Limpias protegidos por el Frente Popular local y enviados a Bilbao en donde lograron sobrevivir.

Otro de los aspectos controvertido fue la demolición de iglesias, algunas de gran valor artístico como ocurrió con la iglesia parroquial de Torrelavega conocida actualmente como la iglesia vieja y entonces como la iglesia nueva. Las razones aducidas para su demolición fueron expuestas así

> "En la sesión última hubo una proposición de Luis Palacios, que fue aprobada y que se refiere la misma a que se derribe la torre de la iglesia nueva, basándolo el proponente en dos motivos: uno, que siempre fue preocupación de los defensores de la religión católica elevar sus templos a una altura que sobresaliera sobre las casas y fábricas para imponer su poderío, y como hoy no puede tolerarse esa imposición de quienes se han puesto al lado del fascismo para aplastar las libertades del pueblo trabajador y demócrata, cree el proponente que es una medida necesaria el derribo de esa torre, aparte de otras consideraciones de carácter estético, y el otro motivo muy justificado que, dado el objetivo que significa para la aviación facciosa, es deber de todos procurar evitar que seamos víctimas de tan criminal atentado, de cuyo peligro no estamos libres en vista de lo que viene sucediendo en otras poblaciones apartadas de la zona de guerra."[26]

El periódico local, el Impulsor, era aún más agresivo y comentaba que:

> "Por fin va a ser derruida esta mole de piedra con aspecto de iglesia y realidades de cubil. El ornato del pueblo requiere su desaparición y el lunes próximo, los hijos del pueblo comenzarán a demolerla. ¡A la obra camaradas…!." [27]

El templo, construido en el siglo XIV como capilla de la torre de los señores de la Vega — quienes la dedicaron a la Asunción de la Virgen — fue posteriormente sometida a diversas reformas, ampliaciones y reconstrucciones. A finales del siglo XIX, se encontraba en mal estado y, además, era insuficiente para albergar a la comunidad cristiana. Fue sustituida como sede parroquial por la iglesia que se construyó a iniciativa de don Ceferino Calderón. [28]

En Santander, el alcalde por UR desde el 28 de febrero de 1936, Ernesto del Castillo Bordenave, al que sus enemigos motejaron como "Cerveruca", "Piqueta"

---

[26] *El Cantábrico*, 25/12/36.
[27] Véase Saiz, José Ramón: 188 y *El Impulsor*, 5/09/36.
[28] Véase Saiz, José Ramón: 188.

o "Castillo I, el destructor", derribó edificios emblemáticos como la iglesia de San Francisco, parte del Palacio Obispal, la iglesia de San Roque del Sardinero, la iglesia del Sagrado Corazón del siglo XIV, además de las estaciones del Norte y del Cantábrico y el puente de Vargas con semejante propósito de reordenación de la ciudad. En Castro Urdiales se derribó la iglesia de San Francisco del siglo XV.

La catalogación de los templos como edificios suntuarios, inútiles, de enorme poder simbólico, objeto de piromanías en la primavera de 1936, explican este afán de la Corporación por la piqueta destructora. Se adujeron razones estéticas para reordenar las ciudades en un plano funcional e ideológico, pero en el fondo subyacía la necesidad de hacer tabla rasa de la Historia, aunque equivaliera a la destrucción del tesoro artístico legado por las generaciones precedentes. Que se adujeran razones estéticas indica altas dosis de dogmatismo, además de un gusto, una sensibilidad y unos prejuicios aberrantes.

Sepulcro destrozado del arzobispo Francisco Otero y Castro.
Biblioteca Nacional.

Según el Boletín Oficial Eclesiástico ciento dos iglesias y ermitas, corrieron la misma suerte de derribo, ciento setenta y cinco fueron desmanteladas, setecientos sesenta y cinco retablos, 3.217 imágenes y 462 confesionarios fueron destruidos.

En Campoo, que entonces pertenecía a la diócesis de Burgos, fue habilitada para cuartel, la colegiata de San Martín de Elines con la consiguiente destrucción de algunos tesoros artísticos, y la colegiata de Cervatos fue bombardeada por los sublevados. Según los datos suministrados por el Boletín Oficial Eclesiástico del Arzobispado de Burgos, los templos fueron afectados de la siguiente forma: [29]

Un Cristo descabezado en un templo santanderino.
Biblioteca Nacional

> "En la ex - colegiata de San Martín de Elines, fueron destruidos el coro, cinco retablos, quince imágenes de talla, el atrio, cancel, cien losas del pavimento, el piso de la sacristía, tres imágenes románicas de madera, el púlpito, cuatro confesionarios, dos sillerías antiguas, dos andas, un reloj de torre, las verjas de una capilla y las del baptisterio. Desaparecieron cuatro campanas, dos cálices, un copón, candelabros, ciriales, una cruz parroquial, todos los ornamentos y el archivo parroquial. Los daños fueron calculados en 37.000 pesetas.
>
> La colegiata de San Pedro de Cervatos fue destinada a fortín y observatorio. Fue bombardeada por la aviación nacional dañando la torre. Los daños se estimaron en 4.000 pesetas. Fue volada con dinamita la iglesia de Rocamundo y la de Polientes. Sufrieron daños por el fuego las de Arija, Quintanilla de las Torres, Mataporquera (destinada a cárcel), Canduela, Espinosa de Bricia, Torres de Arriba (el pueblo quedó totalmente destruido y no se volvió a reconstruir), Munilla, Las Rozas de Valdearroyo, Villaescusa de Ebro, Villanueva de Henares y Bezana. De las iglesias restantes, veinticinco fueron destinadas a cuartel, once a polvorín, ocho a cárcel y cocina, seis a dormitorio y matadero, cinco a fortín, una a refugio, y otras a albergue de la brigada disciplinaria, panadería, almacén de muebles, gallinero y carpintería, tres a observatorio, otras tres a pajar y establo, una a usos inmundos, otra para jugar los niños.
>
> Destruidos dos órganos, once armoniums, trescientos dieciocho retablos, once tablas pictóricas y el retablo de Las Rozas de Valdearroyo, mil veinticuatro imágenes, trescientas dos campanas, doscientos veintiún cálices, ciento quince custodias, ciento treinta y siete copones, ciento veintiocho portaviáticos, ochenta y tres crismeras, ciento ocho incensarios, noventa y siete lámparas, sesenta y dos arañas, candelabros y candeleros y dos tapices en ciento diez iglesias devastadas."

El santuario de Montesclaros fue incautado por el Frente Popular. Se componía de Iglesia, residencia, hospedería y cocina, que quedaron completamente desvalijados, al igual que ocurriera durante la invasión francesa y en otras etapas anteriores, ascendiendo a 800.000 pesetas el valor de los daños causados.

En cuanto al clero secular, cuarenta y seis, de los ochenta y cinco sacerdotes asesinados, eran consiliarios de sindicatos católicos rurales y veintiuno lo eran de la Juventud Católica. Municipios como Santa María de Cayón ostentaron un triste récord. En este municipio donde estaban enclavadas las factorías lecheras de la SAM y La Nestlé fueron paseados los sacerdotes Segundo Toyos Galarza, Benedicto Sandoval Prieto, Victoriano Ortega Otero, Servando Sáenz Peña, Serafín Villar Laso. A la vez una piadosa y caritativa dama, llamada Ana Arenal Hernández, era tiroteada y muerta. Su marido pudo escapar con vida porque los disparos no alcanzaron órganos vitales.

Tres párrocos fueron fusilados en Camargo, en el sureste de la bahía de Santander. Otros tantos en Santillana del Mar y Suances, (área de Torrelavega) y las mismas cifras se repiten en Valdeprado del Río en la comarca de Reinosa.

---

[29] Vid. *Boletín Oficial Eclesiástico del Arzobispado de Burgos*, Tomo 85, 1942: 83 - 86 (Barruelo, Brañosera, Salcedillo, Reinosa, Arija, Soto de Campoo): 294 - 297 (San Martín de Elines, Cervatos y Villarcayo): 394 - 395 (Villasante) y : 408 - 410 (Arija, Higón); Ibídem, Tomo 86, 1943: 81 - 83 (Alfoz de Bricia, Bezana, , Castrillo de Valdebezana, Cilleruelo de Bezana): 205 - 207 (pueblos de Alfoz de Bricia y Valle de Valdebezana).

El triste fenómeno se cernía en torno a centros urbanos e industriales, por proximidad física de las partidas milicianas, pero se extendía como un goteo, en el transcurso de la guerra, por las localidades de los valles interiores.

La persecución del clero secular tenía como objetivo descabezar al catolicismo social y político para adquirir la hegemonía en el ámbito rural. En el caso de los sindicatos católicos, detenido o fusilado el cura, edificios, enseres, fondos, socios y personal eran trasvasados a los Sindicatos de clase (Casas Campesinas).

También fueron fusilados sacerdotes sorprendidos, diciendo misa en público (los primeros meses) o en privado (el resto de la dominación izquierdista). El culto público estuvo prohibido, pero la disposición admitía la práctica en privado. Sin embargo, el sacerdote de setenta años, Valentín Palencia Marquina, llamado "el cura de los niños pobres y huérfanos", dirigía en Burgos un asilo de impedidos y niños desamparados. Venían a veranear a Suances con los jóvenes que no tenían familia. El padre de uno de los niños denunció que Valentín decía misa a las monjas trinitarias de la villa y que cuatro de sus acogidos, dos de ellos cojos; le ayudaban. Los cinco hubieron de comparecer ante el Frente Popular de Suances. Los cinco, Donato Rodríguez García, Emilio Huidobro Corrales, Zacarías Cuesta Campo, Germán García García, músicos, y el padre Valentín fueron fusilados el 15 de enero de 1937 en el Alto Tramalón de Ruiloba.[30]

Valentín Palencia Marquina nació en Burgos el 26 de julio de 1871. En 1898 fundó el Patronato San José que acogió a ciento diez niños, pero daba de comer en el invierno de 1916 a siete mil.

Donato Rodríguez García, el director de la banda y organista, nació el día 27 de enero del año 1911 en Santa Olalla de Valdivieso (Burgos). Era hijo de Diego Rodríguez Fernández, natural de dicha localidad, y de Basilia García Valderrama, nacida en Toba de Valdivieso. Donato andaba con muletas a causa de una poliomielitis infantil. Dada su minusvalía, fue recibido en la Casa Asilo de Burgos, posiblemente para aprender música en este centro. Poco después, el día 19 de noviembre de 1934, cuando tenía 23 años, recibió el diploma de capacidad en la enseñanza de piano por el Conservatorio Nacional de Música y Declamación.

Uno de los niños, Andrés Martínez, que compartió a sus 13 años la tragedia de 1936 en Suances dijo, admirando de sus dotes pedagógicas y generosidad:

> "El director de la banda… era tan buen pedagogo, que la música parece que te hipnotizaba, te transmitía su ilusión. Enseñaba solfeo e instrumentación, de suerte que nosotros con 12 años leíamos con gran facilidad las partituras, a primera vista. Era muy cariñoso con los chavales, con la mirada nos reprendía. De Donato puedo decir que todo lo daba y no tenía nada".

Germán García García nació el 30 de octubre de 1912 en Villanueva de Argaño (Burgos), marista, misionero en Río de Janeiro, volvió a Burgos para restablecerse

---

[30] Menéndez Criado, E.: 167, Testigos de la Fe, núm. 730 y Odriozola Argos, Francisco: 146 - 148.

de los problemas de salud contraídos en las tierras brasileñas. Tocaba el clarinete en la banda del Patronato San José.

Zacarías Cuesta Campo nació el 10 de junio de 1916 en Villasidro (Burgos). A los cinco años había perdido una pierna.

Emilio Huidobro Corrales nació en Villaescusa de Butrón (Burgos) el 9 de agosto de 1917. Tocaba la trompeta, el trombón y el bombardino.

El párroco de Frama (Cabezón de Liébana) Ricardo Barredo Salces, natural de Ojedo, de 57 años celebró misa a puerta cerrada en agosto de 1936 con vecinos de Santander. La noticia corrió y milicianos venidos de la capital lo llevaron el 31 de agosto de 1936 para rociarle de gasolina y prenderle fuego entre Pesués y Prellezo, al término del Desfiladero de la Hermida.

Similares circunstancias concurrieron en los capuchinos de Montehano. El 7 de agosto de 1936, los milicianos hicieron un registro y al día siguiente les ordenaron abandonar el convento. Dos de los religiosos pasaron a residir en casas particulares de Escalante y allí levantaron un altar para decir misa. El 29 de diciembre, durante el rezo del rosario, fueron detenidos a las diez de la noche. A la mañana siguiente aparecían sus cuerpos en la playa de Berria, en la carretera Santoña – Gama. Eran los padres Miguel de Grajal de Campos, doctor en Filosofía por la Universidad Gregoriana de Roma, y fray Diego de Guadilla que cuidaba de la intendencia del edificio. El último miembro de la comunidad, Alejo Pan López Mateos, antiguo misionero en Venezuela, volvió a Montehano por cuestiones de salud. Fue detenido el 14 de noviembre de 1936 e ingresado en el barco–prisión Alfonso Pérez, le segaron la vida en la matanza de 27 de diciembre de 1936 porque "tú tienes cara de cura".

Una minoría de sacerdotes se adaptó a la nueva situación, confraternizando con los milicianos, hablando en su mismo lenguaje y acompañándoles en sus registros, como el cura de Camargo, Sinforiano Trapuesto Guerra que por consejo de un hermano de la FAI, alternó con las pandillas de esta organización, acompañándoles en requisas y detenciones. O el cura de Arantiones, José Rodríguez González que se unió a los anarquistas en Valderredible. Otros por su mentalidad progresista o su carisma popular pudieron desarrollar su vida normal sin esconderse, nunca hicieron distinciones entre ricos y pobres y jamás cobraron las ceremonias religiosas, afirma la leyenda anticlerical. Véase al cura de Casar de Periedo, o el de Mirones. Sin embargo, entre los caídos de forma tan bárbara abundan las leyendas de bondad y perdón a los verdugos.

La movilización de las quintas en el dominio republicano

El nombramiento de Largo Caballero como comandante supremo de las Fuerzas Armadas y la creación de comisarios generales y delegados de guerra a partir del modelo de los delegados políticos de la Convención en la Francia revolucionaria reproducido por Trotski en el Ejército Rojo de 1917, reflejan el esfuerzo por la reorganización de un ejército popular.

Desechado el planteamiento revolucionario, la tarea primordial del Gobierno de Largo Caballero, respaldado por todas las fuerzas de izquierda, incluidos los anarquistas, era canalizar los esfuerzos e iniciativas a través de la creación de un Ejército poderoso con el lema "Ganar la Guerra" ardientemente defendido por el PCE, para enfrentarse en una guerra total con el ejército nacionalista.

A principios de 1937, la represión de la retaguardia se va a trasladar a los frentes. El Ejército va a tener un protagonismo creciente sobre el papel de comités, sindicatos y partidos políticos que configuraban la dinámica republicana. Eliminados los enemigos políticos en diciembre del 36, la violencia se retrae en los meses de febrero a junio de 1937. A partir de ahora se trata de concentrar todas las energías en la organización del frente y formar un ejército capaz de enfrentarse con garantías de éxito a los sublevados.

Las disposiciones oficiales hacia un ejército regular vendrán acompañadas de una serie de pasos como la destitución de los generales sublevados, la vuelta a la actividad de los militares profesionales retirados o en reserva por la Ley Azaña, la movilización de reemplazos y la difícil tarea, por el antimilitarismo practicante y el peso de los partidos, de la militarización de las milicias a las que se incorporan oficiales y clases del Ejército, Guardia Civil, Asalto o Carabineros.

El Decreto de 26 de agosto había integrado a los mandos de milicias en el ejército regular con el mismo grado y el libre acceso a la Guardia Civil, Asalto o Carabineros. Ante los recelos con la Guardia Civil por las defecciones, traiciones y la toma de postura de este Cuerpo en los territorios sublevados a favor de los rebeldes, se disuelve la Guardia Civil que es sustituida por la "Guardia Nacional Republicana".

La provincia se divide a partir del Decreto de 29 de octubre de 1936 del Ministerio de la Guerra en comandancias militares dependientes del jefe de operaciones del Cuerpo de Ejército de Santander - el teniente coronel José García Vayas - y a las que se subordinan los comités y consejos municipales. La sede de las mismas se establece en las cabeceras de los partidos judiciales en Potes, San Vicente de la Barquera, Cabuérniga, Torrelavega, Ontaneda, Santander, Ramales, Castro Urdiales y Reinosa con lo que estas localidades toman el carácter de plazas fuertes militares con el consiguiente despliegue de guardias en estaciones de ferrocarril, en parques automovilísticos, en cárceles, cruces de carretera, cuarteles de Infantería, baterías y defensas antiaéreas, hospitales, etc.

La dura realidad de los bombardeos y las propias necesidades de la guerra exigían la construcción de refugios mediante aportaciones económicas o trabajo personal en el que eran encuadrados hombres no movilizados y mujeres. Allí donde no llegan los refugios, en los pueblos, como Santiurde de Reinosa, los vecinos se instalan en la llamada cueva Juan Marín como lugar de residencia. Dentro de ella cada familia establece un espacio con su jergón y enseres.

En Reinosa serán los túneles de ferrocarril en dirección a Santander los que sirvan para ahuyentar los bombardeos. El comité del Frente Popular habilitó un tren que se formaba en Cañeda para atemperar el frío de la espera. Los refugiados ascendían al mismo dentro de los túneles y esperaban a que la acción transcurriera.

En los pueblos de Valdebezana, muy castigados por la aviación nacional al ser un territorio de concentración de tropas; los lugareños se escondían entre las pilas de paja. El ruido ensordecedor y la destrucción implacable de la aviación son algo que la población, y sobre todo los que entonces eran niños, recuerdan con pavor. En Valdebezana se cantaba:

> *El día 13 de enero (de 1937) recuerdo triste quedó*
> *Que la aviación facciosa Cilleruelo bombardeó.*
> *Relevaba al 105 el batallón de Lenin,*
> *El batallón más valiente que ha salido a combatir:*
> *Estando la carretera repleta de gente y coches*
> *Cuando brotan por Carrales de Burgos cinco aviones.*
> *La ambulancia y la Cruz Roja caminaban por las calles*
> *Recogiendo a los heridos y llevarlos a hospitales.*

En Santander se construyen una serie de refugios antiaéreos, protegidos con sacos terreros en túneles, sótanos, pasadizos subterráneos, y los construidos al efecto en los Escolapios, en Reina Victoria, catedral, paseo de Pereda y otros. En Torrelavega, los pasadizos y las calles porticadas se completan con la construcción de refugios en La Llama.

El 2 de enero de 1937, los sindicatos locales de la UGT y CNT deciden la sindicación obligatoria con el lema del que "no lo hiciera sería considerado enemigo de los trabajadores y tratado como se merece: tendrá que ser condenado a morirse de hambre porque ha llegado el momento de exigir, que aquel que quiera comer que trabaje y el que no trabaje no coma." [31]

Y como muestra de la movilización militar y de los intentos de supeditación de las querencias políticas, el 14 de abril apenas se celebra el aniversario de la proclamación de La República con una exigua parada militar en Santander y la petición a los maestros que expliquen a los niños que aquella lucha era similar a la que mantuvieron sus antepasados contra el francés invasor de 1808.

Como resultado de la estabilización de los frentes, la guerra de movimientos pasó a una guerra de posiciones. Los pasos de la Cordillera se encuentren más

---

[31] A.G.A., Educación y Ciencia, Caja 352.

vigilados y, por ende, se hace más difícil el transvase entre territorios. Previendo esta situación, los más comprometidos se evaden en el mes de diciembre de 1936, antes que los pasos estuvieran más vigilados.

El anuncio de la movilización forzosa del reemplazo de 1936 en febrero de 1937 y los frentes guarnecidos, son los hechos que más animan a los que veían en peligro su vida o no deseaban combatir, a huir, evadirse o esconderse.

La movilización, además, les animaba a luchar en el campo más propicio para sus ideas o intereses, antes de tener que hacerlo en las filas de los adversarios. Las deserciones de los incorporados a filas aumentan a medida que transcurren los meses y, sobre todo, en las fechas cercanas a la entrada de las tropas franquistas. En este clima no faltaban tampoco los sabotajes como el atentado ferroviario en Montabliz en junio de 1937 que causó el descarrilamiento de un tren.[32]

La movilización forzosa en Cantabria de todos los varones entre 20 y 45 años trajo consigo la incorporación a los frentes de soldados y oficiales derechistas que podían realizar actos de deserción, sabotaje, traición y evasión a las filas enemigas.

Los documentos ponen en evidencia que esto constituía un grave problema para el ejército popular de Santander. Compañías enteras con sus oficiales se pasan a campo enemigo y otros se emboscan en los montes. En las escaramuzas de combate no se sabe si los que disparan son del campo enemigo o del propio, porque los tiros a veces venían por la espalda. Cuando cae el frente de Vizcaya, la cantidad de desertores es alarmante. En un pequeño municipio en el valle alto de Carriedo como Saro, de los 23 mozos movilizados, 22 se emboscaron en Peña Herrera a los que se unen desertores de los frentes hasta la entrada de los franquistas.[33] En Santoña, la Quinta Columna organizada en torno al cabo del cuartel, José S. Alonso Martínez, retuvo a 400 jóvenes derechistas después de que el médico, también enrolado en la organización, los declarara inútiles para evitar su incorporación al frente. Cuando no tuvo más remedio les encuadró en unidades de cocina y servicios.[34] Fueron muchos los escondidos en Miera, Liérganes, Ribamontán al Monte y al Mar, Los Corrales de Buelna, Santiurde de Reinosa, Castro Urdiales, valles pasiegos, Soto Iruz, Cieza.

El problema se ataja pidiendo informes a los Frentes Populares de los combatientes, obligados por las disposiciones, a integrarse en el ejército popular.

Las organizaciones políticas, sindicales y los comités, remiten informes a partir de diciembre al delegado de Justicia, a los comisarios políticos y a los jefes de batallones con tres apartados: uno sobre su militancia política (Acción Popular, carlista o requeté, falangista, etc.), religiosa (Juventud Católica) o sindical (Sindicato Católico de Oficios Varios), sobre sus cualidades morales (buenas, regulares, malas, "degenerado", "pendenciero", "provocador", "pistolero", "discípulo de Baco", "peligroso" o "indeseable"). Y a continuación ¡ojo! Peligroso.

---

[32] AGCS., Santander L- 278.
[33] Este dato en Mazorra Septién, Joaquín: 210.
[34] ARRMN, Causa 267 S – 4119.

Finalmente, se especificaba el concepto que merecía a cada una de las organizaciones: malo o pésimo para PSOE, UGT, PCE. Los de Izquierda Republicana y comités de municipios rurales se mostraban más indulgentes.

Se hacía también mención a su actitud con la clase trabajadora, sobre todo, con respecto a los hechos de octubre, y entonces se les acusaba de delatores, esbirros de la Guardia Civil, enemigos declarados de la clase obrera, etc.

Cuando el detenido era un trabajador, se mencionaban los términos de "desclasado", "arrastrado" "lumpemproletario" al servicio de los explotadores. Los informes consideraban a Falange como causante de la guerra civil. Concluían, recomendando un "castigo ejemplar", "severa justicia", "que se les castigara como merecen", sobre todo, si pertenecían a organizaciones católicas y/o Falange.

A partir junio de 1937, se incrementan las víctimas, de soldados derechistas ejecutados en la retaguardia por deserción y en los frentes por evasión, intento o presunción de evasión.

Las violencias en la retirada

Un fenómeno característico de las guerras civiles es la violencia en la retirada del bando vencido contra la población civil y, sobre todo, contra los cautivos. El Ejército o las milicias perdedoras pueden, en ese momento, eliminar el lastre de los prisioneros que llevan consigo.

Con la ocupación franquista, un 25 de agosto de 1937, fueron asesinados en Castro Urdiales el coronel de la Guardia Civil Ángel Alegre Arauzo, jefe del cuartel de Valmaseda, el brigada Basilio Gómez Remolinos residente en Sestao, Bartolomé Hernando Asensio, guardia de Valmaseda, Isidoro Pérez Negas, residente en Sestao, Julián Ruiz Camarero, de 40 años y guardia del cuartel de la Arboleda, José Wogeschafeu Erenchu, de 23 años y Félix Iglesias Gutiérrez, 22 años, los dos, guardias del cuartel de Gallarta.

Antes, el 20 de agosto de 1937, fueron sorprendidos por milicianos asturianos en retirada, en una cueva donde se hallaban ocultos, varios vecinos de Alceda y Vejorís. Entre ellos se encontraban Agustín Huidobro Quintana, notario de San Vicente de Toranzo, Arturo Ruiz Sierra, cobrador del Banco de Santander en Alceda, Julio del Braun del Olmo, barbero, presidente de la Juventud Católica de Alceda, Cesáreo Gutiérrez Rodríguez, guardia civil del puesto de Ontaneda y Gregorio Melendro Pérez brigada de la Guardia Civil, que fueron pasados por las armas en el exterior del cementerio de Ontaneda junto con los vecinos de Vejorís, José Pérez Vargas, José, Leoncio García Martínez, Melchor Abascal Pacheco. [35]

Los reclusos derechistas del Dueso, el 23 de agosto de 1937, unos cuatrocientos, fueron trasladados a Santander al igual que los de otras prisiones como Reinosa, con la intención de llevarlos hacia Asturias. No pudo llevarse a efecto por la ruptura de las comunicaciones en Barreda.

En Santander, el abogado socialista Roberto Álvarez Eguren, la única autoridad del Frente Popular (también Antonio Vayas se quedó y ambos perdieron la vida) que no salió al exilio, ordenó la puesta en libertad de los presos de la cárcel provincial, después de garantizar con su presencia la preservación de vidas. [36] En Santoña quedaron encerrados en un pabellón, 575 detenidos, liberados por el batallón vasco Padura de guarnición en la villa desde la firma del célebre Pacto homónimo. Los gudaris evitaron también destrozos y fusilamientos de última hora, entre ellos a estatuas religiosas. [37]

En Cabañas de Virtus (Burgos), se estableció la Brigada Disciplinaria Santanderina (dependiente del Comisariado de Guerra y no de una unidad militar) nutrida con presos derechistas dedicados a la construcción de fortificaciones en las líneas del frente. En la retirada hacia Asturias, la Disciplinaria quedó literalmente

---

[35] Causa General, Pieza de Villacarriedo.
[36] Mazorra Septién, Joaquín: 194 - 196.
[37] Causa General y testimonio de Bernardo Urreta.

diezmada al ser fusilados en tandas sucesivas en El Escudo, Luena, La Franca y Nueva, ya en Asturias. De 135, sobrevivieron 42, rescatados en Gijón.

La Brigada estaba al mando del socialista Mateo Pérez Rasilla con la categoría de comandante, nombrado por el comisario general de Guerra, Jesús González Malo. Pérez Rasilla era un viajante de comercio, vecino de Los Corrales. Había estado en Argentina durante su juventud, de ahí que fuera conocido como "el Che". Se exilió en Francia tras los sucesos revolucionarios de 1934 y ocupó el cargo de delegado del Gobierno en esta localidad en la primavera de 1936.

La vida en la Brigada fue terriblemente dura para los internados. Nació concebida como campo de reeducación y de trabajos forzados. Pero los métodos fueron brutales. Los castigados fueron uniformados con pantalones blancos para que resultaran más visibles en las inmediaciones del frente. El día 1 de mayo de 1937 el propio "Che" golpeó brutalmente a Pedro Pato Iglesias con el pretexto de que no cantaba con ganas la Internacional. En los meses de mayo a junio de 1937 perdió la vida un muchacho asturiano que intentó pasarse a la zona nacional, haciéndole antes cavar su propia fosa. En julio, fue martirizado el sacerdote Arsenio García Lavín, párroco de Cerrazo, al que maltrataron durante varios días para obligarle a blasfemar sin conseguirlo. Murió perdonando a sus verdugos "No conseguiréis jamás que blasfeme: podéis matarme, si queréis; yo, además, os perdono", afirmó antes de caer fusilado.

Al capitán de la Guardia Civil, Anglada, defensor de Simancas, se le ofreció el perdón de su vida, si se decidía a mandar un Batallón republicano y ante la negativa también fue fusilado.

El día 15 de agosto de 1937 surge un chivatazo de conspiración en el seno de la Brigada. Los franquistas ya habían roto las defensas republicanas. Los responsables ven en peligro sus propias vidas y deciden fusilar en el Alto de Luena a Ángel Ruiz Velarde, vecino de Viérnoles y a dos hermanos, Juan y Rufino Pérez, hijos de un panadero de Castillo Siete Villas (Santoña). Un joven de la Brigada fue pasado por las armas en presencia de todos sus compañeros.

En el pueblo de Las Caldas, encerraron a los castigados en la iglesia-polvorín, para que en caso de bombardeo enemigo, murieran todos.

Toda esta serie de hechos culminó en la playa de La Franca (Asturias). En la retirada, fueron ejecutados cuarenta individuos la noche del 28 de agosto de 1937 y cuarenta y cuatro el 29. Antes mandaron cavar una larga zanja como fosa y los fusilaron atados de dos en dos. Entre los asesinados había más de cincuenta guardias civiles capturados tras la rendición del cuartel gijonés de Simancas.

El 3 de septiembre del mismo año, a las dos de la tarde, en el pueblo de Mueva, después de separarlos del resto y teniendo preparada la fosa, fueron liquidados Pablo García Ibáñez (de Los Corrales) y Antonio Cabrero Bustillo (de Viérnoles). En aquel momento, el torrelaveguense Valentín Sollet consiguió huir.

Los Corrales de Buelna: un núcleo de intensa violencia

El municipio de Los Corrales de Buelna tiene una extensión de 45,4 kilómetros cuadrados y se compone de los pueblos de Barros, Caldas del Besaya (Las), Coó, Corrales de Buelna (los) (con 2.196 habitantes de hecho en 1930), Manjón (El), San Mateo, Somahoz y edificios diseminados cuya distancia al mayor núcleo de población no excede de 500 metros. El municipio contaba en 1930 con 4.871 habitantes.

Este municipio es el que demuestra niveles más altos de conflictividad durante el gobierno del Frente Popular y el mayor número proporcional de víctimas durante el dominio republicano. Un 13,75 por mil de la población con un total de 67 víctimas.

Los Corrales de Buelna constituyen un ejemplo paradigmático de los conflictos sociales que ocurrieron en España desde 1917 con la Huelga General hasta los años de la Guerra Civil y el Franquismo.

Los ingredientes que explican este alto grado de violencia están relacionados con una serie de factores:

Una población viviendo en pequeños núcleos caracterizados por la proximidad física (todo el mundo se conoce). Cuanto mayor es el contacto material, con más fuerza se manifiestan las bajezas humanas, la envidia, el odio y la enemistad. Pero otras veces, las pequeñas localidades si estaban bien cohesionadas bajo un liderazgo honesto y fuerte, se protegieron vidas y se prohibieron las detenciones.

La dependencia de la población de la fábrica llamada de los Quijanos que monopolizaba la vida social y económica, de forma que los momentos bajos de la empresa eran percibidos por toda la comunidad con una sensación de catástrofe.

El predominio de una clase de obreros, los metalúrgicos más inclinados al desarrollo de actividades extremistas cuando viven en comunidades pequeñas.

La fuerte presencia del obrero mixto en contacto con el mundo rural y la superposición de viejos litigios rurales por disputas acerca de deslindes de tierras, prendadas de ganado, rencillas familiares, que trasladaban los conflictos interpersonales a la vida en la fábrica.

Las prácticas de paternalismo industrial desarrolladas por la empresa consistentes en la concesión de ciertas ventajas sociales (construcción de viviendas para los obreros, creación de cooperativas de consumo) a cambio de salarios por debajo de la media de otras fábricas del ramo).

El liderazgo político y social de los hermanos Quijano determinó la vida política y sindical del Valle de Buelna y frenó la implantación de partidos y sindicatos de izquierdas. Cuanto más se retrasa la concesión de reivindicaciones, con más virulencia estallan los conflictos en el momento en que las circunstancias permiten su manifestación. Y así ocurrirá con la agresividad mostrada por los partidos y sindicatos de izquierdas cuando aparece el régimen de la Segunda República, y sobre todo, el gobierno del Frente Popular.

El freno a la creación de sindicatos de izquierdas privaba a los obreros inmigrantes, sobre todo de baja cualificación, de la búsqueda de nuevas señas de identidad y adaptación a la nueva situación lo que inducía a fuertes frustraciones personales que se compensan con altas dosis de violencia.

Todo ello origina como consecuencia política la división de la comunidad en torno a ideologías políticas opuestas y excluyentes: marxistas y falangistas que agrupan a los individuos en bandos identificados y que utilizan la violencia como señal de unión y refuerzo de los lazos de grupo frente al contrario.

La revolución de 1934 y la represión subsiguiente contribuyeron a una separación más radical y a la consolidación de bandos irreconciliables.

La actitud personal y la filiación política y sindical de los responsables políticos locales a favor o en contra del empleo de la violencia durante la guerra civil determinaron la cuantía del número de víctimas.

Por ejemplo, eran más proclives al empleo de métodos expeditivos los responsables locales de la UGT y CNT que los de Izquierda Republicana, salvo excepciones. Quizás era debido a lazos de amistad de los últimos con personas de derechas. Muchos de ellos pertenecían a las clases medias rurales procedentes de formaciones monárquicas, mientras que los sindicatos tenían poca experiencia política y mucha práctica de confrontación por la propia naturaleza de las reivindicaciones.

El sindicato más fuerte en 1929 era el Sindicato Católico Obrero con 740 afiliados mientras el Sindicato Obrero Metalúrgico de la UGT sólo tenía 74. En las elecciones del 12 de abril que trajeron la República los monárquicos obtuvieron 428 votos mientras los republicanos 90.[38] No era un municipio de representación socialista ni republicana como pudiera suponerse de un centro industrial. Los concejales se presentaban como monárquicos independientes y fueron elegidos como tales. El nuevo alcalde sería Gerardo Aja Gómez, el médico de la localidad. La elección fue impugnada y se celebraron nuevas elecciones el 31 de mayo que dieron como resultado la elección para alcalde de un comerciante de ascendencia italiana del partido de D. Manuel Azaña (Acción Republicana) llamado Andrés Pilatti Fernández con buenas relaciones con los prohombres republicanos de Cantabria, el diputado Ramón Ruiz Rebollo y el que fuera gobernador de Valladolid, Lavín Gautier. Cuatro años más tarde, la revolución de 1934 estalla de forma virulenta en el pueblo. Durante la primavera de 1936 fue uno de los municipios donde hubo más incidentes con represalias hacia los obreros de derechas. Cuando estalla la guerra civil, la represión republicana produce una de las mayores tasas de víctimas de Cantabria y en la etapa franquista el número de paseados alcanzó proporciones relevantes. ¿Por qué esta transformación?

Desde luego, la preponderancia de los obreros mixtos y la influencia política y social de los Quijanos había retardado la ascensión de la izquierda hasta los años republicanos. En esta etapa hubo dos personajes decisivos que decantaron

---

[38] Garrido Martín, Aurora, 1997: 69-101.

las posiciones hacia la izquierda: Mateo Pérez Rasilla ("El Che") un emigrante retornado de Argentina a fines de 1932, que fue viajante de comercio y ocupó altos cargos políticos y militares durante La República, entre ellos el de secretario del Sindicato Metalúrgico y después delegado gubernativo en la etapa del Frente Popular. Durante la guerra estuvo al frente de la Brigada Disciplinaria ubicada en Cabañas de Virtus y a él se achacó el fusilamiento de centenares de presos derechistas en la retirada hacia Asturias en la Playa de la Franca. Fue hecho prisionero en Valencia y murió agarrotado en virtud de sentencia impuesta por un Consejo de Guerra franquista de 20 de octubre de 1939 en Santander. El otro personaje influyente de la izquierda fue Antonio Cuadra Corrales un ajustador mecánico de Santander que fue nombrado secretario del sindicato local de la UGT y organizó las milicias en la Revolución de 1934 y en los comienzos de la Guerra Civil, llegando a mandar una brigada durante la misma. Después de la contienda rehizo la UGT en la clandestinidad por lo que fue juzgado en Consejo de Guerra en 1948 sin peores consecuencias que las de unos años de cárcel.

La empresa de Forjas de Buelna conocida popularmente como la de Los Quijano fue fundada en 1873 por D. José María Quijano y Fernández Hontoria. Empezó por fabricar puntas en un antiguo molino harinero. Había otra pequeña fábrica de D. Máximo F. Cavada en Las Caldas dedicada también a los trabajos de metalurgia. Las iniciativas empresariales de estos hidalgos montañeses impulsaron la industrialización de la comarca aprovechando la cercanía de comunicaciones por ferrocarril y carretera.

A comienzos de los años veinte, se vive un periodo de altísima conflictividad laboral. La crisis de 1917 motivada por la reducción de las exportaciones a los países europeos en Guerra con la consiguiente reducción de los pedidos y el aumento de los precios, demostraba las limitaciones del capitalismo católico de los Quijanos. Este capitalismo católico consistía en la concesión de ciertas ventajas sociales tales como la construcción de viviendas obreras, economato, cooperativa y pensiones de orfandad y viudedad. Pero la expansión de la empresa en los años de la Primera Guerra Mundial no redundó en un aumento de los salarios. Al acabar ésta, los trabajadores se encontraron con una fuerte inflación, los salarios no ascendieron de acuerdo con la subida de los pagos.

El 30 de junio de 1919 se declaró la huelga en la factoría de los hermanos Quijano que fue secundada por más de 800 obreros de los 900 que componían la plantilla, la primera desde su fundación en 1873. Pedían el aumento del jornal diario en una peseta, los pagos semanales en lugar de mensuales, el incremento de las retribuciones por horas extra en un 40% y la implantación de sindicatos obreros.

El dirigente ugetista del Sindicato Metalúrgico y diputado socialista en las Cortes de la 2ª República, Bruno Alonso,[39] se refiere a la dificultad para establecer en la factoría los sindicatos de clase porque "era inevitable que allí, como en otros lugares, llegase la influencia de la organización obrera, y aunque con muchas dificultades y adoptando métodos secretos, se asoció una parte del personal.

---

[39] Ibídem, El proletariado militante. Memorias de un provinciano, 1994: 40 – 42.

Aunque se prescindió de los nombres y se utilizaron números para conservar la clandestinidad, al fin se descubrió la organización, y en consecuencia, se procedió a despedir a una veintena de obreros de los que consideraban más significados."

Tras varias semanas (de huelga y de negociación por parte del Sindicato Metalúrgico Montañés), ni el intento de creación de un tribunal arbitral (14 de julio de 1919), ni las propuestas de intermediación de diferentes autoridades (se llegó a solicitar por carta la del Rey el 29 de julio de 1919), fueron aceptadas por unos patronos que estaban dispuestos a conducir el conflicto hacia un callejón sin salida.

La huelga se prolongaba y la situación económica se agravaba para los obreros en huelga y sus familias. Pero las respuestas de solidaridad (se recabaron donativos y quinientos niños fueron acogidos por ugetistas santanderinos), obligó a los Quijano a acudir a la prensa a rehabilitarse ante la opinión pública: Desde las páginas de varios periódicos, y en tono paternalista, Juan J. Quijano, director de la entidad, explicaba cómo, aparte de los salarios, desde su empresa se contribuía al bienestar de los trabajadores a través tanto de una cooperativa (en la que los artículos de primera necesidad eran vendidos a menor precio) como de la venta de menudos de carbón a bajo costo... además, reconocía que desde la dirección se recomendaba el voto de determinados candidatos durante las elecciones.

La contestación del comité de huelga no se hizo esperar: se cobraban los mismos salarios desde hacía treinta años, de la cooperativa sólo obtenían beneficio unos pocos trabajadores y en las votaciones, los capataces acompañaban a los obreros hasta la mesa electoral).

En septiembre de 1919, se aceptó una comisión formada por concejales de los ayuntamientos de Los Corrales y Santander y los componentes del Comité Francisco González, Lauro Marcano, Pedro Díaz e Ignacio Buenaga, con los que se iniciaron las negociaciones, lográndose el acuerdo de todos los puntos en litigio, excepto en lo que afectaba a los veinte obreros despedidos. [40]

El 23 de octubre de 1919 finalizaba el paro tras el laudo del Instituto de Reformas Sociales el 20 de octubre. Sin readmitir a diez obreros despedidos, se reconocía al sindicato ugetista.

El laudo del Instituto de Reformas Sociales dio la razón a la empresa en la no readmisión. Este conflicto impulsó la creación del primer sindicato católico de clase en Cantabria en 1920 propiciado por la patronal como contrarréplica y oposición al sindicato de la UGT. [41]

La lucha por el reconocimiento de las sociedades, la implantación de la jornada de ocho horas y, en general, de los derechos sociales, iba a generar graves enfrentamientos que radicalizaban "las relaciones laborales a unas situaciones hasta entonces desconocidas". Junto a la huelga de Los Corrales, la de los camareros de Santander culminando con la huelga general de carácter provincial en la primera semana de febrero de 1920, la de los barberos en septiembre, que, tras la muerte de un obrero, terminó de igual modo con un paro general; o el conflicto

---

[40] Gutiérrez Lázaro, Cecilia y Santoveña Setién, Antonio: 138 - 139.
[41] Felipe María de Castro: 381 – 382 y Lucio, Felipe, *Pequeña Historia*, 1989: 3-7.

del ramo de la construcción de Santander desde diciembre de 1919 a junio de 1920, sirven como muestra. En ellos se pusieron de manifiesto tanto la capacidad de movilización del obrerismo regional como las actitudes irreductibles de una parte de la patronal, que se negaba a reconocer unos derechos, pese a haber sido proclamados como indiscutibles en el Tratado de Versalles y en la conferencia de Washington, además de haber sido ratificados por el Gobierno español." [42]

Pocos meses después una nueva oleada sacudió la empresa y paralizó la producción en febrero y del 21 de julio de 1920 al 17 de octubre de 1921. La indignación por la no readmisión de los obreros despedidos después de varias peticiones del Sindicato Metalúrgico, determinó que toda la plantilla secundara la huelga general declarada en Santander por el conflicto de los camareros. Ni las negociaciones ni el laudo del Instituto habían resuelto el problema y los trabajadores, radicalizados, se hallaban dispuestos a utilizar cualquier medio de presión.

Más de 300 días de paro en tres jornadas de huelga provocaron una situación insostenible en las familias obreras, obligadas a emigrar a otras latitudes. Uno de los Quijano escapó por escaso margen de tiempo de la furia de los huelguistas en aquel día de clausura. Finalmente el conflicto se redujo a la rebaja de la jornada laboral a ocho horas. Las tensiones entre los obreros se incrementaron. [43]

Por su parte, los Quijanos optaron por suspender una parte de los trabajos en la fábrica desde mediados de 1920. Lo que a su vez provocó una huelga de carácter indefinido que desembocaría meses ocho más tarde, el 23 de febrero de 1921 a la declaración de un *lock – out* en todo el sector. El 15 de julio de 1921, tras una serie de tiras y aflojas, se llegaba a un acuerdo: se levantaría el "lock out" y el sindicato metalúrgico aparcaba el asunto de los obreros despedidos, sin renunciar a buscar su acomodo en otros metalurgias de la región "al abrigar la creencia de que con esto se restablecería la paz social de dicho pueblo." [44]

La fundación del Sindicato Católico rebajó la tensión social, pero la herida se cerró en falso porque cuanto más se retrasa el nacimiento de las organizaciones de clase con más virulencia estallan cuando la ocasión se muestra propicia. La canalización de los conflictos busca sus propios cauces de canalización y cualquier intromisión u obstáculo tiene negativas consecuencias a medio y largo plazo.

La empresa creció mucho en sus efectivos laborales, amplió sus instalaciones y de los 622 obreros en 1916 pasó a 940 en 1920 y a 2.076 en 1930. El considerable aumento de la población obrera desbordaba las loables previsiones sociales de los patronos. Empezó a acudir una masa de inmigrantes que se escapaba del modelo del obrero agradecido y protegido, bajo el control de las organizaciones católicas impulsadas por los patronos, y buscaron otras formas de organización de clase ajenas y contrapuestas con aquellas. [45]

---

[42] Gutiérrez Lázaro, Cecilia y Santoveña Setién, Antonio: 137.
[43] *El Diario Montañés* de 1902 – 2002, Crónica de 100 años, 2002: 138, Lucio, Felipe: 3 - 7.
[44] Gutiérrez, Lázaro, Cecilia y Santoveña Setién, Antonio: 140, 141.
[45] Un punto de vista favorable a la patronal en Bustamante Quijano, Ramón, J. M. Quijano: 250, 254 - 255.

En 1931, se presentaba la ocasión para la izquierda de resarcirse de los agravios anteriores. En este año, la UGT se apoderó de la sede del Sindicato Católico. La táctica consistió en afiliar a sus militantes al Sindicato Católico y en Asamblea General ganaron los votantes a favor de la cesión del edificio a la UGT. Católicos e izquierdas eran ya bandos encontrados. No sólo por los agravios del pasado o por los tintes patronal — amarillos de los católicos, sino también por las cuestiones dogmáticas o de base de ambos grupos. De base y por estatuto era incompatible compartir ambas militancias.[46]

Los incidentes a lo largo de la etapa republicana y luego, en la primavera de 1936 con el triunfo del Frente Popular, constituyen un goteo demasiado frecuente y alarmante. La izquierda local pasa a la ofensiva y la derecha se siente atenazada y dispuesta a no dejarse amedrentar. Esta profusión está recogida en los diarios y documentos de la época.

Como tónica general ante los enfrentamientos, las autoridades detenían sistemáticamente a los derechistas y católicos, aunque no los hubieran iniciado. Entre ellos, destacamos algunos significativos:

El 9 de octubre de 1932, la Juventud Católica Masculina de Los Corrales celebró la fiesta de la bendición de la bandera. Al inaugurarse el campo de fútbol de Santa Margarita y proceder el sacerdote a su consagración, un grupo de socialistas invadió el recinto. Intervinieron seis números de la Guardia Civil que tuvieron que encarar sus fusiles hacia los revoltosos. Medió el alcalde en el conflicto y se calmaron los ánimos, pero al regresar a sus hogares en autobús fueron apedreados. El gobernador civil detuvo a los ocupantes del autocar, algunos heridos, en lugar de a los agresores.[47]

El 29 de noviembre de 1932 se aprobó una moción socialista para imponer un tributo por el toque de campanas a todas las iglesias y capillas incluido el santuario de Las Caldas.[48]

En un acto de afirmación tradicionalista en Molledo el 12 de marzo de 1933, los afiliados de Los Corrales fueron avisados por las Juventudes Socialistas de Molledo y acudieron en automóvil.

Se apearon del auto cantando la Internacional hasta llegar al local de marras donde se les impidió la entrada. Saltaron entonces por las ventanas y dentro silbaron a los oradores, empezaron a cantar *La Internacional* y dieron vivas a La República.

Los tradicionalistas agarraron el banco y a modo de ariete les acorralaron contra la pared. Tuvieron que saltar de nuevo por la ventana y fue cuando empezaron los palos. Un cura sacó una pistola e hizo un disparo "para atemorizarnos, nos parapetamos en el jardín y ellos se tumbaron en el suelo dentro del salón, luego se subieron a las habitaciones y el cura salió al balcón y empezó a proferir frases insultantes. Nosotros tuvimos un herido".

---

[46] Felipe María de Castro, O. P.: 382, Lucio, Felipe: 8.
[47] Felipe María de Castro, O.P.: 383 y Felipe Lucio (a) "Capeli", *Pequeña historia*, 1988: 9.
[48] Felipe María de Castro, O.P.: 383 y Felipe Lucio (a) "Capeli", 1988: 9.

Para el día 26 de marzo, como reacción, las Juventudes Socialistas convocan una "marcha roja" sobre Molledo para materializar un acto de afirmación Socialista.[49]

Otro de los conflictos se plantea con el cierre de los colegios regentados por religiosos. En Los Corrales de Buelna estaban implantados los Hermanos de las Escuelas Cristianas (maristas) para niños de ambos sexos y el Asilo de San José de las Hermanitas de los Pobres para dar cabida a los ancianos y personas desvalidas. El Colegio tenía doscientos veintiséis niños. Las Escuelas nacionales no llegaban a los cien alumnos. La Ley de Congregaciones religiosas aprobada por las Cortes Republicanas el 17 de mayo de 1933 que prohibía la enseñanza a las órdenes religiosas, era una forma de acabar con el monopolio docente de la Iglesia Católica, pero esta ley tenía un carácter demasiado general como para arrasar las particularidades locales, sin excepción. De hecho, en Los Corrales como en otros sitios de la provincia se atendían las necesidades educativas, no sólo de los hijos de la burguesía, sino también de niños sin recursos. A pesar de los esfuerzos de La República por crear escuelas, no era posible sustituir de golpe y plumazo la enseñanza de frailes y monjas sin crear graves problemas.

La polémica de la enseñanza religiosa origina una serie de protestas y apoyos. Movilizaciones, réplicas e incidentes protagonizados por la derecha e incendios y profanaciones de templos por la izquierda.

El 19 de febrero de 1933 se constituyó la Asociación de Padres de Familia que agrupaba a cincuenta y un padres de familia con el fin de oponerse a la Ley de Congregaciones Religiosas que decretaba el cierre del colegio.[50]

Se tomó el acuerdo de que los pliegos de firmas se enviaran a la Confederación Nacional de Padres de Familia para su entrega al presidente de las Cortes, en señal de protesta contra la aprobación de la ley de Congregaciones y como adhesión y gratitud a las órdenes de la localidad.

En la fiesta obrera del 1 de mayo de 1933 se disparan cohetes y apedrean la residencia de religiosos de la Doctrina Cristiana (separada sólo de la Casa del Pueblo por la carretera) y la casa del párroco de San Mateo. Los insultos y agresiones empezaron la víspera. Dan clases a 200 niños. Acusan de pasividad al alcalde socialista José Fernández Díaz.[51]

El 16 de junio, es profanada la capilla de la Virgen de La Cuesta, en la que se destrozan los ornamentos sagrados, y después se abandonan en el campo seis imágenes. Poco después se prende fuego a la iglesia de San Mateo.[52]

En agosto de 1933, se celebra el homenaje a Los Hermanos maristas, "que han sido despojados de sus escuelas orgullo de este valle de Buelna". El edificio fue incautado por el Ayuntamiento por "los mismos concejales (que) en su mayoría fueron alumnos de las Escuelas Cristianas."[53]

---

[49] PS — Santander L — 240 en AGCS.
[50] DM., 11/03/33.
[51] DM. (3/05/33) y (4/05/33) con titulares: Los socialistas de Los Corrales apedrean el Colegio de los Hermanos de las Escuelas Cristianas. Y la casa del párroco de San Mateo, cuya madre se encuentra enferma.
[52] DM., 17/06/33: Horrible profanación de un templo.
[53] D.M., 26/08/33.

La crisis del 29 tuvo su repercusión a los pocos meses de la andadura de La República, crisis que llevó al paro a un porcentaje importante de la población trabajadora. Frente al paro sólo había soluciones paliativas dependientes de las organizaciones obreras y empresariales, corporaciones locales y no del Estado.

A fines de 1933, 332 obreros parados y 47 carreteros se encontraban efectuando trabajos de obras públicas pagados por la Junta Administrativa pro - parados (recogía donativos particulares, el 1 % de sueldos y jornales de organizaciones obreras y obreros del municipio y recaudaciones de funciones benéficas). Por otra parte, la empresa S.A. José María Quijano también encargaba sus propios trabajos de obras externas en la factoría.[54]

Tras una etapa de relativa tranquilidad, en septiembre de 1934, después del anuncio de Gil Robles de llevar a la CEDA a las tareas de gobierno, se reproducen los incendios de iglesias parroquiales (entre ellas, la ermita de Nuestra Señora de las Nieves de Barros por el presidente de la Juventud Socialista del pueblo).[55]

La presión de la izquierda animó a los jóvenes católicos a engrosar las filas de Falange. El párroco – consiliario D. Felipe G. Cañas había afirmado que "no se podía hacer al mismo tiempo apostolado seglar y activismo político, porque estaba en contradicción con el espíritu de la iglesia". [56] Si la Iglesia no permitía o tenía sus prevenciones en la táctica del enfrentamiento armado, la Falange dejaba abierto el camino al empleo de la violencia física para hacer frente a las agresiones de las izquierdas del lugar. Cualquier camino de entendimiento estaba cegado, tal y como nos recuerda Bernardo Urreta:[57]

Bernardo Urreta pertenecía a la Juventud Católica. Para él "la guerra civil no empezó el 18 de julio, La República entró con mal pie. Se les fue de la mano a los gobernantes, no imperaba la justicia, dominaba el libertinaje. Se exacerbó la lucha de clases en las zonas industriales. De mayo a junio de 1936, esto era una anarquía. Como todo el mundo conocía a todo el mundo en el pueblo había una lucha feroz. El anochecer se convertía en el momento de mayor peligro por los atentados y emboscadas que tendían los de izquierdas. Y como muestra un botón: los hermanos Polanco, de Falange, sufrieron tres atentados durante el período del Frente Popular hasta que en la guerra los mataron. Mataron a la madre en su domicilio con un disparo desde el exterior en la primavera de 1936. Los que habían estado presos en el 34 pensaban que había llegado el tiempo del desquite. Precisamente en Los Corrales, Falange tuvo mucha fuerza por este ambiente de encono, porque la gente no se hace extremista, la hacen extremista y si la izquierda se hacía agresiva no había más remedio que defenderse. Los extremos se tocan y en un mismo pueblo surgen los extremismos contrarios como polos opuestos que se buscan y repelen".

Bajo el síndrome de agotamiento del modelo económico capitalista y del secuestro de los ideales republicanos por la derecha oficializado como rechazo a

---

[54] DM., 4/11/33.
[55] DM., 23/09/34 y 27/09/34.
[56] Felipe Lucio (a) "Capeli", 1988: 13.
[57] Entrevista en Los Corrales de Buelna a Bernardo Urreta (21/02/01).

la entrada en el gobierno de la CEDA, se produjo la Revolución de 1934 que alcanzó gran virulencia en la localidad.

Después de regresar Bruno Alonso de Bilbao con la orden correspondiente de declarar una huelga revolucionaria con "el máximo de violencia", quedaban paralizadas las actividades industriales en la cuenca del Besaya a las cinco de la tarde del día cinco de octubre. Los cafés, bares y comercio cerraban sus puertas al público, poco después.

Si en Santander, la huelga general revolucionaria transcurrió con relativa tranquilidad, sólo alterada por algunos incidentes en la fábrica de Nueva Montaña, los percances más graves se concentraban en el área de Torrelavega y Los Corrales. Aquí la revolución de 1934 alcanzó especial virulencia. Ya el 16 septiembre de 1934 se nombró un comité revolucionario compuesto por Máximo Pérez Ruiz (concejal), Mariano Meléndez, bajo la presidencia de Primitivo González, que desarrolló la estrategia de las acciones entre las que se incluía el asalto al cuartel de la Guardia Civil y a la fábrica, la voladura de las líneas telegráficas y eléctricas, así como el bloqueo de las carreteras de entrada y salida del pueblo.

El 5 de octubre, viernes, a las 4 de la tarde, se inició la huelga general. Los trabajadores se reunieron para formar grupos que recogieron las armas de los derechistas (reaccionarios). Las primeras horas transcurrieron tranquilas, y por la noche hubo animación extraordinaria en la Casa del Pueblo, donde el nuevo secretario del Sindicato, (Antonio) Cuadra, les arengó en estos términos:[58]

— "Ha llegado la hora de obrar. Nada de insultos, sino todos unidos y a obrar"

A las dos de la mañana del sábado fue abordada la fábrica "de arriba", de los Quijano, donde amordazaron al guarda jurado. Los asaltantes, convenientemente disfrazados y armados de pistolas, lograron extraer 400 litros de gasolina del surtidor de la fábrica y se apropiaron de 40 calderos de cinz.

Al presentarse la Guardia Civil se entabló un nutrido tiroteo y cayeron heridos tres guardias. Los revoltosos se parapetaron tras las tapias del edificio de oficinas. La fuerza pública se vio obligada a refugiarse en el cuartel. El cabo de la fuerza salió sólo a la calle y consiguió la detención de 5 individuos. Más tarde volvió a salir, completamente sólo para requerir el auxilio de un automóvil y trasladar a dos guardias heridos al Hospital Valdecilla de Santander. Al disponerse a partir el automóvil frente a la portería de la fábrica, fue objeto de una descarga con cuarenta impactos en el coche. Una bala atravesó el tricornio del cabo de la benemérita.

Hasta las siete de la mañana no pudo salir el auto al impedir el paso un grupo de huelguistas y estar obstaculizado por barricadas el camino hasta Santander. Uno de los guardias, Saturnino Yudego Sendino, de 38 años, natural de Valdemorillo (Madrid) casado, murió en Valdecilla el 12 de octubre de 1934.[59]

---

[58] D.M., 6/10/34.
[59] T. 17. F.71. N. 139 del Registro Civil de Santander.

A las cinco menos cinco de la mañana fue incendiada la casa del párroco, dejando abandonados los asaltantes siete cubos llenos de gasolina. El incendio fue sofocado, pero los daños fueron de consideración.

Fueron necesarios refuerzos de la Guardia Civil al mando del teniente coronel de la Comandancia de Santander quien solicitó de sus superiores una acción de bombardeo, solamente frenada por la colaboración de los derechistas para acabar con el movimiento, ejecutando labores de vigilancia.

Al día siguiente, 6 de octubre, se presentó la guarnición de Infantería número 23 destacada en Santoña al mando del capitán Carlos Medialdea Albo (una de las cabezas de la intentona de sublevación militar muerto violentamente durante la guerra civil en Gijón) que practicó una batida por los montes de San Mateo y Barros donde varios concejales habían agrupado a los revolucionarios y puesto como escudos a sus propios hijos para evitar los disparos.[60]

Como consecuencia fueron detenidas 259 personas del Valle de Buelna y se requisaron más de 450 armas. No faltaron los malos tratos a los detenidos y la muerte violenta de un revolucionario. El notario de Los Corrales, Jesús Alonso Piñeiro, denunció a la Guardia Civil por las prácticas represivas infligidas a los obreros. Después sería condenado a muerte en Consejo de Guerra.

Toda la Corporación de Los Corrales fue suspendida, salvo el alcalde en funciones, González Rubín, "que se puso a disposición de la Guardia Civil." Cinco concejales socialistas fueron detenidos: Manuel Herrera Gutiérrez, José García Pérez, José Saiz García, Joaquín Fernández Ugarte y José M. Sendino Zamora.[61]

Con la concesión de la amnistía, los presos de octubre vuelven a sus domicilios. Falange aumenta sus efectivos. Llega la hora de las revanchas y los enfrentamientos.

En la fábrica existen bandos ya irreconciliables. Las tensiones se trasladaron a los pueblos del contorno en donde residían gran número de obreros. Los ugetistas empezaron a atentar contra falangistas y derechistas significados, acusándolos de esbirros o delatores.

El 5 de septiembre de 1935 se legalizó ante la Delegación de Trabajo de Santander el Sindicato Español Sindicalista de Metalurgia que encubría las siglas de la falangista Central Obrera Nacional Sindicalista (CONS) de Los Corrales de Buelna. La militancia fue significativa.

Iban a adquirir triste fama los enfrentamientos y las labores de represión de los grupos de falangistas en Cieza con el nombre de guerra de "Los Kaiser" y "Los Velarde". Y en Los Corrales la banda de "Los Chilenos" frente a los republicanos agrupados en "Los Lobos".

Los efectivos falangistas en el Valle de Buelna empezaron a crecer de forma que se alcanzó en la primavera de 1936 la cifra de 256 afiliados, la mayoría obreros y empleados de la fábrica de Quijano.[62]

---

[60] El movimiento revolucionario en Aguado Sánchez, Francisco, 1972, Mora Villar, Manuel Felipe (de la), 1979. Para Torrelavega, además Garrido Martín, Aurora y Villanueva Vivar, María Eugenia, 1995: 419. Para Los Corrales, Felipe María de Castro, 1996 y Felipe Lucio, 1988.
[61] DM., 7/11/34.
[62] Felipe Lucio (a) "Capeli", *Pequeña historia*: 15, 16 suministra los datos de afiliación.

Según Ramiro Cibrián, [63]Santander ocupa durante el gobierno del Frente Popular antes del estallido de la guerra, el tercer lugar de las provincias españolas en el índice global de violencia, el séptimo lugar por el número de incidentes violentos o no, y el noveno por el de defunciones. Estos índices tan elevados los atribuye a la fuerte presencia de Falange, una fuerza política cuya acción en Cantabria se basó más en la provocación osada de tintes gamberriles que en el atentado. Se les percibe más como factor de amenaza que como práctica violenta, entre otras causas, porque estuvieron ilegalizados a partir de marzo de 1936.

Durante la primavera de 1936, el número total de muertos en toda la provincia alcanzó las 22 personas, de las que cuatro, son presos que fallecen en el motín del Dueso el 19 de febrero de 1936 en demanda de la amnistía prometida.

Salvo el sonado asesinato de Luciano Malumbres, director de La Región y el homicidio del comunista Lino Saráchaga en Castro Urdiales perpetrados por falangistas, doce atentados con resultado de muerte van dirigidos contra miembros de la Comunión Tradicionalista, Acción Popular, Monárquicos y Falangistas.

La primavera de 1936 fue particularmente conflictiva y una de las más altas de la región.[64] Se prodigaron los atentados contra empleados y obreros de derecha, algunos con resultado de muerte.

El 22 de mayo fueron objeto de agresiones los obreros José Francisco Marcano Igartúa (falangista) y Bernardo Polanco Díaz. Ambos salían del turno de trabajo a las 10 de la noche y se dirigía a su domicilio de Cieza cuando les llovió una lluvia de piedras. Como resultado, quedó tendido en el suelo José Francisco Marcano. Pero es que no era esto sólo. Días antes ya se había apaleado bárbaramente al vecino de Cieza, Nicanor Varela. Tendido en el suelo y sin conocimiento, uno de los agresores trató de rematarlo a tiros, aunque no lo consiguió por mala puntería.[65] Estos atentados nocturnos sembraron el miedo en los obreros de los pueblos y se vieron obligados a pernoctar en la localidad.

El 22 junio de 1936, María Díaz Gutiérrez, viuda madre de ocho hijos se encontraba en casa de su hijo casado para visitar a su nieto enfermo. Cuatro disparos desde el exterior, dirigidos a su hijo Bernardo Polanco, le atraviesan la espalda y un cuarto le hiere mortalmente en el cuello. María Díaz acababa de salir de la cárcel por vitorear a España y a sus institutos armados.[66]

El hecho, que reflejaba la profunda fractura política y social, causó una profunda conmoción. Las autoridades tomaron medidas para evitar que los funerales fueran politizados por los deudos de la víctima.

El gobernador civil envió el 26 de junio un telegrama al delegado gubernativo, Mateo Rasilla, indicando que, después de lamentar la "desgracia ocurrida" y evitar que la "cobarde agresión quede impune", se verá obligado a imponer las

---

[63] Ibídem, 1978: 97 – 98.
[64] Merino Pacheco, Javier, y Díez Marzal, Carmen, 1984.
[65] Merino Pacheco, Javier, y Díez Marzal, Carmen: 24, Diario Montañés, 26/05/36 y 28/05/36.
[66] Diario Montañés, 15/06/36.

sanciones que "la ley le autoriza a los que están dispuestos a tomar la justicia por su mano." [67]

El día anterior, 25 de junio, el gobernador civil envió un telegrama al ministro de la Gobernación comunicando que a la salida de los funerales se originó una manifestación no autorizada ante el cuartel de la Guardia Civil en la que se dieron gritos de vivas y mueras y había ordenado que los organizadores y autores quedaran a disposición del juez de Instrucción de Torrelavega. [68]

Días antes de la muerte de María Díaz, a las 22,30 horas del 14 de junio, cuando iba a comenzar una función de teatro en la Casa del Pueblo, se provocó un atentado contra siete jóvenes de la JAP y falangistas que acababan de salir del bar Zamanillo. Dos jóvenes resultaron heridos de pronóstico grave. Se trataba de Luciano Polanco Díaz, de 28 años, soltero y escribiente, y Luis Villanueva Balbontín, de 36 años, casado y jornalero. Los autores son sorprendidos con las armas aún calientes por el delegado gubernativo, procediendo a su detención. Se trataba de Eusebio Menchaca Turiel, de 26 años, soltero, de filiación comunista, y Gustavo Gutiérrez Álvarez, de 25 años, casado, afiliado al PSOE. [69]

Tanto Luciano Polanco Díaz y Nicanor Varela como los agresores murieron en circunstancias violentas en la guerra civil.

En el seno de este avispero los militares se sublevan el 18 de julio. Muchos obreros de la fábrica se aprestan a la defensa de la República. Se constituyen milicias formadas por ocho secciones divididas en cinco escuadras, cada una formada por un cabo, un auxiliar y siete números, a cuyo frente figura Mariano Meléndez como secretario del Comité de Milicias. El servicio sanitario está integrado por un médico, cuatro practicantes y 27 enfermeras y se instala un comedor con cuatro cocineras. El número total de milicianos ascendía a 421 personas.[70]

Las detenciones se suceden a centenares. En todo el Valle de Buelna, se arrestaron en los primeros días de la guerra, a cerca de 400 personas en la iglesia, por el hecho de ser de derechas, católicos o simplemente por ir a misa y, naturalmente, a los falangistas.[71]

En la fábrica se constituye el comité de control y se reconvierte para fabricar proyectiles de siete y medio, con una producción en julio de 1937 de cien proyectiles diarios (dos toneladas), 600 carretes diarios de alambre de espino para las trincheras, somieres y camas de hospitales. La falta de personal, movilizado en los frentes, la escasez de materias primas, la descoordinación de las importaciones que procedían de Asturias, el boicot de capataces e ingenieros, dejaba la producción muy por debajo de su capacidad potencial. [72]

---

[67] PS — Santander CU — 8, Caja 249, Exp. 5. Fol. 31 del AGCS.
[68] PS — Santander CU — 8, Caja 249, Exp. 5. Fols. 32 y 33 del AGCS.
[69] PS — Santander A, Caja 249 del Archivo Guerra Civil de Salamanca y *Diario Montañés*, 16/06/36.
[70] *El Impulsor*, 16/08/36.
[71] Felipe Lucio (a) Capeli, Pequeña historia de una gran historia, 1988: 19.
[72] Santander L — 332, en AGCS.

Los Corrales en la Guerra Civil.
Vista de su templo parroquia.
Fuente Biblioteca Nacional.

Andrés Orcajo de Grado[73] es un falangista camisa vieja que nació el 16 de enero de 1917 en el lugar burgalés de Villadiego. Cuando tenía un año (en 1918) vino con sus padres a Los Corrales de Buelna donde su progenitor se empleó como encargado de transportes en la fábrica de Los Quijanos. Durante la primavera de 1936 estuvo tres meses en la cárcel por actividades subversivas. Entre ellas, por la explosión de un petardo en un mitin de Bruno Alonso en Los Corrales.

Recuerda que aquel día se refugiaron en el Casino donde la Guardia de Asalto le encontró junto con otro camarada y a cada uno por separado les preguntó "¿De qué estabais hablando? Y como no coincidiesen en la respuesta -uno dijo una cosa y el otro otra distinta"-, fueron detenidos por las contradicciones.

En la cárcel de Torrelavega recibían buena comida que financiaba la gente de dinero de la ciudad que se compraba en el bar de "La Gorriona". Recibieron buen trato y podían asistir a misa diariamente.

Ya había estado presente en la explosión de otro petardo en un mitin de Bruno Alonso en Renedo. Uno de los falangistas apodado "El Marica" y que era de Santander gritó en la sala: ¡Viva José Antonio! ¡Arriba España! y se armó tal gresca que todos se fueron contra él. "El Marica" respondió con puñetazos tan descomunales que en medio del gentío iban cayendo adversarios como naipes. La gente huyó despavorida. Los falangistas de Los Corrales volvieron a toda prisa en bicicletas a la localidad para evitar la detención y rehuir la acción policial.

Una de las medidas que tomaban para evitar los cacheos de la policía era que las armas fueran ocultadas por las novias o esposas a las que no registraban. Solían esconder las pistolas en las katiuskas que llevaban como calzado.

Tenían lugares de reunión específicos como el bar Zamanillo y El Casino de Los Corrales fundado en 1920. Los de izquierdas se reunían en el bar "Nani" y en El Estanco (que era del padre del Nani). Los propietarios, industriales y comerciantes también dividían sus preferencias entre izquierda republicana ("Los Pilatti", que tenían almacén de piensos, tienda, bar) y la derecha ("Los Churreros" que tenían el cine "Hispania", huertas, fincas, panadería, bar y baile).

Nunca hicieron atentados personales con el fin de matar a alguien, al contrario que la izquierda local, que aprovechaban cobardemente la noche para atentar

---

[73] Entrevista en Los Corrales Buelna a Andrés Orcajo (23/01/03).

contra obreros de Falange y a veces con métodos brutales. Moteja a los dirigentes de la izquierda local de fracasados, cerriles y a ellos achaca la responsabilidad de las setenta muertes que hicieron los republicanos en el pueblo. El secretario de Falange, Desiderio García, era hermano del jefe de policía del Frente Popular, "Paquito", y comentan que cuando fue detenido dijo: "la justicia que comience por casa." Y le tiraron por el faro. Hay que tener pocas entrañas para hacer eso con un hermano.

Detuvieron a cuatrocientas personas que encerraron en la iglesia y el Frente Popular se instaló en la casa de Bustamante sita en el lugar conocido como La Rasilla. Cuando detentaron el poder actuaron como nuevos ricos, con coches, chóferes y criados. Familias enteras quedaron destruidas por la barbarie y cita los apodos de Los Chocolateros (los hermanos Isaías y Jaime), Los Salas (tres hermanos. Y luego en México mataron a otra hermana), Los del Estanco (los hermanos Ceballos). En Viérnoles mataron a los Cabrero (un padre y dos hijos). Acabaron con la vida de la forma más siniestra con la comunidad de frailes dominicos de Las Caldas. Al jefe de Falange, Félix Hinojal, le rompieron los brazos para hacerle entrar en el coche en el que le llevaron detenido y luego asesinaron. Afirma que a veces ha oído hablar que la derecha ha matado mucho en este país. Al menos esto, le espetaron en un bar. Y contestó que le fueran a decir a él que la derecha ha matado, a él, que perdió a su padre, víctima de los malos tratos y a otros tantos vecinos de Los Corrales, algunos quemados y arrojados al mar.

Los falangistas de Los Corrales recibían armas de Burgos preparándose para el Alzamiento procuradas por Miguel Quijano, que hacía el servicio militar en aquella ciudad y que a su vez las conseguía de un capitán del Ejército, simpatizante de Falange o falangista, quien sabe. El 18 de julio estuvo esperando en el cruce de Mazarrasa con otro falangista llamado José Antonio Riaño, las instrucciones para declarar el bando de guerra que presuntamente venían de la mano de un motorista.

A un hermano de Andrés apodado "el Bala", le sorprendió la sublevación en Villasandino, en la provincia de Palencia. Conducía una "charrete" llevando mercancías. Preguntó qué había pasado y le dijeron que los militares se habían levantado. Amarró el caballo con la charrete a un árbol y montándose en un camión que pasaba por el lugar, se trasladó a Palencia donde participó en la rendición del Gobierno Civil que originó la muerte violenta del titular, Ruiz Delgado.

Fue detenido por "el Ché" el 19 de julio, domingo. Tenía 19 años y acababa de salir de misa. Venía acompañado de dos guardias civiles, uno de ellos era Palacios. Cuando preguntó la causa de su detención respondió el Ché que por orden del gobernador civil. Fueron seguidamente a la casa del jefe de Falange, Félix Hinojal para hacer lo propio y sucesivamente detuvieron a 16 personas, entre ellas el jefe y el secretario de Falange. "El guardia civil Palacios hizo un ademán con la mirada para que me escapara porque iba derecho al matadero. De las dieciséis personas que detuvieron aquel día, todas desaparecieron o fueron asesinadas."

Al primer descuido saltó una pared como si de un gamo se tratara y burló la vigilancia del "Ché". No en vano había sido campeón de Cantabria de los 5.000 metros. Se dirigió al caserío de Ángel Anívarro en la ladera del monte Gedo. En este caserío se reunieron 27 camaradas corraliegos que esperaron algunos días a la declaración del estado de guerra. Sostuvieron un encuentro armado con milicianos que les hizo deambular por las montes, y como juntos constituían un blanco fácil, se dispersaron en pequeños grupos. Él se quedó con los hermanos Anívarro.

Había días que no comían otra cosa que endrinas, frutos silvestres arrancados a un árbol espinoso. Pero quién verdaderamente se jugó la piel fue la mujer de Ángel Anívarro, llamada Ermelinda quien les traía la comida. "Se portó como una verdadera heroína, como una Agustina de Aragón."

Se dirigieron a Castillo – Pedroso donde se alojaron con una familia de confianza durante el mes de septiembre hasta el 12 de octubre. Como ese día se celebra la fiesta de la Virgen del Pilar pensó que había nacido de nuevo y en honor a la Virgen puso Pilar a una de sus hijas. Este día atravesaron los pasos de montaña hacia Burgos guiados por "Nisio, el de Luena", un lugareño de absoluta lealtad, proporcionado por un tratante de ganados de Castillo, llamado Bengoechea. Habían intentado pasar una vez anterior, pero la vigilancia de milicianos les hizo desistir.

Salieron de Castillo al amanecer. Al llegar al sitio del Pombo se encontraron con Paquín Sañudo (luego alcalde de San Vicente de Toranzo) y al cura del pueblo. Llegaron cerca de Luena y el espía tenía una contraseña que era llamar Pepe. El tal Pepe fue el Nisio que les pasó a la provincia de Burgos. Aquella misma noche todavía les tocó quedarse en un caserío muy próximo al frente republicano. Tan cercano que se oían voces de milicianos. Ahora vamos a dormir y salimos de amanecida, les dijo Nisio. La espera se le hizo eterna y mal pudieron seguir la recomendación de dormir teniendo tan próximo al enemigo. Sin amanecer se dispusieron a partir. Antes tomaron café de un puchero preparado por Nisio. Recalaron en Ahedo de las Pueblas donde se presentaron a un destacamento de requetés y les dieron de desayunar. Le parecía increíble que tan pocos pudieran defender una posición frente a tantos milicianos.

De Ahedo de las Pueblas bajaron en una vagoneta de freno de palanca, por el ferrocarril de La Robla hasta Pedrosa. El cuartel general se hallaba en Santelices. Se presentaron al comandante del batallón que les pregunta por el armamento y el número de milicianos al otro lado. Se queda sin respuesta. No había estado movilizado con los republicanos y desconocía el hecho, sin otra misión que andar errante por los montes. Le encuadraron en la primera centuria montañesa, mandada por catalanes de Olot, fabricantes de tejidos, apellidados Manela y Garriga, junto con otros cántabros huidos. En la centuria también habían integrado a voluntarios de Argentina, descendientes de gallegos y cántabros. En sus flancos actuaba una centuria catalana. El 2 de diciembre de 1936 estuvo en Espinosa de los Monteros donde entró en combate al atacar los republicanos de la columna Villarías. Les llevaron a Burgos al cuartel de la Primera Línea de milicias donde se encontraba el jefe de Falange, Manuel Hedilla Larrey.

El 2 de febrero de 1937 estuvo en la defensa de Loma de Montija donde los republicanos tuvieron 400 muertos y ellos 40. Loma de Montija estaba defendida por dos centurias frente a un ejército de 4.000 hombres. Contaba con una ametralladora alemana y con ella subido al parapeto, desafiando las balas y las bombas de mano, barría literalmente al contrario. No lo dice él, lo afirman otros combatientes. Un paisaje nevado calado de figuras oscuras de milicianos avanzando, parecía contener una invasión de marcianos. En medio del estruendo se mantiene como figura invulnerable luciendo en el pecho el "detente" con la imagen del Sagrado Corazón, prendida en el pecho para esquivar las balas. Otro falangista de Bezana, Cesáreo San Miguel ("El Loco") llevaba las bombas de mano arracimadas entre el sobaco y los brazos. Las lanzaba contra los parapetos, como si tirara caramelos en un bautizo, sin inmutarse, y observando con curiosidad lo sucedido. Teníamos 19 años, algunos hasta 16, y entonces no eras consciente del peligro. Hoy, con 86 años, no lo haría. Lo dice como si pudiera ser capaz de hacerlo.

Los destinos sucesivos serían Lorilla (un día), Campino de Bricia (un día) y Barrio de Bricia (tres meses). En una infiltración, los republicanos mataron al hijo del comandante de Carabineros, Esteban Cecilio Gil, que se habían pasado junto con el cabo Sempere, a las filas nacionales. Como los carabineros tenían fama de lealtad republicana, dijeron que iban a hacer una descubierta. Nadie sospechó de sus intenciones, y aprovecharon la ocasión para escaparse.

Este comandante pasó a mandar "la Centuria Montañesa" y según confesión anónima de combatientes falangistas (no de Andrés Orcajo), a partir de la muerte de su hijo único en la incursión del comando republicano, prisionero que encontraba, prisionero que fusilaba. Era tal su rabia, que antes o después de morir, le espetaba el consabido ¡rojo de mierda!

Según las investigaciones de Abdón Mateos, parece ser que esta centuria al entrar en Cantabria fusilaba a los componentes del Frente Popular que no habían podido huir y la ruta de los pueblos que atravesaron está cubierta de víctimas. Según confesión de un falangista, mi padre Ramón Gutiérrez Robles, llamó la atención a los mandos escandalizado por estas barbaridades y cometidas personalmente o incitadas por los responsables.

Entre las actividades del frente, además de los retos de las balas, se desafiaban cantando de trinchera a trinchera. Coreaban ellos y nosotros respondíamos, o viceversa. Decían que no sabíamos afinar, pero en nuestras filas había voces privilegiadas. Él había sido tenor y entonaba con navarros y riojanos, afamados en el arte del canto. En las vísperas de la ofensiva decían: "Jachos, vais a recular hasta Burgos". Nosotros especificábamos: "Los que vais a ir a Burgos sois vosotros, pero a la cárcel." Eran de tu mismo pueblo, de pueblos cercanos, y allí estábamos, enfrentados en trincheras heladas con corazones que hervían.

Se apunta, aunque él no lo presenciara, que en La Lora hubo un partido de fútbol entre equipos de ambos bandos y que al coronel Sagardía le dio un pasmo disolviendo a tiros el partido.

Hablamos de los vicios menores adquiridos en la guerra: el alcohol, el tabaco. Del alcohol, el coñac, al que bautizaban "saltaparapetos" y él deshace el mito. No lo daban para entrar en combate, lo ofrecían para combatir el frío. Uno no hace más que pensar en los rigores de aquellos páramos en una tarde de enero.

También estuvo como enlace del falangista montañés, José María Alonso Goya, asesinado por otro falangista en los sucesos de Salamanca tras el Decreto de la Unificación de Falange en abril de 1937. Era muy peligroso porque suponía ponerse en contacto con los mandos militares cuando las cosas venían mal dadas. Su misión era correr y correr en el seno de un bombardeo y/o un tiroteo para pedir refuerzos. Muchos enlaces murieron porque ser un objetivo fácil.

Y habla de los moros, que asomaban las piernas en la trinchera para caer heridos y causar baja, o como arrancaban las dentaduras de oro y violaban a las mujeres.

En el avance entraron encuadrados en la Agrupación Moliner por San Martín de Elines para pasar a Cabañas de Virtus a través de Ruerrero. En Cabañas de Virtus ascendieron por el puerto del Escudo. Allí se dividieron en dos. Unos hacia San Pedro del Romeral y otros hacia Vega de Pas para pasar a través del puerto de la Braguía a Selaya, hasta desembocar en Pámanes. De allí volvieron a casa donde fue licenciado por ser hijo y hermano de caídos. Recuerda que en los pueblos estaban vacíos y parecían fantasmales. En Selaya le comunicaron la muerte de su padre por malos tratos en el Dueso de Santoña, quizás dispuesto a vengarse de los que causaron su desgracia.

Su mujer Luz, perdió a su hermano Manuel Sánchez González (a) "Manolín" asesinado en el barco, antes acusado de ayudar y llevar comida a los falangistas del monte. En la primera oleada del asalto empezaron a disparar a las bodegas tras descorrer los tablones. Un tiro le atravesó la cabeza. Pertenecía a la Acción Católica de Los Corrales. Su hermana habló con el denunciante indicando la desgracia que le había originado, no sin antes decirle que ella iba a respetar su vida.

Andrés volvió a reintegrarse en la factoría donde alcanzó la categoría de maestro del taller eléctrico. Los Quijanos pagaron los jornales de los obreros presos o huidos de los trece meses republicanos.

Fue concejal de Los Corrales de Buelna por los tercios familiar, sindical y el de prestigio en las elecciones del franquismo y barría al resto de los candidatos. También ocupó importantes cargos sindicales: vocal nacional del Sindicato Metalúrgico y vicepresidente de la Mutualidad de Santander y Burgos. Recibió el nombramiento de Caballero de la Orden de Cisneros por su dedicación y entrega.

Padres de Andrés Orcajo. El padre murió en el Dueso en dominio republicano.
Cortesía de su hijo.

Manuel Sánchez González ("Manolín") primero por la derecha, muerto en el asalto del barco del 27 de diciembre de 1936.
Cortesía de su hermana.

Colocó a mucha gentes de los entornos en la fábrica de los Quijanos. Recuerda que las personas agradecidas le hicieron importantes regalos, que siempre rechazó, porque no le gustaba deber nada a nadie.

Sin embargo, al gobernador civil de la época Carlos Ruiz García, no le pareció tan correcta la política abusiva llevada a cabo en la factoría "Forjas de Buelna". Su ideario falangista no podía consentir los atropellos cometidos. Al mes de ser nombrado gobernador dirigió al vicesecretario general del Movimiento una carta y un detallado informe comunicando el hallazgo por el inspector provincial de Trabajo de 675 casos de infracción de la legislación laboral.

El informe añadía que la compañía propietaria de S.A. José María Quijano, se hubiese negado a readmitir a más de 200 obreros por juzgarles desafectos al Movimiento o por su conducta en periodo "marxista". El resultado fue la situación de gran necesidad en que se hallaba un importante número de obreros del valle de Buelna obligando a Auxilio Social a repartir más de 800 comidas diarias y atender a numerosos niños. Los obreros afectados subsistían malamente con los "jornales míseros" de sus esposas e hijos en los talleres de "Derivados del alambre". Y proponía una multa de 337.500 pesetas a razón de 500 pesetas por cada caso. [74]

Parece ser que la medida surtió efecto y que el Régimen no iba a dejar abandonados a los suyos. Los poderosos Quijanos recibieron la compensación comprensiva ante tal agravio.

Su fábrica, que contaba con 2.300 operarios, recibió el título de primera "empresa ejemplar entre todas las de España" el 18 de julio de 1942. Se configuró como empresa modelo en la autarquía franquista. La familia fue un vivero de cargos en la política provincial, e incluso nacional. La trayectoria empresarial de los Quijanos, la nacionalización de la producción sin depender de importaciones extranjeras, la concesión de ventajas al trabajador mixto (viviendas con huerto, cuadra y pajar para los trabajadores, comedor para operarios solteros, obras de saneamiento y embellecimiento del pueblo, lavaderos, reparto de lotes de tierra), la identificación con el Movimiento, las ayudas económicas a la reconstrucción de la posguerra y las pagas extraordi-

---

[74] Sanz Hoya, Julián, 2003: 142,143

narias para combatir la carestía de la vida en los cuarenta, determinaron esta distinción. [75]

Los Corrales se trocaban en importante escenario de concentraciones falangistas. Un miembro de la familia Quijano, el abogado Manuel Mazarrasa y Mazarrasa, de 37 años, fue uno de sus alcaldes sin acabar la guerra. La familia quedaba emparentada con una familia de rancio abolengo tradicionalista como fueron los Oriol.[76] En 1948, la fábrica se fusiona con Nueva Montaña dando lugar a Nueva Montaña Quijano, S.A.

---

[75] DM., 26/04/41: Titular: Una paga extraordinaria a los empleados y obreros de las Forjas de Buelna, S. A.
[76] D. M., 4/09/40: Boda Aristocrática.

Panorama económico–social de Torrelavega en los años 30

Las zonas industriales de Cantabria se configuraban en torno a un núcleo urbano de ocupación burguesa o pequeño – burguesa y un entorno de pequeños pueblos, villas o aldeas ocupadas por campesinos, obreros mixtos y labradores que conformaban un *totum revolutum* de situaciones sociales, políticas e ideológicas, de conflictos derivados de la posesión de minifundios, enmascarados en los años 30 con posiciones políticas antagónicas.

El municipio de Torrelavega estaba integrado por las lugares de Barreda, Campuzano, Duález, Ganzo, La Montaña, Sierrapando, Tanos, Torres, Viérnoles y la ciudad de Torrelavega (7.655 habitantes de hecho en 1930). El conjunto estaba habitado por 15.933 personas.

En los comienzos de los años 30, Torrelavega era una ciudad cuya población activa trabajaba preferentemente en el comercio o servicios (50,9%) o en la industria (45,3%). Este carácter mercantil e industrial de la ciudad se había iniciado a mediados del siglo XVIII como resultado del emplazamiento de la localidad en una encrucijada de caminos potenciada por la apertura del Camino de Reinosa entre 1752 y 1845 y la construcción del ferrocarril a Alar del Rey entre 1856–1864 y del Cantábrico en 1905.

Un conjunto de pequeños talleres y empresas familiares convivían con grandes empresas de capital nacional e internacional orientadas a la industria química y alimenticia. Era el caso de la multinacional belga Solvay (1908) emplazada en Barreda con una plantilla de 900 obreros en 1934 y la Continental de Caucho para los productos químicos que abriría sus puertas en 1935. Los derivados de la leche tenían su sede en la Granja Poch (1914), La Lechera Montañesa (1926) y Queserías Reunidas (1933). Reunían más de 1.000 obreros y empleados.

El dinamismo llevó aparejado la fundación del Banco de Torrelavega en 1920 como filial del Banco de Santander. Su domiciliación en la capital del Besaya supone, al tiempo que refleja la buena coyuntura bancaria, el reconocimiento implícito de la importancia económica que va adquiriendo la comarca de Torrelavega, siendo uno de los bancos que más crecimiento experimenta.[77]

Junto a viejos oficios rurales (talabarderos, albarderos o guarnicioneros), sobreviven trabajos relacionados con la madera. Hasta cerca de 40 carpinterías y ebanisterías se podían contar en 1932. También eran visibles las industrias de alimentación (una aceitera, varios molinos harineros en los pueblos, las tres fábricas de embutidos de Francisco Estévez, Pedro Lorenzo Molleda y Eloy Fernández Barquín, las fábricas de gaseosas de Mallavia, Rodríguez Solana y Compañía, de Agustín Martín y Leopoldo Ruiz Capillas); otras de vinos, licores y jarabes, las fábricas de chocolate y confitería de Ramón Ballesteros, Nazario Asensio, Ángel

---

[77] Pérez González, Patricio, 1996: 169 –170.

Blanco y José María Velarde; las nueve tahonas y la ya tradicional industria del calzado y del curtido daban trabajo a 450 obreros en las cinco fábricas de Etchart, Sollet, Ugarte, Peña, Sañudo, Moreno Luque, Gutiérrez y Molleda.

Aspecto del balneario de Las Caldas a la entrada de los "nacionales".
Fuente Biblioteca Nacional

Junto a ello, la metalurgia básica de maquinaria y utillajes, de herrería, metales finos y cerrajería, daba lugar a las fundiciones de los hermanos Alonso, Casto Arce, Obregón y Cía. Todavía se mantenía viva la construcción de carros y surgían, en virtud del devenir de los tiempos, los garajes de automóviles de Wladimiro Villegas, Abel Bolado, Abelardo Escudero y Antonio Buendía.

La lista se completaba con una larga serie de pequeñas fábricas de tejas, ladrillos, tuberías de cemento, cal y yeso, jaboneras y fábricas de lejías, imprentas y elaboración de cajas de cartón para abastecer el mercado local y regional.

En el sector servicios, proliferaban los cuarenta pequeños comercios, los más de setenta cafés, bares y tabernas, las veintiséis tiendas de tejidos y ropas hechas, las once zapaterías, droguerías y mercerías, las catorce cacharrerías y ferreterías que hacían de Torrelavega un centro comercial.

Un 17 por ciento de la población activa se empleaba en el servicio doméstico, un escaso porcentaje del 2,5 tenía profesiones liberales y un 3,3 estaba adscrito al "culto y clero". La mano de obra industrial abarcaba grandes concentraciones de trabajadores poco cualificados y escasamente especializados, muchos compartiendo sus trabajos con las labores agrícolas y viviendo en pueblos del extrarradio urbano.

El resto del territorio municipal estaba conformado por un espacio rural en el que se reproducían las características del agro provincial: excesiva parcelación, explotaciones familiares, métodos arcaicos, pero que había experimentado algunas transformaciones como la sustitución de la agricultura por una ganadería vacuna intensiva alentada por la instalación de importantes industrias lácteas. [78]

---

[78] Garrido Martín, Aurora y Villanueva Vivar, María Eugenia, 1995: 367 – 373.

Panorama político–ideologico en los años 30

En las elecciones de abril de 1931: "La capital del Besaya daba su apoyo mayoritario a la candidatura del bloque antidinástico — con un 76% de los votos lo que le otorgaba 12 de las 20 actas en disputa. Los republicanos conseguían 4.774 votos frente a los 2.580 votos monárquicos. Por consiguiente, la corporación quedaría formada por 8 monárquicos, 7 republicanos (radicales) y 5 socialistas. [79]

Desde la "dictablanda" de Berenguer en 1930, la ciudad vivió un momento de expansión en la afiliación sindical, lo que le permitió pasar de las tres sociedades que estaban registradas en 1928 a quince en 1932.[80]

El Orfeón de Torrelavega en 1930 con el maestro Jorge Fernández Esteban (a la izquierda).
Cortesía de Francisco Muriedas.

En las tres elecciones generales celebradas en la etapa republicana, la izquierda ganó por mayoría holgada tal y como puede comprobarse en el recuadro siguiente elaborado a través de los resultados de febrero de 1936 que dieron el triunfo al Frente Popular en la ciudad con el 53,62 % de los votos, mientras que la Coalición de Derechas solamente consiguió el 25,73 %. El resto se repartía entre diferentes candidaturas entre las que hay que destacar casi el 8 por ciento que obtienen las candidaturas de extrema derecha (la suma de Falange y Tradicionalistas):

La crisis del 29 tuvo su repercusión a los pocos meses de la andadura de La República, crisis que llevó al paro a un porcentaje importante de la población trabajadora. En los momentos más duros, durante los años 33 – 34, la Cámara de Comercio local cifraba en cerca de 800 los "sin trabajo". El problema del paro forzoso adquiría tintes dramáticos en la conciencia de la sociedad de la época.

El paro constituía la señal inequívoca de la asfixia del sistema capitalista; o por lo menos la muestra de indiferencia del gobierno republicano ante los problemas sociales. La cuestión de "los sin trabajo" había de irrumpir y enrarecer la vida social, dejándose sentir su eco en el salón de plenos del Ayuntamiento. Por parte

---

[79] Garrido Martín, Aurora y Villanueva Vivar, María Eugenia: 411.
[80] En Gutiérrez Lázaro, Cecilia y Santoveña Setién, Antonio, UGT en Cantabria: 199.

de las entidades económicas se rechazó el establecimiento de cualquier paliativo —léase subsidio— capaz de fomentar el "parasitismo" entre el parado urbano, a la vez que se elevó protesta contra aquellas modalidades tributarias que "determinasen grave lesión para los intereses del comercio, la industria y la propiedad". Los sindicatos denunciaron la "falsa conciencia" capitalista de quienes, sin más, se contentaban con dar su pequeño donativo a la suscripción pública abierta desde mediados de 1932 para ampliar el número de braceros municipales.[81]

Bajo el síndrome de agotamiento del modelo económico capitalista y del secuestro de los ideales republicanos por la derecha oficializado como rechazo a la entrada en el gobierno de la CEDA, se produjo la Revolución de 1934 que alcanzó gran virulencia en la ciudad.

TABLA 2: LAS ELECCIONES DEL FRENTE POPULAR EN TORRELAVEGA	
Suma de votos Frente Popular	21.645
Votos medios del Frente Popular	4329
% sobre suma de votos medios	53,62
% sobre votos emitidos	62,34
Suma votos Coalición de Derechas	10.389
Votos medios de la Coalición de Derechas	2.077,8
% sobre suma de votos medios	25,74
% sobre suma de votos emitidos	29,92
s.v. Partido Radical	806
v.m. del Partido Radical	403
% sobre suma de v.m.	4,99
% sobre votos emitidos	5,80
s.v. del Partido de Centro	549
v.m. del Partido de Centro	549
% sobre suma de v.m.	6,80
% sobre votos emitidos	7,91
s.v. del Partido Tradicionalista	461
v.m. del Partido Tradicionalista	461
% sobre suma de v.m.	5,71
s.v. de Falange	177
v.m. de Falange	177
% sobre suma de v.m.	2,19
s.v. Partido Agrario	73
v.m. Partido Agrario	73
% sobre suma de votos medio	0,90
Inútiles y en blanco	3
% sobre suma de votos medios	0,37

---

[81] Garrido Martín, Aurora y Villanueva Villar, María Eugenia: 6.

La revolución de 1934

Después de regresar Bruno Alonso de Bilbao con la orden correspondiente de declarar la huelga revolucionaria con "el máximo de violencia", quedaban paralizadas las actividades industriales en la cuenca del Besaya a las cinco de la tarde del día cinco de octubre. Los cafés, bares y comercio cerraban sus puertas al público, poco después.

Si en Santander, la huelga general revolucionaria transcurrió con relativa tranquilidad, sólo alterada por algunos incidentes en la fábrica de Nueva Montaña, los accidentes más violentos se concentraban en el área de Torrelavega.

El sábado, seis, tras prender fuego a la iglesia de Sierrapando, se intentó impedir el paso de trenes a Santander, se cortaron las comunicaciones telefónicas, se emprendió el asalto del Ayuntamiento y se incendió la iglesia parroquial. Se cortaron los pasos por carretera en Cartes y Barreda, mediante la colocación de árboles y piedras, produciéndose choques entre huelguistas y fuerzas de Asalto.

El grueso de las fuerzas de la Guardia Civil con el capitán al frente había tenido que salir hacia Los Corrales. En el cuartel solamente quedaban seis guardias al mando del suboficial Luis Bachiller, que salen para dispersar a los revoltosos, haciendo varios disparos al aire que hieren a la joven Martina Sánchez, asomada a un balcón y al obrero de la Granja Poch, Jesús Ibáñez, que muere en el hospital.

A las tres de la tarde, llegaba de Santoña una compañía de Infantería al mando del capitán Carlos Medialdea, que declaró el Estado de Guerra.

Por la noche, una camioneta conducida por el falangista Van den Eynden y ocupada por el sargento del puesto de Potes, el sargento y cuatro guardias del de Renedo, los falangistas Valentín Sollet, Paulino Canales, Jesús Espina y Ángel Díaz Nereo, realizan rondas de vigilancia para impedir la voladura de transformadores. En el puente de Torres, cuando ya era medianoche, la camioneta es tiroteada, resultando muerto Ángel Díaz Nereo (natural y vecino de Torrelavega, 32 años, conductor, soltero) y herido el sargento, un guardia, Sollet y Díez Blanco.

Este mismo día se había volado la tubería de conducción de aguas a Campuzano, el transformador eléctrico de Sierrapando, el puente de Cohicillos, incendiada la iglesia de Mercadal y se habían producido graves enfrentamientos en Viérnoles que comentaremos más adelante.

Los incidentes se prolongaron hasta el día 11 de octubre. Eran las nueve y media de la noche, cuando se procedió a la detención de Daniel Ulibarri, alcalde socialista de Polanco, que logró zafarse de las fuerzas de seguridad, arrebatando un "máuser" a uno de los guardias que le perseguía. La guardia civil dispara, produciéndole la muerte.

Se practicaron centenares de detenciones, muchos habían huido al monte. No faltaron los malos tratos y algunos presos, como el trabajador de las canteras de

Cuchía, Francisco García Cacho, murieron en septiembre de 1935 a consecuencia de enfermedades no tratadas o contraídas en prisión.

El Comité Provincial decretó la vuelta al trabajo para el 15, sin embargo en Torrelavega la situación no se normalizó hasta el 18.[82]

Como dos extremos que se repelen, pero que necesitan estar próximos por ser antagónicos, dos fuerzas minoritarias alcanzarán un tremendo desarrollo durante la guerra civil. Hablamos de Falange y el PCE.

---

[82] Aguado Sánchez, Francisco, 1972: 392 – 393 Mora Villar, Manuel Felipe (de la), 1971:169–170; Garrido Martín, Aurora y Villanueva Vivar, María Eugenia, 1995: 419.

La primavera del 36

La comarca de Torrelavega ha sido descrita como un escenario de conflictos en la etapa del Frente Popular. Sin embargo, estos incidentes tuvieron lugar, sobre todo, en los pueblos proletarizados del extrarradio y municipios cercanos.

El número de alteraciones del orden público en la comarca de Torrelavega es de 162 (incluyendo Los Corrales de Buelna, Renedo de Piélagos y el valle del Saja). Siguen Santander con 126, Santoña con 83, Reinosa con 27 y San Vicente de la Barquera con 14.[83]

Como muestra de esta conflictividad destacamos la gran concentración de atentados en torno a Los Corrales, sobre todo en las personas de obreros de Las Forjas; y la constatación de los lugares en que se queman o destrozan iglesias: Barreda, Polanco, Cudón, Cartes, La Montaña, Somahoz, Campuzano, Ganzo, Zurita, Cortiguera, Vioño y Viérnoles. Ninguno de ellos sobrepasa los diez kilómetros de distancia respecto de Torrelavega. Todo parece apuntar a la existencia de algún grupo dentro de esta zona que se dedicaría a este tipo de actos.[84]

Además del incendio de iglesias, "otros incidentes destacables fueron los acaecidos en Torrelavega el 30 de marzo, cuando, a la vuelta de una concentración en Los Corrales de Buelna, grupos de jóvenes socialistas y comunistas asaltan el local de Acción Popular, tras una serie de enfrentamientos producidos en la ciudad. Según "La Región", fueron grupos derechistas los que agredieron a tiros a militantes de izquierda."[85]

Causaron gran impacto, la muerte en atentado de dos conocidos jóvenes torrelaveguenses en Santander. Se trataba de José Luis Obregón Siruana, hijo de un destacado abogado y procurador, dirigente de la Agrupación Regional Independiente, y de Luis Cabañas Abarca, hijo del que fuera ingeniero – director de la mina de Reocín, fallecido dos meses antes de este lamentable suceso. En el diario local *El Impulsor* se condenaba el hecho por cuanto aun siendo elementos de derechas no militaban en organizaciones extremistas.[86]

En un telegrama del gobernador civil al ministro de Gobernación y Dirección General de Seguridad se narraban los detalles del hecho:

> "… a las veinte treinta de hoy (13 de junio) y en las calles de Hernán Cortés y Bailén, respectivamente, de esta capital han sido agredidos a tiros los vecinos de Torrelavega, ambos afiliados a Acción Popular, José Luis Obregón Siusana (32 años, vecino de Torrelavega, llevaba una pistola Star, calibre 9 corto con dos cargadores, con su licencia limitada al transporte de caudales. Fue muerto en la calle Hernán Cortés, próximo al Círculo Tradicionalista) y Luis Cabañas

---

[83] Merino Pacheco, Javier, y Díez Marzal, Carmen, 1984: 19 – 20.
[84] Ibídem, 1984: 27.
[85] Ibídem, 1984: 13 y La Región, 31 de marzo de 1936.
[86] Véase Saiz, José Ramón, 1999: 176 – 177.

Abarca (vecino de Torrelavega, en la calle Bailén), los que ingresaron cadáveres en la casa de socorro. También fue agredido en la misma forma en la segunda de las calles dichas y a las veintiuna quince, Juan Fernández Sánchez, afiliado al PCE (17 años, natural de Santander, con domicilio en calle Bonifaz 13 – 2º izq., herido en calle Bailén) el cuál tiene un balazo en la pierna derecha, habiéndose calificado su estado de pronóstico reservado. La pareja de seguridad que salió inmediatamente hacia el lugar de las detonaciones supone que los autores salieron precipitadamente... "[87]

En la villa marinera y turística de Suances con grandes rivalidades entre gremios y sindicatos de pescadores se producían los siguientes:

El 2 de mayo de 1936 en Suances, en el hotel de la villa, en el seno de un banquete del Frente Popular que congregó a cien personas, penetraron tres "fascistas" en actitud provocadora, originándose una pelea en la que se hicieron tres disparos. Acudió la Guardia Civil y se practicó la detención de cinco falangistas y de los testigos presentes en el banquete. Los detenidos son José Cuevas López, Fidel Gómez Villegas, José Martín Jiménez, Ángel Ruiz Miera y Romualdo Zaratón Barana. Los testigos: Manuel Cobo Roldán, Prudencio Crespo Gómez, Luis Ceballos Ruiz, Gerardo González Gutiérrez, Julio Otero Barreda (del Frente Popular). Las detenciones de los izquierdistas son debidas, según el gobernador civil "a un error en el procedimiento".

Con motivo de la revolución del 34 circulaban bastantes armas, los derechistas porque les fueron entregadas para guardar el orden, los izquierdistas porque las conservaban escondidas. Los cacheos y registros son efectuados tanto por la policía como por las milicias de los partidos de izquierdas.

---

[87] En AGCS, PS — Santander CU — 8, Caja 249, Exp. 5, F. 24.

La guerra civil

Comenta nuestro informante, Bernardo Urreta de Los Corrales, que el 18 de julio, el jefe de Línea de Torrelavega en cuanto tuvo noticia de lo que ocurrió en Reinosa mandó concentrarse a toda la fuerza en el cuartel. Entonces el alcalde les pidió que entregaran las armas. El capitán Miguel Camino Martillach que era derechista, agotadas las posibilidades de un triunfo de la sublevación, invitó al alcalde a pasar al interior del cuartel donde se puso a las órdenes del poder constituido. Mientras el cuartel fue vigilado por mineros de Reocín, el piloto Eloy Fernández Navamuel también habló con el oficial y después tuvo que dirigirse a los milicianos congregados para aplacar su excitación desde el balcón del ayuntamiento y evitar un derramamiento de sangre al igual que ocurrió en Reinosa. La guardia civil era sospechosa de estar con los alzados y querían pasarles por las armas. El capitán y once números de Torrelavega fueron detenidos, mientras que veinticinco números acompañaban a la Columna de milicianos, guardias de asalto, carabineros, que salió de Santander el 23 de julio en dirección a Reinosa para trasmitir la sensación de fuerza del Frente Popular.

Francisco Muriedas Díaz de Torrelavega el 27 de diciembre de 1936 muestra su insignia de alumno de esperanto.
Cortesía del fotografiado.

El médico Francisco Guerra Pérez Carral también sostiene que la guardia civil se quiso sublevar: "Se había reconcentrado y creo recordar que eran cerca de 80 y estaban acuartelados en el cuartel arriba de la Llama." Según La Causa General eran cien los concentrados y esperaban la orden del coronel García – Argüelles para sublevarse y como es sabido, no llegó.

Muchos de estos guardias se pasaron a Palencia y Burgos en cuanto pudieron, es decir, aprovechando la movilización en los frentes de la cordillera.

Falangistas y tradicionalistas de Torrelavega estuvieron complicados como enlaces con los militares rebeldes de Burgos antes y en los primeros días del levantamiento militar. Fracasados en sus propósitos, serían las primeras víctimas de la localidad. En un principio los intentos estuvieron marcados por las dificultades para contactar con militares partidarios de la sublevación.

Amancio Ruiz Capillas, jefe local de Torrelavega, viajó a Madrid donde recibió la orden de contactar con los jefes militares comprometidos en Santander, usando para ello la palabra Covadonga en el curso de una conversación normal. Para lograr su objetivo se entrevistó con el ayudante de Argüelles, capitán Fernando Benavent García, quien le aseguró desconocer la existencia de clave alguna. Fue fusilado en el Faro de Suances el 8 de agosto de 1936.

El 20 de julio "se reunió el coronel Argüelles con el falangista torrelaveguense, Luis Martín Alonso, y le expresó la necesidad de contar, para alzarse, con el bando publicado por la Capitanía de Burgos. Para conseguirlo, se desplazaron el 20 de julio a Burgos, Martín Alonso, Ceballos y Eleuterio Pelayo Marcos Ingelmo. Su destino fue trágico, interceptados en Reinosa, fueron tiroteados, resultando muertos los dos últimos y Alonso herido. Una vez recuperado de las heridas fue asesinado a tiros en el Gorgollón, entre Bárcena y Pesquera, el 22 de agosto." [88]

Poco días más tarde, "el 24 de julio, por la mañana, llegaron a la ciudad dos emisarios carlistas, Ángel Belacortu Orbe, presidente de los Tradicionalistas de Torrelavega, y Pedro Santamaría, enviados desde Burgos por Pedro Sainz Rodríguez, con la misión de entregar personalmente al coronel una carta en la que se le urgía a que se levantara en armas contra la República." [89]

---

[88] Solla Gutiérrez, Miguel Ángel: 86.
[89] Ibídem: 122.

La vida cotidiana durante la guerra civil

El 18 de julio, como aviso premonitorio, se incendiaban la ermita de Campuzano, propiedad particular de Herederos de Amalia Campuzano y la Iglesia de La Montaña, ambas por desconocidos.

El Ayuntamiento, presidido por el joven comerciante y ya veterano republicano César Lorenzo Molleda, redactó un comunicado de condena del alzamiento militar en el que se le calificaba de "bárbara e injusta agresión de que fue objeto la República y que sume a España en la más abyecta y criminal de las luchas."

A fines de julio, las requisas, incautaciones, las detenciones, el acaparamiento y la ocultación de víveres, consumadas por grupos y particulares más o menos espontáneos, son tan prolíficas, que el Frente Popular local tiene que advertir:

> "Unos cuantos generalotes, tan ignorantes como ambiciosos, han desencadenado en nuestro país una guerra civil que nos llena de oprobio ante el mundo civilizado. Olvidaron su alcurnia militar para convertirse en despreciables mercenarios de contrabandistas usureros y explotadores sin conciencia. Cara pagarán su osadía y deslealtad a un Régimen que tan caballerosamente depositó en ellos su confianza pagándoles con prodigalidad inmerecida, mientras otras necesidades quedaban mal atendidas. Serán vencidos. Lo han sido ya. El pueblo entero, secundando eficazmente la actitud de una parte del Ejército y otras instituciones armadas integradas por hijos de la nación y comandados por jefes y oficiales conscientes de su deber y amantes de la república, lograrán restaurar el fuero de la legalidad republicana y la autoridad del Gobierno que la nación se ha dado en uso de su indiscutible derecho, en las inolvidables elecciones generales del 16 de febrero.
>
> … con el ojo avizor y con el arma al brazo, dispuestos en todo momento a salir en defensa de un Régimen que tantos sacrificios nos ha costado.
>
> Se equivocan, pues, los que esperen sorprendernos desprevenidos. Costaría sangre, pero serían aniquilados…
>
> Llamamos la atención a los comerciantes de la localidad, a fin de que aprovechando estas críticas circunstancias, se abstengan de elevar los precios de los artículos de primera necesidad y mucho menos de ocultarlos.
>
> Cuántos desatiendan esta indicación serán severamente castigados con fuertes multas, llegando a encarcelarles y a confiscarles sus bienes.
>
> Serán rigurosamente sancionados todos aquellos ciudadanos que, en la calle o en lugares públicos y privados, recojan y propaguen falsas noticias lanzadas por las patulas sediciosas o traten de inquirir noticias que solamente deben ser conocidas por las autoridades de la república y sus órganos colaboradores y representativos.
>
> Igualmente advertimos a todos los trabajadores de Torrelavega y sus aledaños que procuren por todos los medios que nadie, absolutamente nadie, se permita ofender de palabra ni de obra a ningún ciudadano, sean cualesquiera sus ideas y condición social. La energía y el amor a la República no están reñidos con la educación y cortesía que debemos a nuestros semejantes, y máxime cuando se trate de extranjeros, de cuyas vidas e intereses somos en estas horas sus guardadores y garantes.

> Serán castigados con severas penas cuántos, aprovechándose de la gran preocupación que nos absorbe todas las energías, cometan actos de pillaje u otra clase de desmanes que vayan en descrédito del régimen republicano y de la clase trabajadora, llamada ser la primera en observar el mayor celo por que nuestra nación siga siendo un pueblo digno y honrado y no una guarida de forajidos." [90]

A primeros de agosto se requisaron los edificios más representativos y lujosos para el asentamiento de los organismos del Frente Popular: El Círculo de Recreo de Torrelavega se destinó para oficinas del comité. En la casa–chalet de Ramón Fernández Hontoria (Conde de Torreanaz) se instaló el Ateneo Libertario. En el chalet de Berta Peragordo, las JJSSUU; y en el domicilio de Luis Bachiller se estableció la sede del PCE. Izquierda Republicana lo hizo en la sede del Círculo Radical, ubicado enfrente de la estación de ferrocarril del Cantábrico. La checa o comisaría de Policía se asentó en el chalet del notario. Las clases populares y periféricas pasaron así a ocupar los centros de la burguesía de la ciudad.[91]

Por estas fechas llegaban los refugiados de la zona minera del norte de Palencia. La oficina de Refugiados recoge las ayudas de los donantes y alberga a los doscientos veinte niños y cuarenta y seis mujeres en casas particulares. [92]

El 7 de septiembre de 1936, la UGT local requisaba el colegio de los Sagrados Corazones de la orden del Padre Damián, situado entonces en la calle Julián Ceballos, habilitado más tarde como uno de los hospitales de Sangre de la ciudad. [93]

El 19 de julio comienza la movilización de las milicias de partidos y sindicatos de izquierdas con entusiasmo festivo, pensando que La República podía aplastar en poco tiempo la sublevación. Republicanos torrelaveguenses de prestigio, como el piloto Eloy Fernández Navamuel, dirigen proclamas desde el balcón del ayuntamiento a la vez que calmaban las ansias viscerales de los congregados.

La movilización a favor de la República fue multitudinaria. Obreros de Solvay y de Forjas de Los Corrales de Buelna llegaron a Santander para engrosar la columna que el día 20 de julio se trasladó hasta las estribaciones del Escudo con la misión de impedir la llegada de Burgos de dos regimientos que supuestamente pretendían avanzar hacia Santander. [94]

Las milicias comienzan a hacer la instrucción en el Campo del Malecón, escenario donde otrora se celebraban las grandes manifestaciones obreras del 1º de mayo. Una vez pasado el periodo de instrucción, el Frente Popular les extendía una ficha para ser incorporados a filas y salir para las Machorras y San Pedro del Romeral, en la frontera con el territorio enemigo. [95]

---

[90] *El Cantábrico*, 30/07/36: Comunicado del FP. de Torrelavega.
[91] Saiz, José Ramón: 180 – 181 *y El Impulsor*, 16/08/36.
[92] *El Cantábrico*, 5/08/36, Torrelavega, p. 4.
[93] AGCS, P-S Santander "Hª", Leg. 7, Núm. 1.
[94] Solla Gutiérrez, Miguel Ángel; 2003: 136.
[95] *El Cantábrico*, 30/09/36.

Felipe Matarranz, que pertenecía a las JJSSUU, dice que el 19 de julio ocuparon el Ayuntamiento para ponerse a disposición de La República. Al principio se dirigieron allí donde hubo conatos de sublevación y fueron a sofocar la revuelta de Potes, del cuartel de Simancas, de San Sebastián, Oviedo. En estos momentos no formaban frentes y sus expediciones eran móviles. La acción más destacada fue la rendición del cuartel de Simancas de Gijón. El ayuntamiento envió el camión - bomba de incendios municipal cargado de gasolina para sofocar a los rebeldes.

Cuando se les organiza militarmente para los frentes escucharon de los jefes militares (en su caso del comandante Rubinos) decir que había que defender La República, ignorando que estaban ya curtidos en las escaramuzas iniciales en pro de la bandera tricolor. Iban mal armados. La escasez de pertrechos se cubría con actos de desesperación y heroísmo. Por ejemplo, en Simancas vio hombres bomba lanzados sobre las puertas del cuartel. Los que tenían fusil iban delante para dejar el arma en caso de baja, a los que venían detrás.

Pronto se formaron organizaciones de milicianos voluntarios entre los que destacaron el Batallón Lenin formado por socialistas y comunistas de Torrelavega. Denominado Regimiento Lenin, luego de aumentar sus efectivos, y del que, pasado el tiempo, se formarían dos batallones numerados convencionales. Los batallones fueron organizados y entrenados por el militar retirado, Gorgonio Echezarre Alegría nombrado a la sazón comandante militar de la plaza. También se organizó un Escuadrón de Caballería por el concejal reinosano Pedro Estébanez Lorenzo.

En Santoña nació "El Tercio Chico", dirigido por el socialista Antonio Cuadra. Estaba integrado por miembros de las Juventudes Socialistas Unificadas. Luego se convirtió en Bon. 114. Con las Juventudes se creó también otro Batallón con el nombre de Malumbres.

El Batallón Libertad estaba integrado por voluntarios de la CNT – FAI, más tarde convertido en el Batallón 122. El Batallón Pi i Margall estaba formado por milicianos de Vanguardia Federal.

El entonces estudiante de medicina, Francisco Guerra, organizaba los servicios sanitarios que atendían a los heridos de los frentes:

> "Durante el mes de septiembre, de acuerdo con el comité de Sanidad del Frente Popular de Torrelavega, construí dos ambulancias de 6 y 12 camillas, respectivamente, monté un tren sanitario de vía estrecha con material obtenido en la Constructora Balcock – Wilcox de Bilbao, organicé dos secciones de Sanidad formadas por 50 sanitarios, 25 camillas y 5 bolsas de socorro y me incorporé con ellas como alférez de Sanidad a la Columna Villarías en el frente de Los Tornos. Esta unidad constituyó el servicio sanitario durante los combates (10/10/36) y estableció los puestos de socorro en Agüera, Noceco, Bercedo y Villasante de Montija, en el frente de Burgos".

El segundo paso fue el control de la prensa local. El 4 de agosto de 1936 el presidente del Frente Popular, don José Manuel Ruiz, firma un oficio por el que comunicaba al director de *El Impulsor* la incautación de la publicación, anunciando que a partir del siguiente número se confiaba "su orientación" a los compañeros Abel Puertas Rocacorva y Fernando Gómez Peláez.

El domingo, 9 de agosto, aparece *El Impulsor* bajo el control efectivo del Frente Popular y de sus propagandistas, Abel Puertas (que sería el director de la publicación y pertenecía a la FAI), Fernando Gómez Peláez y Fernando Bezanilla (también de la FAI), integrantes de la sección de prensa de la coalición de izquierdas de Torrelavega. [96]

La información quedaba relegada a un segundo plano predominando los mensajes de marcado carácter ideológico y bélico.

El 20 de octubre de 1936, el gobernador civil sustituía a Pedro Lorenzo Molleda por Germán Marcos Venero de la minoría socialista y nombraba una nueva Gestora Municipal, integrada por Sixto Serrano (PSOE), Joaquín Sánchez Villandingo (PCE), Vicente Hidalgo Ceballos (IR), Luis Palacios Venero (UR), José Zamanillo, Ceferino Arenal, José María Rodríguez Cuevas (PSOE), Manuel Venero, Manuel García Gómez (PSOE), César Fernández, Miguel Castañeda (PCE), Remigio Pérez Lomas, Rufino Campos y Francisco Vázquez Iberia. No se integraron aún otras fuerzas como la CNT – FAI y las JJSSUU, algo que lamentan los gestores en sus discursos.

Por aquellas fechas, en la cercana villa de Suances, se creó una zona internacional donde, bajo protección diplomática, se alojó a los extranjeros con sus familias. Para ello se habilitó un hotel en la carretera del faro al que se rodeó de una alta tapia y fuerte alambrada, custodiado por guardias de asalto. Se cobijaron 400 personas de diferentes nacionalidades - entre ellos 102 niños - . Predominaron los franceses, pero también había alemanes, argentinos, cubanos, belgas, italianos, chilenos, uruguayos, mejicanos, americanos del Norte, bolivianos, ingleses, colombianos, checoslovacos, italianos, costarricenses, daneses, peruanos, brasileños, griegos, venezolanos, suizos e incluso españoles de ideología comprometida. [97]

El 95 por ciento de los ingenieros, técnicos y obreros especializados había salido en barcos fletados por sus respectivos países al principio de la guerra.

Los meses de julio y agosto se habían visto salpicados por un reguero de muertes de los indeseados enemigos de la retaguardia. Durante el mes de octubre ascendía la pendiente de las eliminaciones físicas de derechistas. Las primeras expediciones de carácter festivo y optimista se transmutaban en las duras realidades del frente. Milicianos fogueados y contrariados por las adversidades de los combates, acostumbrados a la muerte, vuelven a sus lugares de residencia y alimentan el ambiente con la eliminación del enemigo interior.

El doctor Francisco Guerra Carral, un joven estudiante de Medicina, secretario de la Federación Universitaria Escolar en la Facultad de Medicina en Madrid e hijo del presidente de Izquierda Republicana de Torrelavega, afirma:

> "Sí. Procuré evitar que se hicieran barbaridades. Recuerdo que una noche que llegué a la estación de FF. CC en Torrelavega, llegó también un joven de Falange que se llamaba Aroca y sin que él me lo pidiera fui detrás de él hasta su casa para que no le pasara nada; pero creo que le asesinaron. Había otro al que no tuve oportunidad de hacer nada, ni nunca lo vi., se apellidaba del Árbol Balbás que

---

[96] Saiz, José Ramón, 1999: 178.
[97] *El Cantábrico*, 21/10/36.

sabía me metía anónimos con "Matías Montero, Presente" y creo que también le asesinaron. Curioso, solo hasta que leí el libro de Tagüeña, me enteré de quien había matado a Matías Montero, al cabo de 20 años."

Eloy Fernández Navamuel, organizador de la columna que llevó su nombre, luego comandante de la 3ª División, después 54, dio cobijo en sus filas, como "enchufados" en sanidad y cocina, a algunos torrelaveguenses en peligro. A pesar de estos cuidados, la represión produjo en Torrelavega 55 víctimas, de las cuales diez murieron en la checa de Neila de Santander, cuatro en el asalto del barco, tres en Reinosa interceptados como enlaces de los sublevados, cinco en el frente, tres en la Brigada Disciplinaria. El resto serían sacados de la cárcel o asesinados en el traslado a Santander, en el Alto de La Montaña, o en las proximidades de Riocabo.

Fuente: El Cantábrico, 21/10/1936.

La industria Continental constituida en 1935 con capital alemán, quedó cerrada al estallar la guerra civil. La visita del director general de Trabajo, Ramos, y del director de Industria confirmaba los trabajos de reiniciación. Habían quedado en la calle un centenar de obreros, y efectivamente, se reabrió empleando a varias mujeres que sustituyeron a los que fueron al frente, dedicándose al suministro de caretas antigás.[98] Después de la guerra, La Continental Fábrica Española de Caucho, S.A. aumentaría la producción en un 157% con 610 obreros en 1950. [99]

Otros pequeños talleres de calzado y fábricas de construcción son reabiertos y colectivizados, como la fábrica de zapatillas de Juan Bautista Sañudo y la tejera del Paredón. [100] Dedicada a la fabricación de ladrillos y cerrada desde hacía cuatro años, fue puesta en marcha por los dieciséis obreros de su plantilla. El Comité de fábrica estaba presidido por Linazasoro. El patrón echó a varios empleados por falta de materias primas y el Frente Popular les aconsejó que se incautasen de la misma. [101] También se requisó una quesería en Puente San Miguel.[102]

---

[98] El Cantábrico, 3/12/36.
[99] El Avance Montañés: 130.
[100] *El Cantábrico*, 30/09/36 y 20/10/36.
[101] Sumario 22.920 del Consejo de Guerra celebrado en Santander contra Alfonso Echevarría Prieto.
[102] CG. en Torrelavega el 25/08/38.

El Socorro Rojo habilita Hospitales de Sangre para atender a los heridos, mientras las requisas de alimentos, de ganado e incautaciones de edificios producían la sensación de saturación, de disfrute de unos recursos que se creían ilimitados, vedados por la avaricia de los ricos al deleite de los pobres. Los ricos constituían un filón a primera vista inagotable. De sus casas salían manjares y viandas como la leche condensada, el chocolate o las galletas, vestidos de lujo como las batas de seda, viandas como la carne, licores como el coñac y aguardientes, y café, que permitían a los componentes de los comités levantarse de la mesa con el estómago satisfecho y agradecido a la Revolución. Los automóviles requisados eran un lujo al alcance de los comités y milicianos. Velocidades excesivas, accidentes frecuentes, ocupaciones completas, y a veces gastos de verdadero despilfarro como aquel alcalde de Liérganes que presentaba el 9 de febrero de 1937, facturas de 285 litros de gasolina después de haber recorrido 2.400 kilómetros (11 litros por kilómetro) una imposible distancia en aquel entonces entre Santander y Cádiz ida y vuelta y que nos hace suponer que era utilizado para realizar los viajes de consulta a Santander para saber qué hacer.[103]

De las iglesias salían los objetos de oro, plata y otros metales, ornamentos sagrados. Una de las primeras órdenes del comandante militar fue el derribo de campanas para ser reutilizadas en la fabricación de cañones. Con los ornamentos y telas de la iglesia se hacían prendas y ropas de vestir para los milicianos y se confeccionaban en talleres donde ocupaban a las mujeres de derechas. Otro de fenómenos del paisanaje humano fue la figura del mitinero, papel desempeñado frecuentemente por mujeres, que con sus arengas animaba al combate, conminando a los hombres a luchar y negándoles sus atributos viriles si se mostraban remisos.

La movilización hacia los frentes y las necesidades creadas por la guerra y la revolución procuraban asimismo el mayor grado de movilidad social conocido hasta la fecha: obreros y campesinos, se transformaban en suboficiales y oficiales de milicias, del Ejército, en pilotos de aviones, en cargos administrativos.

Los ascensos en virtud de los méritos de guerra y del grado de adhesión al Régimen se fijaban en la O.C. de 20 de 0ctubre de 1936. Posteriormente se introdujeron nuevos criterios como la preparación técnica y cultural. No faltaron los logreros, los que valiéndose de su nueva posición y cargos, hicieron negocios con artículos del campo que requisaban a un precio bajo y vendían con grandes márgenes comerciales obteniendo un pingüe beneficio.

Pero la revolución produce también sus servidumbres: la servidumbre del cansancio y del hastío de la trasgresión continua, de la necesidad de organización y administración de las personas y de las cosas junto a las realidades que impone una guerra cruel con la secuela de muertos y heridos.

Los ímpetus revolucionarios de la base, el empuje impetuoso de las masas eran frenados y canalizados por las organizaciones del Frente Popular. Aquella lucha se hacía para defender el Régimen legal constituido y no para aventurar regímenes de nuevo cuño. La fiesta popular se convertía a duras penas, en combate

---

[103] AGCS, Santander C — 62, Expte. 6.

organizado. Ya el 26 de julio la Federación Local de Sindicatos (CNT) y la Federación Obrera Montañesa (UGT) se habían reunido en la Casa del Pueblo de Santander para formalizar una alianza y proclamar que no era:

> "oportuno desviar dicho movimiento … hacia una acción totalitaria para imponer un régimen socialista, comunista o comunista libertario, sino por el contrario, aprovechar las ventajas de la democracia burguesa reclamando e imponiendo aquellas aspiraciones mínimas e indispensables, que además están perfectamente encuadradas en la Constitución española, que darían satisfacción por el momento a la clase trabajadora…".

En esa misma acta se mostraba la desconfianza hacia las autoridades republicanas por la debilidad e indecisión mostrada en los primeros momentos del golpe y se anunciaba la actitud de no cumplir más que con las "cosas de puro trámite en relación con los organismos burocráticos del Estado." Es decir, el régimen republicano no era un fin en sí mismo, sino una fase de transición hacia una revolución no definida.

La vida en la ciudad aparentemente transcurre pacífica. Ferias y mercados se celebran dentro de una apariencia de normalidad, los bares y cafés podían estar concurridos hasta la instauración del racionamiento. En el transcurso de las idas y venidas de los milicianos a los frentes de la cordillera, a veces, el goteo de muertes, hacía recordar los momentos de guerra.

Y cuando se presentaba la muerte de un combatiente, no se prescindía del ceremonial. Una de las liturgias de cohesión republicana fueron los entierros de los caídos en combate que daban testimonio de la dura vida de las trincheras como nos cuenta un diario de la época. [104]

> "Por la mañana, asistimos al entierro del camarada Abilio Gómez, de Polanco. Fue una imponente manifestación de duelo, en la que se congregaron todas las personas de ideas libres, tanto de Polanco como de los pueblos del contorno.
> Asistieron representaciones de los frentes populares de Polanco, Torrelavega, Miengo, Suances, Santillana y Piélagos.
> El cadáver fue conducido a hombros de sus compañeros de avanzadilla, José Palacios, Manuel Costa, Domingo Gutiérrez y Ángel Pérez. Abría paso a la comitiva la carroza fúnebre cubierta de coronas de flores naturales, dedicadas por el SRI y sus compañeros del frente. Seguían jóvenes portadoras de ramos de flores, entre los que iba uno dedicado por el bravo miliciano Felipe Matarranz, que se encuentra ya convaleciente entre nosotros.
> En el cementerio, ante la tumba del mártir caído, dio las gracias a los asistentes al acto el alcalde de Polanco, camarada Báncora, en nombre del pueblo y de la familia, y Domingo Gutiérrez recomendó a los jóvenes a imitar la conducta de los que van al frente, prometiendo vengar la muerte del compañero noble y valiente que entregaban a la madre tierra."

Las actividades culturales y lúdicas monopolizadas por las agrupaciones artísticas del Socorro Rojo Internacional, galvanizaban los sentimientos revolucionarios y antifascistas. En la Plaza Mayor, el concierto musical de los domingos

---

[104] El Cantábrico, 3/11/36.

matinales estaba dedicado al canto de "La Internacional", el grupo José Díaz del Socorro Rojo amenizaba las tardes de baile en la sala de baile Olimpia. Se veían películas risueñas y creativas como "Rataplán" [105] del director Francisco Elías, pionero del cine sonoro en España.

Felipe Matarranz en sus años de miliciano.
Fuente: Archivo personal

Todavía no se había desarrollado una filmografía propagandística e ideológica. La compañía de comedias Pepita Díaz y Manuel Collado representaba "Nuestra Natacha", [106] obra de contenido didáctico de Alejandro Casona, [107] muy celebrada en el tracto republicano, por su ideal de bondad natural y de mejora personal a través de la educación. Por aquellas fechas, el 4 de octubre de 1936 se recibía la visita de unos camaradas rusos a los que se les agasaja en el Ayuntamiento por la "gigantesca obra desarrollada en su país". Suenan las sirenas de las fábricas y se suspenden las actividades para recibir a los visitantes del "país amigo".

Las nuevas servidumbres condujeron a la sumisión a las órdenes de las nuevas elites de mando con los vicios y virtudes de quien lo ejerce. Había que volver al tajo, a la fábrica, prepararse para una guerra larga y dura, volver al frente. El poder había cambiado de manos, pero si se quería comer, había que trabajar o combatir. Es el momento de la organización, de las disposiciones, de las órdenes, de las normas, de los castigos, de la burocratización, de la disciplina, en suma, del sometimiento a nuevos poderes.

Aquel sueño comenzaba a terminarse sin acabar el verano del 36. Las consignas revolucionarias son sustituidas por los llamamientos a la disciplina y a la lucha contra el invasor extranjero o contra el imperialismo alemán e italiano "que pretenden hacer de España la primera colonia de Europa".

El gobierno republicano estaba reconstruyendo un nuevo Estado tras convertir en derecho las situaciones de hecho e integraba a aquellos hombres y mujeres en

---

[105] El Cantábrico, 4/11/36.
[106] El Cantábrico, 19/08/36.
[107] Llamado Alejandro Rodríguez Álvarez, nació en Tineo (Asturias) en 1903 y murió en Madrid en 1965. Ejerció de maestro rural en el valle de Arán y dirigió el Teatro de las Misiones Pedagógicas, para el que escribió sus primeras obras. Vino a Santander antes de la caída de Bilbao y se sorprendió por la animada vida de la ciudad y de la provincia "un oasis de paz en la atormentada España. Se exilió en México y en Buenos Aires, regresando a España en 1962.

los aparatos militares y civiles convirtiendo a los comités en comisiones gestoras y consejos municipales, a las milicias en unidades militares y a los milicianos en soldados.

Desfile militar en Torrelavega el 20 de mayo de 1937. El presidente del Consejo Interprovincial de Santander, Palencia y Burgos, Juan Ruiz Olazarán (con traje y corbata) junto al piloto Eloy Fernández Navamuel, a su izquierda.

Capítulo II

La represión franquista

La represión franquista

La entrada de las tropas franquistas en Torrelavega estuvo precedida de intensos bombardeos el 3, 22 y 24 de agosto que produjeron la muerte de 22 personas.

Las tropas franquistas materializan su entrada en Reinosa el 16 de agosto de 1937, en Torrelavega el 24 y en Santander el 26. Parte de los combatientes republicanos quedan embolsados en Valderredible tras la maniobra de ocupación envolvente de Reinosa, o en Santander después del corte de las comunicaciones con Asturias por Barreda.

"¡Vámonos!, ¡Vámonos que nos matan a todos!", clamaban los dirigentes del Frente Popular. Riadas de caravanas, carros, vacas se dirigieron por las carreteras que descienden hasta Santander. En Santander, Felipe Matarranz vio como algunas personas se tiraban de los pisos, coches que se precipitaban a la bahía y grupos abrazados en torno a una bomba para inmolarse al grito de Viva La República y caer despanzurrados. La entrada había venido precedida de intensos bombardeos en los vías de penetración por los valles cántabros como anuncio de lo que se avecinaba.

Comenta la corresponsal de guerra Virginia Cowles que uno de los oficiales que rodeaban al general Dávila en el palacio de la Magdalena, horas antes ocupado por Aguirre el presidente vasco, espetó:

—"Sólo hay una forma de tratar a los rojos, matarlos."

Y añade:

"Muchos de los pueblos estaban abandonados; las puertas de las casas estaban cerradas... porque había con frecuencia oído a los republicanos hablar del terror que causaba a la gente la entrada de los fascistas y los moros", recalca la corresponsal americana.

La represión franquista abarca las ejecuciones, las cárceles, los campos de concentración y brigadas de trabajadores, las depuraciones, las incautaciones y los embargos, la emigración y el exilio.

En las ejecuciones, hemos de distinguir las legales que se aplicaban como resultado de los procedimientos de urgencia, sumarísimos u ordinarios y las muertes que fueron fruto de venganzas privadas conocidas con el nombre de "paseos". Estas últimas son más difíciles de cuantificar porque muchas veces la víctima era enterrada en cualquier cuneta o descampado y no consta en los registros civiles.

A los soldados del ejército republicano se les ordenó la presentación a las nuevas autoridades militares. Recluidos en la Plaza de Toros y en La Magdalena, trasladados a los campos de concentración de Corbán, Medina de Rioseco, Miranda de Ebro, Valdenoceda, Orduña, serán clasificados en virtud de los informes de convecinos y autoridades locales.

A últimos de septiembre comenzarán los fusilamientos. En Cantabria el total de víctimas de la represión franquista oscila en torno a las 2.006 personas, de las que 1.267 fueron ejecutadas por consejos de guerra y 739 por métodos irregulares (los conocidos "paseos"). Si sumamos 65 caídos en el campo de concentración nazi de Mathausen, 389, al menos, muertos en cárceles franquistas, 75 guerrilleros (y 33 forasteros) masacrados en las montañas o bajo el piquete de ejecución, la cifra asciende a 2.535 cántabros. La barbarie causó también la exterminación física de casi 800 presos forasteros en cárceles cántabras, sobre todo, en el Penal del Dueso.

El eje de la represión organizada coincide con las capitales municipales y la forma de T que configura la industrialización de la región: corredor industrial del Besaya a lo largo de la vía de comunicación Santander — entorno de la bahía santanderina con los núcleos de Astillero y Camargo, Torrelavega hasta Reinosa y poblaciones de la costa oriental (Castro Urdiales, Laredo, Santoña).

La represión franquista se centró en todos aquellos que hubieran tenido algún cargo en la vida política (comités), sindical o militar (comisarios políticos, comandantes, capitanes y tenientes de milicias). Respecto a los militares profesionales, las ejecuciones afectaron a los suboficiales, sobre todo brigadas del antiguo Regimiento Valencia de las guarniciones de Santander y Santoña.

Los fusilamientos perseguían el control de las comunicaciones, por ello también se efectuaron en poblaciones situadas a lo largo de las vías de penetración a través de las carreteras y ferrocarril procedentes de Vizcaya, Palencia y Burgos.

Destaca también la alta proporción de personas relacionadas con las comunicaciones que fueron ejecutadas (chóferes, ferroviarios y telegrafistas).

Como fondo de las acusaciones se establecían culpas colectivas (la masacre de los guardias civiles y la detención del capitán Sanjurjo en Campoo, la muerte de los hermanos Cossío en Cabezón de la Sal, el asalto al barco — prisión en Santander y municipios circundantes, las muertes en las checas de Santander, Castro Urdiales y Piedras Luengas, la persecución de falangistas emboscados en Los Corrales de Buelna, Castro Urdiales, Entrambasaguas, Miera y otros lugares de la costa oriental. Se castigaron poblaciones donde habían nacido los líderes de la izquierda como Los Tojos, patria chica del dirigente de Izquierda Republicana Ruiz Rebollo, Castillo Siete Villas (en el municipio de Arnuero) lugar de nacimiento del dirigente y diputado socialista Bruno Alonso y en Escalada (Burgos), tierra de los antepasados de Manuel Azaña.

Las cifras de la represión en España y Cantabria. Geografía de la represión en Cantabria

El índice de represión (6,96) es algo superior a la media española con niveles similares a los de Huesca y Granada, por debajo de las regiones ocupadas al comienzo como Badajoz, La Rioja y por encima de comunidades tomadas después o al final de la guerra como Asturias, Valencia, Cataluña y Albacete.

En términos absolutos, las cifras mayores de ejecutados se ubican en la capital santanderina, Torrelavega, Reinosa, Santoña, Camargo, Castro Urdiales, Los Corrales de Buelna, Astillero y Piélagos, los núcleos más industrializados.

En términos relativos, el eje industrial del Besaya (4,79 %º) y la comarca de Campoo (4,57%º) seguidos del partido judicial de Santoña (4,45%º), y por este orden, presentan unas tasas similares de fusilamientos por Consejos de Guerra, descendiendo ostensiblemente en la costa occidental (2,62 %º), la comarca Tudanca – Cabuérniga (2,37%º), la de Laredo (2,04%º), Asón (1,68%º) y Liébana (1,54 %º).

Por comarcas, los mayores índices proporcionales del la represión franquista contemplada en la totalidad de ejecuciones, violencia extrajudicial ("paseos") y muertos en las cárceles, se registran en Campoo. Las correciones en la comarca de Campoo, corregidas al alza respecto al anterior trabajo, nos da una cifra de 166 ejecutados, 97 paseados, 46 desaparecidos, 12 muertos en enfrentamientos guerrilleros, 57 muertos en la cárcel, 4 muertos en el campo de concentración alemán de Gusen hasta llegar a un total de 382 víctimas para una población de 36.316 habitantes en 1930 (10, 52 por mil de la población de hecho).

Le siguen la comarca del Besaya con capitalidad en Torrelavega, la del Miera con centro en Santoña y Santander con su periferia industrial (Astillero, Camargo y Villaescusa).

El corte de las comunicaciones con Asturias a través de Barrera el 23 de agosto de 1937 fue determinante para la existencia de mayores niveles de represión en la costa oriental que en la occidental (Alfoz de Lloredo, Comillas y San Vicente de la Barquera) porque los responsables de los frentes populares de ésta última pudieron salir a través de los puertos pesqueros o por tierra hacia Francia o Asturias.

Prisioneros en la Plaza de Toros de Santander.
Biblioteca Nacional

Por otra parte, el nivel de denuncias revanchistas no fue tan alto. Si recordamos que se encontraban aquí ubicados el monasterio de Cóbreces de los cistercienses y el seminario pontificio de Comillas, objeto ambos de una sañuda persecución, la respuesta de las órdenes religiosas afectadas fue de paz y reconciliación. Contra lo que pudiera creerse, no se presentaron denuncias o se cursaron con menor incidencia que en otras comarcas. Aquí el número total de víctimas de la represión franquista (114) es casi similar al de la republicana (103). Aunque en la zona de San Vicente de la Barquera se llevaron a cabo numerosas ejecuciones extrajudiciales de los que regresaban de la Asturias derrotada, no contabilizados ni registrados.

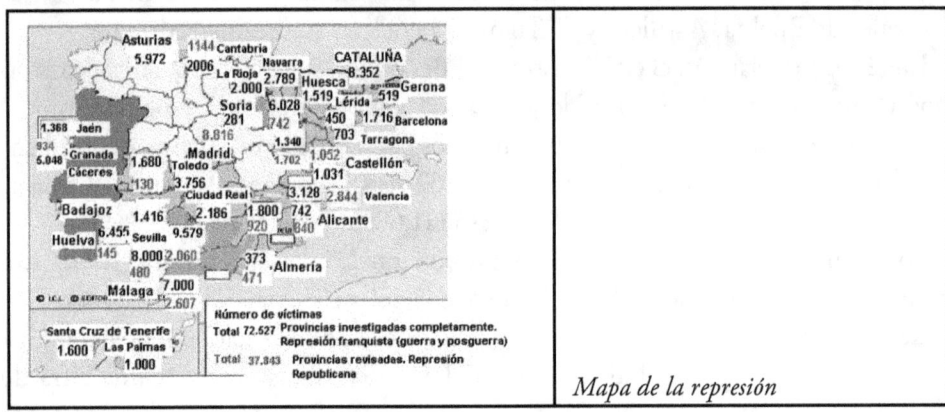

Mapa de la represión

La cruz de la moneda, fue la zona costera oriental en torno a Santoña, en donde es casi el triple de las víctimas derechistas. Este fenómeno puede explicarse por las siguientes causas:

El castigo de la comarca de Santoña como primer lugar de la región en la que se abortó la sublevación militar.

La colaboración de las autoridades locales nombradas por las autoridades franquistas. Fueron comisiones vecinales las que se encargaron de recibir las denuncias e interrogar a los derrotados.

La existencia de centros de represión como el Penal del Dueso.

La capitulación del ejército vasco tras los pactos de Santoña el 22 de agosto de 1937 hizo concebir a los más comprometidos de esta comarca, al albur de los Pactos y del contagio ambiental de la salida negociada, una expectativa de represión menos sangrienta. Esperaban todos embarcar en los barcos prometidos por los italianos, promesa que no se cumplió ni para los propios gudaris.

En Laredo, Santoña y Castro intervinieron tribunales militares procedentes de Bilbao que tenían como consigna imponer penas de muerte a los prisioneros cántabros y fueran más clementes con los responsables políticos y gudaris del PNV por el hecho de ser católicos y respetuosos con la religión.

El retraso y la desorganización en la evacuación. El éxodo por mar pudo hacerse hasta el 30 de agosto en los puertos de Santander, Requejada - Suances y San Vicente de la Barquera. Sien embargo, en los puertos orientales fueron sorprendidos por la ocupación de los alzados el 23 y 24 de agosto.

Número de fusilados en Cantabria
(cántabros y forasteros)

En las tapias del cementerio santanderino de Ciriego fueron fusiladas por consejos de guerra 836 personas, 66 en el frontón de Reinosa, 76 en el cementerio de La Llama de Torrelavega, 90 en el Dueso de Santoña y 10 en Castro Urdiales.

TABLA 3: NÚMERO DE CÁNTABROS FUSILADOS POR LUGARES	
SANTANDER	703
BILBAO	130
TORRELAVEGA	72
SANTOÑA	71
REINOSA	62
BURGOS	61
GIJÓN	56
CAMPOSANCOS	20
OTRAS ZONAS DE ESPAÑA	18
PALENCIA	15
PAMPLONA	12
CASTRO URDIALES	10
LEÓN	10
SAN SEBASTIAN	10
OVIEDO	7
MADRID	6
FERROL	4
TOTAL	**1267**

La represión por comarcas en Cantabria

TABLA 4: LA REPRESIÓN POR COMARCAS EN CANTABRIA												
COMARCAS	Rep.	%º Rep.	E.	%º E	P.	%º P	EP.	%º E.P.	G.	C.	Ma.	R.F.	%º R.F.
ASÓN-RAMALES	21	1,53	23	1,60	17	1,24	40	2,92	7	5	2	54	3,94
CABUÉRNIGA-TUDANCA	32	3,17	24	2,37	17	1,68	41	4,06	5	12	3	61	6,03
CASTRO URDIALES	53	3,59	51	3,46	15	1,02	66	4,48	4	13	0	83	5,63
COSTA OCCIDENTAL-CABEZÓN DE LA SAL	103	4,09	66	2,62	16	0,64	82	3,25	3	25	4	114	4,52
LAREDO	32	1,99	36	2,04	14	0,79	50	2,84	0	9	4	63	3,58
LIÉBANA	31	2,52	19	1,54	25	2,03	44	3,58	11	15	1	71	5,77
PAS-CASTAÑEDA	79	3,02	55	2,11	35	1,34	90	3,44	7	18	4	119	4,56
REINOSA-CAMPOO	164	4,52	166	4,57	143	3,94	309	8,51	12	57	4	382	10,52
SANTANDER ENTORNO INDUSTRIAL	303	2,66	391	3,44	215	1,89	606	5,33	9	121	32	768	6,75
SANTOÑA-MIERA	106	2,32	203	4,45	87	1,91	290	6,36	11	40	4	345	7,56
TORRELAVEGA-BESAYA	220	4,52	233	4,79	155	3,19	388	7,98	6	74	7	475	9,77
TOTAL CANTABRIA	1144	3,14	1267	3,48	739	2,03	2006	5,51	75	389	65	2.535	6,96

Elaboración Propia

Rep.= Represión Republicana. %º Rep.= Tanto por mil Represión Republicana. E= Ejecutados por Consejo de Guerra, P = "Paseados" o víctimas de violencia extrajudicial %º EP.= Fusilados más" paseados" %º EP.= tanto por mil de fusilados y paseados sobre población en 1930. G= guerrilla. C. = Cárceles. Ma. = Mauthausen. T.R.F. Total represión franquista. %º TRF= Tanto por mil total represión franquista sobre población 1930

Hubo cántabros fusilados en otras ciudades y capitales de provincia como Bilbao (130), Burgos (61) y Gijón (56), amén de Palencia, San Sebastián, Oviedo, Madrid, León y el campo de Concentración de Camposancos (Pontevedra).

TABLA 5: VASCOS FUSILADOS EN CANTABRIA	
SANTANDER	86
SANTOÑA	20
TOTAL	106

En Cantabria, 106 vascos y 7 navarros fueron inmolados en las tapias del cementerio de Ciriego de Santander y en la playa de Berria de Santoña. El resto de los forasteros (sobre todo palentinos y burgaleses, amén de riojanos, madrileños, etc.) masacrados en los paredones de Cantabria, asciende a 85, de los que 25 pertenecían a las comarcas de la montaña castellana de ambas provincias bajo la jurisdicción del Gobierno Republicano de Santander. En total, 191 forasteros.

TABLA 6: DE OTRAS REGIONES	
PALENCIA	30
BURGOS	24
OTRAS REGIONES	11
NAVARRA	7
RIOJA	6
MADRID	4
BARCELONA	3
TOTAL	**85**

Las etapas de la represión franquista pueden dividirse en tres:

1. Finales de 1937 hasta enero de 1938. Es la represión de la guerra.

2. Represión de posguerra en octubre - noviembre del 39 hasta julio de 1941. El 20 de noviembre de 1939 coincidiendo con la fecha de la muerte de José Antonio se practican numerosas ejecuciones.

3. Nuevo recrudecimiento, con etapas más intensas de 1947 a 1949, en relación con la actividad guerrillera y la persecución de sus enlaces y apoyos.

La organización política proporcionalmente más represaliada fue el PCE. La clase obrera y los labradores fueron los que más padecieron el rigor de la represión. La edad media de las víctimas oscilaba entre los 30 – 34 años. Un 66% eran casados.

Los campos de concentración

En los mismos frentes del País Vasco y Campoo se habían hecho cientos de prisioneros que fueron conducidos a los campos de concentración de Valdenoceda, Miranda de Ebro, Orduña, Medina de Rioseco, etc.

Los restos del Ejército republicano, descendiendo por los valles del Asón, Pas, Pisueña, Besaya, Saja, establecieron débiles líneas de resistencia en el Alto del Escudo y Ontaneda, dando tiempo a las desperdigadas fuerzas a llegar a Santander o salir por las vías de comunicación occidentales hacia Asturias.

A Santander llegaron 40.000 soldados y oficiales que fueron concentrados en la actual Plaza de Italia (rebautizada con este título por la ayuda italiana a los sublevados), y de allí fueron dirigidos a los campos improvisados de la capital.

En el Campo de concentración de la Magdalena, en las antiguas caballerizas del Palacio Real, con capacidad para 600 personas, se llega a los 1.600 reclusos.

En el campo de Concentración de Corbán, sito en las dependencias del seminario diocesano, se alojaron 3.258 prisioneros sobre una capacidad teórica de 3.000. A ellos se añadieron la Plaza de Toros, el Hipódromo de Bellavista (cerca del Faro de Cabo Mayor, donde fueron alojadas las familias desplazadas de Barruelo), los campos de "Sport" del Sardinero y la Plaza de Toros.

En Santoña, el cuartel de Infantería alojó a 3.518 prisioneros (1.500 plazas) y el Instituto Manzanedo albergó hasta 2.500 personas (1.200 plazas). El agua de abastecimiento se encontraba contaminada por el "coli" y fueron frecuentes los casos de gastroenteritis.

En la provincia se levantaron campos en Castro Urdiales, Liérganes, Maliaño, Pedreña y Torrelavega y otros de carácter provisional como el de Vega de Villafufre.

En los campos de concentración y en las prisiones provisionales se ponían en marcha las "Comisiones Clasificadoras de Prisioneros y Presentados" (CCPP). Además, antes y durante el proceso de clasificación, grupos de falangistas de cada pueblo o ciudad revistaban a los prisioneros y se llevaban a aquellos que identificaban y consideraban que merecían ser "paseados".

Los prisioneros empezaban a prestar declaración ante la CCPP correspondiente y se les clasificaba en cuatro categorías:

GRUPO A, si no se le descubría ningún cargo, los informes de la Guardia Civil y Falange eran favorables y el prisionero o, más bien, su familia conseguía dos avales de dos personajes representativos, tal que el cura, el notable del pueblo, el alcalde o el jefe de Falange, era puesto en libertad. Ahora bien, si por la edad estaba comprendido entre las quintas movilizadas, se le enviaba al frente con el ejército nacionalista. Eran considerados como afectos al Movimiento o no hostiles. Dentro de esta categoría se subdividía la AD para los dudosos e indiferentes.

GRUPO B, si de las pesquisas realizadas no se descubría ningún cargo, o sea, si el prisionero no tenía ninguna denuncia y no había prestado servicio de armas o lo había hecho como forzoso, o voluntario pero sin otra responsabilidad. Con los del subgrupo AD eran enviados, ya clasificados, a un campo de prisioneros a la espera de ser destinado a un batallón de Trabajadores.

Los prisioneros, sobre los que recaía la más leve sospecha, la más mínima denuncia, eran sometidos a los trámites para preparar su consejo de guerra eran clasificados en los grupos C y D. Eran los hostiles o desafectos.

GRUPO C, jefes y oficiales del ejército enemigo, responsables y dirigentes de partidos y organizaciones sindicales, enemigos de la Patria y del Movimiento Nacional, destacados en el frente y retaguardia, antes y durante el Movimiento Nacional, imputados de delito de traición y rebelión.

GRUPO D, responsables de delitos comunes o contra el derecho de gentes antes y durante el Movimiento Salvador.

El primer encierro de los prisioneros republicanos fueron los campos de concentración. Manuel Díaz nos cuenta su peregrinar desde el momento en que es detenido hasta que es internado en el campo de concentración de Medina del Rioseco, en la provincia de Valladolid.

> "La guerra civil terminó para mí en la mañana del 29 de agosto de 1937 cuando fui hecho prisionero por las fuerzas italianas en Cabezón de la Sal y conducido a un edificio que en la actualidad es la sede del ayuntamiento. Allí estaban los principales caciques de la zona que daban las órdenes para enviarnos a nuestro destino. Aproximadamente a las tres de la tarde nos ordenaron subir a unos desvencijados autobuses que permanecían en la plaza y en los que nos trasladaron a Reinosa en donde pasamos la noche encerrados en un lóbrego edificio. Aquella noche nos dimos cuenta del ardid que emplearon nuestros captores. A bombo y platillo nos anunciaban desde los altavoces en los parapetos del frente que solamente los que tuviesen las manos manchadas de sangre serían castigados.
>
> En dicho edificio y separados por un simple tabique, percibíamos las palizas y los espantosos tormentos de los que estaban siendo apaleados. Aquella noche no pudimos conciliar el sueño pensando en la ratonera en la que habíamos caído y en que nos habían llevado allí para martirizarnos y quizás, asesinarnos.
>
> A la mañana siguiente nos entregaron un chusco de pan blanco y una lata de sardinas por cabeza. Hacía veinticuatro horas que no habíamos probado bocado y puedo asegurar que lo devoramos con ganas.
>
> A continuación nos mandaron salir a la calle para formar de tres en fondo y fuertemente escoltados nos condujeron a la estación de ferrocarril. Nos mandaron subir a un tren estacionado que nos trasladó a Valladolid donde fuimos encerrados en la plaza de toros que estaba repleta de presos. Allí permanecimos hasta el día siguiente sin probar comida ni bebida. Se presentó un destacamento de la Guardia Civil y bien custodiados nos llevaron a una estación de vía estrecha para embarcarnos con destino a Medina de Rioseco.
>
> Al descender del tren nos sorprendió que, la calle principal de la localidad, estuviera tomada por una muchedumbre compuesta de mujeres y niños de luto, que nos miraban expectantes. Todavía eran visibles en las paredes de los edificios los carteles de propaganda que nos presentaba pintados de rojo como auténticos demonios con cuernos y rabo incluidos. Mi amigo Hilario González todavía acertó

a comentar "cuernos no, pero rabo no hay que dudarlo". Tanta mella había hecho aquella imagen que los niños se agarraban a las madres y decían ¡Madre, si no tienen cuernos, ni rabo!
Después de cruzar el pueblo nos metieron en tres largas tejavanas destinadas al almacenamiento de cereales situadas en las proximidades del canal de Castilla. Los siete que íbamos de Casar de Periedo, Luis Pérez Bustio, Cecilio Arce, Victoriano García Gutiérrez, José González Bermejo, Antonio Reigadas Díaz, Hilario González Sánchez y yo, Manuel Díaz López."

Paco ("el de Paulina") cita la cifra de 62 cabuérnigos.
El piso era de cemento cubierto, con una capa de paja seca y los siete, desprovistos de equipaje, nos situamos cerca de la puerta comentando las incidencias del viaje. Hasta que, por fin, repartieron una triste colación para engañar el hambre atrasada. Todas las mañanas teníamos a la puerta a varias señoras enlutadas por si necesitábamos algún recado, echar las cartas, comida, etc. y nos hablaban de la resistencia de la población local al fascismo durante ocho días, tras los cuales fueron fusilados muchos de sus habitantes.
Allí, los siete de Casar (de Periedo) permanecimos tres meses en una situación precaria, sin un céntimo y sin poder comunicarnos con nuestras familias. Hilario tuvo que vender un magnífico reloj de pulsera a un soldado por ocho pesetas y Victoriano una cadena de plata por dos. Con este dinero podíamos enviar a las señoras a que nos comprasen sellos y papel y además un poco de comida que repartimos equitativamente entre los siete.
El campo de concentración se fue llenando con presos procedentes de distintos frentes, especialmente del Sur, que venían acompañados de unos indeseables inquilinos, los piojos. De la misma manera, la mayoría de los días se presentaban peligrosas visitas, la de personajes que mandaban llevar a algún conocido consigo quien sabe con qué suerte, si la de la libertad o la de acabar con varios tiros en algún descampado. Para ello nos hacían formar. Tuvimos noticias que algunos no llegaron al destino.
Yo permanecí en el campo hasta el 27 de noviembre de 1937, en el que fui trasladado por una pareja de la Guardia Civil de Cabezón de la Sal, que se portó magníficamente conmigo, hasta la Prisión Provincial de Santander.

Las cárceles

Los establecimientos carcelarios más conocidos fueron la Prisión Provincial, Tabacalera, Las Oblatas, Salesianos (Santander), Las Salesas. En Torrelavega, La Importadora. En Santoña, el Penal del Dueso, el Balneario de Liérganes, el Colegio San José y Vidrieras en Reinosa. Otras cárceles de importantes contingentes de prisioneros cántabros fueron las prisiones vascas:

En Bilbao, la Prisión de Larrínaga: agrupó a unos 2.576 presos. De ellos, hubo 185 condenados a muerte santanderinos, trasladados de otras prisiones, como Santoña, Torrelavega, Reinosa, el 4 de marzo de 1938. Además, se hallaban recluidos los mayores responsables tanto políticos como militares de Euskadi.

En el convento de los Escolapios de Bilbao con un total aproximado de 3.500 presos, se encontraban responsables políticos y militares vascos y santanderinos, hechos prisioneros en los frentes de Santander y Asturias y los capturados por mar cuando se dirigían de Gijón a Francia.

La Universidad de Deusto albergaba un total de 3.000 prisioneros con clases y soldados voluntarios del ejército de Euskadi hechos prisioneros con la caída de Bilbao y que no merecen la confianza de los "rebeldes" para ser movilizados ni siquiera en las Brigadas Penales de Fortificación.

El convento del Carmelo (Begoña) recluía un total de 1.500 presos para presos de edad, religiosos (31 sacerdotes presos) y presos de responsabilidad política menor. También agrupó a presos detenidos en las filas nacionales, pero hallados sospechosos por su pasado izquierdista.

La cárcel – flotante "Upo – Mendi" encerraba a un total de 600 presos, la mayoría con responsabilidades políticas. La cárcel de Orduña contaba con un total de 400 presos pertenecientes a las proximidades de Orduña o presos en este frente.

En Pamplona también hubo un contingente de prisioneros cántabros en la cárcel del Fuerte de San Cristóbal (Pamplona) que encerraba a 1.300 presos, la mayoría antifascistas navarros, trasladados de Burgos y de la cárcel de Ondarreta; la cárcel Provincial de Pamplona con 950 presos; la cárcel del Hospital Militar (antiguo) de Pamplona y la cárcel del Seminario Viejo (anejo al Obispado) que contenía prisioneros de Bilbao, Santoña, Santander y Asturias.

Entraron en prisión unos 30.000 cántabros, aproximadamente el 10% de la población total de la región.

Las mujeres detenidas fueron ingresadas en las Escuelas Públicas "Ramón Pelayo" y en el colegio de Los Salesianos (éste último como prisión mixta). Muchas cántabras fueron trasladadas a la prisión del seminario de Santurrarán, en Motrico.

Hacinamiento, hambre, penalidades, traslados, vejaciones, enfermedades y muerte iban a caracterizar la vida de los prisioneros. Cosas tan inapreciables cuando se disfruta de la libertad, como la carencia de servicios higiénicos y la humillación de hacer las necesidades delante de extraños en la propia escudilla en la que comían; la aglomeración de presos durmiendo espalda con espalda en la que era imposible el cambio de postura durante la noche; el despojamiento de los relojes y la pérdida de la noción del tiempo perdidos en lugares lúgubres, fríos, extraños, a veces a cientos de kilómetros de sus casas, nos dan una idea del sufrimiento de centenares de presos y del ataque contra la dignidad humana.

Fila de prisioneros republicanos en las calles de Santander.
Biblioteca Nacional

Los traslados de cárceles eran la otra forma diferida de matar. ¡Cuántos prisioneros cántabros hicieron itinerarios forzados en viajes interminables! Por ejemplo, el internamiento en el Puerto de Santa María (Cádiz) a donde fueron trasladados 280 reclusos de mayor edad con reclusión perpetua el 28 de enero de 1939, lejos de las ayudas de sus familias, fuera de su tierra, y por lo tanto, más expuestos a las enfermedades, la desnutrición y la muerte. Y precisamente allí tan lejos, con los de edad más avanzada.

El hambre en las cárceles

Manuel Díaz, en sus memorias inéditas señala que en la Prisión Provincial: "recibíamos un chusco de pan negro y agrio acompañado de zanahoria forrajera, un poco de arroz y unos huesos de cerdo desnudos. Durante un mes seguido. A veces variaban y los huesos eran de ganado vacuno o nos daban habas podridas, o lentejas, o patatas con un poco de pimentón para colorear."

De Atilano Alonso [108] entresacamos los consecuentes párrafos de la comida en Tabacalera:

> La vida para los penados (en Tabacalera) se regía por un toque de corneta a las 6 de la mañana, recogida de catres y petates, barrido de la nave y sacudida de mantas y colchones, lo que formaba una atmósfera de espeso polvo que se podía cortar a cuchillo.
> Basta decir que dejado el plato de hierro sobre el catre boca abajo, a la hora de la comida se podía escribir sobre el polvillo posado en él. Bajo esta pestilente atmósfera nos servían el "suculento" desayuno, consistente en agua hervida con malta edulcorada con sacarina. Nada de materia nutritiva, a no ser las polvorientas partículas que caían en el reparto y al ingerirlo, encontrar azúcar.
> Antes o después del desayuno nos formaban en filas… con el brazo derecho a lo fascista, y nos hacían cantar el Cara al Sol, sangrante ironía para quienes pasábamos más de 20 horas… a la sombra. Se terminaba con los gritos de "¡España una, grande, libre!" coreados por los reclusos y el ¡Arriba España! de rigor. Todas estas monsergas las iniciaba el guardián de turno.
> Como solía formar lo más lejos posible del guardián, oía cómo más de uno, entre los gritos del resto contestaba con un "Viva la República" que le podía haber costado caro."

A quién sí le costó caro fue a Juan Sancho Montes, que condenado en la Prisión Provincial a doce años y un día, de 27 años, natural y vecino de Sierrapando, casado y dependiente de comercio, se le ocurrió al terminar la misa gritar "Viva La República" y "Viva España Libre" en lugar de los gritos de rigor "Viva Cristo Rey" y "Viva el Generalísimo". Por este motivo, Juan Sancho fue juzgado en Consejo de Guerra permanente núm. 1 de Santander el 8 de mayo de 1940 a treinta años de reclusión, conmutada por la de doce años y un día. Cuando se le preguntó la razón de su proceder, dijo: "de perdidos al río."

> "La comida y la cena consistían, invariablemente, en un caldo de berza cocida con agua y sal y cuatro litros de aceite para una población penal de 4.000 reclusos, es decir nos tocaba a menos de un gramo por individuo.
> Y así durante dos años, alternando al término de éstos con un cazo de arroz condimentado en idénticas circunstancias, por espacio de otros dos años. Alguna vez nos dieron habas verdes o secas, en tal medida que no merece la pena mencionarlo.

---

[108] Alonso, Atilano: 1993, 312 – 318.

Un bollo de pan de 150 gramos completaba esta comida, añadiendo para no llevarnos a engaño, que la berza llegaba en camiones descubiertos a Tabacalera y las amontonaban en una de las naves, de donde salía un olor a putrefacción y fermento. Durante el tiempo en que pude deambular por la Tabacalera pude comprobar estos extremos, el acre olor de los repollos en fermentación y cómo todas las semanas entraba un camión cerrado con cuartos de carne de vaca que no llegamos nunca a probar, pues se la llevaban de noche en la cesta los familiares de los funcionarios y determinadas órdenes religiosas.

En cierta ocasión conté 52 sacos de azúcar de unos 50 kilos cada uno, aproximadamente, junto a sacos de garbanzos, alubias, lentejas, arroz, que tampoco probamos, pues llevaban el mismo derrotero que la consabida carne de vaca.

(En Tabacalera) En las naves había unos bidones vacíos con tapa, que habían contenido carburo de calcio, donde se depositaban los desperdicios de los alimentos de quienes comían por su cuenta - afortunados ellos- sin tener que probar la asquerosa bazofia diaria. Pues bien, era tal el hambre soportada que no eran pocos los que comían de aquellas inmundicias (huesos de animales domésticos con briznas de carne, huesos de pescado, cortezas de naranja, manzana, pieles de plátano, etc.) metiendo la mano en el cubo y llevándosela a la boca sin escrúpulo alguno.

Donde se almacenaban las berzas, como he dicho, fermentadas, en los turnos obligatorios y rotatorios para trocearlas, los había que se peleaban por la posesión de los tronchos de los repollos.

Paco "el de Paulina" no podía dormir del hambre, comían periódicos en bolas y Matarranz dice que llegaban a comer mierda humana. Así como suena. Con el incendio de Santander, la comida empeoró.

El comportamiento de los clérigos

Muchos clérigos no supieron o no quisieron estar a las alturas que se espera de su misión. Hicieron leña del árbol caído y en lugar de aportar apoyo, comprensión y consuelo a los presos, les prodigaron toda serie de humillaciones, insultos e improperios. Era fácil ser fuerte con los débiles pero impropio de seres humanos decentes. El humano es el único ser que puede cebarse con sus víctimas. Los animales evitan el ensañamiento cuando el adversario es vencido tras la lucha. El hombre practica la fiereza.

Narra Atilano Alonso

> La misa, con la consiguiente homilía, duraba más de una hora, que a pie firme no aguantaban muchos reclusos y se desvanecían a consecuencia del hambre, exhaustos de fuerzas, y eran arrastrados fuera ante la glacial indiferencia, cuando no la íntima satisfacción del capellán y de su acólito, el "padre" Basilio, que en sus charlas se mostraba como repelente padrastro, en el más vil de sus significados. Nos insultaba diariamente llamándonos "hijos de la Pasionaria" imitando al aguardentoso locutor de Radio Sevilla, general Queipo de Llano. En una ocasión nos dijo que éramos manzanas podridas por dentro y que no sólo había que destruirlas, sino también a sus pepitas..."

Según Vicente Gutiérrez Quintana, el cura de Tabacalera era jesuita. Como muestra de su brusco carácter, traía un pistolón de 9 milímetros en los sermones del jueves por la tarde. Otro oficiante era el Padre Herrera (después cardenal Herrera Oria). Las prédicas ásperas, degradantes e injuriosas del capellán contrastaban con las interesantes charlas de Herrera Oria, que los presos seguían con inusitada esperanza, la única bocanada de aire fresco que salía de la boca de una figura eclesiástica. Les hablaba de la situación política internacional y del transcurso de la segunda guerra mundial. Decía que Hitler no podía ganar la guerra porque EEUU era una gran potencia. Entonces se ponía como una especie de velo en la cara de los funcionarios y una alegría anhelante en los presos. "Paco el de Paulina" recuerda las frases de Infrahombres, hijos de prostitutas, recoged los polvos de la derrota.

Román Vela Velarde afirmaba que:

> "Todos los jueves iba un cura a darnos conferencias y nos insultaba con una vehemencia tan escandalosa que parecía disfrutar enormemente del efecto de ira reflejado en nuestras caras. Nuestra única manera de protestar era toser, lo que le irritaba aún más. Un día, no sé si encendido por las toses, llegó a decir: "Si vosotros supierais como andan por las calles vuestras madres, vuestras esposas, vuestras hijas o hermanas. Vi llorar a muchos y morderse los labios de rabia y de impotencia. Si en aquel momento hubiera habido una revolución, o alguna causa por la cual nos hubiéramos visto repentinamente liberados, no quiero ni pensar como hubiera quedado su cuerpo. Después le sustituyó un anciano que era de Puerto Chico, y se llamaba Don Enrique. Este señor era todo lo contrario

del anterior. Con su pelo totalmente blanco, su carácter simpático y bonachón, su palabra dulce y amena, nos confortaba, o por lo menos él lo intentaba y nosotros se lo agradecíamos de todo corazón. Creo que nosotros deseábamos que fuera más a menudo, pues sus charlas, aunque se basaba en la existencia de Dios, eran verdaderas lecciones de ciencia y astronomía que, explicadas con sencillez, eran perfectamente asimiladas por todos y no nos cansábamos de escucharle. ¡Qué diferente uno de otro! El primero sembrando el odio con verdadera saña; Don Enrique repartiendo optimismo y esperanza, al mismo que se sentía feliz al hacernos algunos favores, como sacar cartas interesadas en que no pasaran por la censura y otros servicios importantes. ¡Gracias, Don Enrique!, si es verdad que existe el cielo y el infierno, ya sabemos donde estáis cada uno."

Vida y muerte en las cárceles

Un testimonio recogido en unas memorias inéditas de Manuel Díaz López ("Manolo El Repollero") del pueblo de Casar de Periedo nos ilustra muy bien todo el horror de las detenciones, de los traslados, de las cárceles.

> "El edificio de la prisión fue construido durante la República para albergar a ciento veinticinco reclusos y cuando llegué se hacinaban más de dos mil personas. Una vez cacheado y tomada mi filiación, me despojaron del poco dinero que llevaba, me entregaron una colchoneta de paja, una manta, un plato, una cuchara y seguidamente me condujeron al pasillo de duchas que estaba saturado de presos durmiendo. Tenía que caminar con cuidado para no pisarlos. Muy pronto me hicieron un hueco entre ellos y en silencio pasamos la noche.
> A las siete de la mañana tocaron diana, levantarse, lavarse, y de nuevo, toque de corneta para el recuento, a las ocho otra vez toque de corneta para el desayuno. Se componía de abundante agua y melaza y unos cinco kilos de malta para toda la población reclusa. Para darle algo de color, los cocineros agregaban carbón de la leña que sacaban de los fogones de la cocina. Con eso pasábamos hasta la una del mediodía. A las nueve de la mañana volvía a sonar la corneta para efectuar el relevo de los funcionarios y recuento.
> Seguidamente, nos trasladaban a los patios, donde se nos retenía como a bestias hasta las doce del mediodía lo mismo hiciera calor que frío. Solamente nos permitían la entrada en el recinto si las lluvias eran persistentes y fuertes. A las once de la mañana daban comienzo las visitas. Cada recluso tenía derecho a una visita por semana y sólo se admitían a familiares. El tiempo de duración era de cinco minutos y cada turno se componía de veinticinco reclusos, es decir, los que cabíamos arracimados en los locutorios. Todo el mundo gritaba para hacerse entender y el guirigay tan tremendo constituía un verdadero suplicio. Salías sin haber entendido nada, aunque quedaba como consuelo haber visto a los tuyos."

Un condenado a muerte, Feliciano Llorente Fernández, de Cabárceno, con otros dos hermanos ejecutados, solicita en una carta fechada el 21 de septiembre de 1938, entrevistarse con su esposa e hijos de corta edad a los que aún no conoce. Afirma ser enfermo crónico desde más de siete años, encontrarse en un estado físico deplorable con insuficiencia de aire, incomodidad y falta de asistencia facultativa.

Acto de jura de bandera un día de octubre de 1937 en el Paseo Pereda de Santander. En primer término el obispo Eguino Trecu.
Fuente Biblioteca Nacional.

Llevaba más de nueve meses en celda (desde el 11 del diciembre de 1937) acostándose en el suelo, padeciendo de hígado e intestinos con faringitis crónica y supurando de ambos oídos. Podemos suponer, a falta de mejores remedios, que el calvario de este hombre cesaría en la fecha en la que fue fusilado, el 7 de diciembre de 1938.

Fallecidos por enfermedad y malos tratos en las cárceles

Como causa de las penalidades sufridas en prisión fue muy elevado el número de condenados fallecidos, sobre todo, en el Penal del Dueso de Santoña, en la Prisión – Asilo de Torrelavega y la Provincial de Santander. La mayoría eran presos conmutados tras la pena de muerte o condenados a 30 años, reflejo del maltrato dado a los que tenían penas de muerte conmutadas y del sufrimiento físico y psicológico inherente a las mismas. Presos que, en muchos casos, habían sido apaleados los primeros días en sus lugares de residencia.

Según Raquel Collado Quemada,[109] "los dos problemas sanitarios más graves en el Dueso, que produjeron más morbilidad y muertes, fueron la tuberculosis y, sobre todo, el hambre, clasificada como enfermedad, por el número de internos que la padecieron desde 1940 en adelante, llegando a ser la primera causa de muerte entre los reclusos en 1941 y 1942."

"El estudio de los enfermos de avitaminosis, o adelgazamiento y desnutrición, o edemas, o astenia, que con todas esas acepciones vienen anotados los síntomas en los libros de enfermería, no se puede separar de un estudio paralelo de la alimentación, lo que resulta harto dificultoso, ya que es muy probable que el racionado que se anotaba en los libros y se justificaba en Madrid, en poco o nada se pareciera a lo recibido realmente. Todos los testimonios coinciden en que la alimentación fue pésima: nabos nadando en agua y un chusco de pan para comer y cenar, todo ello tomado en el pato por la carencia de comedores."

Las muertes por avitaminosis en 1942 fueron 76 (el 72,38%) de las muertes totales, que afectaron en ese año a 112 reclusos. Pero en el año 1941 murieron por enfermedad 238 reclusos, de los que 131 murieron por avitaminosis (el 57,46%). Entre los años 1938 – 1946 murieron un total de 449 reclusos por enfermedades.

La segunda causa de la muerte fue la tuberculosis en la que incidió la carencia alimenticia. Los más afectados por el hambre fueron los reclusos procedentes de las zonas más alejadas y pobres, particularmente andaluces que, desde su traslado en 1938, constituyeron la mayoría de la población interna de Santoña. Procedían de la prisión del Puerto de Santa María desde casi año y medio, lo que vino a quebrantar un estado de salud, inicialmente poco preparado Eran en su mayor parte, braceros del campo, analfabetos y mal alimentados que no recibían alimentación extra de sus familiares. En muchos casos éstos emigraron para instalarse en Santoña, a fin de estar más cerca de sus parientes presos. Trabajaron en la industria conservera y en el servicio doméstico.

Durante la etapa republicana el Dueso ya estaba sobresaturado con 2.500 presos. En el año 1938 hubo 3.110 presos y en el 1939 hubo 3.342 para una capaci-

---

[109] Collado Quemada, Raquel, 1992: 35 y ss.

dad teórica no superior a las 420 plazas. Cada celda individual alojaba entre 5 y 7 reclusos en 6, 34 metros cuadrados lo que daba a cada recluso un escaso metro cuadrado.

El hacinamiento y las insalubres condiciones se repetían en las cárceles de Cantabria y España. La cifra de muertes era todavía superior en Tabacalera donde a la situación descrita se unían altas tasas de humedad que agravaban los procesos de tuberculosis. El 43,50 por ciento del total por encima del que representaba en Dueso con el 28,87 por ciento.

Al parecer en Tabacalera, la situación se agravó con la llegada de presos de Castuera (Badajoz) y la consiguiente invasión de ácaros (epidemia de piojos).

Según Atilano Alonso, en Tabacalera,

> A los llegados de Reinosa nos instalaron en la nave 7, sumando con los que ya la ocupaban el número de 700, por lo que nos tocaba a poco más de un metro cuadrado por preso, a parte del espacio que ocupaban los camastros. Éstos eran de madera tosca con una bisagra para doblarlos por la mitad y arrimarlos a la pared durante el día, con lo que quedaba un estrecho pasillo en el que pasábamos, hacinados hasta el extremo, la mayor parte del día, aunque a nuestra llegada al menos la nave 8 estaba vacía. En total sumábamos una población de 4.000 reclusos más o menos..."

Las palizas, degradaciones y malos tratos no solamente físicos, eran el pan nuestro de cada día. Como cuenta Atilano Alonso de las cárceles de Reinosa:

> "En aquel cementerio de hombres vivos ocupaba un puesto, arrimado a mí antes de confinarme entre los condenados a la última pena, un barbero de Reinosa, muy conocido en la ciudad, enclenque, de mediana estatura, madura edad y con la espina dorsal un tanto curvada a la altura de los omoplatos, lo que le daba un aspecto un tanto encorvado.
> No sé qué motivo tendría el sádico Liaño, que ejercía el oficio de botero en la ciudad, y se conocían sin duda alguna, para llevarle al "cuarto del crimen" y darle una paliza con una gruesa cachava de pintas, hasta hacerle brotar sangre.
> Cuando se lo llevaba, sus compañeros le mullíamos el colchón para que a su regreso le fuera menos doloroso permanecer acostado.
> Pasadas un par de semanas ya casi restablecido, le volvía a llamar y se lo llevaba para torturarlo brutalmente de nuevo. Quien le haya visto salir hecho un guiñapo, una piltrafa humana, no puede menos que asombrarse ante la fortaleza de ánimo y resistencia de que es capaz el cuerpo humano, tratado con tal salvajismo ¡y poder sobrevivir soportando tamañas torturas!
> Porque fueron más de media docena las que soportó antes de ser puesto en libertad y abandonar aquel antro de exterminio físico y moral.
> En otra ocasión a un pobre hombre, por causas que desconozco, increpándole con ferocidad, lo puso en medio del sótano, con el cuerpo en ángulo recto en el suelo y delante de todos empezó a darle brutales golpes en el lomo (agarrando la cachava con ambas manos) que retumbaban con fatídico, lúgubre y ronco sonido, causando el horror y la ira de los asistentes.
> Satisfechos sus instintos sanguinarios de hiena, lo dejó tirado en el suelo a merced de sus compañeros, que trataron de socorrerle en la medida que podía hacerlo.

En las prisiones de Reinosa, este guardián de indeseable catadura profería cosas como ésta, según nos recuerda Atilano Alonso.

> "… en otra triste ocasión con un albañil al que delante de todos le dijo "Quítate esa chaqueta de cuero que llevas puesta y las botas, que las necesitan más que tú los soldados nacionales en el frente, porque mañana te van a fusilar y, por tanto, esas prendas no las necesitas".

El albañil era un fornido mozo nada pusilánime y con rabioso coraje le contestó llamándole cobarde, canalla y miserable y que no tenía cojones a pesar de ir armado con una pistola, de quitarle las aludidas prendas, pues eran suyas y no se las había robado a nadie como él quería hacer con ellas. Él, que era valentón ante hombres inermes, se quedó medroso - era un castrado- y no se atrevió a acercarse, pero sabíamos que sus tenebrosas predicciones, por desgracia, eran ciertas y al día siguiente fusilaron al albañil con varios desdichados."

A un joven casado, delante de todos le dijo estas humillantes y desvergonzadas palabras: "No me gusta nada tu mujer jodiendo, es muy sosa".

El pobre muchacho se quedó anonadado con semejante chulería.

En la cárcel de mujeres, más de una, soltera o casada, dio a luz llevando más de nueve meses en la cárcel, a causa de los desmanes e incalificables atropellos de algún guardián y otros rufianes, lo que era muestra de la ética de estos repugnantes y degradados seres.

A un muchacho lo castigó a limpiar los retretes a mano, introduciendo el brazo desnudo hasta el codo para sacar todas las mierdas acumuladas. El muchacho, lo hizo con toda tranquilidad, varios días, sin mostrar repugnancia. Era simpático y noble, buen compañero. De buena familia, había sido condenado en Consejo de Guerra no sé si a seis o doce años por haber puesto a disposición de las autoridades republicanas su soberbio coche."

Los consejos de guerra

Los tribunales militares estaban integrados por un presidente y cuatro vocales. Los consejos de guerra se convocaban por el procedimiento sumarísimo de urgencia y la vista se comunicaba al procesado la víspera de su celebración. Junto con el tribunal, estaban presentes el fiscal, el juez instructor y su secretario, el abogado defensor y los acusados. La vista era pública y por cada consejo de guerra pasaban una media de diez a veinte acusados. En casos excepcionales, cuando la trascendencia política del acusado era muy grande, se celebraban consejos de guerra individuales. La duración media solía ser de una hora.

En Santander y Torrelavega, lo más frecuente era que los acusados no pertenecieran al mismo expediente policial y se reunían presos con diferentes causas y acusados por delitos dispares. En Santoña, Reinosa y Castro Urdiales, los consejos de guerra procesaron a la vez a los miembros de los comités de guerra de las localidades de sus respectivos partidos judiciales.

Una vez celebrado el consejo de guerra, el tribunal se reunía en sesión secreta para deliberar y dictar sentencia. Las sentencias eran adoptadas por unanimidad y rarísima era la vez en que algún miembro del tribunal quisiera dejar constancia de su discrepancia. Las sentencias dictadas eran sometidas al auditor de Guerra de Burgos o Bilbao para su aprobación. Una vez aprobada la sentencia por el auditor, el juez instructor procedía a notificarla a los condenados y a ordenar su cumplimiento, excepto en el caso de las penas de muerte.

Las penas de muerte no se ejecutaban hasta que no se recibía el "enterado", o la "conmutación", de la Asesoría Jurídica del Cuartel General del Generalísimo. De este trámite queda el testimonio de Serrano Suñer, "el cuñadísimo", entonces ministro de Gobernación, que cuenta como Franco recibía todos los días después de comer, a la hora del café, al coronel jurídico Martínez Fuset cargado de carpetas rebosantes de condenas de muerte que ponía a la firma del Caudillo.

El expediente de cada encartado se iniciaba con su declaración ante la Comisión Clasificadora de Prisioneros y Presentados, la Guardia Civil, policía de Asalto o Falange, Comisarías de Investigación, o bien, por cualquier denuncia presentada en estas instancias. En los municipios de la costa oriental y de la Cantabria rural interior (graneros de los votos derechistas de la provincia), las autoridades militares nombraron comisiones vecinales para tomar estas declaraciones y a continuación el encausado deponía ante el juez municipal. Basta un corto ejercicio de deducción para imaginarse estas declaraciones de vecinos juzgados por vecinos deseosos de venganzas por requisas, incautaciones y cuotas impuestas durante el dominio republicano.

A continuación, el auditor de Guerra designaba al juez instructor y éste nombraba a un secretario. Todas las actuaciones se hacían por diligencia y de todas ellas daba fe el secretario. Se llamaba a declarar a los testigos y, en la mayoría de los casos, el encartado hacía una segunda declaración ante el juez instructor y el secretario. Cada expediente tenía un número. Averiguar ese número era importantísimo para cualquier gestión que se quisiera hacer en favor del encausado, tanto antes como después de dictada sentencia. El juez instructor agrupaba diez, doce o veinte expedientes en un mismo sumario, redactaba entonces el "Auto resumen" y lo sometía a la consideración del auditor de Guerra. Éste era el que decidía el procesamiento o no de los encartados, la continuación de las averiguaciones o la celebración del consejo de guerra sumarísimo de urgencia.

Un día o dos antes de la celebración del consejo de guerra, los procesados elegían un abogado defensor de entre la media docena de defensores militares que actuaban en Santander. La premura impedía la aportación de pruebas de defensa.

El día del consejo de guerra, los encartados eran conducidos esposados y custodiados por la policía desde la cárcel a presencia del tribunal. En el consejo de guerra se leían los cargos, el fiscal pedía la pena para cada uno de los acusados, el defensor hacía una breve "defensa" y el tribunal se retiraba a deliberar. Durante la vista, no se solía practicar prueba alguna ni se llamaba a declarar a ningún testigo, y si alguno lo hacía, era casi siempre en pro de la acusación. La argumentación del abogado defensor iba dirigida, no a tratar de demostrar la falsedad o ausencia total de pruebas, sino a poner de manifiesto la inconsciencia del acusado, la manipulación y cosas por el estilo, y a apelar a la benevolencia del tribunal; los defensores solían concluir solicitando que se impusiera la pena inferior a la solicitada por el fiscal, que casi siempre era la capital. Una vez celebrado el consejo de guerra, los procesados eran devueltos a la cárcel. Como los consejos de guerra se celebraban en audiencia pública, los familiares de los encartados aprovechaban para verlos e intentar acercárseles y darles un beso o un abrazo: todo dependía de la benevolencia o crueldad de los guardias que los custodiaban. A los dos o tres días, y una vez que el auditor de Guerra hubiera aprobado la sentencia, se les notificaba ésta a los procesados.

Los condenados, pasaban a cumplir las penas, abonándoseles el tiempo que llevasen en prisión. Los condenados a pena de muerte, quedaban a la espera de la resolución del "Cuartel General del Generalísimo". Sus familiares, si es que los tenían, empezaban a hacer gestiones de todo tipo, a pedir favores a todo el mundo, tratando de conseguir el indulto: firmas de dirigentes derechistas, búsqueda de influencias, viajes a Salamanca o Burgos para tratar de entrevistarse con los gerifaltes de la sublevación, o con sus mujeres. En la mayoría de los casos, al mes y medio ya se había adoptado una resolución en un sentido u otro. Si la pena de muerte venía conmutada por la inmediata inferior de reclusión perpetua, se le comunicaba al preso, que, a veces, ya estaba enterado unas horas antes por los familiares. Pero a muchos presos no se les informó de que la pena de muerte había sido conmutada hasta transcurrido un año o más. Era otra estratagema del sistema de terror para tener sometidos a los presos y a sus familias, pendientes como estaban del señuelo del "indulto". Al mismo tiempo, se les destruía psicológicamente haciéndoles vivir durante tanto tiempo la tensión de que cada amanecer fuera el último. En otros casos, la familia le transmitía al condenado la falsa esperanza de haber sido indultado, quizás para hacer más soportable su tiempo antes del fusilamiento; o el indulto llegaba, cuando el preso había sido fusilado.

En los bandos declaratorios del estado de guerra - Mola en Navarra, Cabanellas en Zaragoza, Franco en Canarias, Queipo en Sevilla y el más importante de la Junta de Defensa Nacional dictado el 28 de julio - se dictaminaba como delitos incursos en rebelión militar a los "que propaguen noticias falsas o tendenciosas con el fin de quebrantar el prestigio de las fuerzas militares y de los elementos que prestan de servicio de cooperación al Ejército…; los que celebren cualquier reunión, conferencia, conferencia o manifestación pública sin previo permiso de la autoridad, solicitado en la forma reglamentaria, y los que asistan a ellas, los que dificulten el abastecimiento de primera necesidad o eleven injustificadamente los precios, etc." En Santander el bando del general Dávila del 28 de agosto reproduciría tales delitos.

Como afirma Ballbé, "los sublevados no tuvieron dificultades para implantar técnicas jurídicas propias de un régimen autoritario militar, como el que instauraban, pues estaban ya establecidas y rodadas en el Estado Constitucional que había sido incapaz de suprimir o instaurar instituciones impropias de un Estado democrático."

Por otra parte, los tribunales basaban su actuación en la aplicación del Código de Justicia Militar vigente desde el 27 de septiembre de 1890.

La aplicación de consejos de guerra a civiles suponía una continuación de lo que se venía haciendo incluso en el período republicano y en los gobiernos liberales españoles anteriores. Pero ahora se aplicaban masivamente a delitos de rebelión por ficción legal sin ser necesario sorprender a los encausados *in fraganti*. Esta práctica se combinaba con la propia mentalidad del Ejército cuya ley constitutiva de 29 de noviembre de 1878 fijaba como primera y más importante misión la de sostener la independencia de la Patria y defenderla de sus enemigos exteriores e interiores. Las autonomías y la visión de la República como antesala de la revolución configuraban la reacción justificativa de los generales sublevados.

La vigencia de la Ley Marcial sintetizada en los bandos de guerra no acabó el 1 de abril de 1939, fecha de la terminación militar del conflicto, sino el 5 de marzo de 1948, a nueve años de acabada la guerra civil. Tras la última sentencia del Tribunal Supremo en esta fecha en la que sostiene la vigencia del estado de guerra, vendría un Decreto de la Presidencia de Gobierno de 7 de abril que se pronuncia tajantemente por la derogación de la ley marcial, "fundándose en un progresivo restablecimiento de un estado de derecho más amplio que el de guerra".

En los consejos de guerra se utilizan tres figuras jurídicas que de mayor a menor gravedad son la rebelión, adhesión al rebelión, el auxilio apoyo a la rebelión, invirtiendo el término de rebelde para los vencidos. Otras condenas eran negligencia, excitación a la rebelión, traición, tenencia de armas, sedición, conspiración, inducción y deserción.

Muchos combatientes republicanos ante los tribunales franquistas, se veían impotentes y desesperados: no podían entender como se les acusaba de rebeldes cuando habían defendido al gobierno legalmente constituido. Los mismos jerarcas del Régimen - entre ellos, Serrano Súñer, cuñado de Franco - reconocían que se trataba de una "justicia al revés", es decir, los rebeldes juzgando como tales a los defensores de la legalidad.

Pero además, se aplicaba la denuncia anónima muchas veces con acusaciones falsas, lo cual ya constituía un delito contra la Administración de Justicia en un Estado de Derecho. El Régimen amparaba y elevaba a categoría de prueba jurídica, aún terminada la guerra, la no sólo vergonzosa, rastrera e innoble, sino también la delictiva actitud de muchos denunciantes.

Una muestra visible de esta horrorosa práctica la tenemos en el testimonio de una de las víctimas. Una Junta de denuncias en Matamorosa condena injusta y de forma mezquina y artera a Crisanto Mencía del Barrio todo porque tenía un almacén de piensos. Era vecino de Matamorosa - Enmedio, con petición fiscal de pena de muerte, en el Consejo de Guerra celebrado el día 12 de enero en Reinosa:

> "Que sin duda existe una mala interpretación sobre los cargos que se me hacen o han procedido con mala intención los denunciantes, puesto que en modo alguno se me puede considerar responsable por acción ni por inducción en la muerte del sacerdote del lugar asesinado por los marxistas y sin duda por iniciativa del comunista Vicente Hernández. Escuetamente he de consignar que era permanente toda mi consideración, que me honraba en su amistad y que había vivido en mi propia casa durante dos años consecutivos.
>
> Si los vecinos de Matamorosa - Enmedio - más destacados y calificados de derechas, quieren informar con arreglo a su leal conocimiento de los hechos, tengo la seguridad de que ninguno es capaz de imputarme tal asesinato, del que no sólo no soy autor, como dije, sino que repugna abiertamente a mi manera de proceder y condené públicamente al tener conocimiento de su realización. Todo el lugar de Matamorosa lo sabe y debe declararlo aunque no sea más que en honor a la verdad y para auxiliar a la justicia. Siquiera, si sienten la reacción de la España que se reconstruye y están compenetrados del espíritu que anima al Generalísimo, en méritos de ese resurgir que impone la obligación de ser veraces.
>
> Cierto es Ilmo. Sr. Yo no he negado mi actuación cerca del frente popular, pero … limitada a la contratación comercial como se desprende de los antecedentes que con abundancia han de encontrarse en el Ayuntamiento de Enmedio, aun en el caso probable de que muchos hayan sido intencionadamente destruidos. La razón es obvia. Mi comercio de harinas proveyó a marxistas y derechistas, antes y después del Movimiento Nacional, unos y otros han dejado sumas importantes sin pagar, conviene mucho que desaparezca el propietario y acreedor para esas cuentas queden impagadas. Pero se equivocan, la justicia puede padecer, por falsa información u error disculpable, pero al fin resplandece y en este caso ya sabrá incautarse de esos créditos para que beneficien al Estado Español, tan necesitado de todos nuestros esfuerzos y que aunque detenido y encartado con calificación tan grave, dentro de mi humildad y anulada actividad de momento, deseo fervientemente ayudar y para ello declaro que según mis libros son varios miles de pesetas los que pueden resguardarme de clientes morosos y hoy mal agradecidos.
>
> Limito mi exposición a consignar que el industrial Don Emeterio González, de Matamorosa, detenido y libertado por mí, sabe bien toda mi actuación y no ha debido regatear mis informes. No puedo creer que haya podido estar influido por la competencia comercial. Me debe la vida y multitud de favores duran-

te el periodo marxista. Claudio Martínez, tablajero; Miguel García, secretario del Juzgado Municipal; Don Rafael González, párroco de Cervatos; Eduardo González, empleado del Ayuntamiento de Reinosa; Julián Saiz, hoy alcalde de Enmedio y una multitud, si citara a cuantas personas vienen obligadas a decir la verdad podían declarar a mi favor, pero el Ilmo. Sr., con todos los respetos, debe consignar que nunca pude suponer que se me hiciera responsable de un crimen y aunque no alteren la pena si ejecutándola se beneficia a nuestra España, deseo ardientemente, por el buen nombre de mis hijos, que se aclare este extremo, que se me fusile si mis actos lo requieren y se supone de ello ejemplaridad, pero que no se pueda decir que se me condenó a muerte por asesino. No lo he sido ni lo podía ser con quien me unían lazos de sincero afecto. No lo he sido ni lo podía ser, porque he sido de siempre cristiano y en la santa religión he sido educado y eduqué a esos pobres hijos que han de llorar la muerte de su padre, seguros de que no fue un malvado. No le sido ni mis actos durante el movimiento pueden suponerlo puesto que salvé la vida a varias personas, puesto que me opuse enérgicamente a la realización de asesinatos, aunque mi actuación y actividades estuvieran alejadas de los comités y canalla que fraguaban tales atrocidades. Ya he dicho, que me limité a ejercer un cargo puramente comercial, sin otro alcance ni siniestras consecuencias.

Por lo tanto:

Suplico a V. S. Que por la sinceridad de mis manifestaciones, por la facilidad que ha de encontrar para confirmarlas y especialmente para evitar el baldón a mis inocentes hijos..."
Dios guarde a V. E. Muchos años. Prisión de San José en Reinosa el 25 de enero de 1938.

De nada sirvió. Este hombre nacido en Argüeso el 25 de octubre de 1891, teniente de alcalde del Ayuntamiento de Enmedio por el PSOE, fue fusilado en Derio (Bilbao) el 24 de octubre de 1938. Algo similar le ocurre a otro condenado en aquel Consejo de Guerra. Se trataba del reinosano Sebastián Morán Ruiz, de 26 años, mecanógrafo, soltero, acusado de dar muerte a la joven Evangelina de la localidad de Susilla (Valderredible). Cuando su padre presenta pruebas de la no intervención, su hijo había sido fusilado en Bilbao el 14 de diciembre de 1939.

Las denuncias falsas sumían en una doble pena al condenado: a la eliminación física se sumaba el estigma de la memoria para sus herederos, la exterminación moral y la deshonra tras su desaparición.

Los denunciantes estaban impulsados, estimulados, inducidos por el artículo 3º del Bando del General Dávila, de 28 de agosto de 1937 que obligaba de forma ineludible a denunciar los hechos delictivos acaecidos de los que se tengan conocimiento en los trece meses de gobierno bajo pena de ser tenido por reo de adhesión a la rebelión. Pero el cuadro de terror, impulsaba a los condenados por supuestos delitos de sangre a imputar esos delitos a otros, extendiéndose así el triste espectáculo de los careos entre presos y la delación en cascada de los que vieron, hicieron u oyeron algo sobre el delito imputado.

El examen de los expedientes nos permite establecer una tipología de las condenas:

La excitación a la rebelión castigaba las acciones de "propaganda" que consistían en "proferir frases o palabras injuriosas" contra los generales sublevados, personas de derechas, o cualquier manifestación favorable a la República hecha espontáneamente o en el transcurso de discursos, mítines, arengas, etc. También las manifestaciones de alegría por la comisión de muertes violentas y las amenazas de muerte.

En el primer caso, se solía reflejar el contenido literal de la frase pronunciada ("hay que cortar la cabeza a Franco", "a Mola, "a los fascistas", "etc.".). La condena era de seis años y un día y se contemplaba en el párrafo segundo del artículo 240 del Código de Justicia Militar. Era una condena mayormente sufrida por las mujeres porque fueron, dado su papel en la sociedad de entonces, las grandes animadoras al combate con sus arengas, las enardecedoras del papel guerrero del hombre. Pero podía llegar a la pena de muerte si los procesados habían escrito artículos en periódicos extremistas. Así ocurrió con algunos articulistas de *El Impulsor* de Torrelavega, que fueron ejecutados.

El auxilio de rebelión se imputaba, en virtud del Art. 240, al acusado que había practicado guardias armadas, participado en requisas, combatido como voluntario o contribuido en el derribo de campanas de la iglesia. Se solía imponer la pena de doce años y un día. Se elevaban a veinte años si se consideraban agravantes como la de entusiasta, el haber amenazado o mostrado una conducta especialmente violenta con las cosas. Bajo esta acusación, fueron condenadas personas políticamente indiferentes, de mentalidad liberal e incluso de la derecha moderada.

La adhesión a la rebelión, contemplada en el Art. 238, se aplicaba a los que habían desempeñado cargos políticos, sindicales o militares, practicado detenciones o "*hubiesen tenido una actuación destacada*" y una "*identificación plena*" con los fines del Frente Popular. Perseguía también las actitudes anticlericales como "*vestir ornamentos sagrados, apoderarse de objetos de culto o hacer mofa y escarnio de la religión*". Generalmente se condenaba con reclusión perpetua. Cuando el acusado era considerado "peligroso", responsable moral de hechos ocurridos o supuestas inducciones y ejecución de asesinatos se imponía la pena de muerte que los expedientes recogen como "*circunstancias agravantes de peligrosidad y trascendencia de los hechos a que se refiere el Art. 173.*" La falta de peligrosidad y escasa trascendencia de los hechos, la minoría de edad, el haber tenido una actuación moderada con personas de derechas, el haber sido forzado o manipulado se consideraban como atenuantes en el citado Art. 173. La identificación plena con los fines del Frente Popular o compartir los convicciones y sentimientos de aquel, apuntaba directamente a los cargos sindicales o políticos de izquierdas.

Los procedimientos se calificaban de Sumarísimos de Urgencia de acuerdo con lo establecido en el título 18 del Código de Justicia Militar y en el 17 de la Ley de Enjuiciamiento Sumarísimo dedicados a los "casos graves" o para "sentar escarmiento". Un decreto de la Junta de Defensa Nacional había establecido que no sería necesario que el reo fuera sorprendido "in fraganti" con lo que se enjuiciaban comportamientos destinados a las zonas no sometidas por los alzados.

Los ejecutados a "garrote vil", restablecido el 5 de julio de 1938, tras su derogación por el Código Penal de 1932, son acusados de hechos de armas y considerados atracadores y asesinos convictos.

El Código de Justicia Militar se convertía en el instrumento para criminalizar la ideología y actuaciones durante dominio republicano, considerando como vulgares delitos comunes tanto las actuaciones espontáneas como las que estaban sometidas al cumplimiento de órdenes de instancias políticas y militares. La ideología era la primera condición de la pena y sobre ella se establecían los grados agravantes o atenuantes mediante la ecuación: marxista = maldad intrínseca. El ejército franquista tampoco concedió al ejército republicano un código de honor y caballerosidad que en las guerras entre Estados se establece para los vencidos.

En los preámbulos de las condenas se alude al Ejército Salvador de España como aquel al que se opusieron grupos de civiles armados, sin reconocer que hubo un enfrentamiento militar que se dirimió también en el campo de batalla con todo el respeto que para los militares tendría que merecer este hecho de personas que dieron su vida por esta lucha con honor, de igual a igual, muchas de las cuales voluntarias para huir de la cómoda vida de retaguardia o para no presenciar los "paseos" que en ella se hacían. La vida heroica que reconocían y que estimulaban para sí no era válida cuando se ejercía desde el bando contrario. Los actos que obedecían a la disciplina, dimanantes de las órdenes militares republicanas se consideraron como crímenes individuales. Así quien mandaba los pelotones de ejecución en el ejército republicano para atajar los delitos de deserción era objeto de ejecución en los tribunales franquistas sin tener en cuenta que la deserción es el mayor de los delitos en los Códigos Militares.

Fueron especialmente duras las condenas de muerte de los que habían adquirido el grado superior al de capitán, de los comisarios políticos y de los miembros del cuerpo de dinamiteros, generalmente mineros.

Otro de los pilares de acción de los consejos de guerra se centró en las actividades que afectaron a la propiedad privada realizadas por miembros de organizaciones político-sindicales en forma de incautaciones. Si el reo formaba parte de alguna organización, generalmente era condenado a muerte. El delito era conceptuado como robo o como apropiación. Las penas fueron muy duras para los miembros de los comités de control, bastantes de ellos fusilados.

Otro de los ejes de actuación se centraba en personas que habían realizado supuestas violencias psíquicas (amenazas, extorsiones, trato humillante, insultos) o físicas (detenciones, asesinatos o responsables de tribunales de guerra). En ambos casos, sobre todo en los primeros meses, eran condenados con la pena de muerte y ejecutados. También la mofa y el escarnio de objetos y prendas religiosas eran castigadas con la muerte. Si el acusado había tenido la dicha de aportar testimonios de personas que le debían la vida, se hacía constar el trato correcto y la protección que dispensó, lo que le eximía quizás del piquete, nunca de la cárcel.

En cuanto a las denuncias, hacían particularmente vulnerables a los siguientes tipos de personas:

1. Aquellas que habían estado envueltas en algún tipo de conflicto o desacuerdo interpersonal materializado en riñas, juicios, enfrentamientos físicos ocurridos antes de la Guerra. Si la persona con la que estuvo enfrentada, fue asesinada en dominio republicano, los denunciantes relacionaban tal hecho con su asesinato posterior, curiosa y trágica ecuación que determinaba el fusilamiento del acusado. De este tipo de denuncias no estaba excluida la de la mujer que denunciaba a su marido para deshacerse de él.

2. Aquellas que se habían jactado en público de haber cometido asesinatos (llamados parlanchines, en la jerga popular) o se habían caracterizado por una conducta de amenazas y coacciones.

3. Las que disfrutaban de posición económica desahogada, y ocuparon cargos de responsabilidad. La calumnia y la infamia más horrorosas acompañaban el final de estas personas, con muertes imputadas a sus espaldas por vecinos y familiares ingratos que prefirieron hacerse con el botín económico del reo a salvar la vida de un inocente. Son las que mayor repercusión tuvieron en la memoria colectiva.

4. Aquellas que carecían de habilidades y destrezas sociales, conocidas en términos sociológicos como antilíderes y en términos populares como "pobres hombres" a los que otros, incluidos antiguos compañeros de izquierda; encasquetaron algún tipo de acusación para distraer su propia responsabilidad.

5. Los que no contaban con redes de protección familiar o endogámica bien por estar enfrentados en disputas intrafamiliares como podían ser las herencias, enfrentamientos por el patrimonio o no estaban suficientemente enraizados en la vida de la comunidad por tener la condición de inmigrados. En este sentido se llevó a cabo, al igual que en la otra zona, contra inmigrados que no disponían de familiares simpatizantes del bando nacional para defenderlos.

Se celebraron consejos de guerra en las cabeceras de los partidos judiciales (Cabuérniga, Castro Urdiales, Laredo, Potes, Ramales, Reinosa, Santoña, Santander, San Vicente de la Barquera, Torrelavega) y las ejecuciones tuvieron lugar en Castro Urdiales, Reinosa, Santander, Santoña y Torrelavega). Había cuatro tribunales militares con sede en Santander, dos de ellos (el 3º y 4º) se trasladaban a otras poblaciones con carácter ambulante y los dos primeros (1º y 2º) tenían su sede permanente en la capital.

En las localidades de la costa oriental (Castro Urdiales, Laredo y Santoña) actuaban además tribunales militares de Bilbao y los sentenciados con pena de muerte fueron trasladados a la capital vasca para ser ejecutados. También fueron trasladados presos condenados a la última pena de Reinosa y Torrelavega cuando los tribunales militares cesaron su intervención en enero y marzo de 1938 Una expedición de cincuenta y cinco condenados en Santoña, fue trasladada desde Bilbao a Burgos el 27 de junio de 1938 para ser fusilados allí.

La dispersión de los fusilamientos de cántabros en diferentes territorios ajenos a la Comunidad disipaba el escándalo de los bienpensantes de tener que contemplar el espectáculo de los casi 1.300 paisanos caídos en los paredones de la región.

A comienzos de septiembre empiezan a operar los consejos de guerra. Son miles de casos e interesa resolver el mayor número de fusilamientos en el menor tiempo posible. No hay momento de presentar pruebas que pudieran exculpar de las acusaciones, los testigos favorables solían hacer mutis por el foro, los denunciantes acudían con la presteza de los carroñeros. Aunque las hubiera, siempre se aplica la peor denuncia. Personas que logran un testimonio favorable del cura, de derechistas, son ejecutadas "no le fusilamos por lo bueno que hizo, sino por lo que hizo de malo", decían cuando alguien se presentaba para afirmar que le debía de vida. Hasta enero del 38 la maquinaria funcionó a destajo. Lógicamente esta maquinaria fue engrasada con los testimonios desgarrados de los familiares de las víctimas de los republicanos, comprensibles si se quiere, pero había otros que denunciaban de forma rastrera e innoble y mayormente de oídas o por rumores, atribuyendo a las víctimas atropellos y asesinatos sin fin.

Con los Consejos de Guerra se pretendía además de la eliminación de los partidos y organizaciones sindicales: particularizar en el Estado el monopolio de la violencia, saciar las venganzas del bando vencedor originadas en la guerra civil, amalgamar y fortalecer su cohesión interna, crear los reflejos condicionados del orden a cualquier precio y por encima de cualquier divergencia política.

Los condenados a muerte

La reacción de los condenados a muerte variaba desde actitudes de resignación y escapismo hasta pérdidas de razón, caída o encanecimiento súbito del cabello debido al aislamiento con sus familias, la ausencia de luz natural y recintos reducidos.

A los que iban a ser ejecutados se les ponía en "capilla" en un lugar separado del resto. El tiempo y condiciones de estancia en capilla variaban de una cárcel a otra, oscilando entre una o dos horas, o la noche entera. Todos los relatos coinciden en señalar la repugnante actuación que en esos tristes momentos tenían los representantes de la Iglesia Católica. Capellanes, sacerdotes, frailes, se lanzaban sobre aquellas pobres gentes que vivían sus últimas horas para que confesasen y comulgasen. La tenacidad, la presión y la intensidad con que llevaban a cabo su labor de "salvar almas", ofendería hoy hasta al más fanático de los católicos españoles. ¡Qué falta de respeto tan grande! ¡Qué ausencia de humildad, de conciencia, de humanidad..., de todo! Solamente los más serenos y concienciados tenían fuerzas todavía para enfrentarse a la clerigalla. ¡Qué placer y qué perversión escribir después a la viuda para comunicarle, junto con la noticia de la muerte del esposo, que "un consuelo, y no pequeño, la debe de quedar, y es que murió cristianamente, confesándose y comulgando..."! ¡Qué tíos más bestias!

Manuel Díaz narra que en la Prisión Provincial:

> "Las celdas de los condenados a muerte tenían aproximadamente tres de largo por dos de ancho, con una ventana enrejada que miraba a los patios. Los reclusos no podían mirar a través de ellas, pues los centinelas tenían órdenes de disparar y eran gratificados con quince días de permiso.
> Por regla general fusilaban mensualmente entre ciento treinta y cinco y ciento cuarenta reclusos. Las celdas de condenados se llenaban días antes con una veintena de penados. Con motivo de fiestas religiosas o nacionales, aumentaban el número de sacas hasta alcanzar los ochenta o más. El ebanista que confeccionó el altar fue fusilado el mismo día de la inauguración.
> ... Al estar el dormitorio saturado, tenía que dormir en el pasillo que daba vista al centro de la prisión.
> Cierto día, a las tres de la mañana, nos despertaron multitud de pisadas y el tétrico sonar de los cerrojos de los fusiles. Se trataba de guardias civiles acompañados de funcionarios que descorrían los cerrojos de las celdas de los condenados a muerte y les nombraban para que fueran vistiéndose y esposados de tres en tres eran concentrados en el centro de la prisión. A los demás nos obligaban apuntándonos con sus armas a bajar la cabeza y taparnos con una manta.
> Los condenados de muerte daban vivas a La República y a la Libertad, pero rápidamente eran reprimidos a culatazos e incluso a algunos les clavaron la bayoneta en el vientre. Mientras tanto, un grupo de sacerdotes esperaban hincados de rodillas. Recuerdo a un jovencito dirigirse a uno de ellos: ¡Padre, usted sabe

que soy inocente! Sí, hijo mío, también Jesucristo era inocente y fue crucificado. Excelente consuelo para un muchacho al que van a matar.

Una vez terminada la ceremonia religiosa de la confesión eran trasladados en camiones al cementerio de Ciriego, donde eran fusilados.

Fue terrible la ola de venganzas desatadas, e incluso entre vecinos y amigos. Hubo casos de mujeres que denunciaron a sus maridos, de hermanos a hermanos. A veces los que más iban a la iglesia fueron lo que mostraron más falta de compasión.

Cada dos o tres meses, éramos sorprendidos con la aparición de guardias civiles fuertemente armados con pistolas y ametralladoras como las que se usaban en el frente. La primera vez creí que iban a cometer una masacre, sin embargo, nos obligaron a desnudarnos y a formar de cinco en cinco con la ropa a nuestros pies. Mientras unos nos mantenían encadenados, otros registraban nuestras ropas sin miramiento a los piojos. Después del cacheo, se dirigieron a los dormitorios arrasándolo todo, requisando nuestras pertenencias e incluso el ticket que nos permitían comprar en el economato.

Los domingos y festivos formábamos en el centro de la prisión para asistir a misa a pie firme. Escuchábamos las amenazas y estupideces que nos dirigía el capellán de la prisión, Eugenio Arce. No se cansaba de llamarnos hijos de la Pasionaria, ovejas descarriadas, se os han marchado los pastores y os han dejado abandonados, ahora tenéis que pagar las culpas de los que se llevaron el oro a Moscú. Sufrid malditos, vosotros fuisteis cómplices.

Yo jamás pensé que unos tipos que se hacían pasar por representantes de Cristo en la tierra albergasen tanto odio en su corazón, tanta ira contra unos impotentes presos que estábamos allí por envidias, intrigas familiares causadas por herencias, deslindes de terrenos, e incluso daños causados por animales que hace años se habían cometido."

SEBASTIAN ALONSO MACHADO, [110] nacido en 1910, hijo de inmigrantes gallegos establecidos en Astillero, estuvo dos años y cuatro meses condenado a muerte después de ser juzgado el 14 de septiembre de 1937. Su hermano Francisco fue fusilado el 27 de octubre de 1937. En enero del 39 lo trasladaron al Dueso y el 18 de septiembre de aquel año lo indultaron. Salió del Dueso el 25/03/43.

Militaba en el Partido Radical – Socialista desde muy joven y se integró en Izquierda Republicana. En la guerra fue comisario político de Compañía en el Bon. 101. El 14 de septiembre de 1937 fue detenido en Astillero e internado en las Oblatas. No le acusaron de nada incierto (Izquierda Republicana, comisario político). El defensor hizo una buena exposición. Pero a otros no, les ponían cargos que no habían hecho y no podían defenderse.

Se enteraban de las sacas, porque los perros de las huertas, que rodeaban a la Prisión Provincial por la parte este, ladraban, y los timbrazos eran impresionantes. Todo el mundo se ponía muy nervioso. Tenía un amigo, José Alonso Reigadas, de la parte de Liencres, que en cuanto oía el timbre se descomponía. La luz eléctrica de las celdas estaba conectada, de forma que cuando había saca

---

[110] Entrevistado el 14/03/02 en Astillero.

se encendían la luz de todas las celdas. A las 6 de la mañana abrían la celda, el cerrojo, la luz. De la celda salían amarrados con cables.

Eugenio Ortega era comandante de un batallón de la CNT al que acusaron del incendio de Potes en la retirada. Pero del incendio de Potes fueron acusados otros muchos. De hecho, Eugenio Ortega en capilla en la celda en vísperas de la ejecución enseñó al juez el recorte de prensa en donde se decía: "Detenido el autor de la quema de Potes"

-"¿En qué quedamos? Si a mí me van a fusilar por ser el autor de la quema de Potes ¿Por qué acusan a otros? ¿No tienen bastante con uno? "

Pensaba que su causa iba a ser revisada, vacua esperanza de muchos condenados. Su familia les trataba de confortar con esta noticia. Un día, serían las 7 u 8 de la tarde cuando entra después de ser juzgado. No era normal esa hora. Y cuando entra dice: "me van a fusilar esta madrugada." "No jodas", le dije yo. "Produjo un tremendo impacto en la Prisión Provincial. Vinieron muchos amigos a verle. "

En una de las sacas abren la celda y llaman a Ruiz Ortega. Con toda la serenidad dice que ese no es el orden, sino el inverso: Ortega Ruiz. Le llamaban Nitu. Mandó hacer unos cigarros y así se despidió. Una tarde de domingo entra trasladado de Torrelavega, Eustaquio Latorre, que era de Cabuérniga. Una noche de saca y no le llaman, otra tampoco, pero a la tercera lo sacaron.

Un tal Lera viene a saludarle desde el patio. El que habla estaba en la ventana agarrado a los barrotes. El condenado empieza a escribir a su madre, a sus hermanos y a la novia en un bloc para despedirse con el encargo de que lo hiciera llegar a sus íntimos. Aquella tarde se acostaron. Recuerda que era el día del pacto germano – soviético. Evoca la letra de Lera, clara, sin un mínimo temblor, sabiendo que iba a ser fusilado.

Se oye crujir el cerrojo, Fulano de tal, vístase. Los Carabineros estaban en la misma celda y cuando salían para ser fusilados daban una fuerte viva a la República e inmediatamente les daban culatazos para que se callaran.

En Torrelavega se habilitaron como cárceles el edificio de los Juzgados, La Importadora (almacén de maderas junto a la estación de FEVE), el Sindicato (en la plaza Baldomero Iglesias), el Cine Royal, la cárcel del Partido, el Asilo y la cárcel municipal). En La Importadora estuvo Felipe Matarranz.

Entró en combate el 25 de julio en El Escudo y participó junto con otros dos compañeros en golpes de mano en la retaguardia enemiga. En la retirada, en agosto de 1937, cayó el capitán de su compañía y quitándole la gorra al muerto dijo a los compañeros: el capitán está aquí. Y le prendieron con los galones de capitán en Vargas. Cuando era conducido a la cárcel se zafó de sus captores, tirándose por un terraplén. Intentó entrar en Torrelavega, pero la ciudad se hallaba copada por los franquistas y se dirigió a Santander, desde donde logró pasar a Asturias. Hecho prisionero, de nuevo en Asturias, logró huir por segunda vez para recalar en las inmediaciones de La Franca. Pidió ayuda a una tía suya que resultó ser falangista. Una vecina le prestó el ansiado socorro y trató de convencerle para que se entregara. Pensaba unirse, en el momento propicio, a los republicanos. Su marido era un mando de las fuerzas franquistas, comandante de requetés, para más señas, y le condujo a Santander. Se acercó para recoger la documentación y el destino, pero fue reconocido por unos vecinos en la escalera del edificio y le detuvieron.

Mayor escarnio se infligió a Domingo Elizalde, policía del Frente Popular. Fue amarrado con un dogal que apretaba el cuello y una mujer tiraba del cordel. Así recorrió la plaza en medio de insultos y escupitajos. Después fue fusilado.

En el Consejo de Guerra celebrado el 30 de diciembre de 1937, fue condenado a pena de muerte por auxilio a la rebelión. Sabía de la terrible congoja de su madre por él y por su hermana Antolina también condenada a muerte. Su madre caminaba hasta la cárcel sin importarle el frío, el hambre, la incertidumbre. La crueldad del género humano o de determinados humanos o de los humanos en determinadas circunstancias, como mejor o peor se quiera, no conoce límites y recuerda la terrible noticia que le dieron a su madre un día que fue a visitarlo.

Vino con un paquete que contenía pan de borona y unos chorizos. Un esbirro le pregunta por el destinatario del paquete y ella susurra el nombre de su hijo. Contesta el esbirro: "ese ya no come, le han fusilado ya".

La madre se desmayó. El jefe de servicio hace acto de presencia y contempla la escena. Pregunta a quién busca y ella balbucea el nombre de su hijo. Mira una lista y contesta. "A su hijo no le han fusilado, no se preocupe, venga, le voy a conceder una entrevista".

Cuando llaman a la celda pensaba que le iban a dar el "paseo" o fusilar. Se cambia de pantalones y se viste con unos raídos porque dejaban las prendas nuevas para las necesidades terrenales, y no para la fosa. Saca las manos, postura que repetían los que salían ante piquete, para ser atados. Pero para su fortuna, le dicen que tiene visita y que salga al locutorio. Todavía extrañado, cauteloso, sale para encontrarse con su madre y no salen de su asombro.

Nuevas denuncias y nuevo Consejo de Guerra en abril del 39 le imponen una nueva condena de muerte. Pero paradójicamente, las denuncias le salvaron la vida porque la condena anterior quedó en suspenso y de no haber sido así está seguro que hubiera sido ejecutado. En el 39, las penas de muerte eran conmutadas con mayor facilidad y la suya fue conmutada por la de 30 años.

Felipe Matarranz afirma que fue detenido por vecinos y que los arrestados eran expuestos en el recorrido por la vía pública para que los viandantes tomaran nota de posibles denuncias. Y añade que tras los consejos de guerra sacaban los presos a fusilar en la llamada furgoneta de Gándara, primero al cementerio de La Llama y luego al campo de fútbol del Malecón. Sabía que iban a haber sacas cuando pasaba un avión procedente de Madrid que venía con los "enterados". El 18 de enero de 1938 sacaron a fusilar a diecisiete del cine Royal. Entre ellos iban dos hermanos de Lamadrid (Abel y Adolfo González Díaz) que dormían en el escenario del Royal. Como iban a ser fusilados, imploraron a un guardián, Manolo el de la Gorda, para que no les sacara a la vez. Pero sostuvo que tenían que salir los dos. Hubo un forjeceo con el guardián. La Guardia Civil, apostada en la sala de proyección, empezó a disparar a través del "ventanuco". Uno de los hermanos contesta: "¡Si hay algún valiente que tire, que tire aquí!", señalándose su pecho. Hubo un motín animado por la arenga y los guardias civiles empezaron a disparar. Los hermanos cayeron mortalmente heridos junto con Gregorio Ceballos

Riaño de Arenas de Iguña, Félix del Río Villegas de Reocín, y un preso de San Sebastián. "¡Hay que fusilar a todos!", gritaba el de La Gorda. Entonces fueron a La Importadora. Llamaron por orden de lista. En la primera ocasión Felipe Matarranz no fue nombrado, pero llamaron una segunda vez y aquí sí estaba.

Se despide de sus compañeros: "A ver si tenéis más suerte, compañeros, esto se acabó, Viva La República, muera los enemigos del pueblo." Pero el comandante jefe de pelotón cambia inesperadamente de idea y afirma: "Cógelos y métetlos desnudos en la cárcel del Partido para que se les pasen las ganas de fiesta." Por lo visto, la orden de ejecución no estaba cumplimentada. Era una madrugada de enero, pasaron frío, pero ahuyentaron a la muerte.

Al comienzo de la ola de ejecuciones se podía exclamar antes del fusilamiento ¡Viva La República!, pero después golpeaban con culatazos de fusil a quien tenía fuerzas para lanzar los vivas republicanos e iban preparadas las camillas para los que caían aturdidos por el trompazo. Matarranz esperaba con la espada de Damocles de la condena la llegada resignada de su final.

Y rememora casos de una solidaridad sin límites como fue el de un preso, Agustín del Pozo Pablo, de Barreda y obrero de Solvay también condenado a muerte, Un día le dijo a Matarranz: "Si un día te llaman para fusilarte, salgo yo por ti, que tú eres muy joven, te queda un futuro por delante y yo ya he vivido la vida". Afortunadamente no llamaron a ninguno de los dos. En aquellas circunstancias, después de tantas penalidades, no importaba morir. Uno pensaba que daba la vida por el pueblo y que su muerte iba a ser vengada. En las despedidas a las capillas también se gritaba: "¡Vengad mi muerte compañeros!".

Estaba en la celda núm. 3 de la Prisión Provincial de Santander. Llevaba condenado de muerte 2 años. Algo tan privado como cagar tenía que hacerse a la vista del resto de los condenados y por ello se sufrían estreñimientos crónicos. En la celda de condenados se hacía las necesidades en un zambullo (caldero). Se llenaba con frecuencia y tenían que hacerlo en los platos donde servían el rancho. Cuando llegaba la hora de la noche, mientras dormían, para que el olor no fuera nauseabundo, se evitaban las necesidades mayores y solamente meaban. La obstaculización de las heces fecales era otra forma de privación y de tortura. No se sabe del placer de este acto en la intimidad hasta que te lo impiden.

Intentó cortarse las venas. El día que le conmutaron las condenas desapareció una presión que tenía en el pecho desde que su vida había sido puesta en almoneda. Ya podía respirar tranquilo y meter aire bien profundo en sus pulmones.

Pero por desgracia, había todavía cosas peores que los fusilamientos: los ejecutados a garrote vil. En la prisión provincial agarrotaron a 21, en las Prisiones de Bilbao a quince y en el Penal del Dueso a cuatro.

A éstos les ajusticiaban dentro del recinto penitenciario de la Prisión Provincial, entre el muro exterior circundante y el muro que cierra el patio de talleres. En este patio era donde escuchábamos los lamentos y gemidos de los condenados.

A los que rehusaban confesar, se les afligía doble suplicio. Varios sacerdotes rezaban y exclamaban: "inconfeso, hijo de Satanás, inconfeso". Estaban presentes el jefe de servicios, algunos funcionarios y una escolta de la guardia civil, además del juez militar.

Hubo presos a los que condenaron hasta cuarenta y cinco minutos de sufrimiento. Cuando el verdugo apretaba el dogal sobre el cuello y el reo perdía el conocimiento, el juez ordenaba aflojarlo y una vez el desgraciado se reanimaba, volvía a apretarlo y el suplicio se repetía hasta acabar con su vida. Mientras esto ocurría, otros presos presenciaban atados de pies y manos el martirio que les esperaba.

Represión ilegal: la cuestión de los paseados y desaparecidos

Además de los ejecutados por Consejo de Guerra, existía una represión ilegal en forma de "paseos", sacas de cárceles, de campos de concentración o de fábricas, fusilamientos de prisioneros en el frente o a la entrada de las tropas franquistas. La represión arbitraria en el conjunto de Cantabria pudo afectar a 735 víctimas.

La investigación de los "paseados" se ha realizado de forma exhaustiva merced a los registros civiles y las informaciones orales contrastadas, salvo Santander, Camargo y Astillero, donde los datos están parcialmente investigados dada la dificultad inherente a poblaciones de gran tamaño (Santander), a la destrucción del Registro (Camargo) o la carencia intencionada de inscripciones (Astillero). La mayoría de estas defunciones no se inscribieron por el cambio súbito de poderes (no había funcionarios que los inscribieran y los familiares estaban paralizados por la apertura de la veda a la caza del "rojo".

Esta represión arbitraria varía mucho en las cifras de unas comarcas a otras. Como norma general se dio en los municipios de frontera, más alejados, y en los poblamientos dispersos de las zonas industriales donde se mezclaban obreros mixtos, campesinos e inmigrantes asalariados.

En los municipios más alejados se acribillaba a personas influyentes, maestros, personas de profesiones liberales. En estos lugares, las ejecuciones se efectuaron *in situ* a la entrada de los nacionales, que saciaban su venganza sobre los integrantes de los comités. Así ocurrió en Liébana (donde se supera al número de fusilados en Consejo de Guerra), Arredondo, Cabuérniga, Vega de Pas, Villacarriedo, Liérganes, Miera y Pámanes. Podemos advertir como causas de este hecho las dificultades en la salida y el ser los primeros en caer en manos franquistas tras la ruptura inmediata de los frentes de la Cordillera.

Sobre la población en 1930, los primeros lugares son ocupados por Campoo y Besaya-Torrelavega. Sumando las cifras de "paseados" de ambas comarcas obtenemos Torrelavega - Besaya (155), Campoo (143), es decir, 298 víctimas para una población de 88.106 habitantes en 1930 (3, 38 por mil sobre población).

TABLA 7: REPRESIÓN ARBITRARIA				
COMARCAS	Pob. 1930	"Paseados"	%° sobre población 1930	% sobre fusilados
ASÓN-RAMALES	13709	17	1,24	73,91
BESAYA- TORRELAVEGA	48641	155	3,19	66,52
CAMPOO – REINOSA	36.316	143	3,94	86,14
CASTRO URDIALES	14747	15	1,02	29,41
COSTA OCCIDENTAL - CABEZÓN DE LA SAL	25194	16	0,64	24,24
LAREDO	17616	14	0,79	38,89
LIÉBANA	12307	25	2,03	131,58
MIERA – SANTOÑA	45620	87	1,91	42,86
PAS-CASTAÑEDA	26125	35	1,34	63,64
SANTANDER ENTORNO INDUSTRIAL BAHÍA	113762	215	1,89	54,99
TUDANCA – CABUÉRNIGA	10110	17	1,68	70,83
TOTAL CANTABRIA	**364147**	**739**	**2,02**	**58,33**

Esta forma de eliminación tuvo diversos modos y etapas. La primera fase en los días iniciales de la ocupación, desde el 16 de agosto que entran en Reinosa hasta el 26 de agosto de la llegada a Santander.

Se efectúa sobre los responsables o cooperadores del Frente Popular. Este fue el caso de Manuel García Gómez ("Manolo el Tornero"), concejal y teniente alcalde socialista en Torrelavega que intenta escapar de la furia de los vencedores. Inútilmente. Se encontraba organizando la evacuación de Torrelavega en trenes hacia Asturias estacionados en el ferrocarril del Cantábrico. Fue sorprendido por una avanzadilla de falangistas y ejecutado sumariamente a sesenta metros de la estación. Sería una de las primeras víctimas en la ciudad del Besaya.

En el Registro Civil de Torrelavega se hallan inscritos diez desconocidos cuyos cadáveres aparecían en el kilómetro dos en la cuneta de la carretera de Torrelavega a Zurita, en las proximidades de Riocabo (Sierrapando) o en la finca del Sel en la carretera de Sierrapando a Renedo. En Santillana del Mar aparecían cadáveres de tres "ahogados" en la costa de Ubiarco (sitio el Higuera y Peñas Negras) al igual que en la playa del Sable en Suances donde aparecen inscritos dos cuerpos de desconocidos.

Algunos fueron golpeados y llevados a la cárcel donde continuaron con torturas interrumpidas hasta que murieron. A otros les mandaron cavar su propia tumba, como fue el caso de Pedro Terán Arce de la localidad de Anievas, a Manuel Fernández Díez y Gonzalo Fernández ("Lalo") de Arenas de Iguña, a Francisco Payno Pérez y otros dos compañeros en Cartes.

A Herminio Fernández Rodríguez le fusilaron al día siguiente de la entrada, 25 de agosto, en el cementerio de Cartes, lo mismo que a Ignacio Ramón Corta Ruiz, fusilado el mismo día 24 de agosto, en el cementerio de Viérnoles. En fin, la lista es demasiado larga y tenebrosa como para extenderse más y remitimos al lector al listado de víctimas.

Mientras tanto los prisioneros son recluidos en los campos de concentración de La Plaza de Toros, La Magdalena y Corbán, para su clasificación, no tardaban en llegar grupos o parejas que les hacían formar e ir sacando de las filas a aquellos desgraciados para el "ajuste de cuentas."

Cuando el 20 de octubre cae Gijón, los combatientes cántabros tratan de volver a sus casas a través de los montes, centenares de falangistas y guardias civiles se instalan en los Picos de Europa para darles batida, arrojarles a las cuevas y las torcas de Bielva, de Herrerías y de los Picos de Europa. Antes, los falangistas se habían desplazado a los campos de concentración de Gijón para sacar a los señalados por la fatalidad y llevarlos el "paseo". Una de los últimos reductos asturianos tomados por el ejército franquista fue Villamanín donde quedó encerrada una Brigada Montañesa que había sido reorganizada con los restos del ejército santanderino que lograron pasar a Asturias. Parece ser que una parte importante de estos efectivos desaparecieron fusilados y arrojados en las cuevas de Peña Lasa.

El día 6 de noviembre de 1937, tres cántabros derrotados de esta Brigada, Pedro Portilla Cuevas (Santander), Joaquín Palacios González (Torrelavega) y Fernando Burgués Cabrero (Santiago de Cartes), procedentes del vencido frente asturiano de Pola del Gordón se dirigieron a la provincia de León con la intención de entregarse. Para ello descendieron por los montes de Santa María del Condado y hallaron a un vecino cuidando unas vacas al que preguntaron si en Vegas del Condado había falangistas y cuartel de la Guardia Civil, posiblemente para prevenirse, evitándolos.

Les condujo al pueblo y se alojaron en casa del presidente de la Junta vecinal donde cenaron unas alubias. Un soldado y un concejal, enterados del asunto, bajaron a dar parte a la Guardia Civil. Éstos acompañados de falangistas les sorprendieron en la cocina. Uno estaba dormido en la meseta de la "trébede", otro recostado sobre la misma y Fernando Burgués sentado en el escaño con bombas de mano en el cinturón.

Fernando Burgués hizo un amago de reacción, pero el soldado le encañonó y la fuerza se abalanzó sobre ellos. Los tres cayeron como niños. Les bajaron al calabozo del Ayuntamiento. Fueron atados a las colas de caballos y maltratados a lo largo del camino. Apaleados durante tres días, el día 9 de noviembre, entre dos luces, les fusilaron participando guardias y falangistas del lugar a veinte metros de la carretera. El cura del pueblo confesó a los tres, hechos unos guiñapos, a las tres de la mañana y así ganar "nuevas almas de descreídos para el cielo". El día 11 les bajaron en un carro de vacas al cementerio de Vegas para enterrarles en fosa común, descalzos y sin relojes.

Las manchas de sangre del calabozo permanecieron durante años y los que participaron en el apaleamiento limpiaron sus ropas de sangre en una fuente en el centro de la plaza.

Quien confiesa estas terribles muertes es el alcalde actual de Vegas del Condado. Y habla con amargura e impotencia de la familia de los Burgués Cabrero vecinos de Santiago de Cartes. Además de Fernando, fueron fusilados el padre (Fernando) y otros dos hermanos (Pedro y Ramón). Una hermana falleció por malos tratos en la cárcel y otro hermano, José, pasó cuatro años en el penal de Pamplona. Sólo se salvó una hermana menor de edad llamada Marcelina. La madre como cabía esperar, murió de pena. Toda una familia, militantes del PCE, aniquilada.

Por desgracia no fue la única. Hubo numerosos casos de hermanos fusilados. El más llamativo fue el paseo o la desaparición de los cuatro hermanos Ceballos Venero apodados "los sapos" de Los Corrales de Buelna. Matías fue ametrallado por El Cervera cuando se dirigía en barco a La Coruña, Manuel fue sacado de su casa, Santiago fue paseado en Gijón y Eugenio fue sacado de la Plaza de Toros. Otro hermano, José Antonio, tuvo sobre su cabeza la condena de muerte hasta que fue conmutado en la Prisión Central de Burgos. Un matrimonio con siete hijos como el formado por Ricarda Uría González y José Luengo Hoyos fue fusilado en 1938 y 1940, respectivamente. La mujer dio a luz e inmediatamente después fue ejecutada.

A finales del 37 y comienzos del 38 quedaban "rojos" que no habían sido detenidos, ni juzgados porque no habían desarrollado una actuación destacada en la guerra civil, pero no se les podía perdonar. Se trataba de los que habían participado en el 34. Entonces, agentes que se hacían pasar por policías, sacan de las fábricas y de los domicilios a estos infelices para hacerlos desaparecer.

Blas Santiago Ruiz y Jesús Santibáñez Gutiérrez, ambos de Barreda, se encontraban trabajando en Solvay. El 27 de diciembre de 1937 a las cinco de la tarde el portero de la fábrica se acercó a su lugar de trabajo y les dijo que en la portería les esperaban unos individuos que "por lo que oyó" eran policías. Subieron al coche y su rastro se perdió para siempre.

En Santander, la violencia arbitraria se cobró en pocos meses 90 víctimas, de los que 63 son desconocidos y posiblemente transeúntes o suicidados desesperados por lo que se avecinaba. [111]También aquí se repitieron las revanchas con los del 34. Por ejemplo, en Nueva Montaña, unos agentes, haciéndose pasar por policías, sacaron de su domicilio a Domingo Aurelio Ahedo Claudios el 10 de diciembre de 1937, a Aurelio Campos Muñoz y Cristóbal Hernández Corral, obreros de la factoría, el 3 de enero de 1938. Las desapariciones, cesaron cuando los vecinos se manifestaron ¡en aquella época!, ante la Guardia Civil de la factoría, amenazando con quemar el cuartel. Sospechaban que las sacas procedían de un grupo de guardias civiles que se tomaba su venganza porque en el 34 habían intentado asaltar el edificio. Procedimientos similares afectaron a los barrios periféricos y obreros de la ciudad (Peñacastillo, Monte, La Albericia).

En otras ocasiones, se trataba de familiares de exiliados (hermanos, sobre todo) que pagan con su vida la ira y la rabia de haberse escapado de la persecución, allí donde más duele, cebándose en la familia. Así ocurrió con el castreño Ángel Ateca San Emeterio, hermano del alcalde de Castro Urdiales, que pudo salir a Francia. Además fusilaron a otro hermano, Daniel, mediante Consejo de Gue-

---

[111] Ontañón, Antonio, *Rescatados del olvido*, el autor, Santander, 2003: 15 y 249.

rra. En Laredo, fueron fusilados sendos hermanos de los consejeros municipales, Montes Luengas, Sobrado Foncueva y García López, que optaron por el exilio. En una pequeña localidad como Escobedo (en el municipio industrial de Camargo), según testimonio de Román Vela Mijares, murieron paseadas once personas: Ignacio Portilla Gainza, Abraham Cuartas Muñoz, Jesús Vía Cuartas, Jesús Liaño Barros, Carlos Salmón Castanedo, Braulio Herrería, Julián Cadelo, Balbino Allende, Balbino Cadelo, Martín Vela Gutiérrez, Francisco Calleja Bedia, Saturnino Díaz, además de dos fusilados en Consejo de Guerra y un maestro (D. Genaro) muerto en la cárcel. Recogiendo los datos reflejados en *Historia y Memoria Colectiva* y testimonios orales, en el conjunto del municipio hubo cincuenta paseados, además de los cuarenta y ocho fusilados previo consejo de guerra.[112]

Dentro de la comarca del Miera, en Liérganes, se dio el "paseo" a 36 personas y en el coto minero de hierro de Penagos a 31. El profesor Abdón Mateos ya calculó estas cifras, basándose en fuentes de las propias autoridades locales de la época cotejadas con declaraciones de testigos supervivientes.

Durante los primeros días del mes de septiembre de 1937, las unidades falangistas del coronel Sagardía "limpiaron" a 43 vecinos de ambos ayuntamientos. Esta cifra revelaría las tasas represivas más altas de la provincia y la aparición de un fascismo rural xenófobo contra los "maketos" inmigrantes venidos a trabajar en la mina y el grupo étnico de los pasiegos descendidos de las montañas a este valle y tenidos como raros. [113] Hoy "la Asociación de Héroes de La República" investiga las fosas comunes en Solares, Puente del Diablo y el molino de Agüera, en el Condado de Pámanes, donde probablemente estén enterradas anónimamente estas víctimas. Después, el Miera fue escenario de la espiral represiva de los huidos que se retroalimentó con las incorporaciones de nuevos emboscados formando la partida del "Cariñoso" y la menos conocida y más solitaria de "Joselón", como veremos más adelante en el las páginas dedicadas a la guerrilla.

---

[112] González Gutiérrez, María Concepción, y Gutiérrez Gutiérrez, Carlos: 242 – 259.
[113] Ver Mateos, Abdón, *La Contrarrevolución franquista… 1937 – 1953*.

La represión en la comarca del Besaya–Torrelavega

En el valle del Besaya, una de las proporciones más altas se registró en el municipio de Cartes con un 12,98 %º de fusilados y "paseados", un 14,19%º si se añaden los muertos en prisión.

TABLA 8: LA REPRESIÓN EN LA COMARCA DEL BESAYA											
Municipios	Rep.	%º Rep.	E.	%º E.	P.	EP	%º E.P.	C.	Ma.	R. F.	%º R.F.	Pob. 1930
Anievas	0	0,00	0	0,00	1	1	1,61	1		2	3,22	622
Arenas de Iguña	15	5,37	10	3,84	8	18	6,90	1		19	7,29	2607
Bárcena de Pie de Concha	2	1,81	4	3,61	1	5	4,52	1	1	7	6,32	1107
Cartes	10	4,87	22	8,92	10	32	12,98	3		35	14,19	2466
Cieza	8	5,73	7	5,73	7	14	11,47	4		18	14,74	1221
Los Corrales de Buelna	67	13,75	33	6,77	25	58	11,91	8		66	13,55	4871
Miengo	9	4,11	11	5,03	4	15	6,85	1	1	17	7,77	2189
Molledo	4	1,76	6	2,11	15	21	7,37	5	5	31	10,88	2849
Polanco	10	3,39	11	4,14	6	17	6,40	2		19	7,16	2655
Reocín	20	4,59	19	4,59	8	27	6,52	5		32	7,73	4139
San Felices de Buelna	5	1,40	13	6,07	8	21	9,80	7		28	13,07	2143
Santillana del Mar	5	1,52	5	1,91	4	9	3,43	1		10	3,81	2624
Suances	11+7	5,29	2	0,64	4	6	1,92	4		10	3,11	3215
Torrelavega	54	3,39	90	5,65	60	150	9,41	31		181	11,36	15933
TOTAL	220	4,52	233	4,79	161	394	8,10	74	7	475	9,77	48641

Fuente: Elaboración Propia

Rep.= Represión Republicana. %º Rep.= Tanto por mil Represión Republicana. E= Ejecutados por Consejo de Guerra, P = "Paseados" o víctimas de violencia extrajudicial %º EP.= Fusilados más"paseados" %º EP.= tanto por mil de fusilados y paseados sobre población en 1930. G= guerrilla. C. = Cárceles. Ma. = Mauthausen. T.R.F. Total represión franquista. %º TRF= Tanto por mil total represión franquista sobre población 1930.

11 (naturales) más 7 forasteros.

Otros municipios de altas proporciones, cuya intrahistoria comentaremos, fueron Cieza (14,74%º sumando fusilados, paseados y muertos en la cárcel), Los Corrales de Buelna (13,55 %º agregando las mismas categorías), San Felices de Buelna, (13,07 %º), Torrelavega (11,36%º) y Molledo (10, 88 %º).

La represión franquista originó en el núcleo industrial y comercial de Torrelavega 90 fusilados y 60 paseados o desaparecidos.

Descendiendo al detalle por pueblos pertenecientes al municipio de Torrelavega nos detendremos en dos núcleos de población obrera y mixta con testimonios personales de testigos (Campuzano y Viérnoles).

Campuzano

En Campuzano, otro barrio obrero de Torrelavega, se produjeron 12 ejecuciones y nueve "paseos". En conjunto representaba el 15,14 por ciento sobre la población de 1930 con 1321 habitantes. Por el bando republicano había habido una víctima en la masacre de la Brigada Disciplinaria de la Playa de la Franca.

ROSARIO RUIZ ITURBE [114] nació el 13 de octubre de 1922 en Campuzano, y desde que se casó, vive en Barreda. Eran cuatro hermanos y una hermana. Sus padres se llamaban Arsenio Ruiz Agudo y Rosario Iturbe Mantecón y se dedicaban a la venta ambulante. Está emparentada con izquierdistas históricos de Torrelavega: En este sentido, era sobrina de José Manuel Ruiz, que durante la guerra fue presidente del Frente Popular y que se exilió en Francia. La mujer de su hermano Arsenio y la mujer de Jerónimo Argumosa (fusilado en Santander por entrar desde Francia al frente de la Brigada Pasionaria) eran hermanas.

Campuzano, su lugar natal recibía el nombre de *Rusia La Chica* porque casi todos eran de izquierdas. De hecho, cuenta que las cartas llegaban a Campuzano con sólo indicar Rusia la Chica. La mayoría de los habitantes eran obreros mixtos que compaginaban su trabajo en la mina de Reocín o en pequeños talleres con la tenencia de algunas vacas. Otros pueblos vecinos, de signo totalmente opuesto recibían el apodo del *Segundo Vaticano,* tal era el caso de Cartes.

Un hermano llamado Manuel al entrar las tropas nacionales salió hacia Asturias y de allí se dirigió a Burdeos pasando de nuevo a zona republicana hasta que recaló en Madrid. Fue hecho prisionero por la Junta de Defensa del coronel Casado por pertenecer al PCE y las tropas de Franco lo encontraron de tal guisa (preso en la cárcel de Santa Engracia). Escribía a casa con el nombre de Eleuterio Garrote, pero se hizo una rueda y gente de Torrelavega personada en la Cárcel Modelo le reconoció. Le trajeron a la Prisión Provincial de Santander el 9 de abril de 1940 y pasó algunos meses en Tabacalera. Sufrió dos consejos de guerra. En el primero se pidió pena de muerte que fue anulada. Presentaron firmas y testimonios favorables que dieron como resultado la anulación de la condena.

En un segundo consejo de guerra se salieron con la suya y fue ejecutado el 16 de octubre de 1943. Le acusaron de muertes que no cometió. Le mantenían en celdas de castigo y el juez les decía que por mucho que movieran (firmas y testimonios) no había nada que hacer. Su hermano estaba condenado de antemano por su activa militancia en el PCE.

Pertenecía al Cuerpo de Inválidos, perdió el brazo en la guerra de África, en Melilla en 1927. Trabajaba en la mina de Reocín e implantó el primer PCE en Torrelavega. Y se hizo del PCE por las injusticias observadas durante su servicio

---

[114] Entrevista el 23/10/02.

militar. El hecho de quedar inválido en el caso de un soldado era indemnizado con una cuantía muy inferior a la que tenía un sargento y no digamos un oficial y eso le concienció ante las desigualdades.

Estaba tan convencido y era tan entusiasta, que daba mítines en un bar de Cuatro Caminos que se llamaba y se llama La Villa de Santillana. Fue detenido varias veces antes de la guerra, en la etapa republicana. En una de las sentencias fue condenado al extrañamiento y tuvo que salir de Torrelavega y se fue a Madrid, pero al poco tiempo volvió a Campuzano.

No estuvo en el frente por ser inválido. Preparó la voladura de las minas de Reocín que ante el rápido avance de los franquistas no pudo llevarse a efecto.

Otro hermano, Arsenio ("el Nene"), era jugador de bolos. Al estallar la sublevación marchó voluntario al frente en el Batallón 111. Ocupado el Norte, partió a Francia y se quedó en Tarbes. Allí se alistó en la Resistencia y de resultas de su lucha le quedó impreso en su cuerpo un costurón de cicatrices. Irrumpió armado en locales y clubes de reunión de alemanes y disparaba a mansalva contra todo lo que se movía, incluidos los camareros franceses que atendían a los invasores. Participó en la incursión guerrillera por el valle de Arán y fue hecho prisionero. Condenado en Consejo de Guerra a 30 años fue trasladado a Pamplona y pasó por las cárceles del Dueso y Burgos donde acabó la condena en el año 1960.

Otro hermano llamado Ignacio [115] también ingresó en prisión Provincial procedente de la cárcel de Torrelavega el 3 de diciembre de 1946 por asociación ilícita. Salió el 2 de mayo del mismo año. Y el 22 de septiembre de 1949 ingresó como detenido gubernativo durante ocho días por el Gobernador Civil.

Rosario Ruiz Iturbe estuvo hasta los nueve años en la escuela porque se murió la maestra y no vino otra en sustitución. Ya no tuvo más maestras. Adoraba a sus hermanos y ellos a ella, apodándole cariñosamente "Nena". Estalló la guerra y perteneció a los "pioneros rojos" con su sede en una casa requisada. El hermano influyó mucho en su ideología y sus convicciones. Recibía el *Mundo Obrero* de Madrid y le enseñaba lo que decía, lo que se escribía. En el 34 su hermano Manuel le dijo: "Nena, a ver si mañana consigue que no haya escuela." Y dio su primer mitin ante aquellos escolares hablando de los mineros asturianos y de lo malo que era el fascismo. Por supuesto, los niños marcharon a sus casas.

En la clandestinidad se organizó el SRI (Socorro Rojo Internacional) para ayudar a los presos republicanos. Recuerda a los que vinieron a reconstruir el puente nombrado de "los italianos". Recaudaba siete pesetas semanales, una de las que más. Cuando vinieron los presos para la construcción de SNIACE entró en contacto con ellos: les visitaba para que no estuvieran tan solos y echaba sus cartas. De esta forma pasó a colaborar con la guerrilla, como veremos más adelante.

Fue en Viérnoles, una población que distaba de Torrelavega cinco kilómetros y medio, en donde la proporción adquirió caracteres alarmantes. 25 fusilados en los paredones de los cementerios de Torrelavega, Santander y Bilbao sobre una población en 1930 de 902 habitantes (27,71 por mil, una de las tasas más altas de la provincia santanderina) sin contar los paseados y desaparecidos.

---

[115] Causa 69/47

El caso de Viérnoles: la microhistoria de la represión

Vista panorámica de Viérnoles

En Viérnoles, los enfrentamientos y la persecución fueron feroces entre ambos bandos. Había grupos enfrentados y numerosos de requetés e izquierdistas (socialistas y comunistas) en el seno de familias de parientes.

Unos requetés, otros socialistas y comunistas (muchos apellidados Velarde) hechos a fuerza de desencuentros anteriores a la guerra, durante la misma y, como cabía esperar, multiplicados durante y después.

El pueblo estaba habitado por obreros mixtos de la fábrica de Los Corrales de Buelna, canteros, mineros en las minas de Cartes y Reocín, en las fábricas de Torrelavega y en la estación de ferrocarril (Santander – Palencia).

El comandante Velarde adiestraba a las milicias falangistas y carlistas del pueblo y recibió una muerte cruel por los republicanos. Al comenzar la guerra, los requetés y falangistas se ocultaron en el monte. Cayeron de forma violenta once requetés y falangistas de la localidad en diferentes fechas y lugares. Pero después, las venganzas serán terribles. La muerte del comandante pesó y estaba presente en todos los expedientes de los ejecutados.

Situación de Torrelavega y localidades adyacentes

No entenderíamos la progresión de violencia sin repasar los hechos del 34, las elecciones de febrero y los enfrentamientos en la primavera del 36.

Durante el movimiento revolucionario de 1934, el comandante de Artillería retirado, Alejandro Velarde González, natural y vecino de Torrelavega, en la noche del 5 de octubre de 1934, en compañía de su cuñado José Gutiérrez Alonso (víctima también de la represión republicana), algunos hijos de la familia y tres más del pueblo se prestaron a establecer un servicio de vigilancia cerca de la iglesia y casas adyacentes ante el peligro de que éstas fueran incendiadas. Los revolucionarios no acudieron a la iglesia ese día, pero sí interrumpieron el alumbrado público y volaron varios puentes, entre ellos el de ferrocarril llamado Puente Espina. En la noche del 6 de octubre se guarecieron en la casa del cuñado, el comandante, su familia y otras personas del pueblo, ante la previsión de posibles ataques. Y en efecto, la casa fue atacada por cuarenta revolucionarios con bombas de mano y tiros de pistola y escopeta que fueron repelidas por los que se encontraban en el interior.

Una hora después (sobre las 12 de la noche) se vuelve a reproducir el asalto y su sobrino Ángel Ruiz Velarde es herido por dos tiros. Seguidamente dirigen sus ataques a la casa de Federico Cabrero Villegas, arrojando una bomba de mano que destruye el balcón, sin producir daños personales, afortunadamente.

Las luchas duraron toda la noche del 6. Pero los ataques se vuelven a reproducir en la noche del 7 contra la casa del comandante. Restablecido el orden, Alejandro se presentó a las autoridades civiles y militares. Nombrado delegado del Gobierno en Viérnoles y, junto con fuerzas del Ejército y de la Guardia Civil, participó en la detención de los sospechosos, muchos de los cuáles habían huido al monte, desatándose tiroteos para reducir a los revoltosos. Los detenidos fueron conducidos al cuartel de la Guardia Civil donde empezaron los malos tratos y los encarcelamientos.[116]

En las elecciones de febrero de 1936, el Frente Popular adquirió la mayoría por el 42,64 por ciento de los votos frente al 24,76 que consiguió la Coalición de derechas. Pero en estas elecciones ya se divisaba un importante porcentaje para la extrema derecha (falangistas y tradicionalistas) con casi un 28 por ciento de los sufragios, tal y como se observa en el cuadro adjunto, y que indica un enconamiento de las posturas políticas:

En la conflictiva primavera del 36, tras la amnistía del Frente Popular a los presos del 34, los enfrentamientos volvían a recrudecerse en forma de acciones y revanchas.

De esta guisa, se produjeron disparos sin mayores consecuencias contra Lorenzo Sangrones Lavín y Ángel Rodríguez Merino realizados por los derechistas Ramón Díaz Menocal, Joaquín Vicente Allende Martínez (ambos vocales de Falange en la posguerra), Eduardo Martínez García y Miguel Fernández Perales (asesinado el 26 de julio de 1936); un atentado contra el obrero derechista Augusto Rodríguez cuando volvía de trabajar de las Forjas de Los Corrales perpetrado por Sinesio Velarde (ejecutado) y Nicolás Arozamena Velarde ("paseado"), junto con otros incidentes.

Todos los protagonistas de esta historia tuvieron un final trágico durante la guerra civil en dominio republicano, y después, acentuado, con la represión franquista.

---

[116] Los hechos del 34 en Causa 118/34 en Sección Judicial del ARRM. Fondo Santander.

TABLA 9: ELECCIONES DEL FRENTE POPULAR EN VIÉRNOLES	
s. v. Frente Popular	1262
v.m. del Frente Popular	252,4
% sobre suma de v.m.	42,63
s.v. Coalición de Derechas	733
v.m. de la Coalición de Derechas	146,6
% sobre suma de v.m.	24,76
s.v. Partido Radical	12
v.m. del Partido Radical	6
% sobre suma de v.m.	1,01
s.v. del Partido de Centro	22
v.m. del Partido de Centro	22
% sobre suma de v.m.	3,71
s.v. del Partido Tradicionalista	88
v.m. del Partido Tradicionalista	88
% sobre suma de v.m.	14,86
s.v de Falange	77
v.m. de Falange	77
% sobre suma de v.m.	13,01
s. v. Partido Agrario	0
v.m. Partido Agrario	0

Fuente: Boletín Oficial de la provincia de Santander
Elaboración propia

Alejandro Ruiz Velarde, comandante retirado de Artillería y jefe del Requeté de Cantabria, estuvo implicado en la fallida trama golpista, entablando relaciones con los militares de Santander y Santoña para poner a su servicio las Juventudes Tradicionalistas en la sublevación del 18 de julio.[117]

Fue detenido en el pueblo y torturado durante la guerra civil. Logró escapar a Bilbao, donde fue detenido el 16 de agosto de 1936 y ejecutado el 18 de diciembre del mismo año. La venganza no se hizo esperar.

Un vecino de Viérnoles, Ángel Velarde Martínez recogió en sus memorias inéditas los orígenes de la militancia izquierdista de sus hermanos y la feroz represión que sufrió su familia cuando entraron las tropas franquistas. Reproducimos las páginas iniciales de sus recuerdos:

> "La historia de mi familia es la historia de los padecimientos sufridos por la represión. Siendo mis progenitores de profundas creencias religiosas, sus hijos fueron vilmente castigados por las autoridades que representaban esas creencias.
> Un paréntesis de diez años transcurre entre los tristes recuerdos de la muerte de mi madre y la fecha de los acontecimientos que narro. En este tiempo, estuvimos sometidos a una presión religiosa desmesurada, por parte de mi hermana mayor y mi padre, ambos muy católicos. No comprendían que pudiéramos tener otra educación que no fuese la religiosa. De chicos, por lo general, se tiene cierto es-

---

[117] Ver el dato en Solla Gutiérrez, Miguel Ángel: 83.

píritu de rebeldía, y procurábamos eludir el rosario, la misa, y por ello, en casa me castigaban. Nunca se me olvidan los pellizcos de mi hermana en los brazos y cuando no, una correa que tenia mi padre.

Supongo que de alguna forma tendría que poner orden en una prole tan numerosa, pero en lo religioso eran excesivamente rigurosos. Recalco esto por ser quizá lo que más influyó en mí formación política y anticatólica. Otro desengaño lo tuve el día que hice la primera comunión. Un señor importante, de los poderosos del pueblo, regaló a mi padre unas botas usadas para mi, que mandó reparar y las dejaron nuevas, eran las primeras que ponía en mi vida, con ellas me fui al templo la mar de pincho. Al terminar la ceremonia salimos al campo de la iglesia y con otros niños nos pusimos a jugar con una pelota, pegué un punterazo a una piedra y se levantó una parte de la suela. Mi reacción fue lanzar un fuerte taco que oyó una beata del barrio y se lo dijo a mi padre, así que tuve que entrar de nuevo en el templo y decírselo al cura para que me perdonara tan terrible pecado.

Todos mis hermanos eran de izquierdas, digo fueron, porque en la actualidad (1992) solo vivo yo, de los cinco (Román y Sinesio o "Man" y "Siuco" en adelante) eran los más destacados políticamente, En los años treinta el movimiento obrero estaba en plena ebullición, fueron tiempos de grandes luchas políticas y sindicales, en las qué siempre llevó la peor parte la clase obrera.

"Man" trabajaba en Los Corrales de Buelna. El contacto con los problemas laborales le marcó el camino del marxismo, ideología que abrazó hasta el momento de su muerte, convencido de que sus hijos disfrutarían de la razón de su sacrificio en la carta que mandó a su mujer como despedida poco antes de ser asesinado.

"Siuco" empezó su vida laboral en una fábrica textil ubicada en Las Caldas de Besaya, y al igual que a "Man", las condiciones de trabajo le fueron formando su rebeldía ante tanta injusticia social como existía.

El trabajo escaseaba, había mucho paro y los patronos como siempre, abusaban para pagar el menor salario posible. Las huelgas se sucedían, principalmente en la minería y textil, lo que fue forjando la lucha de los trabajadores. "Siuco" por su carácter solidario militó en las Juventudes Comunistas. Formó parte en el pueblo de la organización de Pioneros Rojos en la que yo también entré cuando no había cumplido los 14 años. Esto sin saberlo mi padre.

El 1 de mayo de 1936 se celebraba en los Campos del Malecón la concentración de las fuerzas de izquierda. Primero se asistía al cementerio para leer un manifiesto de homenaje a los camaradas difuntos, luego se hacía una marcha hacia Torrelavega con las banderas desplegadas al viento como desafiando a los espíritus del mal. Aquel día estrené el uniforme de pionero y cantamos la Internacional y otros himnos revolucionarios que en la época enardecían a las masas. De todas las carreteras que convergían en Torrelavega llegaban las banderas de todas las agrupaciones socialistas y de las células comunistas... La concentración fue apoteósica, miles de personas en los campos escuchando la palabra de hombres como Bruno Alonso denunciando las injusticias que sufría la clase trabajadora.

Entraron los franquistas y para salir de tu pueblo necesitabas un salvoconducto de la Falange y del cura. Todos mis hermanos estuvieron en la defensa de La República. Los primeros que tomaron las armas fueron los más destacados, "Man" y "Siuco". Más tarde, Manuel y Ramiro se alistaron en los batallones Lenin que se formaron en Torrelavega. A Eduardo le sorprendió el golpe en Pamplona haciendo el servicio militar.

Manolo, hombre pacífico y tranquilo, de oficio albañil, prestaba servicio en la fábrica de los Quijanos en Los Corrales, nunca se destacó.., nada más entrar en Santander los fascistas le hicieron prisionero y le tuvieron detenido una temporada en la calle del Teatro donde habilitaron un cine como prisión. Estando allí mi hermano, una noche fueron los pistoleros del régimen a sacar un preso para darle el "paseo" y se armó un follón tremendo porque estaba otro hermano y trataron de defenderse, como consecuencia se liaron a tiros, los sacaron del edificio y los trasladaron a la sede del edificio del Sindicato Agrícola Católico. Manolo fue juzgado en Consejo de Guerra y puesto en libertad.

"Man" era de más acción. Cuando marchó al frente era secretario de la Agrupación Socialista del Pueblo. Por sus cualidades de mando fue nombrado sargento. Estuvo en Santoña haciendo cursillos. Durante la guerra murió la abuela paterna y pidió a mi padre que la acompañara en el entierro el cura (no se permitía práctica religiosa ni vestir sotana). "Man" bajó del frente y fue a Cartes a buscar al cura para que cumpliera la última voluntad de la abuela. Tuvo que obligarle, pues el cura tenía miedo a salir de casa y volvió al terminar el entierro sin problemas. En una ocasión, antes de la guerra, estábamos en el portal de la iglesia y le había dicho el cura:

- Lo que no podemos conseguir convenciendo, lo conseguiremos con esto y se daba golpes en el bolsillo de la sotana.

Cuando "Man" fue hecho prisionero, le condenaron a muerte para dar satisfacción a una sanguinaria católica que había jurado hacerle sufrir todo cuanto ella deseaba. Cuando le sacaron a fusilar dejaba en la misma celda a su hermano Eduardo, condenado también a la última pena. Dejaba viuda y tres hijos.

Ramiro, al igual que el mayor, no se significó. Trabajó durante algún tiempo en un taller de metalurgia que cerró y al quedar en paro, se empleó en una vaquería en Soto de la Marina. Era de izquierdas y se marchó voluntario al frente. Fue hecho prisionero y juzgado, condenado a trabajos forzados que cumplió por la parte de Barcelona, y después de algunos meses le pusieron en libertad.

Eduardo tampoco tuvo afiliación política, trabajó en una ganadería en el alto de la Pajosa ocupado de sol a sol y cobraba cuatro o cinco duros al mes (parecido a Ramiro) con la pernocta y la alimentación a cuenta del patrón.

La sublevación le sorprendió en Pamplona, pero a la primera ocasión se pasó a las fuerzas leales y nos envió una carta publicada en la prensa de Santander. Cuando vino a casa, fue una gran alegría pues hacía tiempo no sabíamos de él y se presentó sin previo aviso. La alegría duró poco. Se presentaron los falangistas y como fieras sedientas de sangre fueron a buscarlo a primeras horas de la noche. Suerte que el que era alcalde del pueblo (Mariano Cubas) se presentó en casa con los pistoleros. El alcalde era amigo de mi padre y les acompañó al cuartel de la guardia civil de Torrelavega, le mandaron presentarse todos los días hasta que con motivo de las denuncias le detuvieron. Juzgado en consejo de guerra y condenado a la última pena fue internado en el Penal del Dueso en la misma celda que Román. Me consta se despidieron con gran entereza, como lo hacen los hombres que dan su más preciado tesoro en defensa de sus ideales: la vida. Posteriormente le fue conmutada y años más tarde le dieron la libertad.

"Siuco", un chaval con diecinueve años, inquieto por los ideales, fue uno de los primeros que partieron al frente de combate (Tornos, Villasante) en un Batallón diferente al de "Man". No tenía ningún conocimiento de las armas, sin embargo, no se arredró y me consta que derrochó valor filtrándose entre las filas enemigas de noche para hostigarlos y tratar de mermar su capacidad ofensiva. En el mismo batallón había dos compañeros que con él formaron un trío que se hizo famoso por sus proezas. Se llamaban Matarranz y Verduguillo. Con el primero de ellos tuve contacto por el año 87 en Torrelavega y comentamos aquellas odiseas.

A éste, por tener otros cuatro hermanos en el frente, le reclamó mi padre, volvió a casa, pero no por mucho tiempo. Fue de nuevo a ocupar el puesto que le correspondía como buen comunista. Defendió su posición en la zona del Escudo, explotó un obús y le hirió de bastante gravedad dejándole medio inútil del brazo izquierdo arrancándole tres dedos de la mano. Le trasladaron a un hospital de Bilbao donde le curaron de sus heridas. Cuando estaba casi curado marchó a Talavera de la Reina para alistarse en la Legión. En el reconocimiento le dieron por inútil y le mandaron volver al lugar de procedencia. No cometió ese error y lo que hizo fue venirse a casa.

Recuerdo aquella noche que en plena represión llaman a la puerta, salí a ver quien era y me encontré con la gran sorpresa de que era mi hermano "Siuco" Se armó un revuelo impresionante hasta que nos hicimos a la idea. Preparamos un túnel en la pella de hierba y quedamos más tranquilos de momento, pero siempre con la angustia de que pudieran enterarse los fascistas.

Así transcurrieron los días, saliendo de casa solo de noche. No sé cómo tomó contacto con otro vecino que también estaba perseguido y juntos pasaban los días donde creían estar seguros. Miraron una pequeña cueva y allí transcurrió algún tiempo. Todo esto sucedió del otoño de 1937 a la primavera de 1938.

Fue muy corto el tiempo que pudieron disfrutar de esta convivencia porque la desgracia se ensañó con ellos. Por las noches hacían sus salidas, tratando de enlazar con otros perseguidos, y en una de esas ocasiones fueron localizados de la forma más estúpida.

En el pueblo había un pobre hombre bastante falto de entendimiento, a veces sufría ataques de locura y en uno de éstos pegó a un familiar y se escapó de casa. Entonces dieron cuenta a Falange. Se dedicaron a buscarle por el pueblo, alguien les informó que le habían visto subir para el monte y que podría estar en casa de una parienta a la que solía visitar. Fueron a buscarle y cayó la noche encima. La fatalidad hizo que en esa casa se encontrase mi hermano y su amigo. Al oír las voces salieron al exterior y sólo les dio tiempo a esconderse en un cobertizo cercano. Hicieron algún ruido y pensaron que era el demente. Llamaron, entraron dentro y se encontraron con "Siuco" al que no dio tiempo a escapar. No le funcionó el revólver, picó todas las balas del tambor y no salió ninguna. Era una pistola que habían regalado a mi padre de la guerra de Cuba. El compañero pasó inadvertido y pudo librarse de momento.

"Verduguillo" con el mastín "avisador" y "espantador" de enemigos en el frente de Burgos
Cedida por Jesús de Cos

Éste era Manuel Santos Marcos (hermano de la que sería mi mujer) al que tenían preso los fascistas de Cartes y al que pensaban aplicar la ley de fugas. Pero la noche en que pensaban llevarlo a efecto, una chica amiga les entretuvo con sus encantos mientras se preparaba su huida y logró internarse en los montes de Viérnoles donde se unió a "Siuco".

Siguió su odisea durante cuatro o cinco años, hasta que después de sufrir calamidades y persecuciones, enfermó de gravedad y no pudiendo resistir más, vino a morir a casa. Las autoridades no permitieron su entierro en el cementerio.

La casa donde fueron detenidos era de una cuñada de mi padre. Mi tío, un buen socialista, se había suicidado para no caer en manos de los fascistas.

Así, de forma tan absurda detuvieron a "Siuco". La captura fue motivo de un gran regocijo. Habían dado caza a un rojo peligroso al que acusaban de haber cometido desmanes. Ya tenían una víctima roja para saciar sus ansias de sangre. No se sentían hartos, después de haber fusilado a más de dos docenas de hombres del pueblo.

El delito de "Siuco" era el de ser comunista y el de haber ido voluntario a defender La República.

Capturado el 30 de abril de 1938 alrededor de las diez de la noche, lo llevaron a Torrelavega y al día siguiente, 1º de mayo, lo juzgaron en Consejo de Guerra. Paradojas del destino. No le fusilaron el día 2 porque se conmemoraba el levantamiento de Madrid contra los franceses por otro Velarde. Se llevó a cabo el 3 de mayo a las 7 de la madrugada.

Mi padre fue a Santander a solicitar clemencia. Llevó consigo los documentos de inutilidad que le extendieron cuando quiso alistarse en La Legión y se entrevistó con el obispo con la promesa de que no le pasaría nada. Pero cuando mi padre vuelve a casa la tragedia ya se había consumado. Así terminó la corta vida de un muchacho al que le fue arrebatada a la edad de 21 años.

Una beata del pueblo y pariente de mi difunta madre decía a voz en grito: ya tenemos carne fresca. Pero por aquellos mismos días, ironías del destino, le comunicaron la muerte en el frente de su hijo.

Estalla la segunda guerra mundial. En el bando republicano se tenía la esperanza de enlazar con la guerra mundial, pero la traición de Casado, Besteiro y demás secuaces propiciaran la victoria a los rebeldes... Se pensaba que seríamos liberados al término de la conflagración mundial al igual que la Europa dominada por los nazis. No se consiguió, lo que nos condenó a soportar los 40 años de terror franquista. Durante el conflicto mundial, todo nuestro interés consistía en que ganaran los aliados. La escasa información que nos llegaba pasaba a otros amigos para difundirla al máximo. Estábamos ansiosos de conocer, lo más posible, la marcha de la guerra. Algunos amigos venían al barrio a intercambiar noticias o nos encontrábamos en algún bar, pero siempre con mucho miedo de ser sorprendidos porque temíamos las palizas en Falange, como mal menor.

Cierto día estaba con unos amigos tomando unos vinos en una cantina en Tanos y un fascista se lió a patadas conmigo. Todavía hoy me cruzo con él y ni siquiera le miro.

Pasábamos los domingos casi siempre por el monte, fumando cigarrillos, donde solíamos juntarnos varios amigos, pero un día que bajamos por un lugar que se denomina "las Varias" hasta la vía del ferrocarril, nos vieron tres falangistas de

Riocorvo y nos dieran una buena paliza, uno de ellos, con la pistola en la mano. Esto sucedió estando "Siuco" escondido en casa. Cuando me vio, se puso frenético, pero tuvo que aguantarse porque primero era su vida. De nuevo me sucedió otro percance en la calle la Estrella en Torrelavega. Había ido a ver a la Gimnástica con el mismo amigo y nos encontramos en los campos con uno de los tres al que increpé y le dije que si no le dio vergüenza de abusar con una pistola en la mano. Poco después, me vio en el paseo de la Plaza Mayor y vino a mí como una fiera. Pude aguantar la tarascada y le espeté: si quieres jaleo, nos vamos de aquí a un retirado y ventilamos lo que quieras. Así lo hicimos, subimos por dicha calle y nos encontramos con un primo mío que me dice ¿que te pasa "Lin"? me pongo a explicarle lo sucedido, y en esto, el traidor metió el puño y lo estrelló contra mis narices, sangraba a más no poder, se concentró gente y no pasó más. Pero estas agresiones y vejaciones eran moneda corriente de los llamados libertadores de la Patria.

Pasado algún tiempo, retornó a casa Ramiro. Una noche se presentó en el barrio un sujeto mandado por el jefe de turno para que nos presentáramos cuatro vecinos en Falange, acusados de reuniones clandestinas. Con el miedo, como siempre, a lo que nos podría pasar, nos tomaron declaración por separado, y como no eran ciertas las acusaciones, no pudieron sorprendernos en renuncio alguno y nos mandaron para casa.

Después de venir del batallón de trabajadores, Ramiro se dedicó a la cantería con mi padre y yo. Un buen día marchó a trabajar con otro cantero del pueblo a hacer una cabaña en Quintana de Toranzo, se quedaban allí y los sábados venían a casa. En uno de estos viajes me animó para trabajar en el oficio que más tarde me daría buena posición en la vida, esto sucedía allá por el 1941. Año de tristes recuerdos para Santander por la quema de la ciudad.

Nos queda por señalar que por los años 39, 40 el clero seguía ejerciendo todo su poder. Sin libertad de creencias ni de religión, todo estaba bajo su control con la aquiescencia de los caciques. Informaban y atemorizaban con amenazas de represión, con despidos del trabajo, si no se cumplía por pascua (confesar y comulgar una vez al año). Había en mi barrio varios muchachos que no sabían lo que tenían que hacer para comulgar y recurrieron a mi padre para que los preparase y les acompañara. Yo tenía 19 o 20 años y mi padre me incluyó en el grupo. A las seis de la madrugada me hizo levantarme de la cama y caminar hacia el convento de Las Caldas, con la cachava como argumento. Esto a mis años os parecerá imposible. No tenía ninguna necesidad de cumplir con este precepto, porque no dependía del jornal de una empresa. Por el contrario, a mis compañeros les pedían un certificado del cura de haber cumplido con pascua. Teníamos que desplazarnos hasta Las Caldas, porque les daba vergüenza ir a la iglesia del pueblo.

Así llegó el mes de mayo del 42, fecha en la que tuve que incorporarme al servicio militar. Anteriormente, junto con un amigo, probé en un banderín de enganche de la Legión donde nos rechazaron por no llevar autorización de los padres, así que tuvimos que esperar al sorteo para hacer la mili.

A mi me destinaron precisamente a Infantería de Marina al Ferrol del Caudillo donde había nacido el hombre más nefasto, quizá, de la historia de España."

Municipio de Molledo: los desaparecidos de Silió

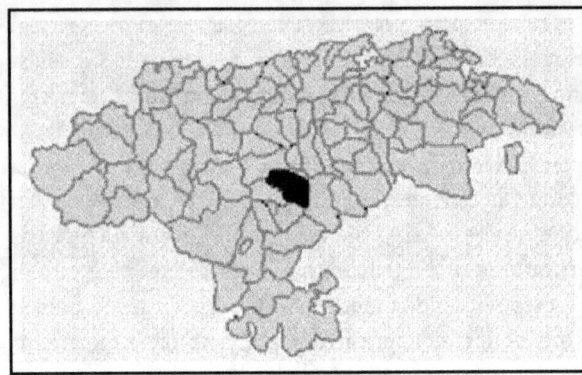

Municipio de Molledo.
Fuente: Cantabria web de Cantabria Joven

En Silió (Molledo), desaparecieron 11 personas en 1938, después de ser detenidas por la muerte violenta del jefe de Falange Local, el 7 de marzo de 1938, a manos de un grupo de huidos. Detallamos todo el proceso de los hechos vividos en el municipio de Molledo, como paradigmático de la represión irregular y del clima de persecución que se vivió en los años de plomo de guerra y posguerra.

MOLLEDO se compone de las localidades de Cobejo, Helguera, Mediaconcha, Molledo (con 745 habitantes en 1930), San Martín, Santa Cruz, Santa Olalla, Silió (704 habitantes de hecho en 1930) y edificios diseminados. En 1930, 2.849 habitantes de hecho residían en el municipio.

Según JULIO SAIZ QUEVEDO, JOSEFA PEÑA PORTILLA DE SILIÓ,[118] MANOLITA GARCÍA GÓMEZ [119] y las fuentes documentales cotejadas, durante la República el municipio de Molledo fue feudo de Daniel Luis Ortiz Díaz, uno de los primeros alcaldes republicanos de la provincia, en Molledo en 1931 de donde era natal, al nacer en Santa Cruz de Iguña. Prohombre de Izquierda Republicana, fue maestro e inspector de educación. Durante la guerra desempeño la alcaldía de Molledo por algún tiempo y después fue nombrado miembro del Tribunal Popular. Al ser ocupada la provincia por las tropas franquistas, desde Santander se dirigió a Asturias, y de allí a Francia, para pasar de nuevo a zona republicana. En marzo de 1939, salió de Cartagena a Túnez y de allí logró arribar en Santo Domingo. Murió en 1951, al poco de llegar a estas tierras caribeñas, después de tremendas penalidades por los bombardeos alemanes, en su primer exilio de Túnez.

Abside de la iglesia románica de San Facundo y Primitivo.

---

[118] Entrevistados el 24/04/01.
[119] Entrevistada en diciembre 2004-enero de 2005.

Su influencia determinó la penetración de las ideas de izquierda burguesa entre las clases medias de este municipio donde, por otro lado, tenía cierta raigambre histórica el carlismo y funcionaba antes de la Guerra un grupo de las JONS. En el bello pueblo de Silió había activas minorías anarquistas y socialistas.

En la guerra civil, en dominio republicano hubo cuatro víctimas ninguna achacable a gentes del lugar. Entre las víctimas se encontraba un aparcerista llamado Manuel Gutiérrez Gutiérrez que tenía un caserío con 200 vacas y otras tantas repartidas por los pueblos del valle. Vivía en un barrio de Silió (Quintana). Durante la guerra le requisaron las vacas y le mataron en Reinosa.

Según nuestro entrevistado, un hijo del anterior, José Gutiérrez Mesones, militar de la promoción de Franco, había muerto en el Gurugú (Marruecos) en acción de guerra. El aparcerista era el cacique local, tenía el único aparato de radio que existía por los contornos y recuerda de una noche en la que estaban reunidos en el caserío, charlando sobre política, que si la izquierda tal, que si la derecha cual. Empezó a llover una lluvia de piedras sobre Mesones en cuanto salió a la calle. Y tuvieron que quedarse toda la noche en aquella cuadra hasta que la luz del día despejó aquella especie de *kale borroka avant la letre*.

Detalle del carnaval de invierno en Silió. En La Vijanera se celebra la llegada del nuevo año y se ahuyentan los malos espíritus en una tradición que se remonta a la época romana. Varios personajes intervienen en este peculiar carnaval. Quizás los más conocidos son los zamarracos, con la cara pintada de negro y ataviados de pieles de carnero y los característicos sombreros picudos ahuyentan con el estruendo de sus campanos los malos espíritus del año que comienza a despuntar. Toda la ruidosa y colorista comitiva sale a las 12 del mediodía para recorrer las calles de Silió hasta la raya, el límite del pueblo donde antiguamente se pedía paz o guerra.
Fuente. Página web de Cantabria Joven

La existencia era dura para ganarse los garbanzos. Algunos trabajaban en Hilaturas de Portolín o en la fábrica de Los Corrales.

Hilaturas de Portolín fue en principio una modesta industria familiar surgida en 1902 sobre los cimientos de un molino maquilero, hasta que la expansión del negocio hizo nacer una sociedad anónima, bajo el nombre de Hilaturas de Portolín, S. A. promovida por un empresario de Polanco a quien además se encomendara la construcción del puente colgante de Bilbao. Portolín se incorpora al mundo de las actividades textiles más avanzadas y sus albordos de hilo fino son consumidos por la industria catalana del ramo y aún por la de países extranjeros.

Los ganaderos complementaban ingresos con la elaboración de "palillos" (mangos) de escobas, horcas y carretas para bajar madera del monte. Había un colegio de monjas carmelitas llamado de Madernia que era para las hijas de la gente bien de Torrelavega y que en la guerra se empleó para dar cobijo a los refugiados de Barruelo y a los vascos.

Las preciosas casas que jalonan los pueblos, de origen hidalgo y señorial, confirman la antigua presencia de notables locales. Merece la pena contemplar la de Adriano García Lomas, un investigador cántabro, o la llamada de los Picos, en medio de una finca amena, así llamada por los pináculos que rematan su arquitectura. O la casa de los Tiros, una casona de estilo montañés que se asienta en el extremo del pueblo, en el oeste de la ladera que comienza cerca del camino. Unos cañones de hierro asoman como gárgolas a sus muros cortafuegos a uno y otro lado de la amplia solana, nacidos del corazón de la maciza artillería. Una leyenda hace donantes de tales armas a Carlos V a su paso por este valle en 1522, cuando llegó al puerto de Santander para dirigirse al interior de Castilla y ascender el puerto a través de Pujayo donde los mozos del lugar, según García Lomas, quedaron exentos del servicio de armas porque los lugareños había reparado la rueda de uno de los carros de sus cañones.

Silió tiene, además de su enclave y entorno, la gentil disposición de su área urbana, el tipismo de sus barriadas y, sobre todo, la belleza de su iglesia románica consagrada a San Facundo y Primitivo, rodeada del atrio, en medio del caserío. Nuestro entrevistado recuerda que en el 34, estando en la cama dieron fuego a la preciosa iglesia románica. Fue un grupo de la FAI local, ya había FAI en Silió. José estaba en la cama, despierta ante la iglesia en llamas, se asoma al balcón y oye: "Mira estos carcas, no se levantan de la cama cuando arde la iglesia." Me enseña los restos del incendio señalando unas piedras negruzcas. La iglesia también fue incendiada en la guerra civil y sus relieves y figuras resultaron destrozados.

El alcalde republicano, un comerciante del lugar de Santa Olalla, Arturo Fernández Rubín, protegió a los derechistas y mantuvo escondidos a dos sacerdotes. Al ser bombardeada Santander el 27 de diciembre de 1936 fueron encerrados en la iglesia parroquial 53 vecinos del pueblo y luego trasladados al barco y a la Prisión Provincial. El comité de Molledo en pleno, con sus dirigentes, el maestro Daniel Luis Ortiz Duro de Izquierda Republicana, el socialista desde 1917, Eladio Álvarez Fraile, y el comerciante de Izquierda Republicana, Arturo Fernández Rubín, se presentaron en Santander para protestar, nada menos que ante el comisario Neila, de la forma en que se había procedido en sus detenciones pidiendo la libertad de los detenidos. Lograron que salieran de las mazmorras el 1 de enero de 1937. Fueron muchos los testimonios de derechistas que testificaron a su favor en el Consejo de Guerra. Uno de estos prisioneros derechistas (Paulino Ruiz Gutiérrez) fue eximido por Eladio Álvarez Fraile de ir como castigado a trabajar en una cantera, porque dijo que podían darle el "paseo". Un evadido a zona nacional (Pedro Luis Santos Ruiz) manifestó que cuando fue obligado a entrar en un coche de la FAI de Reinosa para darle el "paseo", y estando parado el coche delante del Ayuntamiento, Eladio Álvarez Fraile manifestó a los de la FAI que respondía por él y que le bajaran del (siniestro) automóvil. [120]

En dominio nacional, un grupo de emboscados de Silió formado por Manuel Villegas Palomar, José Sainz Navamuel, Feliciano Fernández Saiz y Ramiro Silió Saiz, dio muerte al jefe de Falange del pueblo, Luis Saiz Collantes. Las represalias

---

[120] Causa 22.382 en ARRMN. Sección Judicial. Fondo Santander.

por este hecho dieron lugar a una cadena de muertes y sufrimientos atroces. José Sainz Navamuel se presentó voluntariamente después de haber sido detenido Feliciano Fernández, fusilado en el cementerio de Molledo. Navamuel fue condenado a 30 años en un Consejo de Guerra en Santander el 30 de abril de 1940.[121] Había combatido con el ejército republicano como movilizado forzoso y se encontraba con el ejército franquista en el frente de Teruel, de donde desertó, vino al pueblo y se ocultó durante algún tiempo para echarse al monte. Era natural y vecino de Silió y tenía 23 años en 1941.

Julián Saiz Quevedo es sobrino del jefe de Falange. Su tío vivía en un caserío y una noche cuando se dirigía al mismo se topó con el grupo de huidos. Cree que le mataron para que no les delatase.

A la sazón se organizaron cuadrillas de guardias civiles. Tropas del Ejército y falangistas dieron batidas para capturar al grupo. Acabaron deteniendo a los familiares o los sospechosos de prestarles ayuda y les infligieron una lluvia de palizas y malos tratos que terminaron con su vida. A cincuenta y tres se los llevaron en un camión y once no volvieron a aparecer.

> A la mañana siguiente/La justicia casa a casa/Fue deteniendo inocentes
> Que con saña maltrataron/Once padres de familia/Como no, detuvieron,
> Siendo honrados campesinos/Que a sus casas no volvieron
> También sus padres y hermanos/Como demás vecinos/Fueron objeto en la cárcel/De los peores castigos/Acusaban de llevarles/Comida a sus escondidos.
> Coplas (Carlos Quevedo, diciembre de 1956).

Julio Peña Ruiz fue encausado en los sumarísimos 21.437 y 21.119,

¡Pobre amigo, Julio Peña!/Por ti eleva una oración/Este amigo que te lleva
Dentro de su corazón.
Como heroico capitán/Que sucumbió en la trinchera/Luchaste en todo momento
Por el ganado y la tierra/La misma tierra que araste/En tu trabajo diario,
Cubre tu cuerpo sin vida/Y te sirve de sudario
(...)
De sol a sol trabajaste/Sin desmayo ni flaqueza/Convirtiendo abruptos montes
En tierra fértil y buena
El fantasma de la muerte/Segó en golpe de guadaña/Tu vida, que fue un ejemplo
Entre toda La Montaña/Fuente de agua cristalina/Cantera de tu humildad
Donde triunfó plenamente/Tu honradez y tu bondad

A Carmen Peña Gómez hija de Julio, encausada en el proceso

Era Carmencita la más guapa/Por su cuerpo y gentileza/Las mujeres la envidiaban
Y los hombres la adoraban/Cual hebras de seda fina/Brillaban en su cabeza/
Con flujos de pedrería/Era su cara morena/Su cuerpo vibrante y ágil/

---

[121] Causa 22.118.

> Arrogante y seductor/Que parecía la niña/De un magnate señorón/
> Estrellas del firmamento/ Eran sus ojos de mora/Ojos en la noche triste
> Vertieron luz triunfadora.

Feliciano Fernández Saiz fue capturado por la guardia civil del puesto de Molledo, integrado por el cabo comandante del puesto Gonzalo Revuelta Varade (fugado del puesto de Entrambasaguas a zona nacional en dominio republicano) y los guardias Tomás Ruiz Santiago, Manuel Tejada García y Enrique Fraga Mourente.

Estaba escondido en la cuadra de su domicilio debajo de uno de los pesebres. El 31 de enero confesó su huída y peregrinar por casas y montes desde que en Asturias decidiera esconderse y huir. Señaló el lugar donde se encontraban las armas, concretamente en el monte Jano junto al río Jumedre. Después de haber sido bárbaramente torturado (dicen que hasta le cortaron los testículos), Feliciano, hecho un despojo humano, fue fusilado por la guardia civil en el cementerio de Molledo a las 9 de la mañana del 1 de febrero de 1939.

El presunto autor de la muerte del jefe falangista, Manuel Villegas Palomar, sargento durante la guerra en las filas de la FAI, supuesto autor de los disparos, fue ejecutado en el Dueso. Villegas comenzó su periplo montañero escapándose del campo de concentración de la Plaza de Toros de Santander, con una boina roja facilitada por un requeté, tío suyo, residente en Santander, llamado Ramiro Pérez Campos. Salía diariamente de la Plaza de Toros para trabajar en el transporte de bombas, desde la estación hasta los aviones alemanes del aeródromo de La Albericia. Y un día convino con su tío en fugarse utilizando la boina de requeté para no suscitar sospechas. Se refugió en las cuevas de los montes de Silió y bajaba frecuentemente a casa de su padre Manuel Villegas Collantes "Manolón" para proveerse de comida y mudas limpias. Al atardecer del 7 de marzo de 1938 descendían los cuatro fugitivos a la casa, distante sólo quinientos metros del caserío de Luis Saiz Collantes, con el que se se encontraron. En aquel momento Manuel le disparó tres tiros con su fusil, al percatarse de su presencia.

Se organizaron batidas y los cuatro se dispersaron por pueblos distantes de León, Burgos, Palencia y Cantabria. En Silió fue el infierno: al día siguiente fueron detenidas 50 personas, de las que 11 perdieron la vida en represalias sólo por ser familiares o amigos de los escondidos entre febrero y marzo de 1938. Su rastro se ha perdido para siempre. Dejaron cuarenta y cinco huérfanos. Al socaire de estos acontecimientos, en toda Cantabria vuelven a intensificarse los "paseos" en las cunetas y en las tapias de los cementerios.

A pesar de estos horrores, los escapados de Silió siguieron haciendo acto de presencia. Los métodos tan violentos como inútiles y desesperados cambiaron con la presencia del cabo Revuelta que decidió hacer la vida de los fugitivos, es decir, asentarse en el monte permanentemente, noche y día. Curtido como estaba en su andadura por los collados durante su paso a zona nacional.

Manuel estaba cada vez más acorralado. La policía preguntó en Santander en casa de su tío "El Requeté" acerca de su escondite. Un 10 de febrero de 1939, la Guardia Civil de Molledo organizó una batida desde las tempranas horas de las siete de la mañana. La presa había vuelto a una cueva del monte de Peña Mayor en Silió y al ser avistado le hicieron dos disparos cayendo herido. Interrogado en el cuartel de la localidad, lastimado y sometido a tremendas palizas "confesó" la autoría del crimen. Encarcelado en Torrelavega, fue condenado a la pena de muerte por el Consejo de Guerra permanente número uno cuyo presidente era Ildefonso Cavestany Montalbo en Santander el 30 de abril de 1940. [122]

Ramiro Silió Saiz, que había desertado del ejército franquista para pasarse a los republicanos, y al que le esperaba un destino similar, fue juzgado en rebeldía. Nunca apareció y se supone que logró salir con vida.

Pero las muertes no finalizaron con la ejecución de Manuel Villegas Palomar. Silió se convirtió en un pueblo sospechoso y vigilado. Todavía en el año 1940 y 1941 fueron fusilados, masacrados o matados a palos otros tres que andaban escondidos.

La esposa del entrevistado, Josefa Peña Portilla afirma que los franquistas mataron a su padre, José Peña Gómez, guardamontes de Silió, padre de 9 hijos, ella hacía el número seis, junto con otro vecino llamado Aurelio Saiz Blanco. Fueron al ayuntamiento de Molledo para cobrar su salario mensual. En el Ayuntamiento les mandaron esperar. Mientras tanto un guardia civil apellidado Tejada junto con un falangista les comunicó que iban trasladados a Burgos en calidad de prisioneros. Antes tenían que recoger una manta entregada por su esposa. Y de allí salieron sin que se haya vuelto a saber de su paradero. La entrevistada dice que les fusilaron en las tapias del cementerio de Bárcena de Pie de Concha y que están enterrados allí, sin poder confirmarlo. El guardia conocido y caracterizado por su carácter sanguinario Manuel Tejada García fue detenido y fusilado mediante Consejo de Guerra franquista en Jaén de donde era originario.

La entrevistada tuvo muertes por ambos bandos. A un tío suyo lo mataron por la calle cuando iba a visitar a su hermana en Silió. Era un 19 de agosto de 1937 y soldados republicanos en desbandada se dirigían donde podían, en dirección a Santander o Asturias. Ya se había roto el frente en Bárcena de Pie de Concha. La víctima había estado en Buenos Aires y venía siempre que podía a visitar a la familia. Le mataron en Helguera y le despojaron de cartera, botas y chaqueta. Se llamaba Pablo Pérez Fernández y en maldito día se le ocurrió visitar a la familia.

Cuatro iguñeses encontraron la muerte lejos de su tierra nada menos que en el siniestro campo de concentración de Mathausen hasta donde se extendió la larga mano del franquismo enviando allí a las autoridades locales para señalar a los rojos considerados peligrosos: eran Manuel Lavilla López, Emilio García Martínez (28 años), Enrique Yñán Fernández o Martínez (35 años) y José Riaño Ríos (33 años).

José Riaño Ríos interventor de ferrocarril, vecino de Santa Cruz de Iguña, salió al exilio por la frontera de Cataluña después de perder la guerra como teniente de ferrocarriles. Murió achicharrado en las alambradas electrificadas del campo cuando intentaba desesperadamente escapar de aquel infierno el 26 de octubre de 1941.

---

[122] Los sucesos de Silió en causas 21.136, 21.437, 21.539, 21.505, 21.538, 21.513, 21.534, 21.535, 21.536, 21.149, 22.118/40 y 22.119/40 en ARRMN. Sección Judicial. Fondo Santander.

> "Si se lanzan a la alambrada, procuren tocar un alambre positivo y otro negativo, porque así la muerte será instantánea, de otra forma vuestra muerte será más lenta"

Este consejo oscuro que recogió Montserrat Roig en su escalofriante libro *Els catalans als camps nazis*, ilustra la mala vida de aquellos campos donde el suicidio por electrocución era un verdadero lujo, una vía limpia y rápida para escapar del infierno.

Su madre Filomena Ríos fue sacada de la escuela de Silió y desapareció tras los sucesos del pueblo de marzo de 1938. Formaba parte de la caravana de los once desaparecidos acusados de ayudar a los huidos. Entre los supuestos escondidos, los mentideros del pueblo ubicaban a su hijo en los montes cercanos, en lugar de situarle en la Cataluña republicana. Que si ha entrado en la casa, que si le he visto, que la madre me dijo... La madre viuda, los hijos, toda la familia fue torturada y presionada para decir que su hijo estaba escondido por aquellos lares. "Que no señor, que no he visto a mi hijo, que no sé nada", mil veces repetida, y por manifestar una verdad no deseada fue llevada en aquel camión de la muerte para no aparecer ni muerta ni viva. Tenía esta mujer 63 años.

Eustaquio Santiago, otro hijo de Filomena, había sido apresado a raíz de la entrada de los franquistas el 1 de septiembre de 1937. Tenía 16 años. Estuvo encerrado sucesivamente en la iglesia de Molledo, en Bárcena de Pie de Concha y en Silió, tras la muerte del jefe de Falange. Allí recibió su tanda de palos para hacerle decir donde estaba su hermano o para decir lo que los otros querían que dijera. Finalmente fue encarcelado en La Importadora de Torrelavega desde el 12 de marzo de 1938. Sin juicio alguno salió de la cárcel el 24 de febrero de 1940 tras terribles maltratos marcados en su tierna adolescencia. Las cosas no quedaron ahí: un cuñado llamado Arsenio Díaz Pérez detenido por el mismo motivo (casado con su hermana Josefa) fue paseado en Cerrazo (Reocín). La mentira se eterniza. En la causa de su muerte aparece como caído en combate en el frente de Bercedo. [123]

Quien esto nos cuenta es la viuda de Eustaquio Santiago, toda una institución, una mujer ejemplar, generosa y entrañable, una enciclopedia viviente que compartió la vida humillada de su marido por amor. Es Manolita García Gómez a la que echaron en cara el hecho de contraer matrimonio con un "rojo". De la estancia carcelaria de su cónyuge no pudo obtener los documentos necesarios para aliviar su exigua pensión.

También se halla presente en la entrevista su sobrino e hijo del electrocutado en las alambradas de Mathausen, José Riaño Ibáñez, quien recuerda su infancia. Un año tenía cuando su padre salió de Cantabria en agosto de 1937 y le hicieron pasar una vida infeliz por ser hijo de rojo.

> En Silió, once familias/Con ropa negra vestían/Y cuarenta y cinco hijos/No vieron a sus padres más.

El mismo día que matan a los componentes de la cuadrilla del "Cariñoso" en Peñacastillo, un 28 de octubre de 1941, descubren al presidente del Frente

---

[123] T. 36, F. 183, N. 183 de Reocín.

Popular de Molledo, Marcelino Lucas Múgica Obregón. Llevaba escondido en su casa por espacio de 52 meses. La mala suerte decide que la mujer de un guardia civil del puesto de Molledo observe una taza de más en el desayuno de la familia. Poco después los guardias ascienden al pajar y empiezan a pinchar la hierba con horcones. El resultado fue un hombre terriblemente herido que murió durante su traslado a Valdecilla. Tenía 38 años y dejaba dos hijos de corta edad.

Arriba, de izquierda a derecha, José Riaño Ríos, 33 años, casado, interventor de ferrocarril, de Santa Cruz de Iguña muerto el 28/10/1941 en el campo de Concentración de Mathausen; Santiago Eustaquio Riaño Ríos, Luis Riaño Ríos Debajo de izquierda a derecha Faustina Riaño Ríos, Filomena Ríos Martínez, 61 años, viuda de Santa Cruz de Iguña desaparecida en los hechos de Silió y Josefa Riaño Ríos cuyo marido Arsenio Díaz Pérez, 36 años, cantero, de Cerrazo (Reocín) también desapareció en los sucesos del pueblo en marzo de 1938.

ANIEVAS Y ARENAS: LA MANÍA DE HACER CAVAR LA PROPIA TUMBA

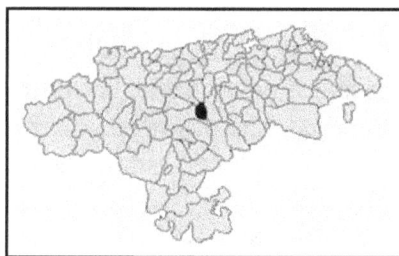

Municipio de Anievas.
Fuente: Página web de Cantabria Joven

Manuel Vallejo González nació el 28 de abril de 1917 en Cotillo de Anievas en el seno de una familia de 6 hermanos (2 varones y 5 mujeres). Amaranto Ceballos emigró a Cuba con 17 años, después a EEUU y volvió en 1925 a su pueblo natal. Una hermana Teresa Ceballos fue fusilada en Reinosa, acusada de haber indicado el camino por donde huían dos guardias civiles después de los sucesos del Ayuntamiento. La hermana no cometió otro delito que estar fatídicamente asomada al balcón y responder a la pregunta que le formularon milicianos armados acerca del paradero de los guardias.

Recuerdan a los dos falangistas de Los Corrales escondidos que mataron en el Monte Tejas y cómo bajaron los cadáveres en un carro sin ninguna solemnidad, como si se tratara de bestias o alimañas.

Estuvo movilizado en el Bon. 101. Era de la Juventud Católica de Cotillo. En el Frente fue tratado como facciosa, siempre amenazado con pistola y castigado. No les dejaban ni a sol ni a sombra. Los sospechosos como él se encontraban recluidos en un blocao, en su caso el núm. 1 en Soncillo y no les permitían salir al frente. Tenía otro compañero de Cotillo, José Sainz y Sainz, también tildado de derechista. Un buen día no se le ocurrió otra cosa a este último que robar una pistola a un sargento para pasarse. Al ser derechistas vigilados no les estaba permitido tener armas. Ante aquel apuro, un cabo de Bejorís llamado Alfredo Ruiz que al parecer era de Falange, pero aún sin fichar, hizo que por las buenas, dejasen la pistola, apareciera como si se hubiera extraviado y volviese a su dueño sin mayores consecuencias.

Llegó el día en que un comandante de milicias de Barruelo, les quiso dar el paseo. Un tal Argüeso (Sabiniano Argüeso Salceda) de Santander, comisario de la Sección de Soncillo, salió al paso diciendo: "Estos muchachos no tiene nada que ver con lo que les acumulan porque los padres de estos muchachos son honrados trabajadores, a los que yo conozco." Y les dijo "Yo respondo de Vds. Y a ustedes no les pasará nada. "

Y añade: "Si me hubiesen pedido después un millón de firmas para salvar su vida, yo hubiera dado dos "(millones).

Entran los nacionales el 16 de agosto, les detienen en Torres Altas (Soncillo) y les llevan a Palencia donde les reparten sacas de pan blanco, algo que habían dejado de ver y comer en meses. Les bajaron a Santander al campo de concentración de La Magdalena y allí el panadero Cesáreo Ruiz y un guardia civil, vecinos del pueblo, les avalan y salen a los pocos días. Se reincorporan al ejército nacional y marchan en dirección a Pamplona, donde permanecen unos ocho días. Fue destinado al Bon. 101 del Regimiento Pamplona con el que salen a Zaragoza para participar en la Batalla del Ebro y después en la ruptura del frente de Cataluña hasta terminar la guerra. Vuelven a casa y pide trabajo en la fábrica Quijano de Los Corrales de Buelna. Estuvo en el tren de transportes. Compaginaba su trabajo con la tenencia de algunas vacas y así fue tirando. La fábrica se reconvirtió en Audi (componentes automovilísticos) hasta que a fines de los 60 le despidieron por estructuración de plantilla.

El alcalde republicano se llamaba José Manuel González Núñez, poseía comercio de comestibles y bebidas, además de un depósito de leche. Era un ganadero fuerte. Tenía varios obreros a los que pagaba por encima de lo estipulado. Era muy sano, muy buena persona, respetaba las ideas sin distinción de colores. En la guerra al venir los de la FAI, le complicaron la vida. Pero a pesar de todo, no permitió que se perpetraran detenciones en su ayuntamiento. Protegió muchas vidas y a todo aquel que se sentía perseguido, le socorrió. Estuvo condenado a 30 años por los tribunales franquistas y su hacienda incautada por el Tribunal de Responsabilidades Políticas.

El entrevistado fue siempre partidario de la reconciliación, nunca expresó ni sintió rencor alguno. Sabe quién le puso la denuncia el 21 de julio de 1936 de pertenecer a la Juventud Católica. El sicofante fue encarcelado por los nacionales. Al salir de la cárcel, le saludó como si nada hubiese pasado y se convirtieron en buenos amigos.

El Comité recogió a las monjas de Madernia y las alojó en Barriopalacio. En el pueblo la mayor parte de los vecinos se dedicaban a la agricultura. Algunos trabajaban en Los Corrales. Era un ayuntamiento pacífico sin conflictos sociales. El mismo se dedicaba a las labores del campo antes de la guerra.

Con los nacionales fue nombrado alcalde Lucas Mantecón que era dueño de una quesería y cuyo comportamiento fue correcto.

Un vecino del pueblo llamado Pedro Terán Arce, fue asesinado y enterrado a la orilla de la carretera que conduce a Arenas. Le mandaron cavar su propia tumba. Pedro había sido de comunión diaria, pero en la guerra se volvió de izquierdas. En el frente fue teniente y se comportó muy bien, era una persona excelente. Tenía un pequeño camión de transporte y se mostraba muy habilidoso en tareas manuales. Estuvo detenido y un hermano suyo, falangista, tramitó su libertad y de buena fe le trajo al pueblo, pero la mala suerte indicaba que todavía no era el momento de volver. Su evolución ideológica y la concesión de la libertad fueron trágicas para su vida. No le perdonaron. El mismo fenómeno se habría de repetir en diversos pueblos del valle del Besaya: Lalo y Manuel Fernández Díaz en Arenas de Iguña, Payno y otros dos compañeros en Cartes.[124]

La represión republicana no causó víctimas en este valle, si bien tres vecinos oriundos fueron asesinados en Madrid en las matanzas de Paracuellos del noviembre de 1936. Se trata de los hermanos González Quevedo – Safont. El mayor Manuel tenía 29 años y era ingeniero del ICAI., Francisco tenía 25 años y se encontraba en Madrid finalizando la carrera de ingeniero agrónomo, José tenía 24 años y era abogado. [125]

En Arenas de Iguña la gente vivía de forma precaria con cuatro vacas. Solamente las estaciones ferroviarias de Las Fraguas y La Serna y una fábrica llamada de Cobrera donde se aserraba la madera, animaban un poco la vida local. Había también farmacia y una pequeña fábrica de quesos de la familia Morais transformada en fábrica láctea después de la guerra. Los marqueses de las Henestrosas eran los dueños del Palacio. Sólo la finca palaciega tiene más de 1000 carros. Y poseían tierras o prados en todos los pueblos del municipio que estaban arrendadas. La gente para complementar sus ingresos se dedicaba al trabajo de la madera para hacer albarcas, carros y aperos de labranza que se facturaban en la estación de las Fraguas con destino a Castilla.

Existía en el pueblo una red de evasión durante la guerra que tenía como principales valedores a Antonio Zurita, médico de Santa Cruz y en la que estaba implicado un comisario político de San Vicente de Toranzo. Esta red se quedó con muchas joyas y dinero de las personas que pasaban al otro lado. Ya se sabe: Siempre hay personas que de las desgracias hacen negocio.

Los republicanos, entre otros, mataron a un aparcerista, Manuel Gutiérrez Gutiérrez. El hombre era comprensivo con las difíciles situaciones ajenas, persona de buen talante, tenía deudas que hacía perdonar, y luego para que nadie las reclamara, le mataron. Su cuerpo no apareció nunca y habla de que si le arrojaron a un pozo de fundición de La Naval de Reinosa.

---

[124] Testimonios de Manuel Vallejo González Quevedo y Amaranto Ceballos Gutiérrez (Cotillo, 30/08/01).

[125] Los tres se encuentran en la placa de los caídos de Anievas y Lama Escajadillo: 100.

Las tropas nacionales a su paso por Arenas de Iguña.
Fuente Biblioteca Nacional

En el Palacio de la Marquesa alojaron a los refugiados de Barruelo y se hizo cargo de él como encargado un antiguo criado, Ginés Lozano Saro, que se marchó a Asturias y luego a su tierra de Murcia. El palacio fue mandado construir por el duque de Santo Mauro, Mariano Fernández de la Henestrosa y Ortiz de Mioño (1860-1919), que fue alcalde de Madrid e impulsó la construcción del Palacio de La Magdalena y del Hotel Real. Concibió la tarea de edificar una residencia a imitación de la que tenía en Biarritz la opulenta dama inglesa Mrs. Mellor y para ello requirió a su arquitecto, Mr. Seldom Wurnum, para que le hiciese unos planos para lo que pudiéramos llamar el Country Home, o casa de campo de los Hornillos construido entre 1899 y 1904. En las cercanías edificó una capilla a modo de templo grecorromano, llamada de San Jorge, regalada para el culto a la iglesia parroquial y que en la guerra civil los republicanos utilizaron como cárcel. El rey Alfonso XIII visitaba el palacio de los Hornillos todos los veranos. [126] En el barrio de la Herrán fue incautada la casa de García – Lomas del siglo XIX junto a una capilla humilladero que conserva la cruz en su interior para alojamiento de un Bon. Vasco así como Villa Susana para el Cuerpo de ingenieros de Euskadi.

La marquesa y el cura fueron protegidos por un miliciano Ángel Ruiz ("Poliqué"). La marquesa, Pilar Fernández de Henestrosa y Fernández de Henestrosa, marquesa de casa Henestrosa desde 1879, fue uno de los personajes más caracterizados de la vida santanderina durante muchos años. Como escribe la princesa Piedad de Holenlohe, tenía "excepcional inteligencia y cultura", y estaba al tanto del movimiento literario sin moverse de su residencia de Las Fraguas. Hablaba con gracejo y escribía con soltura: Fue comentadísima en Santander la polémica sostenida con Matilde de la Torre a raíz de publicar la marquesa en la prensa local su serie de artículos "Ecos de mi tertulia". La marquesa de la Henestrosa, después de una estancia juvenil en un convento, habitó siempre, como quedó dicho, en Las Fraguas, siendo célebre en todo el Valle de Iguña por sus decisiones casi feudales, por sus personalísimas excentricidades y por su valentía para afrontar los problemas del valle, de quienes se consideraba embajadora y valedora ante las autoridades provinciales o nacionales. [127]

---

[126] Enciclopedia de Cantabria: 16, IV Tomo y Cantabria a través de sus municipios: 35.
[127] Enciclopedia de Cantabria: 16, IV Tomo.

Los franquistas fusilaron al alcalde, al que echaron la culpa de los excesos cometidos por los republicanos. En el pueblo mandaron cavar a dos hermanos su propia tumba en el cementerio de San Jorge, conocido como el "de la marquesa". Hubo otros más "paseados" y enterrados en la senda del ferrocarril, arriba de Bárcena. Un tal Santiago Hernández, primo suyo, estuvo escondido hasta que pudo salir al exilio francés y murió en la resistencia contra los nazis.

José Ruiz Gutiérrez, murió en la cárcel del convento de los Trapenses de Venta de Baños y la causa de su muerte en el Registro fue la de úlcera de estómago. Recluido allí con pena de muerte, el motivo real de su óbito fueron los malos tratos. Desempeñó el cargo de teniente de alcalde de Arenas de Iguña. Era de izquierdas y tenía zapatería, gasolinera, vendía y arreglaba bicicletas y máquinas de coser. Es decir, tenían lo que se dice una posición desahogada. Al entrar los nacionales, le dejaron sin nada.

El alcalde con los nacionales fue Luis Gutiérrez Cieza, un contratista íntegro que ya lo había sido con Primo de Rivera. Cuando las elecciones de abril de 1931 fue relevado y la oposición política lo celebró con pito y tambor. Con Franco exigió que se le recibiese con pito y tambor pues era la forma como se le había despedido. Los alcaldes en aquellos tiempos tenían que pagarse los viajes de su propio bolsillo y eso no le hizo escatimar visitas a Santander. Consiguió muchas cosas para el pueblo: matadero, escuelas. Con el maquis de "Juanín" y Bedoya abrieron un cuartel de la Guardia Civil en Las Fraguas. Recuerda la brutalidad de la Guardia Civil en aquella época con la siguiente anécdota: se encontraba un vagabundo, un pobre en una taberna donde había entrado aterido de frío y entró un guardia civil: ¿Qué hace éste aquí? ¡Venga fuera! Le sacó y le dio una paliza. Y lo cuenta él que es nieto de guardias civiles por ambas partes. Su padre y su madre eran hijos de guardias civiles. El haber recordado todo esto le ha hecho emocionarse, sobre todo al rememorar la muerte de su padre.[128]

BÁRCENA DE PIE DE CONCHA

Desde Reinosa a Bárcena el ferrocarril y carretera son una continua curva en descenso abrazada a las laderas de la sierra casi despeñándose en el río Besaya. Después de descender las "hoces" en Bárcena el valle se ensancha, se percibe la amplitud. Este es el significado en la toponimia de Bárcena: el comienzo del valle.

El municipio se compone de los pueblos de Montabliz, la villa de Pie de Concha, Pujayo y Bárcena que contaba con 703 habitantes de hecho en 1930.

La situación de principio y final de ascenso/descenso del puerto de Pozazal hicieron de Bárcena un lugar de reposo del viajero, de parada de mercancías. La calzada romana cuyos restos aún se conservan, ya definía la importancia del camino y el intenso tránsito de "pie de concha" a través de los lugares mencionados.

---

[128] Entrevista en Arenas de Iguña con José Ruiz (5/11/01)

Por ello, como si las rutas se definieran de una vez para siempre, en los años 30 constituía un importante núcleo ferroviario y de servicios.

La estación ferroviaria era notable en aquellos años por cuanto las máquinas tractoras esperaban ayudar en la subida del puerto. Por carretera el escaso tráfico tenía casi parada obligatoria en los restaurantes, bares y posadas de la época.

Paso de las tropas nacionales por las Fraguas.
Fuente Biblioteca Nacional

Política y socialmente fue una comarca tranquila en los años republicanos. Un industrial lechero de la localidad, Luis Collantes fue uno de los primeros alcaldes republicanos de Cantabria desde las elecciones del 12 de abril de 1931. La guerra tampoco significó grandes sobresaltos en dominio republicano con un comité moderado y de actuación templada.

La represión republicana produjo dos víctimas. Enrique Félix de las Cuevas Rodríguez, jefe de escuadra de Falange, era empleado de la Electra Viesgo en el salto del Torina que la empresa posee en el pueblo, y miembro de la cooperativa SAM. En la noche del 30 de septiembre de 1936 fue metido en un coche por cuatro asesinos acompañados de un vecino del pueblo, siendo "paseado" a unos kilómetros de allí en las hoces situadas entre Las Fraguas y Los Corrales.

Manuel Mazón Naveda, párroco de Bárcena, organizador y consiliario del Sindicato Católico fue detenido en casa de su hermano y conducido a la checa de Neila el 23 de diciembre de 1936. Fue sacado de aquel fatídico lugar y arrojado al mar en la madrugada del 24, apareciendo su cuerpo el 6 de enero de 1937 en la playa de Somo. Las cuentas del Sindicato que manejaba el párroco pasaron así al Frente Popular.

La rápida rotura del frente de Reinosa el 16 de agosto fue frenada por la niebla entre los días 17 y 19. La entrada de la 1ª Brigada de Navarra en Bárcena se retrasaría hasta el día 20. Dos aviones alemanes "Heinkel 51" se estrellaron en las laderas de San Miguel de Aguayo y los republicanos en retirada dinamitaron el puente de la carretera nacional sobre el Torina. Todo el valle de Buelna y los mandos militares republicanos temían por las consecuencias de un bombardeo de la presa de Alsa de consecuencias imprevisibles. Afortunadamente no se produjo.

La represión franquista ocasionó siete víctimas. Emilio Tagle García (ferroviario y secretario del Comité, del PCE), Francisco Moreno Ruiz (ferroviario y presidente del Comité, del PCE) y Telesforo Sainz Ruiz (empleado) fueron fusilados en el cementerio de Ciriego, Saturnino García Gutiérrez (empleado) en el Dueso de Santoña. Otro fue sacado de casa, Aquilino Franco Pérez (empleado de banca) y el último, Juan Amoriaga Fernández murió en el campo de concentración nazi de Mathausen. Finalmente Vicente Blanco Ceballos (ferroviario) murió en libertad provisional, presumiblemente de malos tratos cuando tenía otras causas pendientes.

La represión en el Valle de Buelna: Cieza, San Felices y Los Corrales de Buelna

Municipio de Cieza.
Fuente: Página web de Cantabria Joven

En Cieza, en el Referéndum que convocó Franco los de la mesa les abrían la papeleta para ver que votaban. A Gabriel le obligaron a votar, y le dijo al presidente de mesa pon tú lo que quieras. Porque siempre las mesas electorales son siempre los derechas ¿Es que los de izquierdas no tiene capacidad intelectual? No, hombre, que esto viene así de Santander. En el ayuntamiento hay dos concejales del PSOE.

En los mítines, todavía la gente controla quien acude a los de izquierdas. Las cosas no han cambiado. Todavía hoy en las campañas electorales, la gente deja de hablarse. Este clima de enfrentamiento político que tiene sus raíces en la guerra civil todavía se puede vivir según expresa uno de nuestros informantes.

La guerra civil dejó secuelas en Cieza que aún duran. Antes de la guerra existía una importante minoría de izquierdas y falangistas. Se conoce todo el mundo y cuanta más proximidad física existe entre la gente mayores son los resentimientos. Tanto unos como otros (falangistas e izquierdistas), es decir, los más politizados y movilizados trabajaban en Los Corrales o en otros lugares distintos del pueblo.

Embudo de la aviación franquista en Bárcena de Pie de Concha.
Fuente: Biblioteca Nacional

Tenían que hacer un largo camino para llegar al trabajo, cubrir los turnos, envueltos frecuentemente en la noche. En el 34, los falangistas ayudaron a la empresa para mantener la producción. Tras la revolución los obreros de izquierdas fueron expulsados de sus trabajos y sustituidos por falangistas. Tras el triunfo del Frente Popular los de izquierda fueron readmitidos y se suceden las venganzas. Venganzas que se remontan a los expulsados durante la famosa huelga de los veinte en Los Corrales, que por lo visto en el pueblo se cobró alguna víctima por diferencias entre huelguistas y esquiroles. Algunos obreros murieron durante la turbulenta primavera del 36, muertes que fueron manipuladas por la derecha y sus órganos de expresión, pero que en algunos casos se trataba del saldo de meras rencillas familiares, cometidas bajo la impunidad de la noche para dirimir viejas afrentas por herencias o prados colindantes.

Estalla la guerra y se cometen atrocidades: se quema, se apalea, se ordena cavar fosas a las propias víctimas. Primero las izquierdas, después las derechas. En el pequeño valle de Cieza había muchos falangistas (nada menos que setenta y cuatro camisas viejas) afiliados en el Sindicato de Los Corrales que franquearon los montes a Barruelo. Fueron encuadrados en la Primera Bandera de Palencia mandada por el comandante Rafael Pombo Angulo, originario de Santander que ya se encontraba de guarnición en Palencia con el batallón ciclista.

Las derechas espoleadas por el ambiente totalitario que generó el franquismo. Gente que no había tenido ninguna significación política de ningún tipo, se lanzan azuzados por el ambiente de represión y de desquite a la caza del rojo. El concepto servil del poder, propio de los ambientes rurales, se hace asfixiante con regímenes totalitarios. Todo bajo un fondo donde subyacen rencillas y ajustes de cuentas personales. Sí que había personas sensatas en ambos bandos. Con la izquierda podían orientar y desarrollar su ascendiente. Tal cosa ocurría con un hombre de nombre Emeterio. Este hombre de izquierdas que bajo el franquismo resistió a la presión de ir a misa, cuando los que antes no entraban en una iglesia ahora lo hacían para no parecer rojos, fue aislado, marginado y muerto por los malos tratos. Visto como un tipo extraño e insociable. Cuando se casó se negó a confesarse porque dijo que iba a decir mentiras y que prefería no confesarse.

Durante la guerra, aunque no le hicieran mucho caso, era respetado y tenía algún ascendiente cuando por ejemplo afeó la conducta de los que derribaron la iglesia. Decía que esas cosas no eran para destruirlas sino para conservarlas.

Pero bajo la dictadura de Franco nadie se atrevió a ejercer una influencia de moderación por lo menos en este municipio. Mataron a gente que no era política (una hermana y un hermano). Había una cuadrilla de matones sin escrúpulos, algunos vestidos con el uniforme de Falange, que obligaron a hacer la fosa para echar los cadáveres de varios vecinos. Siete fusilados, siete paseados.

En el pueblo hubo muchos escondidos, entre ellos los dos hermanos Buenaga y "Uardo". Los Buenaga tuvieron más suerte que "Uardo". Se refugiaron en el pajar de la casa de una mujer que era madre de varios falangistas. Y la madre no dijo nada a sus hijos, porque de haberlo hecho les hubieran matado. Los Buenaga eran carniceros. Uno fue fusilado, otro murió en el frente. Y los dos escondidos pudieron salir de aquella trampa y refugiarse en Madrid.

Delfina nos describe el apresamiento y el calvario de un huido, del escondido "Uardo". Le cogieron, ¡Ay Díos mío lo que están haciendo con él!, pensó. Vi cómo le bajaban al portal, "amarrao", todo el pueblo le insultaba, le escupía. Como aquello yo no he visto más. Llevaban además a dos hermanas y la madre presa. Le dieron dos tiros al llegar al transformador a la salida del pueblo. Estuvo escondido dos años en una cueva del monte, en un lugar conocido como "Los Castrucos". La mujer le llevaba la comida y lo apresaron o, quizás, había bajado del monte para echar una cabezada en su lecho, cuando lo sorprendieron. Justa que era hermana de Eduardo Fernández Ceballos ("Uardo"), también tuvo que pagar por aquello. Estuvo en la cárcel de Torrelavega ocho meses, sin juicio. Antes en el pueblo, en Villasuso de Cieza, le cortaron el pelo, le dieron aceite de ricino y todavía un grupo de mujeres se lanzó sobre ella. Pero era y es una mujer fuerte y brava y pudo con la más gritona con la que se fue a las manos y la fiera quedó debajo de su cuerpo, las dos en tierra. Y Justa que nació el 18 de febrero de 1914 no se dejó amilanar.

El marido de Justa llamado Rodrigo García Ceballos, pertenecía al Comité. Fue hecho prisionero en Asturias y fue condenado a muerte dos veces, felizmente conmutado. El matrimonio en la cárcel y dos hijos pequeños en el pueblo, de siete y seis años. Después tuvieron otros tres en la época en que los niños venían con un pan debajo del brazo. Toda la familia de Justa fue represaliada. Su padre fue detenido en Potes y forzado a realizar las labores de reconstrucción de la villa, su hermano Casiano fue objeto de caza, salieron para matarlo, pero los buenos oficios de uno de derechas apodado paradójicamente "el Maquis", le salvó la vida tras advertirle que se escondiera.

De ser una familia económicamente desahogada, con fincas y casas, se quedaron sin nada. El cura, que si una vaca para la iglesia, el Tribunal de Responsabilidades Políticas que si 5.000 pesetas de multa y así, saqueos y apropiaciones sin fin.

Cuenta que uno de los Buenaga, familia acomodada de "izquierdas respetables", tuvo que refugiarse en Madrid en casa de un conocido arquitecto franquista y que a pesar de ello, no se atrevió a venir al pueblo hasta principios de los setenta.

Isabel y una hermana estuvieron en la cárcel. No comieron mal. Le cortaron el pelo al cero y mataron muchos piojos. Vieron a una que iba a ser fusilada con descomposición. En Cieza detuvieron a 20 mujeres, no respetaron a nadie. Era una imposición constante. La cárcel de Torrelavega y cárceles habilitadas como La Importadora, El Olimpia, El Asilo fueron sus lugares de encierro. En el pueblo fue cárcel la casa de Aguirre.

En los años 40 (los del hambre y el estraperlo) traían harina de Castilla para hacer el pan y se arreglaban con algún animal de matanza. Y con eso parecían tener lo suficiente. En el racionamiento no daban o daban poco a los de izquierdas. Justa, al salir de la prisión después de los ocho meses, tuvo que *tirar p'alante*. Con una pareja de vacas hacía portes a Arenas llevando pacas de hierba y trayendo "palillos" (los palos que llevan las escobas, los rastrillos y otros aperos de labranza).

Tenían un refugio para los bombardeos. Las envidias atizadas por el clima de enfrentamiento político fueron las determinantes de las muertes sobre todo en los pueblos pequeños. Maíz, alubias, patatas, era lo que se cultivaba.

También las vacas tenían la culpa de que sus dueños fueran rojos. Que no se pasara una vaca al prao del vecino, esa querencia del ganado por pastar en tierras ajenas aparejaba problemas con la Guardia Civil y la llamada al cuartel constituía un nuevo motivo de injurias sobre los hombres, mujeres, ancianos y niños marcados por el estigma de sus ideas y militancia. No había un mínimo de compasión, de concesión para el error. Hicieran lo que hicieran eran sospechosos de maniobras arteras. El ganado, el poco ganado que les quedaba después de incautaciones y apropiaciones, la miseria en la que les habían hundido, la cabeza permanentemente agachada, el trabajo de las viudas y mujeres, los maridos presos, los esfuerzos por sacar a los hijos adelante, no bastaba para que se les llamara ladrones, atropelladores porque sus exiguos rebaños pacieran en fincas ajenas. Es difícil controlar los movimientos del ganado y si ocurre pues simplemente ocurría. Un aviso hubiera bastado para subsanar la cuestión. Pero no, cuartel, injurias, humillaciones. No vaya a ser que estos "rojos" levanten un poco la cabeza.[129]

El municipio de SAN FELICES DE BUELNA está compuesto de gentes que trabajan en Forjas de Los Corrales de Buelna compaginando su trabajo con la posesión de ganado. Este valle era famoso por sus canteros y prueba de ello son las casas señoriales que lo jalonan. En Tarriba había una granja piloto que tenía una antigüedad de un siglo en 1936. La finca incluye un edificio del siglo XVIII, una cuadra con gran capacidad de estabulación y una finca de extensión considerable. Trajeron ganado suizo y vacas pintas para cruzar y también se hacían quesos. Al frente de la misma se encontraba un ingeniero. Hoy en esta finca se celebra una feria de caballos de montura.

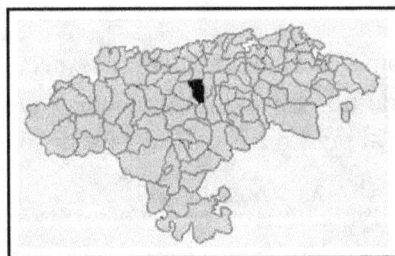

Municipio de San Felices de Buelna.
Fuente: Página web de Cantabria Joven

Existía asimismo en Sovilla una fábrica de quesos muy afamada que llevaban por marca Granja Emilia y que dejó de producir en la guerra.

Durante la Segunda República fue un municipio conflictivo. En las elecciones generales de 1933 hubo incidentes en San Felices de Buelna con tres heridos, uno grave por arma de fuego por enfrentamientos entre socialistas y radicales. Tuvo gran repercusión la revolución de 1934 donde autores diversos historiadores, entre ellos Ramón Salas Larrázabal y Tuñón de Lara, afirman que se proclamó el

---

[129] Entrevista con Delfina Díaz Tezanos, Isabel Díaz Tezanos y Gabriel Díaz Tezanos (20/11/2001) y Justa Fernández Ceballos (9/03/2003) de Cieza.

comunismo libertario. En este movimiento, la guardia civil echó el alto a unos ciclistas pensando que eran agentes de enlace de los revolucionarios de Los Corrales. Entre ellos iba Joaquín Cabrero González, vecino de Tarriba que morirá en Valdecilla el 9 de octubre de 1934. Iban por el lugar de la Laguera en la carretera de San Felices a Los Corrales. Joaquín era sordo y continuó su camino, un guardia civil disparó y resultó muerto. El guardia civil fue absuelto y la causa sobreseída por considerarse homicidio en acto de servicio, lo cual era una eximente. En los años que preceden a la guerra el número de falangistas creció de forma significativa hasta los 46 afiliados.

Durante el dominio del Frente Popular se produjeron tres víctimas, muy pocas, teniendo en cuenta el ambiente de preguerra. El cuidado del regidor, Ignacio Buenaga Pérez en proteger a derechistas no pudo evitar que fueran muchas las personas apaleadas o sometidas a simulacros de fusilamiento. El alcalde, que pertenecía al PSOE desde 1912, que trabajaba en Forjas de Buelna, y que al estallar la guerra fue nombrado delegado gubernativo en San Felices, Arenas y Molledo, aseguraba que practicó 500 detenciones con "toda garantía de su seguridad personal, yendo (por ofrecer más garantías) con la Guardia Nacional Republicana (antigua Guardia Civil) y no con milicianos" y añade que en "los atestados procuraba atenuar la responsabilidad de los detenidos, no consignando nuca que se les encontrasen armas, (a pesar de) que las han tenido casi todos". Así lo afirmó en la declaración de su Consejo de guerra. [130]

Sin embargo, no pudo evitar que a Julián García Salmones le condujeran al Alto de San Cipriano y le hicieron varios disparos rozándole la cabeza. Que a Rafael García Lago y Ramón Montes Ruiz les subieran al corro de Hijas y les amenazaran con arma corta, que a Manuel Laguillo García le atravesaran la boina cuando fue llamado en su domicilio con la orden de salir al exterior y las cosas no fueran a mayores porque la pistola se encasquilló. Que Fidel Laguillo Obregón tuviera que guardar tres meses de cama después de ser apaleado, que al cura párroco de Llano, Abraham Arroyo, le apalearan, le insultaran y amenazaran con arma corta para que declarase cosas falsas, que a Santiago Aguirre y Federico Fernández González les sacaran por la noche y amenazaran de muerte. [131]

La persecución de tres falangistas escondidos y muertos en el monte Tejas trajo consecuencias funestas en los consejos de guerra y por ello fueron fusilados vecinos de Los Corrales y de San Felices. Por ejemplo, Francisco Sampedro Molleda, de 39 años, vecino de Mata de San Felices de Buelna, viudo, fusilado en Bilbao el 13 de enero de 1940, fue acusado de ser el jefe de la prisión del pueblo y de las milicias y organizador de la persecución de los escondidos. Pero no fue el único acusado de ser el jefe, en otros tantos consejos de guerra aparecían otros tantos jefes de esta persecución.[132]

José Manuel González García nació el 8 de marzo de 1916 en uno de los pueblos que integran el ayuntamiento de San Felices, Sovilla, donde reside. Fue a la

---

[130] Causa 2426/37 en ARRMN. Sección Judicial. Fondo Santander.
[131] Causa General. Pieza de San Felices de Buelna.
[132] Sentencia 13.163 de Bilbao de fecha 26 de septiembre de 1938.

escuela hasta los 13 años y salió para comenzar a trabajar en la fábrica de sacos Illera donde la mano de obra era en su mayoría femenina. Iba a la fábrica andando y tenía que levantarse a las 4 y media de la madrugada para el turno de las 6. En 1930 se empleó en Trefilerías Quijano donde también bregó su padre. Eran 13 hermanos (8 hembras y 5 varones). Él era el noveno en la lista de vástagos. Antes de la guerra ganaba 3 reales diarios, luego subieron a 2 pesetas (una alpargata costaba 80 céntimos). Se afilió al PSOE en 1932 y participó en la revolución del 34.

A los 4 días de estallar la sublevación militar se alistó como voluntario de milicias. En la guerra estuvo en el Bon. de Aviación o 119 creado por Eloy Fernández Navamuel. Cargó varias veces de bombas la avioneta de Navamuel en el campo de aviación de Orzales. Su capitán era Paulino Bárcena, de un pueblo vecino llamado Tarriba, afiliado al PSOE, que tras ser detenido se trastornó y fue ingresado en un manicomio. Por ello no sería sometido a Consejo de Guerra ni sentenciado.

Con su batallón estuvo en la zona de Polientes (Rocamundo) y La Lora. Antes estuvo en Las Machorras con la columna Villarías. Con el 119 participó en la conquista del único pueblo cántabro en poder de los facciosos, Espinosa de Bricia que tuvo lugar en mayo de 1937. Antes ya se había intentado varias veces para volver a caer en poder de los sublevados.

Cuando se rompió el frente estaba en el Portillo de Suano (cerca de Reinosa) y en la retirada pasaron por encima de Los Corrales y San Mateo para pasar a Cabezón de la Sal y de allí a Ribadesella por la costa. En Asturias fue enrolado en un Batallón nuevo, el 133. Combatió en "El Mazuco" y fue herido, siendo ingresado en un hospital de Gijón. Muestra una amplia cicatriz de aquella herida de metralla que actualmente le causa problemas y a veces le supura.

Una vez dado de alta, vino a casa donde fue detenido. El día que tomaron Gijón (21 de octubre de 1937) los cántabros y vascos trataron de volver a sus domicilios y recuerda a 500 combatientes regresando por el monte.

Estuvo en la cárcel de Los Corrales (3 días) y después en la cárcel vieja de Torrelavega (edificio de los Juzgados). De la prisión salió a trabajar en la reconstrucción del puente de Santiago de Cartes con otros 200 ó 300 presos. Seguidamente pasó a la Prisión Provincial de Santander. Cuando tuvo lugar el incendio de Santander el 15 de febrero de 1941 lo llevaron a Tabacalera. Recuerda que eran unos 500 presos esposados y escoltados por la Guardia Civil y falangistas y que las mujeres desde los balcones gritaban: ¡matad a esos criminales! Refiriéndose a las fuerzas represivas.

Fue condenado a 30 años reducidos a 12 años y un día a su vez rebajados por redención de penas por el trabajo. Salió en libertad provisional y fue enviado al destierro a Canarias en batallones de Trabajadores y recorrió las islas de Santa Cruz, Lanzarote y Fuerteventura donde estuvo empleado en la construcción de pistas. En Canarias, comenta que hubo bastantes casos de paludismo.

Un hermano suyo combatió con los nacionales justo al otro lado de la trinchera en La Lora. Antes de la guerra se había marchado a trabajar a Espinosa de Bricia y allí le sorprendió la guerra. Le hicieron sargento. Después montó una vaquería en Madrid y venía a las ferias de Torrelavega a comprar vacas.

Volvió a casa. Reingresó en Trefilerías de Los Corrales y contrajo matrimonio en 1943 de cuyo fruto son 4 hijos. Construyó la propia casa en la que vive. Un antiguo establo (cuadra) que permutó por una becerra que valdría unas 15.000 pesetas.

Después de salir del turno de las 6 de la mañana, los domingos tenían que asistir a misa antes de regresar a casa. Evitaba hablar de política y metía un par de horas extraordinarias que aliviaban la situación. En el pueblo no se metieron con él y no fue molestado por su pasado. Se habían acabado los sueños revolucionarios y la única forma de salir adelante era trabajar duro, buscarse la vida. Esa fue la lección marcada a sangre y fuego por el franquismo.

Cuadrillas de falangistas se hacían ver por los diferentes pueblos que componen el ayuntamiento. Respecto a los fusilados, sintió la muerte de todos, pero lo que más le conmocionó fue el fusilamiento de José González Linares González. Era un muchacho trabajador, ahorrativo, trabajaba en el tren de laminaciones de Los Corrales y por denuncias envidiosas acabaron con su vida.

Demetrio González Linares es sobrino de José González Linares fusilado en Gijón. Demetrio nació y vive en Rivero desde el 14 de junio de 1931. Recuerda que durante la guerra quemaron la iglesia de la que quedaron las cuatro paredes y convirtieron en polvorín. Los franquistas bombardearon en los alrededores de la población. Los republicanos hacían guardias en las carreteras del término municipal. En una ocasión vio como un pescador de Suances salió corriendo de un coche y se escondió en el regato de la fuente de Tarriba y así salvó la vida. Por lo visto, los republicanos le iban a fusilar en el Alto el Corro.

Cree que a su tío lo denunciaron por envidias. Salía con una chica a la que pretendía su denunciante y habían llegado a las manos. El abuelo del que habla y padre del ejecutado se trasladó a pie hasta Gijón. Era un cantero analfabeto. Cuando volvió traía un macuto, una cazadora de cuadros rojos y negros, y unas manzanas.

Como personas de izquierdas recuerda a Paulino García Bárcena y a Jesús Terán González. Los dos fueron capitanes republicanos. El primero se volvió loco porque a su hermano Marcelino le fusilaron echándole la culpa de la muerte de Santiago Aguirre. Se demostró que era inocente pero ya lo habían matado cuando llegó el indulto. El segundo tenía su familia en el campo de la derecha y le protegieron de posibles represalias y consejos de guerra.

Proporciona la lista de paseados y ejecutados. De ellos es destacable la conducta de los hermanos Pérez Martínez, Francisco y Doroteo. El primero fue fusilado. Era muy valiente y en la retirada del Escudo causó numerosas bajas a los italianos. Prácticamente él, con unos pocos más, barrió con una ametralladora a decenas de italianos que ascendían por las márgenes del puerto.

Doroteo estuvo escondido en un caserío en las inmediaciones de San Felices. Por la noche segaba y hacía las labores del campo y dos aprovechados que se decían de derechas le robaban las ovejas. Varias veces les tuvo a tiro y les perdonó la vida. Luego le denunciaron y lo pagó con la cárcel.

Puente de Cartes en la guerra.
Fuente Biblioteca Nacional

Un hijo de Andrés García González (caído en combate con los republicanos), le contó que hacia el año 1942 yendo a monte a ver las vacas y en el sitio que llaman "el Vivero" vio a cinco hombres escondidos. Uno de ellos llamado Miguel Cagigas le dijo: "Chaval, no digas nada de esto, y avisa a Benjamín Aguilera que estamos aquí." Benjamín era un vecino del pueblo. Como se enterase la Guardia Civil de las andanzas de Benjamín Aguilera le dieron bastantes palizas para sonsacar el paradero de los huidos. De los escondidos, hay un desaparecido, Ángel Campuzano. Parece ser que Miguel Cagigas que era de la parte de Solares, su mujer y sus dos hijas — "Lola" y "Canines" — pudieron salir a Francia.

En Tarriba de San Felices de Buelna, José Manuel González Piedra se encontraba de permiso sirviendo en el Ejército republicano. Vinieron las tropas nacionales y lo llevaron, desapareciendo para siempre. Algo similar le ocurrió a Pedro Fernández Ortiz de un pueblo cercano (Mata). Estaba habilitado como guardia de asalto. En la retirada hacia Asturias se encontró con otro vecino que le pidió que le esperara para recoger la ropa. Ya estaban encima los franquistas. Quedaron rezagados y fueron capturados. Les ataron a unos tanques, les arrastraron durante varios kilómetros hasta que dieron el tiro de gracia a sus cuerpos magullados.

A Cipriano Gutiérrez (hermano de un tío) le contó la hija que en la retirada le sacaron a rastras, desde la ventana de su casa, dos del pueblo. Dijeron que le llevaban a Bilbao y en el camino se esfumó.

En la fábrica de Quijano hicieron un calabozo para encerrar a la gente indisciplinada. La factoría estuvo militarizada hasta 1945. Había que llevar un brazalete con el anagrama de una bomba bordada en los galones y saludar con el brazo en alto. Su padre llamado Rudesindo González Linares (hoy difunto) estuvo en el frente de La Lora y al tener otros tres hijos movilizados (hermanos del que habla), le liberaron de las tareas del frente y en el pueblo lo destinaron para hacer guardias. Poco después de entrar los nacionales le mandaron junto con otros veinte vecinos, entre ellos Benito Aguado y Ángel González, limpiar las calceras de la fábrica de trefilería del conde de Las Bárcenas. Anteriormente había sido de harinas y después se dedicó a la fabricación de puntas con unos cincuenta obreros. Tenía otra en Ramales y en la guerra se destinó a la fabricación de balas. Sin terminar de limpiar el desescombro (la fábrica había sido dinamitada por los republicanos) abrieron las compuertas de agua y dijo el conde que no se perdía nada si morían ahogados (se libraron por los pelos de la avalancha de agua). Su padre había entrado a trabajar como criado del conde de Las Bárcenas con nueve años. Con un burro llevaba los recados a Torrelavega. En la época el que llevaba reloj era un lujo y tenían que calcular la hora de levantarse a ojo. La madre le dijo: "Levántate que ya es tarde" (para ir a trabajar). Tenía que empezar su jornada a las 9 de la mañana, pero la madre calculó mal. Sólo eran las tres de la madrugada. Hizo todo el camino hasta Las Caldas y cuando llegó se enteró que eran las cuatro. Así eran los tiempos, sin reloj y sin poder apurar un poco más el sueño.

Un detalle aparentemente tan desapercibido como la ausencia de relojes hacía difícil calcular la hora de arranque del despertar. La amanecida era rota por los albarcas que llevaban los obreros como calzado y los silbos con los que despertaban a los compañeros que encontraban en el camino hacia la fábrica.

En la zona de Los Corrales "paseaban" a los republicanos y dejaban los cuerpos a la orilla del río Besaya. Trasladaban los cadáveres en una escalera al cementerio de Los Corrales. En los primeros días de la entrada de los nacionales tocó la sirena de la fábrica, pero los de izquierdas que no habían sido detenidos, no fueron admitidos en la factoría y tuvieron que marcharse fuera. [133]

Jesús Manuel Buenaga Saiz nació el 25 de enero de 1930 en Los Corrales de Buelna. Era un niño de seis años cuando estalló la guerra.

Su padre Inocencio Buenaga Moral y su hermano Manuel Buenaga Saiz fueron sacados a las 10 de la noche de su caserío de Lobao, próximo a Los Corrales, por un grupo de encapuchados con el pretexto de prestar declaración en septiembre de 1937. Sus cuerpos aparecieron seis meses más tarde en un pedregal del monte Orza, degollados, con la cabeza separada del tronco. Un pastor llamado Felipe Hernández Campano los descubrió. El perro ladraba inquieto y se acercó y descubrió el macabro hallazgo. Dio aviso a la Guardia Civil y la madre los reconoció por una chaqueta de cuero que llevaba su marido. Sus muertes nunca se inscribieron en documento alguno. Su padre y su hermano nunca existieron, al menos oficialmente y por ello no han podido cobrar las indemnizaciones, las ayudas a los represaliados por el franquismo. Su padre y hermano engrosaban la lista de "paseados" en el Monte La Tejera, en el puente de hierro de Las Caldas. Después de matar a sus familiares les quitaron todo, incluido el caserío en el que vivían.

La familia resultó deshecha. Quedaban la madre y nueve hermanos. Él tenía 9 años. Le dieron aceite de ricino y le cortaron el pelo al cero para que se afiliara a Falange. Le repugnaba pertenecer a Falange puesto que allí tenía que verse con los asesinos de su padre. A pesar del aceite de ricino no lograron doblegar su voluntad.

Su padre trabajaba en la fábrica de los Quijanos, disponía de cinco vacas y catorce o quince ovejas, y fabricaba cachavas de forma artesanal. Se defendían económicamente. Lobao sólo tenía comunicación con Collado de Cieza y para los desplazamientos en la fábrica iban y venían andando.

---

[133] Entrevista en San Felices de Buelna con José Manuel González García (a) "El Mozu" (21/03/01) y Demetrio González Linares (14/11/02).

Recuerda que siendo niño, en el caserío hicieron un refugio para esconderse en caso de bombardeos. A la entrada de los franquistas cayó un obús y las balas impactaban en los cristales de las ventanas. Recuerda como restallaban las piedras que pasaban por encima de sus cuerpos tumbados.

Un grupo de soldados italianos le tenían en palmitas. Le dieron de comer pan blanco, carne y otros artículos que llevaba a su casa. Parecía que la vida iba a ser tranquila para la familia Buenaga. Pero no, alguien pensaba en amargar su existencia.

Después de la desgracia, cada uno tuvo que buscarse la vida por su cuenta. Una señora de los Palacios les prestó una habitación donde en principio estuvieron todos juntos. Tres hermanos tuvieron que desplazarse a casa de los abuelos y tíos de Cabuérniga como vaqueros y ovejeros; tres chicas a Barcelona para trabajar en el servicio doméstico y otros dos quedaban con la madre. Luego buscarían otras tierras, Alemania, Venezuela. Los paraísos en los que los españoles buscaban lo que su tierra les negaba.

Jesús Manuel no fue a la escuela más que tres meses. Sólo podía acudir por las noches después de finalizar sus labores diarias de pastor. Pasado algún tiempo, se vino a trabajar a la fábrica, al departamento de sierra, llamado así porque se serraba madera para las casas de los obreros que construyó la empresa Quijano. También se empleó como cantero en la estación nueva del ferrocarril. A los veinticinco años, después del servicio militar, emigró a Venezuela.

También trabajó en "Los Quijanos" su hermano Felipe, que tuvo que salirse por las humillaciones que sufrió, llamándole "rojo" y venga y venga hasta que lo consiguieron. El ochenta por ciento de los obreros de la fábrica en la posguerra era de Falange. No le quedó otro remedio que volver a Cabuérniga como criado.

Los asaltantes que secuestraron y asesinaron a su padre y hermano venían ocultos por pasamontañas. Dice que eran amigos de la víctima y conoce sus nombres. Su padre no se había destacado en las ideas de izquierda y no temía nada. Lo último que hubiera pensado es que fueran a por él. Pero no sólo no fueron a por él, sino también que acabaron con la vida de un hijo/hermano. Luego fueron expulsados de la casa en la que vivían. Unos desalmados aprovechando el clima político del momento no podían vivir con la envidia hacia unos seres que les habían ofrecido una amistad traicionada. ¡Qué oscura es la condición humana! Una guerra civil y un régimen represor son siempre el agujero negro de las traiciones y de los odios.

Cuando fueron a comprobar a nombre de quién estaban las escrituras en la nueva situación, su madre se encontró con que las hojas correspondientes estaban arrancadas. Qué cúmulo de atropellos a la dignidad de las personas.

Era una familia muy querida y como tal, también fueron ayudados en circunstancias tan adversas. Los Quijanos les indemnizaron con 20.000 pesetas en efectivo y 5 pesetas mensuales por hijo al haber estado el padre trabajando en la fábrica. Con ellas su madre pudo hacer frente a las deudas contraídas con los comerciantes que les suministraban artículos "fiaos" y empezar a rehacer su vida.

En Caracas montó un negocio de compra de carne al por mayor que distribuía a restaurantes y bares. Abrió un bar al que puso el nombre de "El Sardinero". Conoció a algunos exiliados republicanos. Estaban los Marcanos de San Mateo que montaron una tapicería, los Solana que abrieron una fábrica de helados "Helados Vicky" y que regresaron a Santander para dedicarse a la construcción. Ayudó en Venezuela a un falangista acérrimo de Los Corrales. Le dejó la habitación donde se alojaba. De regreso a España dijo que volvía porque los republicanos en Venezuela querían matarlo. En realidad, echaba a los republicanos la culpa de su fracaso personal.

En este país conoció a una gallega de Santiago con la que contrajo matrimonio, Purificación Seoanes Santos, su actual mujer. Su situación económica empezó a ser buena. Ya obtenía unas ganancias de 100 dólares mensuales en 1956. Frecuentaba la Casa de la Montaña en la que participaba en concursos de bolos, de dominó, de mus. Y en los que parece ser que era bueno porque ganó cuarenta copas. Pero un nuevo susto iba a sobrevenir. El golpe de Estado del general Jiménez le dejó sin nada, sólo con la ropa que llevaba puesta. Y es que el almacén y la camioneta de transporte de carne quedaron destruidos por el bombardeo del cuartel de la Guardia Nacional emplazado cerca de su negocio.

En 1963 ya estaban recuperados de nuevo. Volvió a España en 1973 con catorce baúles de ropas y otros tantos objetos. Su historia es la de tantos hombres y mujeres de aquellas generaciones que se sobrepusieron con la lucha personal, con enormes sacrificios, con la confianza a prueba de balas y de bombas a las tragedias. [134]

La represión en comarcas interiores: Tudanca y Puentenansa

Tudanca

Municipio de Tudanca:
Fuente: *Página web de Cantabria Joven*

Tudanca es un bello municipio del corazón de Cantabria cuyo edificio más emblemático es La Casona de Tudanca propiedad del ensayista José María y Carlota de Cosío y Martínez- Fortún que durante la guerra vivieron en Madrid. Eran muy buena gente. Ayudaron a muchos buscando influencia para gentes de estos pueblos. Por la casa pasaron el poeta Miguel Hernández, Concepción Arenal, Unamuno, Cela, Giner de los Ríos, Marañón, Alberti, del Río Sainz, Gerardo Diego.... Unamuno escribió "El Nansa briza el sueño de los soñadores muertos

---

[134] Entrevista con Jesús Manuel Buenaga Saiz en Los Corrales de Buelna (31/01/03).

como briza el de los vivos. Y en la paz solemne de aquellos eternos parajes, bajo la mansa cúpula del cielo, sostenida por las cimas montañosas, ocurre pensar si son otros los vivos que fueron los muertos, si no es una misma generación que bajo diversas figuraciones se sucede".

Casona de Tudanca

Los Cosío tenían muchas fincas. Recientemente algunas las vendieron, la mayor parte las dieron en herencia a un catalán ayudante de la casa y La Casona la donaron para el Gobierno Regional. Los restos de ambos fueron trasladados de Sepúlveda donde murieron, a Tudanca donde nacieron.

Alfonso Barrio Herrán nació en Tudanca el 23 de enero de 1923. Hijo de José Barrio y Jesusa Herranz. Fue a la escuela con el maestro Escolástico Gómez de los 6 a los 9 años. Con 10 años empezó a trabajar en casa de su abuelo donde se necesitaba mano de obra. No podía ser de otra forma. Tenía a sus hijos en el servicio militar y después estalló la guerra.

A los 17 años, en 1940, comenzó a trabajar en la construcción de los Saltos del Nansa (la empresa se llamaba Grandes Redes) donde coincidió con presos políticos para la redención de penas por el trabajo. Antes de ir a trabajar al turno de las 6 tenían que asistir a misa a las 5 y media de la madrugada hasta que un jefe desterró la obligación de acudir.

A los 20 años, se incorporó al servicio militar por espacio de tres años. Hizo la mili en el Batallón de Montaña Ciudad Rodrigo, número 13 de guarnición en Jaca y le tocó la invasión del maquis por la frontera en el otoño de 1944. Recuerda que el túnel de Canfranc estaba precintado y los que entraron rompieron las verjas de hierro que cerraban el paso entre España y Francia. Venían engañados. Les habían dicho que España estaba en guerra contra Franco y los falangistas. Tocaron "genérala" para salir contra los resistentes españoles procedentes de Francia.

En esta ocasión no le tocó disparar un tiro porque se rindieron enseguida y los jefes se quedaron en Francia o regresaron allí casi sin pasar la frontera. Eso sí, vio el cuartel de la Guardia Civil de Canfranc destruido por el maquis y a sus moradores hechos prisioneros. Franco había concentrado antes a los legionarios, a los regulares, a la guardia civil y a regimientos enteros de Burgos, de Logroño, de Zaragoza.

En Jaca dormían en tiendas de campaña para doce y en el fuerte de Rapitán, encima de la Ciudadela, hacían garitas (guardias). Con él estaban tres o cuatro del pueblo. Había seis quintas movilizadas, del 39 al 44. La suya era la del 44. Hambre y frío. Comían de latas y si daban un plato de comida era caldo. Por la mañana daban café que en realidad era agua caliente. La miseria que se sufría en los cuarteles promovió el que en Canfranc se pasara casi toda una compañía a Francia en el 47. Vio zanjas abiertas que iban tapando a medida que fusilaban en Torrero (Zaragoza). Por fin se licenció el 29 de agosto de 1947 en el cuartel Hernán Cortés de Zaragoza.

El pueblo vivía de la ganadería. Los jóvenes buscaban trabajos ocasionales como aserradores (llamados "serrones") en tierras de Burgos, Navarra, Logroño. Los ganaderos tenían unas pocas vacas, la mayoría de las veces en aparcería. Y ¿Cómo no? De raza Tudanca, unas vacas austeras y sufridas que pasaban los veranos en el monte y los inviernos en la cuadra. Se empleaban para el tiro y para parir unas crías cuya venta aliviaba algún apuro, como saldar una deuda o pagar la boda de la hija.

Del ayuntamiento, pasó mucha gente a zona sublevada por el puerto de Sejos. Entre ellos, unos falangistas destacados, los hermanos Toribio. Uno de ellos, Juan José Toribio volvió como jefe de Falange de la comarca y su proceder fue ajustado. Los falangistas del lugar, la mayoría evadidos a la otra zona, no se metieron con nadie.

El comité del Frente Popular estaba formado por el médico Eduardo Fernández Regatillo, los maestros Elías Nieto Alonso y José Patiño Gómez, y los vecinos Isidro Barrios San Juan, Gabriel Fernández Gutiérrez, Ángel García y Roque Balbás. En el pueblo no existía la política, nadie sabía lo que era derechas o izquierdas aunque por la costumbre, la inercia o la tradición de los pueblos se votaba a la derecha.

Regatillo que era médico, presidente del Frente Popular y muy buena persona evitó detenciones y atropellos en su municipio. Estuvo tres años en la cárcel, tras los cuales volvió a ejercer en un pueblo de Lamasón. Había nacido en Cóbreces y estuvo como médico de las columnas de santanderinos que se dirigieron al cerco de Oviedo.

No hubo destrucciones de templos y las imágenes de los santos fueron respetadas, aunque retiradas del culto. La imagen de la patrona, la Virgen de las Nieves cuya celebración es el 5 de agosto, fue guardada por una vecina del pueblo llamada Felicidad. La iglesia se mantuvo intacta y las campanas, cosa inusual en la Cantabria republicana, permanecían en su sitio cuando entraron los nacionales. De hecho, las sobrinas del cura, D. Ventura las tocaron y voltearon el día que entraron.

Cuando hacía acto de presencia el temible capitán de milicias Miguel Pacheco Blázquez para llevarse a algún vecino y quizás fusilarlo en cualquier cuneta, decía Regatillo: "A Tudanca no me vayas a buscar a nadie, que no me entere yo que te metes con uno de Tudanca." Y no hubo tampoco asesinatos. Pero Regatillo también tenía las propias limitaciones ante los suyos. Ello ocurre cuando dejan malherido a un vecino de Lombraña, en el limítrofe ayuntamiento de Polaciones, el hijo de Basilio, Francisco García. El médico se acercó para prestarle los primeros auxilios y los milicianos le dijeron que no se le ocurriera por lo que le podía pasar también a él. Y le dejaron morir como a un perro.

Incluso el cura D. Ventura puso desarrollar una vida sin grandes sobresaltos y subsistió sin ocultarse. Creo que uno de los que mandaban aquello, concretamente el teniente coronel Moliner, jefe de la Agrupación Moliner, afirmó: "Es el único y primer cura que hemos encontrado en la calle en toda la provincia." Pero cuando entraron los nacionales empezó a denunciar a varios vecinos: "este es rojo, este es rojo, así hasta 16 y el jefe de los ocupantes, el teniente coronel Moliner le dijo: "si fueran rojos no le hubieran dejado a Vd. con vida." Pero el clérigo sabía que los curas que habían estado más o menos tranquilos en el bando "rojo" también corrían peligro con los que luchaban contra la anti España atea y marxista. Eran sospechosos de connivencia y él quiso ganarse de malas maneras la confianza del bando vencedor.

Uno de los denunciados fue su tío Miguel Barrio González, de La Lastra. Estuvo en el campo de concentración de Estella (Navarra) y pidieron informes. Le echaron pena de muerte y le recluyeron en la cárcel de El Coto de Gijón, al final le conmutaron la condena, le acusaron de quemar las imágenes, pero al cabo de nueve años el cura manda un informe diciendo que era un equivoco (error). En el momento en que vuelve al pueblo, la misma guardia civil le dice: "Si en nueve años no se han dado cuenta que era inocente ¿Quién le va a devolver esos nueve años? Si usted quiere, le mandamos un informe para que le abonen esos nueve años." Pero no quiso remover las cosas, era demasiado arriesgado en la época.

Otro de los denunciados aún con menos suerte fue el maestro de la Lastra, José Patiño Gómez, componente del Comité, secretario de la FUE y capitán de Artillería al que fusilaron en Ciriego.

También "pasearon" al maestro Elías Nieto Alonso y a Roque Balbás miembros del Frente Popular. A Roque Balbás lo dejaron muerto con un palo atravesado en el cuerpo hundido en el suelo. Si los republicanos no produjeron víctimas, los franquistas hicieron seis (un fusilado y cinco "paseados").

El abuelo, llamado Fabián Bravo, era recaudador de impuestos y por intereses no confesables le metieron, con 72 años, un año de la cárcel en Las Salesas. Alguien ambicionaba el puesto. "Todo era un atropello y hacían lo que les daba la gana."

Juan Patiño Gómez nació el 7 de enero de 1920 en Cabezón de la Sal. En mayo de ese mismo año su padre les llevó a EEUU. Pero la nueva andadura estuvo presidida por las desgracias: una hermanita falleció, él mismo enfermó y volvieron al pueblo cuando contaba con 6 años. Estamos en 1926. Su padre tenía un comercio. Era el segundo, de siete hermanos. El mayor era José. Estudió en el Colegio de Los maristas de Cabezón de la Sal. Cuando estalla la guerra civil quiso ir voluntario al frente, pero su hermano mayor le aconsejó que no lo hiciera y su madre se opuso.

Asistió en el Dueso al consejo de guerra de su hermano y allí comprobó que estaban condenados de antemano. José dijo que era un humilde maestro sin más delito que haber estado al lado del gobierno legítimo de La República. Cuando entran los franquistas le llevan preso al campo de concentración de La Magdalena para clasificarle en virtud de los informes. En el campo estuvo a merced, como otros presos, de los caprichos salvajes de algún desalmado, que siempre se hacían presentes en cualquier parte. Un guardia civil viejo empezaba a pegar cuando le daba la gana y también a él tocó. Estuvo tres meses y tampoco apremió a sus familiares para recabar informes y salir de allí, puesto que en aquel momento se desarrollaba la batalla del Ebro y a buen seguro le hubiera tocado ir. Dejó pasar el tiempo para incorporarse al servicio militar. Tenía 18 años. Le esperaban vivencias de muerte y acelgas, muchas acelgas para comer y también para cenar.

Se enteró del fusilamiento de su hermano cuando se encontraba en el servicio militar en el Regimiento de Transmisiones del Pardo y la noticia le causó tanta angustia que estuvo a punto de pegarse un tiro. Tuvo el cañón del fusil metido en la boca. Era un gran hijo, un gran hermano, dice emocionado. Un tío que era teniente coronel de Carabineros y permaneció en el Santander republicano escondido durante la guerra no hizo nada por el hermano que fue quien le ocultó, le mandaba comida y ropa. "Ja, ja, ja, Toledo está nadando en sangre roja."

Juan fue herido en los testículos. No dice en que frente, no quiere recordar. Pensó durante su operación que toda su vida iba a ser la de un castrado, pero felizmente es padre de dos hijas.

Vio matar a mucha gente durante las guardias que pelaba en las cárceles de Madrid. Recuerda una noche de centinela en la que el sargento les dijo: levantaos, están haciendo luces desde esa casa. Entraron en la casa y abrió una jovencita con un camisón con una expresión de inocente como una paloma, el sargento le descerrajó un tiro y la pobre quedó tendida en el umbral de la puerta.

"¡Que saña! ¡Que salvajismo más brutal! Me fui a América asqueado de este ambiente irrespirable. España era un mar de lágrimas, un cabrón asesino, que tuvo que traer tropas extranjeras para acabar con este pueblo indefenso, racionado durante 14 años para exportar a Alemania. La Iglesia bendecía los cañones, oficiaba misas de campaña para santificar la crueldad. Mi lema es el trabajo y la honradez al margen de cualquier conducta religiosa impuesta", afirma. Recuerda que el dictador mejicano Porfirio Díaz aseveró para definir el golpe militar del 18 de julio: "Habéis abierto la jaula de las fieras, a ver ahora quien las encierra."

Se fue a Méjico en 1956 y allí recuperó la vida, la alegría y las ganas de vivir. Se estableció en Sonora donde montó un hotelito y su vida fue feliz. Tenía otros dos hermanos. Uno de ellos, Antonio le animó a ir para allá. Estaba recién casado y dejaba a su esposa y dos pequeñas en España que llegaron poco más tarde en el vuelo Madrid - La Habana y de La Habana a México. Sus hijas no le conocían. [135]

Jesús de Cos Borbolla nació en Riclones (Puentenansa) el 7 de noviembre de 1924. Sus padres eran Donato de Cos Gutiérrez y María Borbolla Sánchez. Jesús tenía 15 años en mayo de 1940 cuando decide colaborar con la guerrilla en calidad de enlace por sus ideas antifascistas y fidelidad filial con su padre perseguido.

En Rábago, un pueblo acostado en la cantábrica Sierra del Escudo, su familia ofrece al maquis un sólido apoyo a la resistencia.

---

[135] Entrevistas con Alfonso Barrio Herrán y Juan Patiño Gómez en Santander el 12/09/02.

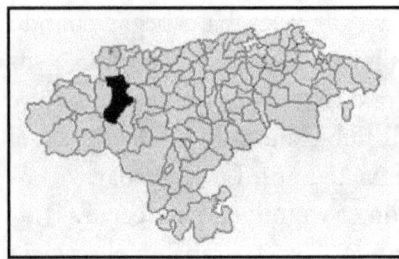

Municipio de Rionansa.
Fuente: Página web de Cantabria Joven

Donato de Cos Gutiérrez era un hombre de mundo. Había desempeñado los más diversos oficios y ocupaciones. Se empleó como marinero en mercantes, trabajó en minas, en la construcción de canales, había recorrido medio mundo. La experiencia vital le hizo adquirir conciencia social y fue uno de los primeros afiliados al PSOE junto con Antonio Ramos, Ruiz Olazarán y otros destacados socialistas cántabros de la época.

En 1931, los padres de Jesús de Cos se instalaron en Puente Nansa y alquilaron una finca llamada La Brezosa perteneciente a la alta burguesía santanderina. Eran cuatro hermanos y dos hermanas. Trabajaron duro para recuperar aquella finca abandonada y de paso sacar a la familia adelante.

Jesús a los siete años iba a cuidar las ovejas mañana y tarde y cuando podía acudía a la escuela, descalzo y a medio comer. El maestro D. Julián era de los duros de aquella época. Aplicaba el dicho de la letra con sangre entra y castigaba con una regla en la punta de los dedos si no sabían contestar o cometían las travesuras de la edad. Cuando su padre fue nombrado alcalde vino otro maestro que mejoró los métodos y la enseñanza fue más provechosa "al menos para mí."

"Mis amigos de infancia eran los hijos del secretario del Ayuntamiento (D. José Vega) y se llamaban Pepito, Alfonso y Carmina de la que, además, estaba platónicamente enamorado. Otros amigos eran los hijos de Manuel Caballero que a veces me gastaban bromas pesadas. Una vez me metieron en un saco y me tiraron al río como réplica a mis trastadas.

Transcurría así la vida hasta que un día de 1934 cuidando las vacas en un invernal del pueblo de Rioseco me encontré con un hombre escondido entre la hierba del pajar. Del susto pegué un brinco y corrí camino abajo hasta que me encontré a mi padre que me calmó diciéndome que era un amigo suyo que dormía en el pajar. Se trataba de un minero asturiano huido de la represión del 34 a quien mi padre había dado refugio. Formaba parte de un grupo de mineros que venían huyendo de Asturias y que en la venta de Fresnedo fueron delatados. La Guardia Civil los cercó y detuvo a cuatro de ellos a los que infringió torturas indescriptibles. Tanto fue así que a uno le tuvieron que amputar los testículos castigados por las patadas y los golpes."

Su padre le había inculcado el sentimiento de la solidaridad con los perseguidos, la conciencia de los sufrimientos de los sometidos y aquel encuentro fue su bautismo de fuego con los desesperados.

El cabo de la Guardia Civil que efectuó estas torturas estaba destinado en el cuartel de Puente Nansa y su padre lo entregó a las autoridades de Santander. En 1938 volvió a Puente Nansa como sargento y como brazo ejecutor de la represión. A Manuel Caballero hizo bajar y subir por las escaleras del Ayuntamiento de rodillas y a culatazos. Como le parecía insuficiente el sufrimiento, Manuel fue conducido a Torrelavega y fusilado en el Malecón. Manuel Caballero pertenecía a la checa de la CNT, pero era muy buena persona y nunca estuvo implicado en crímenes.

Pedro Caballero, y el alcalde de Puente Nansa, José Ramón García se escondieron en el monte y el sargento pidió traslado para evitar represalias de los escondidos. Fuertes con los débiles y débiles con los fuertes. Así son los represores, perros de presa, mazacotes de carne y hueso que no saben afrontar las consecuencias de sus acciones y huyen como ratas al mínimo peligro.

En la campaña electoral de las elecciones de 1936 su padre estuvo pegando carteles y hasta Dolores Ibarruri estuvo como oradora en Puente Nansa.

Tras el triunfo del Frente Popular, su padre fue nombrado teniente de alcalde y presidente del Frente Popular. Organizó el ayuntamiento dotándole de archivo, libro de cuentas y material de oficina. Hombre honrado y trabajador, se ayudó en sus esfuerzos de la labor de José Vega, al que contrató como secretario.

Pero en la primavera de 1936 ya había falangistas en el valle que hacían prácticas de tiro a quinientos metros de su domicilio y el 18 de julio a las seis de la mañana la emprendieron pegando tiros contra la casa. Los falangistas de Cosío, Puentenansa y los de Potes se sublevaron e iniciaron la guerra por su cuenta.

Su padre tuvo que tirarse por una ventana trasera y por el monte llegó hasta Cabezón de la Sal de donde volvió con dos camiones de milicianos que arrestaron a los pistoleros en Cosío. Después los entregaron a las autoridades de Santander y con una columna de milicianos se dirigió al collado de Piedras Luengas para establecer la línea del frente y prevenir la posible entrada de sublevados procedentes de la vecina provincia de Palencia.

A fines de agosto de 1937 entraron las tropas franquistas precedidas de bombardeos implacables. Su padre recibió la orden de retirada hacia Asturias y desde allí envió un camión para recoger al resto de la familia y los enseres.

Llegó el camión referido conducido por un minero asturiano. Estábamos todos preparados, mis cinco hermanos (Manolo ya estaba en Asturias), mi madre, los bultos y el ajuar doméstico.

> El conductor le dijo a mi madre:
> — "Señora, súbase al camión porque nos han cerrado el paso por la costa y tenemos que darnos prisa para llegar a Panes."
> Mi madre se echó a llorar y le contestó:
> — "Como nosotros no hemos hecho daño a nadie, nos quedaremos aquí. Estoy segura de que nadie nos va a hacer ningún mal."
> El chofer entonces contestó:
> — "Señora, ya se ve que usted no conoce a las hienas fascistas, pero mañana se va acordar de mí. Ahí se quedan ustedes. Y arrancó."

"A los días nos sacaron a culatazos de casa los mismos que mi padre había entregado sanos y salvos en Santander. Entre ellos estaba también el cura de San Sebastián de Carabandal a quien mis tías y mi madre habían cuidado y conseguido recuperar en el balneario de la Brezosa tras ser desahuciado por los médicos.

Nos sacaron a punta de pistola de nuestra casa y nos encerraron en un corral sin techo en el pueblo de Cosío durante tres meses sin comida ni ayuda alguna. Gracias a una familia, los Agüera, pudimos sobrevivir. Un grupo de falangistas del pueblo nos vigilaba, controlaba y maltrataba."

A su hermana Magdalena con 18 años le cortaron el pelo al cero y amenazaron con marcar su cabeza acercando un hierro cadente con las siglas UHP como el que se empleaba para marcar a las vacas. A Elvira Agüera, le afeitaron también por habernos prestado ayuda. Y a mi abuelo, Francisco de Cos, con 85 años, le pegaron culatazos para quitarle unas piezas de plata que llevaba en el bolsillo del chaleco.

Cada victoria que obtenían les obligaban a desfilar desde Cosío a Puente Nansa (tres kilómetros) brazo en alto. Como se hiciera el gesto de cansancio y se bajara un poco la mano venga culatazos, golpes e improperios.

Todos los bienes, ganado y propiedades de La Brezosa fueron requisadas. Cuando intervino el Tribunal de Responsabilidades Políticas entregaron a éste 1.500 pesetas, que sólo era una parte de lo que se apropiaron. Años más tarde quisieron devolver el producto del expolio, pero su hermano Manolo se negó a aceptar tan ridícula cantidad.

Tenían también unas vacas en Peña Sagra que custodiaba un vecino de San Sebastian de Carabandal, amigo de su padre. "Allí nos mandaron a mi hermano Maximino y a mí en busca de las vacas y allí estuvimos diez o doce días sin otro alimento que las endrinas, moras y lo que podíamos coger en el monte hasta que encontramos dos vacas que entregamos al jefe de Falange."

Al cabo de tres meses encerrados en aquel corral de Cosío nos dejaron libres y nos recogió el abuelo materno en Rábago, estábamos desnudos y harapientos.

Recibimos la noticia de que mi hermano Manolo estaba condenado a muerte en la cárcel de los Escolapios de Bilbao, con 18 años de edad con acusaciones falsas de haber quemado imágenes en la Brezosa. Se salvó de una muerte segura gracias a la intervención del párroco de Cosío que certificó que dichas imágenes estaban bien guardadas y conservadas en dicha capilla. No obstante, fue enviado a un batallón de castigo a Canarias, de donde salió dos años más tarde."

Su familia fue perseguida con especial saña. Un tío, José de Cos, fue ejecutado a garrote vil en Santander, el primer muerto con ese terrible método. Otro tío, Eulogio de Cos, fue detenido, llevado a Cossío, paseado por todo el pueblo mientras lo insultaban y martirizaban. Después fue salvajemente apaleado y encarcelado en Torrelavega. Había sido molinero en Cosío nombrado por el gobierno republicano. Salió de la cárcel, pero murió en un accidente como consecuencia del estado físico en que se encontraba. Su padre, Donato de Cos, murió torturado en Mathausen.

"Estas persecuciones sin tregua iban a determinar la entrada en la guerrilla, la única que podía dignificar y dar sentido a nuestra vida de apestados.

Los huidos del monte estaban agrupados en torno a Ceferino Roiz Machado. Estos tuvieron un encuentro con la Guardia Civil a consecuencia de una delación de un vecino de Arenas de Celis. Hicieron prisionero a Alejandro del Cerro, mientras el resto de los componentes se refugiaron en el monte de Rábago.

Por la noche llamaron a nuestra puerta y desde entonces nuestra casa y nuestra familia sirvieron de punto de apoyo y ayuda incondicional al grupo de Machado. Yo, que entonces tenía 15 años, participaba como enlace con Torrelavega y Santander con todo tipo de socorros particularmente medicinas y alimentos."

Desde 1941 hasta 1945 trabajó en Los Saltos del Nansa y organizó el Socorro Rojo entre los presos políticos que allí se encontraban.

"Mientras tanto, mi madre tuvo que realizar enormes sacrificios para dar de comer a sus hijos. Trabajaban para los vecinos hacendados de la comarca por la comida pues era imposible subsistir con las cuatro parcelas de mis abuelos."

Jesús tuvo que trabajar en casa de Venancio, el panadero; con Ceferino un albañil de Cosío (de sol a sol, por tres pesetas). Así hasta que conoció al grupo de Machado, el libertador con el que algún día había soñado. Machado reunía las cualidades de dirigente y maestro y de él recibió las lecciones de su aprendizaje ético, político y revolucionario de la lucha de clases.

"En 1945 por quinta tenía que incorporarme a filas. Su hermano Maximino estaba cumpliendo el servicio militar en África. Por consejo de Machado, rompí mi negativa a ingresar en un Ejército al que me oponía y con el que no me sentía identificado. Pero Machado me señaló que aprendería el manejo de armas para el ingreso en la guerrilla. ¡Qué ingenuos éramos!", afirma.

Fue destinado al cuartel de Los Dolores (Infantería de Marina) del Ferrol. "Pero allí no me abandonó la persecución. A los seis meses llegó una denuncia – informe del jefe de Falange de Herrerías ("Lolo") que me tachaba de "individuo peligroso y sospechoso, hijo de padres rojos" y que me hizo saber un escribiente que a la sazón era hijo del notario de Pesués (Sierra). Por otra parte, me comunicó que habían practicado numerosas detenciones entre los trabajadores del Salto del Nansa y había caído la organización del PCE en Santander. En los interrogatorios debió de salir mi nombre, porque fui detenido y salvajemente torturado en el cuartel.

De resultas de los malos tratos, terminé orinando sangre, y a punto de morir, fui ingresado en el hospital militar del que afortunadamente salí con vida. Antes me habían dejado inconsciente en el calabozo y de allí al ver mi estado me sacó el alférez de guardia para ingresarme en el Hospital. Decidí desertar con otro compañero llamado José Largo Samperio el 21 de marzo de 1946.

Abandonamos la vida cuartelera en un tren de mercancías que hacía la línea La Coruña – Madrid, escondidos entre cajas de pescado. En Venta de Baños otro tren nos llevó hasta Torrelavega y así comenzó nuestra vida en la guerrilla."

La represión franquista en localidades de Castilla-León

Si alguien piensa que la represión franquista es una refutación a las tropelías cometidas en el otro bando se contradice con la represión en Castilla - León donde no hubo dominio republicano.

En cada pueblo importante de Palencia, Burgos, Valladolid existe un Paracuellos más o menos intenso. En Castilla eran tantos los paseados, no juzgados, que por excesivo trabajo los amontonaban en las mieses y los cubrían con trigo.

Estas zonas que habían ocupado los nacionales desde los primeros días experimentaron una dura represión que tuvo como escenarios Aguilar, las afueras de la población en dirección a Nestar (en lugares conocidos como Angosturas y Cantoral), las eras o las tapias del cementerio de Aguilar de Campoo, Quintana del Puente, Venta de Baños y Torquemada, y ya en la Castilla interior Alaejos, Peñafiel, Paredes de Nava, etc.

En las comarcas limítrofes con Cantabria durante una primera fase fue muy importante la represión de ancianos, mujeres y niños cuyos familiares varones habían pasado a combatir a bando republicano y dado el cariz de la represión se vieron obligados a evadirse.

La mayor parte de las ejecuciones de personas oriundas de estos territorios se llevaron a cabo en las tapias del Cementerio de Ciriego de Santander, en el Frontón de Reinosa, en la Prisión Central de Burgos, en el campo de concentración de San Marcos (León), Camposancos y la Prisión de Palencia, donde se había habilitado el antiguo manicomio Alonso Berruguete como Destacamento Preventivo. Se trataba de evadidos que habían pasado a la zona santanderina tras la rebelión militar o de miembros locales de los partidos y sindicatos de izquierda sorprendidos los primeros días del movimiento. Las cifras más altas corresponden a los municipios mineros de Barruelo y Brañosera y la villa galletera de Aguilar de Campoo situada en un importante nudo de comunicaciones. A pesar de sufrir una tremenda represión incontrolada desde el inicio de la guerra al quedar en zona sublevada, hubo un porcentaje alto de fusilamientos debidos a Consejo de Guerra.

Los páramos burgaleses

Las comarcas consideradas pertenecían al antiguo Partido Judicial de Sedano actualmente reabsorbido en el Partido Judicial de Villarcayo. Otras como Basconcillos del Tozo, Sargentes de la Lora y Valle de Valdelucio pertenecen al Partido Judicial de Villadiego. Actualmente conforman las tierras de los Páramos burgaleses.

Se trata de municipios integrados por varios pequeños núcleos (pueblos y barrios), cuya población oscilaba entre los cien y quinientos habitantes. En conjunto abarcan 661,41 kilómetros cuadrados y una población en 1930 de 19.793 habitantes con una densidad de 29,92 habitantes/km2 algo mayor que la de la provincia de Burgos en su conjunto con una densidad de 24,79 habitantes/kilómetro cuadrado.

La principal característica es la elevada altitud media. El páramo de La Lora conforma una meseta situada entre los 1.000 y 1.100 metros. Es una zona llana, desarbolada y batida por todos los vientos. La cordillera Cantábrica con sus alineaciones y estribaciones, el inicio del sistema Ibérico y el encajonamiento del Ebro en el páramo de La Lora conforman el relieve de la comarca. El Ebro sale de Cantabria a los pies de la hermosa localidad burgalesa de Orbaneja del Castillo conformando después las hoces y cañones de Pesquera de Ebro.

El clima es de transición de tipo continental con largos y fríos inviernos de intensas nevadas y cortos y frescos veranos. Las heladas se suceden de octubre a marzo y los días de nieve anuales se aproximaban a cuarenta.

En la provincia de Burgos la derecha es la que llevará la voz cantante durante las elecciones republicanas. Sin embargo, en la comarca considerada, la izquierda predominaba en Arija, Escalada, Tubilla y Zamanzas. Se trataba de municipios atravesados por la carretera general Santander – Burgos dedicados a la industria y a una ganadería de subsistencia. En Escalada había nacido el abuelo materno de Manuel Azaña con todo lo que este hecho suponía de influjo personal implícito en las votaciones. El voto de derechas es aplastante en los municipios dedicados a la patata y los cereales con propiedades de mayor extensión y más alejados de las vías de comunicación como era el caso de Alfoz de Bricia, Sargentes de la Lora y Valdelucio. En los municipios restantes la izquierda se hallaba muy introducida. Pero había un síntoma alarmante, la extrema derecha del doctor Albiñana recogía el 40, 96 por ciento de los votos.

Norte de Burgos	Frente Contrarrevolucionario		Frente Popular		Agrarios		Radicales	
Municipios	s.v.	%	s.v.	%	s.v.	%	s.v.	%
Alfoz de Bricia	1.981	74,37	394	14,77	273	10,23	19	0,71
Alfoz de Santa Gadea	569	47,57	178	14,87	369	30,82	81	6,76
Arija	1.322	34,74	2.120	55,71	282	7,41	81	2,12
Basconcillos del Tozo	1.054	49,7	17	0,78	1.007	46,53	86	3,97
Escalada	129	22,43	418	72,69	28	4,86	0	
Orbaneja del Castillo	444	49,49	328	36,56	115	12,82	10	1,11
Pesquera de Ebro	83	14,79	132	23,52	345	61,49	1	0,17
Sargentes de lo Lora	1.098	51,91	97	4,58	918	43,4	2	0,09
Tubilla del Agua	294	16,64	965	54,64	493	27,91	14	0,79
Valdelateja	126	36,52	113	32,75	84	24,34	22	6,37
Valle de Valdebezana	4.139	58,36	1.418	19,92	1.031	14,53	504	7,1
Valle de Valdelucio	890	29,87	111	3,72	1.705	57,23	273	9,16
Valle de Zamanzas	242	28,84	488	58,16	108	12,87	1	0,11
Total	11.481	47,79	6.668	27,57	5.053	20,95	821	3,41

TABLA 10: VOTOS Y PORCENTAJES ELECTORALES EN LAS ELECCIONES DE FEBRERO DE 1936 EN LAS COMARCAS LIMÍTROFES DE BURGOS

Elaboración propia
Fuente: Palacios Bañuelos, Luis, 1981: 240-242.

Triunfo de la sublevación en Burgos y Palencia.

Burgos constituía la sede de la VI División Orgánica. De ella dependían la 11ª Brigada de Infantería radicada en la propia ciudad castellana, la 12ª Brigada establecida en Pamplona, la 6ª Brigada de Artillería de Logroño, la 3ª Brigada de la División de Caballería de Vitoria, la 2ª Brigada de Montaña de Bilbao y la 1ª Brigada de la División de Caballería en Palencia, además del Grupo 23 de cooperación aérea dependiente de Barcelona. Al mando de la VI División se encontraba el general Domingo Batet Mestres decididamente republicano que todavía conversa telefónicamente con Mola el día 18 de julio para asegurarse que no estaba implicado en la sublevación y éste no tiene ningún inconveniente en engañarle.[136]

La primera fuerza sublevada en la ciudad es el Regimiento San Marcial en la mañana del 18 de julio. El resto de las unidades lo hará a las 2 de la madrugada del 19. Un piquete de Infantería recorre las calles proclamando el estado de guerra en virtud del bando del general Mola que se hizo cargo de la División Orgánica. La toma del palacio de la Diputación, la detención del gobernador civil serán las secuencias consecutivas de los sublevados dirigidos por el general retirado Fidel Dávila que recibe la adhesión del alcalde Luis García Lozano, del Partido Republicano Conservador y se hace cargo del Gobierno Civil asistido por Pedro Sainz Rodríguez, el marqués de las Marismas y Jorge Vigón llegados de Madrid el día 17 para esperar la llegada de Sanjurjo. Se detiene a Batet que sería fusilado por órdenes de Franco que no atiende a las peticiones de indulto de otros militares sublevados. La adhesión a la sublevación de la Guardia Civil y de Asalto fue inmediata y el control de la ciudad por el Ejército fue rápido y total. En la provincia hubo focos de resistencia en Miranda, Quintanar, Villadiego, Pancorbo y Briviesca que fueron reducidos y los participantes juzgados en consejo de guerra y muchos de ellos fusilados. Sólo una pequeña franja fronteriza al norte de la provincia en las llamadas Montañas de Burgos en contacto con Santander como la localidad industrial de Arija, los ayuntamientos adyacentes de Alfoz de Santa Gadea y el de Valdebezana en su mayor parte, la Merindad de Valdeporres y Merindad de Montija en contacto con la zona pasiega y la Trasmiera santanderina, así como el Valle de Mena en contacto con Cantabria y Bilbao, quedaron bajo poder republicano.

El dominio republicano en la provincia de Burgos se redujo a los municipios de Arija y Alfoz de Santa Gadea. Los municipios de Valdebezana y Alfoz de Bricia se hallaron divididos entre ambos bandos. El último fue ocupado por los republicanos temporalmente en un avance frustrado hacia Burgos al igual que Escalada, Valdelateja y Tubilla el 3 diciembre de 1936. Durante estas incursiones las tropas fusilaron a las figuras que consideraban más prominentes, cometido que casi siempre desempeñaban los párrocos. Por este motivo fue ejecutado el párroco de San Felices, lugar situado en la carretera de Burgos - Santander. Ejer-

---

[136] Los inicios de la sublevación en Burgos, en Pérez Manrique, J. C.: 1025; Rilova Pérez, Isaac: 140 - 144.

cía de maestro en la escuela de la localidad y fue sorprendido por las columnas republicanas dando vivas a Franco, pensado fatalmente que aquellas eran tropas de los alzados.

Es preciso destacar la elevada proporción de bajas en la localidad industrial de Arija en dominio republicano, muchas de las cuales se produjeron con motivo del asalto al buque - prisión el 27 de diciembre en Santander. Por otro lado, es necesario subrayar el alto número de clérigos (maristas, escolapios) originario de estas comarcas que fueron víctimas de la represión republicana en lugares como Madrid y Barcelona y que provocaron venganzas sin fin.

La represión nacional adquirió, los primeros meses, caracteres durísimos. Fueron detenidas familias enteras en cárceles habilitadas en cada uno de los pequeños pueblos. De ahí les trasladaban a la Prisión Central de Burgos. Muchos eran arrojados por el camino a una sima existente en las proximidades de Sedano llamada Torca Palomera. En este lugar se supone que fueron lanzadas unas 40 personas de las comarcas del norte burgalés. Un vecino de Ribera de Masa caracterizado por su crueldad al parecer dijo: "Ahí caben todos los de este valle."

Otros eran fusilados y enterrados en las cunetas: en el tristemente célebre kilómetro 13 de la carretera de Covanera a Sedano. Aquellos que llegaban a la Prisión de Burgos podían sufrir las sacas para ser fusilados en el Monte Estepar.

En Escalada mataron a Hilaria de la Canal Gallo y a su hija Albina Gallo de la Canal el 12 de diciembre de 1936. Tenían panadería y comercio, casas arrendadas y eran de Izquierda Republicana. Su marido Fidel Gallo y otro hijo llamado Avelino, pudieron salir a Santander y salvar la vida. Dicen varios informantes que en los pueblos (Ahedo de Butrón, Ribera de Masa, Quintanilla) surgieron cabecillas que aprovechando las circunstancias del enfrentamiento civil liquidaron a gente de izquierdas de clase media por envidias o para apropiarse de sus bienes.

El secretario del Ayuntamiento, Eloy López, había declarado Escalada pueblo republicano en los primeros días de la guerra y por ello mataron a tanta gente, comenta José Miguel Huidobro, uno de nuestros informantes. A Escalada le llamaban Rusia, añade.

La represión afectó a personas de partidos de derechas como la CEDA (caso del maestro Hermógenes Gallo en la localidad de Pradillas de Hoz de Arreba) y a sacerdotes de talante moderado o que intercedieron por la vida de las víctimas como Julián Rodríguez de Quintanilla - Escalada. Sin embargo, hay una gran disparidad entre las muertes que ofrecen los municipios burgaleses. En Escalada, de cada 100 habitantes, siete personas mueren de forma violenta, mientras en Sargentes no se produce ninguna. ¿Por qué ocurren tales diferencias, tanta muerte en algunos municipios?

En primer lugar se trata de tierras pobres donde hay que hablar de la presión demográfica sobre los recursos disponibles. Y no por la desigualdad en el reparto sino por el exceso de reparto. Allí donde veamos escasez de tierras para la población existente veremos una conflictividad que se encontraba latente hasta el estallido de la guerra para explotar con virulencia al inicio de ésta. Muchas veces los verdugos y víctimas son vecinos de los mismo pueblos o pueblos vecinos.

La adscripción política sería la segunda causa. Sabido es el ascendiente que tuvo Izquierda Republicana en las localidades de Escalada (de donde era originario Azaña), Orbaneja, Tubilla del Agua, etc. La clase media de servicios, algunos maestros y los labradores más acomodados se adscribieron al partido de Azaña. La violencia fue ejercida por los que menos tenían, los propietarios muy pobres, contra los propietarios menos pobres y la clase media de servicios. Los primeros se alistaron a la Falange en los primeros días de la sublevación. Operó también un sentimiento de odio de clase similar al de la otra zona.

En cuanto a la actitud de los falangistas foráneos, los testimonios orales confirman el diferente comportamiento de los que procedían de zonas rurales como La Rioja, muy dura, de los que procedían de zonas industriales y urbanas como los falangistas de Guipúzcoa, mucho más benignos. Así lo confirma el vecino de Orbaneja, Alfredo López Rodríguez que recuerda que decían los falangistas de San Sebastián:

> "Nosotros les hemos comido las ovejas, pero estos (por los riojanos) les van a comer a ustedes".

Y es que durante los primeros meses las gentes fueron aterrorizadas por los "paseos" de los falangistas. Hasta que el Ejército no tomó el control de la zona, los lugareños carecían de la más mínima seguridad para salir de sus casas. Los mandos militares tuvieron que racionalizar una represión feroz y frenar los impulsos sanguinarios de las milicias de Falange. Muchas veces los vecinos tuvieron que pernoctar con los soldados para evitar las extracciones de sus domicilios.

La actitud de los dirigentes locales sería la tercera de las razones. Mientras el alcalde de Sargentes se negó a la entrega de convecinos, a las detenciones y arbitrariedades; o el cura de Covanera que imploró de rodillas para que ninguno de sus feligreses tuviera un fatídico final; un vecino de Quintanilla Escalada, al que habían matado dos hermanos sacerdotes en la provincia de Madrid, convertido en jefe de la Falange llevó a cabo una verdadera carnicería humana en el municipio que le vio nacer y su ferocidad fue tan extraordinaria que tuvo que ser detenido por el teniente coronel Sagardía, a la sazón, jefe de las tropas militares que guarnecían la zona.

En el caso de Valdebezana los pueblos ocupados por los nacionales desde principio de la sublevación en 1936 fueron Argomedo (342 habitantes en 1930), Cubillos del Rojo (254 habitantes), Castrillo de Bezana (52 habitantes), Hoz de Arreba (138 habitantes), Pradilla (116 habitantes), Lándraves (60 habitantes) y Soncillo (571 habitantes). En una localidad, cerca del frente republicano, como Munilla (187 habitantes de hecho en 1930) un grupo integrado por 20 falangistas del siniestro grupo de "Los Hijos de La Noche" capturan a tres personas que fusilan en Cilleruelo de Bricia el 11 de enero de 1937.[137]

Es preciso reseñar el alto número de mujeres y maestros fusilados, "paseados" o desaparecidos en el norte burgalés,[138] y también algún médico y veterinario, per-

---

[137] Así lo confirma un informe (Núm. 7) del ejército republicano, en AGCS., Santander L - 278.
[138] Crespo Redondo, Jesús, y Otros, 1987.

sonas de ideas liberales que representaban las clases rectoras de la sociedad rural. Por lo demás la represión se ejerce en localidades situadas en la carretera general Burgos - Santander, y que tiene que ver con la eliminación de los "obstáculos" ideológicos en las comunicaciones y del personal asociado a las mismas como los ferroviarios y conductores.

En el norte burgalés fueron depurados maestros pertenecientes a la CEDA que ya habían sido "paseados". Este es el caso del maestro de Pradilla de Hoz de Arreba, Hermógenes Gallo Álvarez, de quién el informe del cura párroco del pueblo afirmaba que era afiliado a la CEDA y "católico, apostólico y romano" para concluir diciendo que "yo creo que le han matado". [139]

Un caso similar es el de Antonio Ortega Santos, maestro de Valdelateja, que fue fusilado en Santander. Todos los informes remitidos el 2 de agosto de 1936 coinciden en que era una persona de conducta intachable, incluso el del párroco Julián Rodríguez. El maestro todavía dio clase en el pueblo durante el curso 1936/37 y se ausenta del mismo con las vacaciones escolares del verano el 26 de julio de 1937. Poco después le vemos fusilado en Santander mediante Consejo de Guerra y la Comisión Depuradora sencillamente le da de baja en el escalafón sin preguntarse por las razones de su inexplicable desaparición.[140]

Esto es lo que ocurría con católicos de talante liberal o comprometido en temas sociales, miembros fervientes de una religión que el Régimen decía defender y que defendía mientras no pusiera en peligro los intereses establecidos.

José Manuel Huidobro nos cuenta que sus abuelos Papías Huidobro y Amparo Díaz fueron conducidos a la cárcel de Burgos. Tenían una confitería en la que hacía almendras, trabajo que compartían con la agricultura. Uno de los menesteres de los vecinos que quedaban era el transporte de víveres a las posiciones. Así ocurría con Juan, Pedro Gordo de Ahedo y Jerónimo Gallo. Éste repartía los víveres con el carro y los bueyes de Papías Huidobro. Tenían que subir al Castro Grande donde estaban las tropas de posición. Llovían las balas teniendo que refugiarse y ponerse a buen recaudo ante la lluvia de bombas y balas.

Sobre la represión de la guerrilla afirma que en Bricia algunos se echaron al monte. Fue el caso de Faustino Conde ("El Fusilón") que tenía un fusil de su suegro, antiguo somatén. Cuando se crearon las brigadillas de la Guardia Civil propuso a uno de los civiles disfrazado de guerrillero la comisión de un atraco conjunto. Daniel Montero ("El Peseta") de San Martín de Elines fue el elegido. Pero cuando va a efectuarlo la Guardia Civil que ya estaba avisada por el anterior le espera y resulta detenido, siendo trasladado a Burgos.

Según Alfredo y Lucila López Rodríguez de Orbaneja, los habitantes de este precioso pueblo se dedicaban a la labranza de trigo, patatas, cebada, yeros y lentejas y a la cría de ganado ovino, caballar y ovino. Tenía 3.000 hectáreas de terreno comunal y los dos más ricos tenían aproximadamente 100 fanegas en renta. El pueblo estaba situado en plena línea del frente en una hondonada entre crestas montañosas de tal forma que los disparos volaban sobre la localidad. La artillería

---

[139] AGA, Educación, Leg. 93, Exp. 16.903.
[140] AGA, Educación, Leg. 92, Exp. 9.679.

nacional estaba emplazada en el Castillo. La totalidad del ganado fue pasada por un pastor a Villaescusa de Ebro donde estaba el frente republicano.

Alfredo fue detenido el 20 de enero de 1937 junto con sus padres y dos mujeres vecinas, Lucila es viuda de un "paseado". A Alfredo le condenaron a pena de muerte, conmutada por la de treinta años que cumplió en Pamplona. La Junta de Defensa le incautó sus bienes. Cumplió siete años.

Lucila cuenta que su marido venía de Sedano de recoger una saca de tabaco. Regentaban una tienda que vendía todo tipo de productos desde dalles, bozales, alpargatas hasta artículos de alimentación. Se caracterizaban por ayudar a la gente del pueblo fiando los artículos que llevaban y por ser gente encantadora que dispensaba una acogida agradable y familiar.

Ella tenía la cena puesta, patatas con bacalao y tortillas. Cuando llegaron los falangistas estaban cenando. Venían dos coches que llamaban los de La Muerte con falangistas de la Rioja y Espinosa de los Monteros con listas facilitadas por los vecinos del pueblo. El marido llamado Emiliano tenía en brazos a uno de sus hijos. Al día siguiente va a llevarle el desayuno a la cárcel del pueblo y su marido había desaparecido. Le habían matado en Escalada con otra montonera de gente.

Su casa fue requisada y habilitada para cuartel de Falange. Ella estuvo presa con su hijo durante 25 días en la Casa – Concejo. Recibió una manta y fue puesta en libertad cuando vinieron los militares. Un militar le dijo vaya a su casa. A qué casa voy a ir si no tengo casa, no tengo nada. Los militares dieron un reposo al pueblo. Volvió a su casa a reorganizar su vida. Pidió un préstamo en especie (galletas, vino, orujo) a los Bárcenas una familia de Covanera que eran transportistas. Sin embargo, todavía le requisaron tres machos que fueron destinados al frente de Teruel.

Recuerda el caso de un camionero de Torresandino que llevaba harina a Santander. Comía y echaba la partida de cartas en casa de Lucila. Un día le dicen: "Cila no pongas comida para el de Torresandino, le han matado en el Monte Estepar".

La represión franquista en Arija

Las fábricas de vidrio de la comarca de Campoo son las primeras que pueden denominarse como industrias, unidas a la iniciativa de una burguesía comercial de corte decimonónico. Del más importante complejo vidriero del país repartido entre los pueblos de Las Rozas, con la fábrica *La Louisiana* fundada en 1844; Arroyo con *La Cantábrica*, de vidrio plano, establecida en 1870; *Santa Clara*, dedicada a la fabricación de vidrio hueco desde el 25 de septiembre de 1871 en Reinosa; la de *Nuestra Señora de Guadalupe* en Mataporquera, desde 1905, la única que sobrevive en los años treinta hasta los años cincuenta es *La Cristalería de Arija* que inicia su producción en 1906 en la localidad referida del norte burgalés aprovechando las oportunidades que ofrece el ferrocarril de *La Robla* bajo los auspicios de *Saint - Gobain* para la fabricación de lunas y vidrios prensados.

La factoría, aunque con un receso en los años 30, se mantendría con una plantilla en torno a los 500 trabajadores.[141]

En el campo de concentración de Mathausen murieron Félix Rayón Arenas natural de y vecino de Quintanilla de Santa Gadea hermano de un componente del Comité y Mariano Rodríguez Alonso natural de Rebolledo de la Torre (BU) y vecino de Arija, secretario del Comité del F. Popular de la localidad.

Fueron fusilados la mayor parte de los componentes del control obrero de la fábrica de vidrio, entre ellos el director Celestino Villapún López y los vocales Gabino García Alonso, Benito Gutiérrez Vigo, Isaac Martínez Gutiérrez, Pelayo Millán Martínez, Pablo Montes Montes y José Lafuente López, además de desaparecer Valerio Vigo Peña. El control obrero estaba formado por diez personas: Celestino Villapún López, Marcelino Tamayo, Gabino García Alonso fueron recluidos en el campo de concentración de Vinos de Laguardia (Pontevedra); Adolfo Sierra en la prisión de Los Escolapios de Bilbao, Porfirio Roscales y Pelayo Millán en la Prisión Central de Burgos, Pablo Montes, Isaac Martínez y José de la Fuente en la de Santander. La mayoría fueron fusilados. La fábrica continuó durante la guerra con su producción normalizada.

Pedro Argüeso Ruiz[142] nació en Arija, aunque la guerra le condujo a vivir en Suances. Su padre estuvo encarcelado en Corbán y en Larrinaga. Fue conmutado de la pena de muerte y trasladado al Penal del Puerto de Santa María. Allí fueron trasladados 280 reclusos con reclusión perpetua el 28 de enero de 1939, lejos de las ayudas de sus familias, fuera de su tierra, y por lo tanto, más expuestos a las enfermedades, la desnutrición y la muerte.

Su historial de persecución fue intenso. Fueron fusilados un abuelo materno llamado Castor Espejo Marina al que apresaron a la salida de Arija y dos tíos Damián Espejo y Urbano Ruiz Tejerina.

Su padre vivía y trabajaba en Arija como chofer del director de Cristalería Española. Como el coche fuera requisado durante el dominio del Frente Popular pasó a ser conductor a las órdenes del comité.

La familia salió huyendo de Arija con un carro y luego se instaló en Torrelavega para estar cerca de sus familiares presos. La situación era angustiosa por la carencia de medios económicos. Era tan crítica que les tuvieron que ceder una cuadra para sobrevivir. Cuando su padre salió de prisión se ubicaron en Bilbao y al iniciarse la construcción de SNIACE el progenitor se ocupó como cantero. Él fue enviado a Baracaldo a las escuelas. Se escapó de la escuela. Tardó cinco días hasta llegar a Torrelavega desde Baracaldo. Cuando llegó el recuerdo fue imperecedero.

Le llevaron a las escuelas de Duález. El maestro era un "facha" que le pegaba y expulsaba del recinto. Entonces le trasladaron a una pública de Torrelavega dirigida por Arcadio González hasta que ingresó a los catorce años en SNIACE donde adquirió y enlazó con la tradición militante de sus familiares.

---

[141] Vid. Sierra Álvarez, José, "El complejo vidriero de Campoo (Cantabria)...", 1994.
[142] Entrevista en Suances (4/03/03)

En 1960 participó en el Congreso comunista de Checolosvaquia, al regresar fue detenido, condenado a seis años de cárcel y conducido al Penal de Burgos. Junto con él cayeron Jacinto, Manuel Pérez Castillo, Miguel Vázquez Pesquera, Alfonso Palazuelos.

Nuevamente detenido en 1968 por intentar la fundación de CC.OO con militantes de la HOAC teledirigidos por los jesuitas de Comillas. Cayeron también históricos militantes de Reinosa (Manuel Roba Crespo), Mataporquera, Torrelavega, Los Corrales de Buelna. Estuvo a punto de suicidarse. Le torturaron con corrientes. Y desde entonces tiene pánico a la electricidad.

Su esposa declaró: "Me ha dicho que no va a declarar aunque le muelan a palos". Puso una querella criminal a la Brigada Político – Social por malos tratos y lo ganó porque el informe médico reflejó la existencia de torturas.

Ingresó en prisión el 9 de febrero de 1960 por delito de espionaje y comunismo en Sumario 183/60 por el delito de Rebelión Militar y condenado a 6 años. Excarcelado el 20 de octubre de 1962, reingresó el 19 de noviembre de 1968 a disposición del gobernador militar en causa 954/68 por el delito de Asociación ilícita. Excarcelado el 20 de diciembre de 1968, vuelve a ingresar el 23 de enero de 1971 a disposición del gobernador civil sin constar causa ni delito. En libertad el 30 de enero de 1971, reingresa el 22 de diciembre de 1976 a disposición del Juzgado del Orden Público Núm. 2 de Santander en sumario 2481/76 por un delito de Asociación Ilícita. Fue excarcelado el 23 de diciembre de 1976.

La represión franquista en los pueblos del norte de Palencia

En el conjunto de la comarca, salvo los núcleos rurales, la izquierda era mayoritaria. La incidencia de Falange va a cobrar una importancia cada vez más perceptible como lo demuestra la concentración de Peñafiel en junio de 1935 con la asistencia de José Antonio y a la que acuden dos milicias uniformadas y la de Palencia el 20 de enero de 1936 con la presencia de Pilar Primo de Rivera. Días más tarde el SEU convoca una huelga indefinida contra el ministro de Instrucción Pública Villalobos que termina con las detenciones de los líderes convocantes. El tramo que nos separa hasta la guerra civil estará salpicado de enfrentamientos e incidentes con acciones y represalias de falangistas e izquierdistas. En vísperas del conflicto bélico, con sus dirigentes detenidos y locales clausurados, Palencia cuenta con 400 militantes en unas 40 localidades a cuyo frente ahora, después de amplia reorganización, se encontraba el Dr. Cabeza en sustitución del capitán Lobo que se encontraba encarcelado.

TABLA 11: VOTOS MEDIOS Y PORCENTAJES ELECTORALES EN FEBRERO DE 1936 EN LAS COMARCAS LIMÍTROFES DE PALENCIA				
	Candidatura derechista		**Frente Popular**	
Municipios	v. M.	%	v. M.	%
Aguilar de Campoo	537	57,67	394	42,32
Barruelo	770	22,74	2.615	**77,25**
Berzosilla	189	95,93	8	4,06
Brañosera	275	38,78	434	**61,21**
Nestar	276	60,65	178	39,34
Pomar de Valdivia	690	79,40	179	20,59
Villanueva de Henares	212	79,69	54	20,30
Total	**2.949**	**43,29**	**3.862**	**56,70**

Elaboración propia
Fuente: Pozo Gutiérrez, Leandro, 1983, Apéndices.

La Montaña Palentina

Al frente del Regimiento de Villarrobledo se encontraba el coronel González Camó simpatizante del Frente Popular, pero la oficialidad del mismo había estado y estaba conspirando contra la República. De hecho la mayor parte de los jefes y oficiales habían sido procesados y su traslado desde Alcalá a Palencia obedecía a la necesidad de neutralizar a una unidad claramente opuesta a la República. En cuanto a la Guardia Civil al frente de la Comandancia se encontraba sustituyendo al titular, Fernando Martí Álvaro, y el general Ferrer se encontraba como gobernador militar. Ambos eran partidarios de la sublevación militar.

La sublevación se inicia en Palencia con la detención y arresto del jefe de la unidad, coronel González Camó. El teniente coronel, Enrique Fernández y Rodríguez de Arellano se hizo cargo del mando del Regimiento en el transcurso de la noche del 18 al 19 de julio. Seguidamente, el capitán López Muñiz redacta el bando de guerra y se moviliza a la tropa del Regimiento que reduce a grupos de milicianos procedentes del importante nudo ferroviario de Venta de Baños. El paso siguiente era la ocupación de Venta de Baños para garantizar la comunicación ferroviaria con Valladolid, operación que se lleva a cabo en la madrugada del 19. El paso subsiguiente habría de ser la liberación de falangistas y miembros de Acción Popular detenidos. Se proclama el Estado de Guerra en aquella madrugada del domingo de 19 julio por los capitanes Talavera y López Muñiz y los tenientes Vallejo y Calleja. El Gobierno Civil se encontraba defendido por tropas de carabineros, guardias de Seguridad, Asalto, milicianos y agentes de Investigación y Vigilancia. Se producen tiroteos a resultas de los cuales es herido el capitán López Muñiz. A las 9 de la mañana es tomada la sede del Gobierno Civil con un balance de nueve muertos y veintisiete heridos. Poco después cesaba el tiroteo en la calle. El gobernador civil, Ruiz Delgado, depuesto y sustituido por el comandante Jaquotot muere en el tiroteo cuando era conducido en calidad de detenido. En Palencia se consumaba la sublevación después de ser ocupados el Ayuntamiento, el edificio de Diputación y la estación de ferrocarril donde se hallaban los trenes detenidos a causa de la huelga convocada.[143]

El capitán falangista, Vicente Lobo Noriega, liberado de la prisión de Valladolid, y José Álvarez Barón, inician la marcha desde la capital castellana reclutando

---

[143] La iniciación de la sublevación militar en Palencia es descrita dentro de su habitual línea parcial a favor del bando sublevado, por Arrarás, Joaquín, Vol. III, 1984: 630 - 637.

fuerzas camino del el norte palentino. Se encuentran con resistencia en algunos puntos, como Dueñas, Alar del Rey y Nogales de Pisuerga cerca de Aguilar. Se podía esperar también de los mineros de Guardo y Barruelo lanzados al monte una vez que la Guardia Civil local ha declarado el Estado de Guerra.

El único municipio controlado por los republicanos en su totalidad era el de Villanueva de Henares. Pomar de Valdivia se encontraba dividido entre ambos bandos, los republicanos controlaban el nudo de comunicaciones ferroviario de Quintanilla de las Torres y la localidad de Elecha.

El municipio de Nestar fue desalojado al ser zona de guerra o tierra de nadie entre dos fuegos. En Berzosilla los nacionales dominaban los Altos de la localidad y el importante enclave militar del Monte Bernorio (Villaren) desde donde se controlaba el acceso de las carreteras que desde Santander y Burgos confluían en Aguilar de Campoo y el valle de Valderredible.

La represión republicana fue importante en el municipio de Villanueva de Henares y Quintanilla de las Torres, lugares donde se acantonaron las milicias. En cuanto a las muertes republicanas de Barruelo se refieren a dos maristas del colegio de esta localidad sorprendidos en Quintanilla de las Torres, apresados, llevados a Reinosa y dados muerte en el Monte Saja donde se encontraron sus cuerpos. Otras dos personas de Barruelo, los hermanos Chevalier; fueron capturadas en Bilbao y llevadas al barco - prisión Alfonso Pérez donde fueron asesinadas el 27 de diciembre de 1936.

Aguilar de Campoo

Aguilar de Campo la villa de las galletas por excelencia, con Fontaneda como factoría más emblemática, y las no menos importantes de Siro y Gullón, ya funcionaban a pleno rendimiento en los años anteriores a la guerra.

El nacimiento de Fontaneda se remonta a 1881 en que Eugenio Fontaneda Millán, confitero burgalés formado en Reinosa, montó un modesto molino de chocolate en Aguilar de Campoo. No comenzó a fabricar galletas propiamente hasta 1912. Copado el mercado de galleta fina en el norte de España por Artiach, fundada en Bilbao en 1907, Fontaneda decidió producir galleta 'María', destinada al consumo por las clases populares. Fontaneda obtuvo en el muy corto plazo recompensa a esta inversión, gracias a la excepcional coyuntura vivida por el sector durante los años de la I Guerra Mundial. En 1924 Fontaneda trasladó la factoría desde la plaza a su emplazamiento actual en la calle del Pozo e instaló un horno eléctrico. Las ventas de 'María' Fontaneda en los mercados castellanos, santanderinos y vascos crecieron vertiginosamente, de tal forma que en 1936 la planta, ya a cargo de Rafael Fontaneda Ibáñez, contaba con cinco hornos.

Fontaneda superó fortalecida la difícil coyuntura de los años cuarenta, ya que tuvo menos dificultades de aprovisionamiento de materias primas que sus competidores. Rafael Fontaneda, un hombre carente de toda formación, pero extraordinariamente sagaz, convirtió en los años cincuenta una diminuta empresa familiar en la mayor galletera de España.

En las elecciones del 14 de abril de 1931 ya habían sido elegidos tres concejales radicales – socialistas junto a siete de la derecha liberal republicana. En las elecciones de 1936, la izquierda aunque no era mayoritaria, consiguió importantes resultados

Las fuerzas de la Guardia Civil al mando de Fernando Martí Álvaro y de la Falange local al mando de su jefe, Carbonell, se hicieron con el control de la localidad disponiendo de algunas armas que apostaron en la torre de la iglesia. El 20 de julio se había establecido un destacamento procedente de Palencia compuesto de 200 hombres reclutados en la capital palentina y en los pueblos del trayecto. A su mando figuraba el capitán Lobo, jefe provincial de Falange.

El 22 de julio, el destacamento de Aguilar fue reforzado con dos secciones del Regimiento de Caballería de Villarrobledo y 150 civiles bajo el mando del capitán Talavera.

El 23 de julio se organizaba en Santander una columna armada de soldados, milicianos, guardias de asalto y guardias civiles en dirección a Reinosa. [144] Desde allí se disponen a un nuevo asalto a Aguilar de Campoo tras otro intento fallido del día 20 que había tenido entre sus componentes a un personaje ilustre como es Santiago Carrillo Solares. [145]Sin embargo, la capital santanderina no estaba segura y vuelven a la misma para vigilar de cerca a los mandos del cuartel del Alta en Santander. El día 25, el jefe de la guarnición santanderina, coronel García Argüelles, resigna el mando en favor del comandante socialista García Vayas y la antigua provincia pasa a formar parte del bando republicano. Pronto sería

---

[144] *El Cantábrico*, 24/08/36.

[145] Carrillo, Santiago, 1993: 168 - 181 volvía de París tras una reunión con los dirigentes del Komsomol soviético, Kosarev y Chemodanov, que no llegó a celebrarse por la noticia de la sublevación en África. Las peripecias del regreso a España hasta recalar en un camión blindado con destino a Aguilar de Campoo y combatir posteriormente en el frente vasco cerca de Vitoria antes de volver a Madrid. *"Aquel día, era el 18 de julio, no teníamos ni idea del alcance de la sublevación. Nuestra obsesión consistía en llegar como fuese a Madrid y nos dedicamos a buscar con un coche caminos que nos permitieran cruzar Castilla, primero desde le País Vasco y luego, desde Cantabria...*

Siempre en la idea de que podríamos atravesar Castilla por algún lado llegamos a Torrelavega un día en que se organizaba una columna con la intención de reconquistar Aguilar de Campoo. Los obreros metalúrgicos habían blindado dos camiones y la columna estaba compuesta por ellos y por marineros de la flota. Cromáticamente aquello era un espectáculo exaltante; nos parecía estar viviendo un episodio de la revolución de octubre en Rusia, con Kronstadt y blindados comprendidos. Laín, Medrano y yo no buscamos más; decidimos unirnos a la columna que mandaban dos oficiales republicanos, con la esperanza que nos abriera la ruta sobre Madrid.

Yo iba en uno de los blindados y en el reparto de armas me había tocado una tercerola, arma que no había tenido nunca en mis manos; en ese momento yo ni siquiera había hecho el servicio militar...

La primera fase de aproximación a Aguilar de Campoo transcurrió sin novedad, pero cuando estuvimos al alcance de las armas de sus ocupantes hicimos un desagradable descubrimiento, el blindaje de nuestros camiones se dejaba atravesar muy fácilmente por las balas enemigas. Al darse cuenta, el conductor del nuestro se desvió hacia una cuneta buscando protección y volcó. Tuvimos que abandonarlo y seguimos la aproximación hasta llegar a las murallas desplegados. Allí comprobamos que no había medio fácil de penetrar en el pueblo porque una ametralladora emplazada en la torre de la iglesia barría la puerta de la muralla; el primero que intentó entrar cayó muerto y los oficiales

nombrado comandante militar de Reinosa el teniente de las fuerzas de asalto, Jambrina, que contará con más de 300 hombres y 3.000 milicianos reclutados por la CNT que guarnecer las líneas de separación con los rebeldes.

Según el testimonio del vecino de Aguilar, José Toribio Millán, en la expedición del día 20, los milicianos eran de Torrelavega y de Reinosa e hicieron un intento de conseguir dominar Aguilar desplazados por medio de un camión blindado, el cual tuvieron que dejar a unos 400 metros del pueblo porque los falangistas tenían emplazada una ametralladora en la torre de la iglesia y desde allí barrían literalmente las entradas tanto por la carretera de Santander como por la de Burgos. Venían al mando de un capitán de asalto (teniente Jambrina) y llegaron a entrar dentro del pueblo al amparo de la oscuridad de la noche, pero tuvieron que detenerse y meterse en un portal de la calle Barrio y Mier, al resguardo de las balas que disparaba la ametralladora de la torre y allí estuvieron hasta las doce de la noche, en que dispusieron el regreso a Reinosa con la idea de volver al día siguiente con mayores refuerzos. La fuerza falangista que estaba apostada en el fondo de la plaza y desde cuyo punto se barría literalmente la entrada a la plaza desde la calle Barrio y Mier cuya calle forma una ligera curva que impedía tirotear el portal donde se cobijaron los milicianos pues no era visible, pero sí impactar involuntariamente en la galería donde se asomó fatalmente Sotero Rodríguez. Lo cierto es que al jefe de Falange el director de todo este movimiento en aquellos momentos, le sirvió de argumento para achacar la muerte a los pobres hombres recluidos en el Ayuntamiento...

---

nos ordenaron permanecer pegados a la pared que nos protegía del fuego enemigo. En éstas se hizo de noche y los oficiales planearon un ataque por sorpresa a la iglesia donde parecía estar el centro de la resistencia fascista, penetrando por una calle que estaba al lado opuesto del pueblo y que llevaba hasta el pie de la santa casa. Se trataba de una operación típica de comando, diez voluntarios debían de llegar en silencio hasta la iglesia y atacar a sus defensores por sorpresa. Teóricamente estaba muy bien, pero de los diez voluntarios que nos presentamos - entre ellos naturalmente, Medrano, Laín y yo - ninguno tenía entrenamiento, carecíamos de bombas de mano y de bayonetas necesarias en un combate de ese género, e ignorábamos qué fuerzas tenía el enemigo en el pueblo y concretamente en la iglesia. Es decir íbamos a ciegas y participábamos por primera vez en una operación militar. Sólo un milagro podía permitir que las cosas salieran bien.

Y en efecto, no salieron. Para empezar no llevábamos un jefe militar. Sin embargo, comenzamos a caminar en la oscuridad, arrimados a las casas por ambos lados de la calle, animados por la mejor voluntad revolucionaria. La consigna era hacer la aproximación en silencio pero de repente entre el grupo sonó un tiro de fusil, y los franquistas alertados comenzaron a barrer la calle con ráfagas de ametralladora y tiros de fusil, lo que nos obligó a poner pies en polvorosa buscando la salida del pueblo donde nos esperaban los jefes y el resto de la tropa. Se puso en claro que un muchacho de Torrelavega nerviosos había tropezado y se le había disparado el fusil, acabando el efecto sorpresa.

Mi primera experiencia en la guerra no fue pues nada gloriosa. Los jefes profesionales, como era ya de noche, nos ordenaron replegarnos, montar en los camiones y regresar a Torrelavega, siguiendo las experiencias de Marruecos. Tengo entendido que posteriormente, mientras duró la guerra en el Norte, las fuerzas republicanas no llegaron nunca a tomar Aguilar de Campoo.

En Torrelavega, convencidos de que no era fácil llegar a Madrid, decidimos volver a Bilbao pensando que desde allí, por lo menos, podríamos comunicarnos con la dirección de la Federación y ver qué debíamos hacer..."

La segunda incursión de los milicianos se desencadenó el día 23. Aguilar había reforzado sus defensas con un batallón militar de Palencia, la compañía de Villarrobledo, y no pudieron pasar de la curva de Fuente Quintana, incluso perdieron el blindado al haber quedado inutilizado el motor del camión por los disparos de las ametralladoras, emplazadas en puntos estratégicos del pueblo, al penetrar por uno de los faros una bala. Tuvieron que regresar rápidamente para Reinosa.

En ambas refriegas hubo algunas muertes como la de Pablo Fernández Anyesto y Sotero Rodríguez González. El primero en la vía pública y el segundo en su domicilio, que fueron definitivamente imputadas a los pobres del Ayuntamiento y su nombre y apellidos inscritos en la placa de Caídos por Dios y por España.

Aguilar también sufrió el bombardeo de la aviación republicana que en los primeros meses se limitaba a la avioneta del piloto torrelaveguense Navamuel. Por estas acciones murieron algunos paisanos como Concepción Rojo y Agapito Vilda.

Según nuestro informante, Concepción Rojo tuvo la desdichada suerte de que la bomba cayó en una estrecha calle, justo entre dos casas de fuerte piedra de sillería, pero impactando enfrente de una ventana a nivel del suelo donde la víctima se encontraba en esos momentos. Respecto Agapito Vilda, se le ocurrió refugiarse, al oír el sonido de las campanas que anunciaban la llegada del avión, bajo un arco del puente de entrada de la carretera de Palencia, en vez de haberlo hecho en otro de los arcos que estaban guarnecidos por medio de sacos terreros y servían de refugio a los vecinos de aquella zona. Total que la bomba cayó enfrente de donde él se cobijó y le llegó parte de la metralla muriendo en el acto.

La represión en Aguilar de Campoo

En Aguilar de Campoo fueron fusiladas en Consejo de Guerra 17 personas, de ellas 8 en Palencia, 6 en Santander, 1 en Gijón y 2 en Oviedo. Otras 16 personas fueron "paseadas" por los autodenominados "Hijos de la Noche" o fuerzas paramilitares destacadas en la villa.

En Palencia fueron ejecutados el 20 de agosto de 1936 por "alzarse en armas contra el gobierno legítimamente constituido" el alcalde en funciones Francisco Ruiz Rafael, el médico y concejal Andrés Millán Ruiz, el funcionario del Ayuntamiento Ángel Ruiz Calderón y otros simpatizantes republicanos cuyo único delito consistía en estar pacíficamente reunidos en la Casa Consistorial en sesión permanente ante las noticias de la sublevación, puesto que aunque hubieran querido oponerse sólo disponían de una escopeta de caza. Ellos pagaron el intento de entrada de los republicanos desde la inmediata provincia de Santander. El alcalde titular Alejandro Miyares Duque se encontraba formalizando gestiones en Madrid y pudo así salvar su vida dirigiéndose al exilio al término de la guerra.

Además de estos fusilados, otros dieciséis vecinos de Aguilar fueron condenados a cadena perpetua en el Consejo de Guerra de Palencia en el que se fusiló a los concejales del Ayuntamiento y a los que allí acudieron a la llamada ante las noticias de la sublevación militar.

El Consejo de Guerra de los aguilarenses fusilados en Palencia les atribuye la resistencia armada. No hubo tal cosa. Sólo una reunión en el Ayuntamiento para tratar de tomar medidas frente a la sublevación.

Aproximadamente unas sesenta y cuatro personas de Aguilar se pasaron al territorio leal de Cantabria. Ninguna quedó libre del castigo implacable de los vencedores. Cincuenta sufrieron penas de cárcel, seis fueron fusilados en Santander, dos en Gijón y otras dos murieron en las cárceles franquistas.

En Santander fueron fusiladas cuatro jóvenes de la localidad llamadas Alejandra Bañuelos Recio, Pilar Benito González, Pilar González Pérez y Damiana Pérez Aparicio y que se habían trasladado a la capital cántabra ante las noticias del golpe militar del 18 de julio. Damiana con 18 años, Alejandra con 19 y Pilar Benito de 31 años fueron arrastradas desde el colegio – prisión Ramón Pelayo con otros 36 compañeros varones y una mujer a las fosas de Ciriego el 17 de noviembre de 1937. Fueron las cuatro rosas de Aguilar cuyas edades, ideales y final emularon a las TRECE ROSAS, trece jóvenes de las Juventudes fusiladas en el cementerio del Este de Madrid el 5 de agosto de 1939 y a las que una superviviente de celda les dedicó el poema "Como mueren las estrellas" reproducido en *El Silencio Roto* de la escritora Fernanda Romeu Alfaro.

¿Cómo iban a suponer Damiana y Alejandra, que guiadas por la curiosidad en una tarde soleada y tranquila del 20 de julio realizaron un paseo hasta la localidad de Cabria, iba a terminar para siempre en las tapias del cementerio de Santander?

Damiana, Alejandra y las hermanas Araceli y Enedina Argüeso Ruiz regresaban de Cabria camino de Aguilar, cuando un joven amigo que iba con su coche a Quintanilla de las Torres a cumplir un encargo, las invitó a que le acompañaran con la intención de estar de vuelta al atardecer. Aceptaron la invitación sin adivinar que ya no podrían hacer el viaje de regreso, pues la situación se había enconado peligrosamente y corrían un grave riesgo intentando volver.

Permanecieron unos días en Quintanilla de las Torres en casa de unos familiares de una de las jóvenes, pero ante la incertidumbre y para huir del frente de guerra que había quedado fijado en la localidad, optaron por irse a Santander en espera de mejor oportunidad para regresar y donde otra de las jóvenes disponía de familiares. Esta quedó recogida por la familia en cuestión y Damiana y Alejandra fueron alojadas por las autoridades gubernativas, quienes les facilitaron trabajo en un taller de costura. ¿No hubo un adarme de remordimientos en las hienas que fueron a por ellas, cuando el 20 de agosto de 1936 habían asesinado en lugar desconocido al padre de Pilar, Esteban Benito Fernández?

Dos días antes fue detenido por fuerzas de Falange, Gumersindo Clausín Moro. Tras su detención, ingresó en la prisión – convento de Las Oblatas. Padecía de una prematura y avanzada alopecia. Precisamente para combatir su enfermedad, solicitó de la dirección de la prisión permiso especial para pasear por el patio y así poder tomar el sol y el aire. Fue una demanda desesperada y frustrada. En otro escrito afirma que las acusaciones son totalmente falsas y solicita la conmutación de la pena impuesta. Todo en vano. Su situación empeoró, si cabe el imposible de lo peor. Le castigan con la prohibición de recibir correspondencia por meter una nota entre la muda. El 4 de octubre de 1938 le llevaron para ser fusilado en las tapias de Ciriego. Tenía 22 años.

Era portero del equipo de fútbol de Aguilar y ya se cubría con una gorra para tapar su cabeza desnuda. A los niños que entonces eran, afirma José Toribio, ofreció unas tardes muy agradables. Mariano del Olmo Álvarez fue detenido el 4 de septiembre de 1937 a los pocos días de la ocupación franquista. Sus delicadas manos de confitero no pudieron endulzar la amarga madrugada del 27 de octubre de 1937 en la que cayó bajo el piquete de fusilamiento. Tenía 25 años.

Tampoco dejaron vivir al abogado aguilarense y diputado de Unión Republicana, Antonio Pérez de la Fuente, "paseado" a pesar de las gestiones del obispo de Córdoba, Adolfo Pérez Muñoz (como pariente y católico), recién evadido a territorio nacional desde la localidad de Soto de Campoo. Un comerciante de Barruelo ordenó su eliminación física por haber perdido un pleito en el que intervino Pérez de la Fuente como abogado defensor de los intereses opuestos. Fue sacado de la cárcel, asesinado en el trayecto Palencia – Valladolid y su cadáver arrojado al río Pisuerga, en la localidad de Cabezón de Pisuerga el 27 de agosto de 1936.

Pomar de Valdivia

El municipio fue ocupado por los rebeldes tras desalojar a los republicanos del Batallón Luciano Malumbres del mítico monte Bernorio el 17 de octubre de 1936. El Bernorio era una posición importante en el valle del Alto Ebro que domina Aguilar de Campoo y punto límite de las tres provincias. Al final de mes ocupan las poblaciones de Villaren, Báscones y Revilla.

La subsistencia giraba en torno a la agricultura y ganadería. La agricultura de cereales y patatas se combinaba con una ganadería complementaria (15 – 20 ovejas por vecino, 4 cabezas de vacuno incluidas una pareja de bueyes o vacas para el acarreo). El pan se elaboraba en las casas. Cada casa disponía de un horno donde se elaboraban hornadas de 10 a 15 panes. Los que más tenían podía ser una extensión de 14 Has. Y hasta un total de 1500 ovejas.

Como ayudas mutuas se practicaba "el adra" que consistía en compartir por rotación una oveja cada siete vecinos. Se dividía en siete partes y cada vecino tenía sucesivamente que devolver la parte que había recibido con su peso exacto. Se hacía con ovejas estériles o enfermas. La operación tenía lugar a lo largo del verano como forma de consumir la carne fresca. En septiembre se mataba una oveja y después un chivo o borro (macho castrado) del que se hacía cecina.

Los machos se vendían de corderos. En septiembre se capaban. Cada vecino llevaba el mejor cordero a la Casa Concejo y se escogían los mejores para padres. Para evitar la endogamia, cada dos o tres años traían machos del centro de Palencia porque decían que no era conveniente que los machos cubrieran a las hijas.

El más pobre era el ermitaño que recorría los pueblos portando la Virgen de Samoño cuya ermita está emplazada en un punto limítrofe entre Pomar y Revilla y al depositar la imagen de la Virgen recibía una limosna.

Se explotaba la leña en régimen comunal y como los montes son de gran pendiente se apilaba en rollos y convenientemente atados se deslizaban por la cuesta hasta caer en el llano donde esperaban las mujeres y niños con carros de transporte.

Respecto a la guerra civil, en Revilla de Pomar estaba emplazado un escuadrón de Caballería en el cerro *El Moral*. Un día fue asaltado por los republicanos y murieron los que guarnecían la posición: un alférez y 15 soldados. Un vecino del pueblo llamado Ángel con una pareja de bueyes uncida a un carro llevaba provisiones al destacamento. Sacaban los robles del monte de Matalasayas y Matalasquintas para abastecer de leña las posiciones y los vecinos fueron movilizados para construir carreteras de Respenda al Somo (Revelillas), de Pomar al Moral y de Villaren al Bernorio para comunicar las tres posiciones con los pueblos mencionados que eran los más cercanos. También se construyó una carretera desde Basconcillos del Tozo hasta la posición avanzada de Lorilla.

En Quintanilla de las Torres la población se dedicaba a la minería y había también ferroviarios que atendían el ramal de Barruelo que enlazaba con el ferrocarril Santander- Madrid.

En el pueblo vivían entre dos fuegos y siendo niños recogían las bombas del suelo y las hacían explotar en una hoguera. Por fortuna, siempre la explosión no tuvo más consecuencias que el regocijo y el sobresalto de verlas estallar.

En un territorio de tales características, al maestro se colocaba en el punto de mira de los sublevados. Uno de los paseados en Aguilar fue el maestro de Revilla de Pomar, Francisco Ruiz Gallo. Una hija suya llamada Esperanza Ruiz que vive en Barcelona (nacida el 17/05/37) y por lo tanto póstuma, afirma que su padre ejerció en Torrelavega hasta 1934. Por concurso de traslados le concedieron Palencia capital, y allí permaneció hasta el 11 de agosto, día de su asesinato en Aguilar con 47 años, 7 hijos y "con muchos proyectos y sueños para el futuro de su familia... y nada de nada se logró...

¿Por qué le fusilaron en Aguilar? Porque era amante de la naturaleza, le gustaba la sencillez de la vida rural y tuvo la oportunidad de comprar la casa de la abuela materna en La Montaña Palentina unos meses antes de las vacaciones estivales. Ardía en deseos de disfrutarla lo antes posible.

"Salió de Palencia el 5 de agosto para comprar unas camas y tenerlas a punto para cuando fuésemos el resto de la familia que fue el 9 de agosto. El 10 por la noche un hermano mío tuvo mucho dolor de muelas y al día siguiente, 11 de agosto, le llevó a Aguilar para sacársela. Después de extraérsela, una avioneta republicana bombardea Aguilar y no pudieron volver al pueblo. Se refugiaron en una carbonería como otras personas. Pasado el bombardeo monta al niño en el caballo... y al ir a montarse él aparecen los falangistas "Hijos de la Noche" enloquecidos y le detienen, le maltratan, amenazan a mi hermano, le rompen la brida del caballo y le dicen: "marcha porque si no te matamos a ti también...Pegaron al caballo y salió disparado... Mi padre pálido con los labios morados, recorrió su calvario con los brazos en alto a las 12 del día y cerca del cementerio y de las eras le fusilaron. Era un hombre ejemplar. "

No fue el único maestro de este municipio, el titular de Villaren de Valdivia, Teófilo Iglesias Rojo, cuyas dos hermanas habían sido ya fusiladas de forma arbitraria en Nestar, detenido en noviembre de 1936, acusado de pertenecer a la Sección de Trabajadores de la Enseñanza y de acompañar a "las milicias rojas a recoger armas por el pueblo", suspendido de empleo y sueldo el 4 de septiembre de 1936 y recluido en el Destacamento Preventivo de Alonso Berruguete de Palencia el 30 de mayo de 1937, fue sacado de la cárcel y asesinado en las afueras de Aguilar de Campoo junto con Eutiquio Fernández Revilla (zapatero) y Fernando Vázquez Santiago. Sus cadáveres después fueron arrojados al pozo del molino Torrentero.

En este municipio de Pomar de Valdivia fueron fusilados en Santander el presidente de la Casa del Pueblo de la localidad de Porquera de los Infantes, Crescencio Ruiz Álvarez (en Santander fue comisario político) y los hermanos Gutiérrez García de Quintanilla de las Torres.

LA REPRESIÓN EN EL NÚCLEO MINERO DE BARRUELO

La cuenca hullera del Rubagón, con los cotos de Barruelo y Orbó, se había descubierto en 1838 y en su explotación inicial intervinieron capitales campurrianos procedentes del comercio de las harinas. En 1846, se inició la explotación de las minas de Barruelo por la Compañía *Collantes Hermanos*, sin mucho éxito, pues el precio del carbón era encarecido por la carencia de un sistema moderno de transporte como había de ser el todavía casi desconocido ferrocarril. Sin embargo, esta explotación, unida a una empresa familiar reinosana, tuvo un papel pionero por cuanto inició la producción de aglomerados o briquetas obtenidas con hullas menudas para las calderas de las locomotoras ferroviarias cuando, poco más tarde, se pondrían en marcha los primeros ferrocarriles.

El coto minero de Orbó pasó a ser explotado por la compañía *Esperanza de Reinosa*, agrupada en torno a los capitales de José García de los Ríos y Arche entre 1843 y 1849. A partir de esta última fecha, una nueva empresa, *Carbonera Española*, pasará a hacerse cargo de las minas. Se trataba de una empresa mayoritariamente controlada por Claudio López Brú, segundo marqués de Comillas, propietario también de la *Compañía Trasatlántica*, de cotos mineros en Asturias y de potentes grupos empresariales que probablemente serían los mayores de la economía de su tiempo.

En 1856, la *Sociedad General del Crédito Mobiliario Español*, recién constituida en mayo de aquel año como el grupo bancario de mayor aportación en la *Compañía de Caminos de Hierro del Norte de España*, pasa a detentar la propiedad mayoritaria en las minas de Barruelo y fabricas de gas (*Compañía de Gas de Madrid*). Desde entonces se convierte en la principal impulsora de la cuenca carbonífera no sólo por el capital invertido, sino también por el consumo directo de la producción para las necesidades del ferrocarril. El tendido en 1864 del ramal ferroviario Quintanilla de las Torres a Orbó superaba las dificultades que encontraron los hermanos Collantes y permitía abaratar el precio del carbón de Barruelo puesto en Madrid a precios inferiores a los del carbón británico. En 1877, la relación se hace más estrecha cuando el *Crédito Inmobiliario* traspasa a su filial, *La Compañía del Norte*, la propiedad de las minas de Barruelo.[146] El futuro de éstas quedaba así garantizado, por lo menos a medio plazo, y por lo tanto menos sometido a las fluctuaciones y competencia a las que estaban supeditados los carbones asturianos. Un nuevo cambio de titularidad tiene lugar en 1922 cuando la *Compañía del Norte* se deshace de la gestión de las minas creando la sociedad denominada *Minas de Barruelo, S.A.* con el objeto de racionalizar los costes laborales y de prevenir la amenaza de reversión al Estado de las concesiones ferroviarias. Pero ello no suponía que el carbón de Barruelo no siguiera suministrando al ferrocarril el total de su producción. El otro importante coto minero, como era el de Orbó, propiedad del marqués de Comillas, fue adquirido por *Minas de Barruelo* en 1927. Después de la crisis finisecular (1890 - 1910), la política proteccionista, los pedidos de los países en la 1ª Guerra Mundial y el férreo intervencionismo de la Dictadura de Primo de Rivera dan lugar a lo que Paz Cabello[147] y los mineros supervivientes de aquella época denominan los años dorados (1914 - 1928) de la minería palentina, sin que tuviera lugar la crisis, que se observa en la minería asturiana después de la Gran Guerra del 14. En este período, en la minería palentina, incluso, tiene lugar un aumento de salarios. El proceso de crecimiento de la producción se interrumpiría en los últimos años de la dictadura de Primo de Rivera, y el consiguiente descenso de obras públicas y de la producción siderúrgica, gran consumidora de carbón, dan lugar a los problemas en la etapa de 1929 - 1936.

LA REVOLUCIÓN DE OCTUBRE DE 1934 EN BARRUELO

En Barruelo los incidentes alcanzaron una mayor virulencia: la huelga se declaró el viernes 5 de octubre, y los mineros, armados, ocuparon el Ayuntamiento y sitiaron el cuartel de la Guardia Civil, a la vez que trataban de impedir la entrada en la población de las fuerzas de orden público desplegando partidas armadas en los cerros cercanos como puntos estratégicos y cortando las comunicaciones ferroviarias, telegráficas, telefónicas y por carretera. La primera columna que intentó la ocupación de Barruelo fracasó y del enfrentamiento resultaron muertos el teniente coronel que la mandaba, Sáenz de Ezquerra, un guardia civil y cuatro mineros que habían sido hechos prisioneros. Mientras tanto, se había dado muerte al director de los Hermanos maristas y el cuartel había resistido el embate de los mineros durante todo el día del sábado, 6 de octubre. El pueblo, que al parecer estuvo a punto de ser bombardeado, sólo fue ocupado en la madrugada del domingo 7, tras el envío de tropas del ejército desde Burgos y refuerzos de la guardia civil desde Palencia. Además del incendio del Ayuntamiento de Barruelo y de las iglesias de Barruelo y Brañosera se produjo un número total de 7 huelguistas muertos, entre los que se encontraba el alcalde socialista, Francisco Dapena - cuya muerte no ocurrió en el enfrentamiento, sino posteriormente - ,

---

[146] Palomares Ibáñez, Jesús María, 1992: 437 - 440.
[147] Ibídem, 1983: 82 – 113.

tres guardias civiles, un guardia municipal que resultó abrasado en el incendio del ayuntamiento y el citado director de los maristas; los heridos, 15; las detenciones 700, de los cuales 130 pasaron a la Prisión Central de Burgos, y el número de huidos - que todavía no se habían reintegrado en su totalidad en 1935. Las minas no contaban a fines de año más que un 40% de la plantilla habitual. [148] El movimiento se extendió a otros pueblos de la comarca minera palentina como Brañosera, Salcedillo, Porquera, Vallejo de Orbó, Revilla y San Cebrián de Mudá, pequeña localidad donde tras destituir al alcalde y rendir el cuartel de la Guardia Civil fue proclamada la República Socialista.[149]

El día 6 de octubre se había declarado por Decreto, el estado de guerra en todo el territorio nacional lo que suponía que los generales jefes de las divisiones orgánicas dictaran los "oportunos" bandos con arreglo a la Ley de Orden Público de 1933 y se militarizara a los ferroviarios y a los guardias municipales. En Cataluña, Aragón, Asturias y en las provincias de Madrid, León, Santander, Palencia, Guipúzcoa, Vizcaya y Navarra se prorrogaría desde el 23 de enero de 1935 hasta el 1 de marzo, fecha en la que Santander junto con algunas de las provincias citadas pasa al estado de alarma. Pero continuaría en Palencia treinta días más para transformarse en estado de alarma. Confirmando así la tendencia del Régimen Republicano a gobernar bajo estados de excepción desde el primer bienio.

En Barruelo murió Domingo Sancho al no ser atendido de las heridas sufridas en el Penal de Burgos y Emilio Calvo al aplicársele la ley de fugas. Matías Lombraña Barriuso murió al estallar la camioneta con explosivos en la que se dirigía a Bembibre (León) tras ser tiroteada por la Guardia Civil. El alcalde fue apaleado en el cuartel antes de morir.

Las hijas de los mineros presos fueron expulsadas del colegio de monjas por orden de las autoridades. Los malos tratos no cesan cuando los presos salen de la cárcel. Se prohibió a algunos moverse con libertad de sus domicilios, a otros se les negaba el trabajo, lo que producía situaciones de hambre. A ello habría que añadir el hacinamiento en las cárceles y la indefensión de los detenidos al ser acusados individualmente de actos colectivos. Muchos mineros fueron acusados indiscriminadamente de matar al Hermano Bernardo o de incendiar iglesias. Se recurrió a la denuncia como única prueba de la participación en los hechos y en virtud de la misma se procesaba y se condenaba.

La muerte del Hermano Bernardo, personaje muy querido y respetado, pesó y pesa todavía como un baldón en la mentalidad del pueblo donde se cree que desde entonces Barruelo no levantó cabeza. Tan profunda es la secuela de la represión como culpa colectiva que a esta muerte se atribuye incluso la crisis de las minas desde los años sesenta. Su muerte fue fruto de la acción de un desalmado.

El alcalde Francisco Dopena garantizó a la comunidad de religiosos su seguridad y veló por ella facilitándoles una guardia de protección. Ocurrió que los religiosos intentaron huir atemorizados y en la huida se produjo el hecho fatal.

---

[148] Cabello, Paz, 1983: 82 – 113.
[149] Vid. A.H.N.S., *Bilbao, Caja 40, Exp. 8.*

En estos pueblos mineros del norte de Palencia (Barruelo, Guardo) las fuerzas de la Guardia Civil de los respectivos cuarteles decretaron el estado de guerra el 19, deteniendo y ejecutando a algunos líderes locales del Frente Popular. El 22 acabaron con los últimos grupos resistentes desde Saldaña por Guardo y Barruelo hasta Brañosera. Los mineros, después de varias semanas en el monte, en espera de la ayuda de los metalúrgicos de Reinosa y de los pueblos mineros de León, deciden combatir desde zona republicana. Los de Guardo pasan a Cistierna y los de Barruelo a Reinosa. Aproximadamente 6.000 palentinos y burgaleses huyeron a Santander. Estuvieron en Mataporquera, Reinosa. Fueron alojados en La Casona, en los hoteles y balneario de Puente Viesgo, en el Palacio Larrínaga de Castañeda, en los seminarios de Villacarriedo y Corbán, en el Palacio Real de Santander.

De Barruelo fue fusilado en Palencia el 16 de agosto de 1936, tras ser detenido el 19 de julio, Adrián Fernández Gutiérrez, alcalde del PSOE, y el gobernador civil de la provincia palentina, Ruiz Delgado. Había acudido a la capital en busca de armas con varios convencinos. Entre ellos figuraba Gregorio Montes Medrano,[150] un comerciante de 21 años juzgado en Palencia el 25 de febrero de 1937, condenado a P.M. y luego conmutado. Los mineros de Barruelo se enfrentaron en el Barrio del Otero y en Monzón de Campos a los insurgentes.

Otros barruelanos fueron fusilados o "paseados" desde los primeros días en las inmediaciones de su pueblo o al ser sorprendidos como resultas del asalto a posiciones en las escaramuzas de julio y agosto del 36 por el control de determinados enclaves estratégicos como eran los Altos de Barruelo. Desaparecido el frente Norte los domiciliados en esta población fueron sometidos a Consejo de Guerra y fusilados sucesivamente en Palencia, Reinosa, Santander, León y Gijón.

Entre ellos, los concejales socialistas y dirigentes del Sindicato Minero Teodoro García Mora (fusilado en Madrid), Emiliano García Barriuso (ejecutado en Palencia), y el vocal jurado mixto de las minas Asterio Lera Borlán (ejecutado en Reinosa).

Otros con más suerte se dirigieron al exilio como Moisés Redondo, Tomás Renedo Gutiérrez, Salvador Merino García, Domingo Delgado, Fidel Abad, Gabriel Ibáñez, Delfín Fernández, Juan Álvarez, Eladio Andrés Feo (a) San Quirce. Otros se escondieron. Fue el caso de Federico Canduela Mediavilla que se escapó de la Plaza de Toros de Santander y vino a Barruelo. Había sido herido en la revolución de 1934. Estuvo escondido en un pajar hasta 1946, año en el que ayudado por un enlace del PSOE salió a Francia. Participó en el Congreso de Suresnes en la que salió elegido Felipe González como secretario general. Participó en la Resistencia Agapito Maza Ibáñez que fue herido de gravedad en el hígado.

En guerra y posguerra, los pobladores eran sacados de la cama de madrugada a vergajos para "celebrar" la toma de las ciudades. En la posguerra, Barruelo se convirtió en un núcleo bajo sospecha permanente, en un campo de concentración *in situ*. Los registros domiciliarios, las detenciones arbitrarias, las irrupciones en los domicilios a altas horas de la madrugada serán moneda corriente hasta bien

---

[150] Causa 150/36.

entrados los sesenta. Barruelo convertido en cárcel para sus propios moradores. Los vecinos huidos al Santander republicano son llevados al cuartel de la Guardia Civil, humillados y sometidos al arbitrio de los que quedaron, reexpedidos a la cárcel de Palencia para sufrir los consejos de guerra y los fusilamientos.

A un minero de Barruelo, Ramón Ruiz Revilla, le sorprendió el final en Castañeda. Su padre había muerto hacía pocos días en combate y se encontró de repente sólo con sus seis hermanos pequeños y su madre. Las casualidades de la vida hicieron que el destino no empeorara. Fueron recogidos por un matrimonio compuesto por el abogado, José Obregón y su mujer, Rosario de la Mora que era pianista con un hermano preso y otro escondido en aquella misma casa bajo dominio republicano. Les alojaron, alimentaron, bautizaron a una hermana, ellos fueron sus padrinos e incluso la regalaron una cadena de oro. Les facilitaron un salvoconducto para volver a Barruelo que hizo que nadie se metiera con ellos.

Volvieron el 17 de septiembre de 1937. Como era el mayor de los varones y el tercero de los hermanos tenía que buscar el sustento. El 12 de octubre entró como ayudante en una panadería de Brañosera. Tenía 11 años. Estuvo trabajando como criado en el campo y aquí pudo comer y dar de comer a la prole de la que era precoz responsable. El 4 de febrero de 1943 empezó a trabajar en la mina como "lampero" o "guaje" ganando 7, 25 pesetas diarias. Los mineros tenían un racionamiento reforzado consistente en 200 gramos de pan y una lata de sardinas y debido a la escasez de mano de obra tenían que doblar, es decir, trabajar 12 horas diarias.

Se apreciaba en la mina la falta de mano de obra experimentada y entraron muchos campesinos a trabajar y mineros de pequeñas explotaciones no contaminados políticamente. En 1943 empezaron a retornar los presos.

Recuerda que un alquiler costaba de 5 a 10 pesetas, 1 kilogramo de patatas un real y el pan de 50 a 60 céntimos. El aceite del racionamiento se tenía que colar y el pan era de salvaos. En el mercado negro un litro de aceite de oliva costaba 150 pesetas y también un celemín (3 y medio kilogramos de legumbre).

Los mineros pasaron hambre. Había un dicho. Para tomar caliente tienes que ponerte al sol. Bocadillos de chorizo sin chorizo ¿Dónde está el chorizo? Lo ha absorbido el pan, se contestaba.

En la mina los capataces presionados por el clima de presión del Régimen eran duros. Para la formación de mano de obra especializada se creó en 1947 una escuela de Formación Profesional en la que se formaban los torneros, ajustadores, fresadores.

Su padre le había dicho "no irás a la mina como yo, tu harás una carrera porque me ha dicho el maestro que vales para estudiar." Pero se lamenta resignado. "Vino la guerra y nada de eso pudo ser. En principio tenía mucho miedo a la mina. Después no quería salir de ella."

Algunos párrocos como D. Venancio, párroco de Barruelo se distinguieron por su celo denunciante. Sin duda la denuncia de un clérigo en aquel Régimen comportaba una condena a muerte segura. Este núcleo minero con escasa tradición de práctica religiosa y anticlerical pagó cara su condición trabajadora y derrotada. Aquellos supervivientes que volvieron después del penoso periplo por tierras santanderinas y asturianas fueron obligados a bautizarse, confesar y comulgar. Y muchos no sabían qué y cómo confesar puesto que habían crecido en un ambiente agnóstico. Para ellos lo peor estaba por transcurrir. Entre las presiones de clérigos y falangistas fanáticos recibían un extra de opresión sobre la habitual, propia de un pueblo rojo considerado maldito por los nuevos, y a la vez tradicionales, poderes locales y estatales. Niños y jóvenes sin bautizar fueron cristianados como si de tierra de misión se tratara. Era el requisito imprescindible para recibir las ayudas del Auxilio Social, el certificado de libertad condicional o la definitiva. En Barruelo los huérfanos de los fusilados, de los caídos en combate y de los prisioneros fueron enviados al Colegio Cristo Rey de Valladolid regentado por jesuitas. Allí se esperaba reconvertir sus conciencias y ganarlos para la "Nueva España. Allí se les formaba como futura mano de obra especializada y los más sobresalientes podían cursar, y de hechos algunos lo hicieron, la carrera militar o eclesiástica.

Este es el caso de Benito Martín Rabanal. Su padre era un peón de minas, muy pobre. Había sido discípulo del Padre Bernardo en el colegio de los Hermanos maristas. Estuvo afiliado a Acción Católica en los años 40. Entró a trabajar en las oficinas de la mina. Combatió en la guerra con los nacionales. Tenía novia y cuando se iba a casar le dijo a su prometida que quería ingresar en la carrera sacerdotal. Ingresó en el seminario de Madrid en 1949 para cursar la carrera eclesiástica. Cuando cantó misa *El Diario de Palencia* titulaba "De palero de las minas a las gradas del altar".

Fue destinado como sacerdote a la Puebla de la Mujer Muerta, un pueblo perdido y después a Perales de Tajuña donde promovió la construcción de viviendas para obreros. Luego se marchó a Santo Domingo como misionero. Entonces gobernaba aquel país el dictador Trujillo y Benito en sus sermones atacó al dictador. Amenazado de muerte tuvo que regresar a España. Al morir Trujillo regresó a la República Dominicana. Hoy es un monje benedictino del Valle de los Caídos.

Al igual que ocurriera en el norte burgalés, la represión de los maestros se repite en el norte palentino. En la localidad de Brañosera, fueron "paseados", Isabel Esteban Nieto y Andrés Gómez Amigo. En Mudá, el maestro Vicente Martín Jiménez corrió la misma desgracia.[151] La Comisión Depuradora, de nuevo se limitó a darles de baja en el escalafón, sin averiguar los motivos, si es que había alguno, por los que fueron fusilados. El cadáver de Esteban Nieto apareció en el kilómetro 16 de la carretera de Brañosera a Aguilar. Isabel fue fusilada con otros, cerca de Piña de Campos, en Quintana del Puente el 7 de septiembre de 1936. Una hija de corta edad (Josefina Rodríguez Esteban) murió al carecer de los cuidados de su madre a los trece días. Dejaba seis hijos. Su marido se encontraba trabajando en el campo. Las personas que la denunciaron y mataron eran del pueblo.

Dice la nieta de la maestra (Isabel A. Rodríguez del Río): "El día de la detención, lo único que me han contado es que hacía mucho calor y una vecina llamada "Tía Ana" le dijo a una de sus hijas que sacaran una silla y un poco de

---

[151] AGA, Educación, Leg. 323, Expte. 16.005 y 16.005 bis.

agua a doña Isabel ya que hacía un sol de justicia y llevaban mucho tiempo de pie, esperando que un camión llegara para llevar a todos los detenidos.

Mientras esperaban la llegada del camión para pasearlos mi abuela decía a los niños que allí se encontraban que dijeran a los señores, por llamarles algo, qué cosas hacían en la escuela y cantaban antes de iniciar las clases, pero no la sirvió de nada que los niños contaran lo que hacía. Fue buena maestra, buena madre, buena esposa y, sobre todo, muy buena persona ya que enseñaba sin importar que fuera amigo o enemigo. El cura, José de Cos Rodríguez dijo que no enseñaba religión a los niños y sin embargo, la fusilaron con un rosario en la mano. Según el alcalde Arsenio Miguel del Río y el juez municipal Buenaventura Alcalde Ruiz, pertenecía a la Casa del Pueblo y hacía cantar a los niños La Internacional y se paseaba "con la bandera socialista".

En el lugar que fue fusilada y enterrada en Quintana del Puente, conocido como finca o monte de Ramírez poblado de carrascas y otros arbustos hay decenas de paseados trasladados en camiones de las provincias de Burgos y Palencia y enterrados en varias fosas comunes, previamente rociados con gasolina.

La represión en otras localidades castellanas: Nava del Rey

Municipio de Nava del Rey.
Fuente Página web del Ayuntamiento.

La proporción tan alta de víctimas se repite en otros lugares castellanos del interior. Los expedientes de los consejos de guerra que reproducimos en los apéndices nos permiten conocer el número de ejecutados por consejos de guerra en la histórica Castilla.

En la localidad vallisoletana de Nava del Rey con intensa militancia socialista se produjeron 42 fusilados (un 8,04%º de la población en 1930 con 5.221 habitantes), en Villalón de Campos, 26, en Villadiego (Burgos) 12 fusilados; en Valderas (León), 22 personas (Un 6,35 %ª de ejecutados en Consejo de Guerra sobre 3.464 habitantes de hecho en 1935). Además en las tres localidades hay, por referencias incompletas, un amplio número de "paseados", documentados en Nava del Rey con un total de 100 víctimas[152], lo que eleva la proporción a un 19,15%º en la citada población, calculada para 1930. En Alar del Rey, la cifra asciende a 19 víctimas, un 12, 31%º sobre 1.543 habitantes en 1936.

En Navas de Rey se generó un altercado serio en la madrugada del dominical 19 de julio que originó la muerte del teniente de la Guardia Civil, Jesús Gutiérrez Carpio y del tradicionalista Zósimo Rodríguez Pino, cuando se disponían a tomar el Ayuntamiento por las armas. Además se produjeron heridas al falangista Leandro de la Cruz y se incendiaron las casas donde se creía que estaban escondidos los referidos tras la refriega. Por la tarde llegaron grupos de falangistas, algunos de los cuáles eran comunistas hasta pocos momentos antes, para detener o tirotear a los implicados y a todos los izquierdistas del pueblo. Aislados del exterior, creían que todo había pasado, que las aguas habían vuelto al cauce republicano y por lo tanto, se encontraban desprevenidos. En el Consejo de Guerra

---

[152] Martín Jiménez, Ángel: 235 quien extrae las cifras de Reig Tapia, A., "Consideraciones metodológicas para el estudio de la represión franquista en la guerra civil, en *Sistema 33* (1979): 114 y ss. El primero cita la relación de fusilados en p. 211, sin identificar la población de vecindad, que ha sido extraída del Consejo de Guerra. El número de "paseados" coincide con el testimonio de un informante, Pajares, que escribió unas memorias narrando los hechos en los que su padre Aurelio Pajares resultó fusilado.

en Valladolid el día 26 de septiembre de 1936 se verá la causa 78/1936 contra 102 vecinos, de los que fueron fusilados cuarenta y dos, en tandas de diez, los días 22 al 26 de octubre.

En las otras poblaciones, aunque se intentó evitar el paso a los grupos sublevados y se requisaron armas a los derechistas, no se causó ninguna muerte alguna. Militantes, alcaldes, tenientes de alcalde y presidentes de Casas del Pueblo fueron pasados por las armas tras los Consejos de Guerra.

Sólo en unos pocos lugares de Cantabria (Viérnoles, Liérganes, Penagos) y caracterizados por la presencia de la guerrilla, se alcanzó o sobrepasó tal entidad, tal cota de aplastamiento. Podíamos asegurar que el mismo fenómeno se observó en las poblaciones conquistadas gradualmente por las fuerzas "nacionales" aquellas que sostuvieron la guerra desde la primavera de 1937 hasta su terminación. Así podemos concluir que no se trataba de "responder" al terror "rojo", sino de asegurar de la forma más violenta posible, como sostenía Mola en su tristemente célebre Bando, el territorio base de los alzados mediante la eliminación de cualquier conato real o posible de resistencia. Paradójicamente, muchas poblaciones de Castilla - León, al igual que se ha demostrado en las publicaciones de La Rioja y Navarra, fueron a la vez apoyo y víctimas de los rebeldes.

Capítulo III

La represión en la inmediata posguerra (hasta 1950)

La libertad provisional

La saturación de las cárceles y el gravoso peso económico que suponían, al detraer de la producción a un importante segmento de la población activa, conducen a la elaboración de una legislación que produjera una salida paulatina, pero controlada de las prisiones. En cualquier caso, la vigilancia se extendía más allá del recinto carcelario.

Con tal fin, se establece la creación de una Comisión de Penas (Decreto de 25 de enero de 1940) para entender sobre conmutaciones siempre que el recluso hubiera observado buena conducta y poseyera la suficiente instrucción religiosa y cultural. El Decreto de 23 de noviembre de 1940 estipula la redención por estudios e instrucción religiosa, concediendo dos, cuatro o seis meses a los que obtengan conocimientos de religión en sus grados elemental, medio o superior, respectivamente, a través de las enseñanzas impartidas por el capellán de la prisión. De manera semejante, se concedía redención por esfuerzo intelectual, a los que superen las enseñanzas oficiales en sus distintos niveles (primaria, secundaria o universitaria).

Con ello, el Nuevo Estado se aseguraba el reciclaje ideológico de los presos, aparte del beneficio indudable de la alfabetización. En un principio se privaba de esta posibilidad a los penados por el Tribunal Especial para la Represión de la Masonería y el Comunismo, a los que hubiesen realizado algún intento de evasión, a los condenados por delito de acaparamiento, ocultación de mercancías, elevación abusiva de precios y a los reincidentes.

El Código Penal de 1944 implantaba el sistema con carácter de obligatoriedad para todos los penados permaneciendo algunas restricciones como las de peligrosidad social. Por otra parte, las condenas de 30 años quedaron reducidas entre veinte a seis años de prisión. El 28 de junio aparece una Orden Ministerial para la concesión de libertad provisional de todos los condenados a penas menores de seis años conforme la Ley de 23 de julio de 1941.

La Ley de 1 de abril de 1940 regulaba la libertad condicional, siendo decisiva la opinión de las autoridades locales (Ayuntamiento, Guardia Civil y Falange) que son las que tienen que mostrarse de acuerdo con tal iniciativa y en virtud de la misma estará bajo patrocinio y vigilancia de la comisión de libertad condicional de la capital o de las autoridades locales del pueblo.

Si las autoridades se muestran disconformes, el liberado es sometido a un destierro de más de 250 kilómetros del lugar de residencia, siempre que no sean Madrid, Barcelona, Baleares y Canarias y las ciudades más importantes. El destierro privaba al preso de su fuente tradicional de ingresos y le alejaba de su familia. Era una forma de aislar y de cortar los lazos del "rojo" con su ámbito.

Tras el "buen comportamiento", se le daría la libertad definitiva. En caso contrario, reingresaría en prisión. Mientras tanto, tenían que presentarse en el cuartel de la Guardia Civil o juzgados municipales, cada 15 días. Muchas veces, la presentación en el cuartel suponía una tanda de palizas con vergajos que se mezclaban con el miedo a perder la libertad condicional y el inconveniente de conseguir trabajos fuera de la residencia habitual.

La Ley de 6 de diciembre de 1941 reducía las penas que no excedan de 12 años y un día. Otros decretos[153] facilitaron la excarcelación de todos los reos con penas inferiores a veinte años y un día y a los de 30 años que hubieran cumplido cinco de condena. Esto explica la gran cantidad de presos que van a salir de las cárceles a partir de este momento.

Poco a poco se acentúa ese carácter de vigilancia y control, al colocar al preso en una situación humillante, bajo la mirada sospechosa y recelosa de las autoridades locales. Así, el Decreto de 22 de mayo de 1943 establecía la constitución de Juntas Locales del Servicio de Libertad Vigilada, presididas por el juez municipal e integradas por el jefe de investigación de FET y de las JONS, el jefe de colocación obrera, un representante del ayuntamiento, el secretario del mismo como secretario de la Junta y un jefe local. Su misión era comunicar la conducta y actividades de los "liberados" a la Junta Provincial y al gobernador civil, por lo menos una vez al mes.

En las cabezas de partido judicial y ciudades, el jefe era elegido por el Ministerio de Justicia entre los diversos jueces, y allí donde hubiera cuartel de la Guardia Civil formarían parte de la misma, el comandante del puesto y el director del establecimiento penitenciario, donde lo hubiera. Tenían que procurar evitar que permanecieran sin trabajo y que desarrollaran "actividades contrarias a los intereses nacionales" (Art. 8º) comunicando cuántas observaciones estimasen oportunas, entre ellas, la conveniencia de trasladar a los libertos a otra localidad.

El Decreto de 9 de octubre de 1945 concede y regula el indulto, haciendo extensivos los beneficios de la libertad condicional a todos los presos, fueran cuales fueran los años de condena.

La Ley de Bandidaje y Terrorismo de 18 de abril de 1947 concentraba la persecución del movimiento guerrillero y sus bases de apoyo. Las familias o individuos sospechosos de tratar con los del monte son objeto de apaleamientos y vejaciones para obtener información del paradero y movimientos de los huidos.

Terminada la Guerra, el franquismo no llevó a cabo un proceso de reconciliación y perdón. Habían vencido militarmente, pero ni ideológica ni políticamente el "Nuevo Estado" se hallaba consolidado. La oposición activa de los del monte, la hostilidad de gran parte de la población, el encarcelamiento masivo de la población masculina, la derrota de las potencias del Eje, la entrada de guerrilleros por los Pirineos, daban lugar a recrudecimientos de la represión en forma de ejecuciones o nuevas detenciones. Junto con los fusilamientos, las cárceles, los campos de concentración y las depuraciones se acentuaron otras formas represivas menos cruentas, pero no por ello menos degradantes.

Característica de este período fue la represión de las mujeres mediante la ingesta de aceite de ricino (para purgar el comunismo) y el afeitado de cabeza,

---

[153] Decretos de octubre de 1942 y marzo y diciembre de 1943

fórmulas importadas del fascismo italiano. Se unirían otro tipo de coacciones como limpiar los locales de Falange, arreglar caminos vecinales, o realizar cualquier tipo de trabajos impuestos por la fuerza. En plena guerra, en algunas zonas se había dado el chantaje sexual a cambio de promesas de libertad de sus padres, hermanos y maridos presos o condenados a muerte. Promesas que luego no se cumplieron. Las propias mujeres presas fueron objeto de insultos y vejaciones acerca de su moral o conducta sexual.

Las palizas, los actos de fuerza y la tortura se incrementarían en esta etapa. Presos que vuelven de la cárcel, hijos y familiares son objeto de vigilancia y sospecha permanente. Cualquier atisbo de indiferencia, de supuesto desprecio hacia las consignas y actos patriótico - religiosos del régimen se contestaba con palizas. El que todavía se atrevía a negarse a levantar el brazo para efectuar el saludo fascista era apaleado sin contemplaciones. A Maximino de Cos Borbolla, en Riclones (Rionansa), cuando era sólo un adolescente le mandan hacer el saludo fascista en una manifestación por la toma de Teruel. Levantó la mano con el puño cerrado, entre equivocado y confuso, la reacción no se hizo esperar. Fue empujado a culatazos y obligado a ir con la mano abierta de un extremo a otro del pueblo

Los fusilamientos no cesan. Desde el fin de la guerra, el 1 de abril de 1939, se lleva a cabo el 32,32 por ciento de los fusilamientos en la Prisión Provincial. Después del parón en diciembre de 1938 vuelven a reanudarse en el mes de abril de la "Victoria", para incrementarse el 19 y 20 de noviembre en la conmemoración del fusilamiento de José Antonio. Las víctimas son trasladadas desde el Dueso para ser fusilados en Ciriego con capilla en la Prisión Provincial.

Una nueva penalidad se iba a añadir a la que sufrían los vencidos: la Ley de Responsabilidades Políticas de 9 de febrero de 1939. Esta Ley, que tenía efectos retroactivos hasta octubre de 1934, imponía sanciones económicas (pérdida total o parcial de bienes, pago de cantidad fija) y de restricción de libertad de residencia (extrañamiento, relegación a las posesiones africanas, confinamiento y destierro) a personas individuales, a los partidos políticos del Frente Popular, logias masónicas y cualesquiera otras entidades, agrupaciones o partidos filiales de análoga situación que "desde 1 de octubre de 1934 y antes del 18 de julio de 1936, contribuyeron a crear o agravar la subversión de todo orden de que se hizo víctima España y de aquellas otras que, a partir de la segunda de dichas fechas, se hayan opuesto o se opongan al Movimiento Nacional con actos concretos o pasividad grave". Para los funcionarios públicos preveía, además, la inhabilitación absoluta y la especial. La ley despojaba de sus bienes a los vencidos, hubieran sido fusilados o no.[154]

Las sanciones impuestas por este tribunal eran de tipo económico y debían de aplicarse a la reparación de los daños causados por la guerra. Para asegurar su cobro el inculpado perdía la libre disposición de sus bienes y se ponían en marcha

---

[154] Por Orden de 7/12/1940 se creó el Tribunal de Santander ante los miles de expedientes incoados. En 1943 pasaron a depender de los Partidos Judiciales o Juzgados de 1ª Instancia. La Ley se derogó en 1945 debido al cambio de imagen del Régimen tras la derrota de los fascismos en la 2ª Guerra Mundial.

toda serie de trabas y medidas precautorias. Las disposiciones se prolongaban en caso de fallecimiento a los herederos.

Su carácter era inexorable: ni el fallecimiento, ni la ausencia, ni la incomparecencia del inculpado detenían la tramitación y fallo del expediente. El objetivo era castigar a cuantos contribuyeron a agravar la subversión y a quienes se hubieran opuesto o se opusieran al Movimiento Nacional.

Ya en septiembre de 1937, el gobernador civil disponía que los ayuntamientos elaborasen una relación del ganado comprado bajo el dominio "marxista" con el fin de devolver las cabezas adquiridas a sus antiguos dueños a las que se marca con la letra D. Por el contrario, el marcaje de los ganados de los huidos y desafectos se hace la letra R de rojo para proceder a su venta en pública subasta.

Este Tribunal prosigue con las actuaciones iniciadas por la Comisión Provincial de Incautación de Bienes de Santander. La Comisión de Incautación dirigió primero sus objetivos a las entidades y organizaciones del Frente Popular o afines (casas del Pueblo, sedes sindicales, cooperativas). [155]

El 22 de septiembre de 1938 fue incautada la Cooperativa Alpargatera Obrera de Cabezón de la Sal por ser considerada desafecta al nuevo Régimen. Fue fundada por Matilde de la Torre el 2 de octubre de 1931 y durante la guerra fabricó vendas. Se le acusa de mala administración y quiebra.

Por aquellas fechas fue incautada la Casa del pueblo de Astillero, sita en la carretera de Santander a Bilbao y el local del Sindicato del Ramo de la Edificación en Guarnizo que lindaba con la carretera Santander – Torrelavega.

El 4 de febrero de 1939 tuvo lugar la incautación de La Casa del Pueblo de Santander, sita en Magallanes, 6, que constaba de planta baja, entresuelo y 4 pisos y del local de la FAI, en Jesús de Monasterio 6 – 2º Izq. Los libros requisados por la FAI son reclamados por Joaquín Campuzano Avilés, conde Mansilla.

---

[155] AGA, Signatura 75/588 núm. id. 39002 Comisión de Incautación de Bienes de la provincia de Santander (nacionales). Signatura 75/588. núm. de idd. 39.002.

El tribunal de responsabilidades políticas

En lo que atañe al Tribunal de Responsabilidades políticas, las miras se dirigen a los particulares, toda vez que las entidades colectivas ya fueron puestas bajo la lupa de la Comisión. Las sanciones más altas se impusieron al coronel (de ideología derechista) de la Guardia Civil Indalecio Terán Arnaiz y al médico republicano Enrique Madrazo a los que se multó con un millón de pesetas de la época a cada uno, después de haber sido conmutados de la pena de muerte.

El Tribunal castigó a republicanos exiliados, familiares de fusilados, pero también a personas de ideología liberal e incluso de la derecha moderada que se sentía alejada de los postulados del conflicto o de "la causa" de los sublevados. Las multas estaban en función de los bienes de los inculpados, por lo que las cantidades mayores se impusieron a propietarios "dudosos", comerciantes y miembros de las profesiones liberales (abogados y médicos) y republicanos históricos, entre ellos al líder socialista Bruno Alonso, a los hermanos Leoncio y Gregorio Villarías, los doctores en medicina Madrazo, Ferreolo Postigo (alcalde de Valderredible de Izquierda Republicana) y Ángel Cuevas (médico de Santillana del Mar) o al abogado y registrador de la propiedad torrelaveguense Francisco Vega de la Iglesia y Manteca, que había sido diputado Radical, director general de Prisiones con el Gobierno Lerroux – Gil Robles y ex – vocal suplente del Tribunal de Garantías.

Estas sanciones suponían la ruina de las personas de economía desahogada consideradas desafectas, pero debemos de tener en cuenta que multas en torno a las 1000 y 5000 pesetas impuestas a los miembros de las clases populares constituían una verdadera tragedia para las economías humildes, muchas con la desgracia añadida del fusilamiento o la prisión del cabeza de familia.

A continuación, detallamos las sanciones más graves:

BRUNO ALONSO GÓMEZ
SENTENCIA NÚMERO 2.036

Presidente
DON ALEJANDRO PÁRAMO GUITIAN

VOCALES
DON PEDRO PALOMEQUE Y G. DE QUESADA
DON ISIDORO BEDOYA DEL RÍO

En la ciudad de Burgos a siete de junio de mil novecientos cuarenta y uno.

BRUNO ALONSO GONZÁLEZ, casado, obrero metalúrgico, vecino de Santander, afiliado al partido Socialista, Diputado en las elecciones de 1931, 1933 y 1936, secretario del Sindicato Metalúrgico de la UGT.; concejal del Ayuntamiento de la capital en la que también fue gobernador civil interino; durante la guerra civil fue comisario de Guerra, director general de Marina y comisario general, director general de la flota republicana en Cartagena. Publicó, en los periódicos de Santander, proclamas a los obreros, y al producirse la caída del frente Norte salió a Francia. Volvió a Cartagena y fue internado en la base de Bizerta. Sufrió la sanción de extrañamiento y pérdida total de sus bienes, y el Tribunal propuso al Gobierno la pérdida de la nacionalidad española.

CESAREO CAMACHO CAMPOS ejecutado el 30 de noviembre de 1939 como autor de un delito de adhesión a la rebelión por Consejo de Guerra permanente núm. 2 de fecha 8 de septiembre de 1938, dictada en Santander, Causa núm. 21.321, natural y vecino de Cabezón de Liébana, casado, comerciante. (Sentencia 2620 del Tribunal en Burgos el 23 de agosto de 1941).

"Desempeñó los cargos de Presidente del Frente Popular en Cabezón de Liébana, alcalde, presidente de la UGT, fue condenado como responsable político a la sanción de DIEZ MIL PESETAS.

INDALECIO TERÁN ARNAIZ, de 64 años, nacido en Burgos, domiciliado en Santander, casado con tres hijos de 28, 25 y 22 años, coronel jefe del 22 Tercio de la Guardia Civil (comandancias de Vizcaya y Santander) condenado a pena de muerte posteriormente conmutada en Consejo de Guerra de Oficiales Generales de Santander de 25 de octubre de 1937 de antecedentes derechistas y brillante historial militar. Fue destituido y encarcelado por las autoridades del Frente Popular el 11 de agosto de 1936 y acusado de acatar las órdenes del gobernador fue sancionado con la pena de un millón de pesetas por el Tribunal de Responsabilidades Políticas en sentencia 797 dictado en Burgos el 8 de agosto de 1940. "La actuación vacilante y cobarde del condenado tuvo una trascendencia enorme, porque impidió que Santander quedara en zona nacional, influyendo extraordinariamente en todo el curso de las operaciones del Norte. Sus bienes fueron valorados en 557.179, 02 pesetas en valores y en metálico.

ORESTES CENDRERO CURIEL, catedrático de Instituto, exiliado en La Habana, afiliado desde 1931 al PSOE. Propietario de La Región hasta que lo traspasa en febrero de 1933 a Luciano Malumbres. Enemigo de la Institución Libre de Enseñanza. En el gobierno del bienio derechista es destinado como catedrático en el Instituto Velázquez de Madrid, cargo que pierde pocos días antes del 18 de julio al ser destituido por el gobierno del Frente Popular. En octubre de 1936 consigue salir de Madrid con pasaporte hasta Santander quedándose en Francia con parte de sus hijos donde permanece toda la guerra. Mantiene correspondencia con personas de las dos zonas manifestando su simpatía por el bando sublevado. En la zona del Frente Popular se le considera enemigo y se vigila su correspondencia. "No se reintegra a la España Nacional" y se exilia en la República de Cuba, si bien realiza gestiones para aclarar su situación política y volver a España.

Los bienes que le atribuye el Tribunal de Responsabilidades ascienden a 55.000 pesetas en metálico, una finca urbana valorada en 30.000 pesetas y valores por valor 439.000 pesetas. Se le condena a inhabilitación por 8 años para cargo político, de enseñanza o en organizaciones dependientes de entidades políticas o culturales y a la económica de 100.000 pesetas. Sentencia 1114 del Tribunal de Responsabilidades Políticas en Burgos el 9 de noviembre de 1940.

CONCEPCIÓN CORRAL DE DIOS, copropietaria del periódico El Cantábrico "aunque de ideología apolítica con inclinaciones derechistas. Durante el dominio del Frente Popular escribió con el seudónimo "Heroína Adame" en el diario diversos artículos y poesías de tono sentimental o sobre temas clínicos.

El 10 de septiembre de 1936 y con el título MUJERES ESPAÑOLES dice: "En Méjico, en mi amado país, he pasado horas muy amargas pensando más que en las heroicidades en las tristezas, en el sufrimiento de la guerra; en todo el dolor de las luchas entre hermanos, que desgarra el corazón como la pena más honda. Lo heroico es lo bello de la guerra. Es lo poético, lo epopéyico. Y tiene que ser tierra de héroes aquella en que hay sangre española y sangre mexicana. Y la historia bélica de la raza hispánica no se ha interrumpido jamás; que cuando había paz en la madre España, hubo luchas heroicas en la América Española. En las guerras civiles, los campos de batalla están más o menos cerca de los hogares de los combatientes, y aquí las madres, las esposas, los hijos, sufriendo las angustias del dolor y al incertidumbre. Y a poca distancia la brava lucha, el fatal estallido de los odios, que sólo sirve para regar el suelo patrio, con sangre heroica. Por esto, las mujeres sufren, como los hombres, todos los horrores de estas luchas sangrientas, y sin ir a la guerra, la soportan, la sostienen. Y también con la más admirable admiración, con el más sublime heroísmo… si manos de mujer curan a los heridos en los hospitales de sangre, voluntades femeninas alientan a los combatientes, los animan, los enardecen, con el alto ejemplo de los mayores sacrificios.

Como las vestales mantenían día y noche el fuego sagrado sobre el altar de Vesta, las mujeres que saben serlo, mantienen siempre encendido el sagrado fuego del amor en el seno de los hogares, para que cuando vuelva victorioso el combatiente, a la satisfacción del deber cumplido, una la alegría de ver en su hogar que se le ama, se le quiere más que nunca. Y así suceden que cuando se apagan las hogueras del odio, el fuego del amor arde más intensamente. Salud, mujeres montañesas, que estáis cumpliendo con una insuperable grandeza de alma, deberes que os impone la guerra. No es menester que las mujeres empuñen las armas; su misión consiste en ser los ángeles tutelares de los hombres que empuñan aquellas.

Pero si el caso llegase, también las mujeres sabemos luchar bravamente que con la bravura de una leona cumplió su promesa aquella madre española que le gritó a su hijo en la guerra de Independencia: "Lánzate al combate y muere… tu madre te vengará…" En los hogares españoles, mientras los hombres luchan, trabajan las mujeres, que son las reservas del heroísmo hispano. ¡Y qué eficaz y que admirable trabajo el suyo!… cuidan las mujeres, les alimentan y les visten a los niños que perdieron el tibio de sus hogares, a los niños cuyos padres se fueron a la guerra, a los niños huérfanos, a estos seres inocentes que sufren las consecuencias de la guerra. Y sus ágiles manos confeccionan las ropas de los combatientes. Y sus tiernos corazones les envían frases alentadoras, inspiradas por la admiración y el cariño.

Y en las casas y en los hospitales, asisten a los heridos y a los enfermos, poniendo toda su voluntad en esta labor humanitaria; y las madres, pensando en el porvenir de sus hijos, fortalecen el ánimo de los milicianos — quizás sus maridos — quizás su hijos mozos — para que el triunfo total de la República abra un amplio camino a la justicia social, y haga desaparecer las frecuentes amarguras de la honrada vida de los trabajadores. Mujeres españolas ¡por mi modesta pluma habla Méjico, y os digo: si los milicianos son el corazón, vosotras sois el alma de la defensa y del porvenir de España! Heroína Adame. Santander, 9 de agosto de 1936.

En el número del 17 de septiembre de 1936 y bajo el título de SENCILLEZ DEL ALMA dice: Y sobre estos gritos de guerra de un apóstol y de un poeta, el otro grito bélico, el otro grito del combate enardecedor, que lleva fuego en las venas y frente al ánimo. La libertad no se impone de rodillas, se conquista, se arrebata... Mi alma sencilla no es tímida, ilumina y abrasa, como la de tantas mujeres españolas que sienten profundamente como llama de hoguera....

El 30 de septiembre bajo el titular LOS ESCOMBROS escribe: En el principio creó Dios el cielo y la tierra — dice el Génesis - ¿Y para qué la creó? ¿Para que los seres humanos que viven tristemente sobre la corteza terrestre vean atemorizados lo que en estos tiempos de inhumana crueldad que cae del cielo?

El 4 de octubre bajo el título EL SENTIDO DE LA VIDA dice: En estas profundas convulsiones sociales ya me irán dando cuenta las mujeres, de lo que es el verdadero sentido de la vida. No lo busquen en las novelas. Ni en la "Dama de las Camelias" de Alejandro Dumas, ni en "Manon Scaut" del Abate Prevost, ni en "Ana Karenina" de León Tolstoy", búsquenlo en el ánimo fuerte, vigorizado por el trabajo de las mujeres rusas, que les dicen a las mujeres españolas, a las mujeres trabajadoras: estar fuertes en la lucha, y que nuestros socorros alimenticios refuercen aún más, si es posible, vuestra voluntad de vencer. Y les envían un barco cargado de nutritivos alimentos... Este es el verdadero sentido de la vida...

Bruno Alonso. Diputado socialista santanderino.
Fuente: Biblioteca Nacional

Y con el título CAMINO ADELANTE del 13 de octubre dice: Salud, los montañeses jóvenes y briosos — que el porvenir risueño del pueblo que defendéis - El corazón me dice que alegres, victoriosos — a los hogares vuestros muy pronto volveréis — Salud: las montañesas cuyas ágiles manos, para los milicianos trabajan sin cesar — mientras con su heroísmo logran los milicianos — que sean las obreras felices en su hogar.

Y añade la sentencia que Doña Concepción Corral de Dios "sufrió trastornos de carácter psíquico y estuvo sometida a tratamiento facultativo. Que durante la dominación roja, favoreció y ocultó en su casa a D. Luis Palacios, persona perseguida por los rojos, y proporcionó alimentos a unos falangistas ocultos. Que por todos los medios procuró huir al extranjero (y para obtener pasaporte obsequió a alcaldes y autoridades locales) y que su única hija casada con el glorioso aviador español D. Juan Ignacio Pombo Alonso Pesquera (teniente), vino a España con su esposo trabajando ambos para la causa nacional.

Los bienes son 100 acciones de la Sociedad Anónima El Cantábrico con un valor nominal de 200.000 pesetas. Se le impone la pérdida de sus derechos de copropiedad en el Cantábrico, las acciones pasan al Estado. En Burgos el 27 de enero de 1940 en Sentencia 99.

BENITO CRESPO SAINZ, de Villacarriedo, casado, labrador, 53 años, presidente y alcalde de Villacarriedo, ejecutado el 17 de junio de 1938 en causa núm. 1047 de Consejo de Guerra de 17 de enero de 1938. Según la sentencia, "los bienes que resultan de la propiedad del expedientado ascienden a ninguno". El Tribunal le impone la sanción de 50.000 pesetas. Sentencia núm. 3.586 en Burgos el 18 de abril de 1942.

ÁNGEL CUEVAS FERNÁNDEZ, médico, casado con dos hijos de 14 y 15 años, natural de Sestao, vecino de Santillana del Mar, condenado a 30 años por adhesión a la rebelión por sentencia del 18 de mayo de 1938 de Torrelavega por el Consejo de Guerra Permanente núm. 2, sumario 3.508. Era médico titular de Santillana, presidente de IR y Delegado de Cultura en Santillana del Mar. Fue sancionado con 10.000 pesetas. Sólo tiene como capital su profesión de médico. En sentencia 1.671 en Burgos el 12 de abril de 1940.

MANUEL FORCELLEDO LÓPEZ, 36 años, casado, natural de Abandames (Asturias), domiciliado en Cabezón de la Sal, casado, comerciante, causa 3.128 de Santander, ejecutado el 6 de junio de 1938 por Consejo de Guerra Permanente Núm. 1 en sumario 3.128. Delegado de Abastos, vocal, vicepresidente y presidente del Frente Popular. En la sentencia 3.548 del Tribunal de Responsabilidades Políticas de Burgos el 7 de marzo de 1942 se le impone una sanción como responsable político de 8.000 pesetas.

DOMINGO GÓMEZ MAZA, de 75 años, casado, vecino de Ramales de la Victoria, absuelto en Consejo de Guerra, en sentencia 255 del Tribunal de Responsabilidades Políticas en Burgos el 16 de marzo de 1940 "conceptuado como típico cacique pueblerino, actuó en todas las situaciones desde las monárquicas con los generales Primo de Rivera y posteriormente Berenguer hasta el Gobierno del Frente Popular de 1936, pasando por la metamorfosis republicana... bien indirectamente por medio de un hijo político o de su propio hijo D. Manuel que aún siendo menor de edad fue designado alcalde de Ramales de la Victoria para mantener la supremacía política ... repartiendo en persona y en la puerta del colegio electoral candidaturas del Frente Popular en 1936... Resulta acreditado que D. Daniel Gómez Pérez, hijo del expedientado, capitán de la Legión, combatiente por la Causa Nacional, sufrió una gloriosa ceguera, que le hará ostentar el título de Caballero Mutilado absoluto.

El SEGUNDO RESULTANDO estima los bienes del expedientado en un valor de 402.593,66 pesetas, de los que hay que indicar que sean gananciales en gran parte, teniendo como cargas familiares tres hijas y varios nietos.

TERCERO RESULTANDO: Su hijo D. Daniel Gómez Pérez "justifica que su padre fue absuelto en Consejo de Guerra por lo que debe de serlo igualmente por este Tribunal... que el expediente de incautación se siguió por un juzgado rural expuesto a sufrir un ambiente de personalismos, que su padre no se lucró con la política seguida en el pueblo como lo acredita con una certificación del Registro de la Propiedad, que a la entrada de las tropas nacionales fue saqueado el comercio de su padre cuyo valor ascendía a más de 10.000 duros y que con ello y con la incautación de todos sus bienes durante más de dos años, debe quedar saldad su responsabilidad...

Fue condenado a la sanción de INHABILITACIÓN ESPECIAL por OCHO AÑOS para cargos de mando o de confianza e el Estado, provincia o municipio y a la económica de 10.000 pesetas...

FERNANDO GÓMEZ OTERO LAMA, de 43 años, vecino de Potes, soltero, propietario, causa 21.223 de Santander ejecutado por sentencia de 22 de marzo de 1939 en Consejo de Guerra núm. 1. Se hallaba desempeñando el cargo de alcalde por I. Republicana, partido del que era secretario. "Firmó un bando el 21 de julio en que se ordenaba la recogida de armas y una suscripción de las milicias rojas, conminando a las personas de derechas para que suscribieran con la misma cantidad que lo habían hecho a favor de la fuerza pública para ayudar a ésta con por su actuación en la represión de los sucesos revolucionarios de octubre de 1934. Fue detenido en Gijón el 25 de octubre de 1937).

El Tribunal estima que los bienes que resultan de la propiedad del expedientado ascienden a 15.680 pesetas... En la pieza separada aparecen trabados bienes que se valoran 26.170, 46 pesetas...

Fue condenado como responsable político a la sanción de 25.000 pesetas...

JOSÉ MANUEL GONZÁLEZ DEL CASTILLO, de 70 años, vecino de Cotillo de Anievas, casado, propietario, causa 3441 de Torrelavega, condenado a muerte luego conmutada en C. Guerra Permanente núm. 3 de 16 de diciembre de 1937. Organizó la FAI y ejerció el cargo de juez municipal durante el dominio rojo.

El SEGUNDO RESULTANDO establece "que los bienes que resultan de la propiedad del expedientado, ascienden a 20.000 pesetas en fincas rústicas y ganados..., que expresa deudas por valor de 7.300 pesetas... Las autoridades locales le fijan a los bienes del expedientado un valor de 50 a 80.000 pesetas..."

Fue condenado como responsable político a la sanción de 20.000 pesetas...

FRANCISCO VEGA DE LA IGLESIA Y MANTECA, de 53 años, natural de Bilbao, vecino de Torrelavega, casado, abogado y registrador de la propiedad, causa 571 de Torrelavega condenado a la pena de seis años, reducida a la de dos años y diez meses como un autor de un delito de adhesión a la rebelión, por sentencia de 16 de noviembre de 1937 en Torrelavega por el Consejo de Guerra Permanente núm. 3. Ex – Diputado Radical, ex – director General de Prisiones con el Gobierno Lerroux – Gil Robles, ex – vocal suplente del Tribunal de Garantías, le sorprendió el Movimiento en Torrelavega donde se dedicó al ejercicio de su profesión de Registrador de la Propiedad.

El SEGUNDO RESULTANDO estipula que el valor de sus bienes asciende a 103.000 pesetas en inmuebles, y saldos en cuentas corrientes y depósitos de valores que no puede precisar, en el carácter de gananciales, teniendo como cargas familiares la esposa y una hija menor de edad, en la pieza separada, le aparecen embargados los bienes inmuebles sin valorar y retenidas varias cuentas corrientes por total valor de 840, 72 pesetas y 20 obligaciones del ferrocarril Tudela – Bilbao con valor nominal de 10.000 pesetas.

Fue sancionado como responsable político con la multa de 50.000 pesetas. En Burgos, a 26 de julio de 1941 sentencia núm. 2.419.

ENRIQUE DIEGO MADRAZO Y AZCONA, de 90 años, viudo, vecino de Santander, causa 3.201 de Santander y de anterior expediente seguido por la Comisión Provincial de Incautaciones de aquella provincia.

PRIMER RESULTANDO: Que el expedientado ENRIQUE DIEGO MADRAZO Y AZCONA fue condenado a la pena de TREINTA AÑOS DE RECLUSIÓN MAYOR con sus accesorias, como autor de un delito de adhesión a la rebelión por sentencia de 21 de abril de 1938 dictada en Santander por el Consejo de Guerra núm. 2..., médico cirujano, fue exaltado izquierdista durante toda su vida, siendo el primero que propagó aquellas ideas en todo el partido judicial de Villacarriedo merced a su influencia y prestigio... (Propaganda, conferencias, arengas a los milicianos), manifestando en una de ellas que debían de exterminar a las gentes de derechas en la misma forma que se hacía en los prados con la hierba mala. En otra ocasión manifestó que la causa de Franco estaba perdida por razón de que los militares donde ponían las manos todo se pudría por ser estos hijos del alcohol y sifilíticos. Su actuación culminó con la asistencia a un sacrílego banquete celebrado en Las Machorras, en el que tomaron parte los personajillos del Frente Popular de Villacarriedo y los llamados oficiales del ejército rojo destacados en aquel lugar, haciendo uso de cálices por vasos y colocando sobre la mesa una custodia para profanación. Extremo en un todo acreditado con la fotografía que bajo el folio 7 obra en el sumario. En el chalet propiedad del procesado estuvo el llamado cuartel general donde se reunía Bruno Alonso, el comandante Vayas y otros dirigentes.

Hechos que el Tribunal califica como graves.

SEGUNDO RESULTANDO: Que los bienes que resultan de la propiedad del expedientado exceden algo a un millón de pesetas ignorándose sus cargas familiares. Aparecen embargados los bienes en la correspondiente pieza....

FALLAMOS POR UNANIMIDAD: Que debemos condenar y condenamos al expedientado como responsable político a la sanción de UN MILLÓN DE PESETAS... Sentencia 617 del Tribunal de Responsabilidades Políticas en Burgos el 14 de junio de 1940.

LUCIANO MALUMBRES FRANCÉS, de 46 años, casado, periodista, vecino de Santander y **MATILDE ZAPATA BORREGO**, de 30 años, viuda, periodista, natural de Lérida y vecina de Santander... iniciado por la Comisión Provincial de Incautación de Bienes de Santander y continuado por acuerdo de este Tribunal Regional y a cuyo expediente está unido testimonio dimanante de la Causa núm. 2.866 seguida ante el Consejo de Guerra Permanente núm. 1 de dicha plaza.

PRIMER RESULTANDO: Que Luciano Malumbres pertenecía al PCE..., falleció el 4 de junio de 1936. En cuanto a MATILDE ZAPATA BORREGO... ejecutada por sentencia de 15 de febrero de 1938 por el Consejo de Guerra Permanente núm. 1 "está afiliada desde antiguo a las Juventudes Socialistas con anterioridad al G.M.N., colaboraba en el periódico izquierdista La Región del que su esposo era propietario y director e intervenía en numerosos actos de propaganda y muerto aquel asumió la dirección del periódico citado... En numerosos artículos denunciaba como autores de la muerte de su esposo a diversos elementos de derechas, e incitando a la impunidad que les proporcionaban los gobernantes rojos, asesinaban a los que por ella eran señalados como culpables desde las columnas de aquel periódico. Durante la dominación roja fueron publicados varios artículos editoriales y otros suscritos por la misma procesada en que se vertían toda clase de insultos para las figuras representativas del Movimiento Nacional, se tachaba de canallas y asesinos a los que aquel Movimiento secundaban y se alentaba por todos los medios a los milicianos rojos, para que se mantuvieran en pie de guerra. Durante dicho dominio rojo sufrieron persecuciones, encarcelamientos y hasta la misma muerte muchas personas contra las que la procesada dirigió sus artículos periodísticos en fecha anterior al 18 de julio de 1936... se afilió al partido comunista aprovechando esta ocasión para manifestar en un artículo en el que glosaba el nuevo ideario que abrazaba y en él manifestó las causas que a ello la determinaron. Por sus campañas y por su inteligencia alcanzó gran preponderancia entre los elementos destacados del frente popular... Hechos que el Tribunal califica como graves.

FALLAMOS (20.000 pesetas a cada uno).

SIRO MANUEL CABALLERO, de 35 años, vecino de Solares, natural de Quintanilla de Trigueros, casado, guarnicionero, causa 20.829.

PRIMER RESULTANDO: fue ejecutado por sentencia de 12 de agosto de 1938, dictada en Santander por el Consejo de Guerra núm. 1... fue el alma del Partido Socialista en este último pueblo, apoderado e interventor del mencionado partido en las elecciones de 1936; fue entusiasta del Frente Popular tomando parte activa en su formación y ocupando el cargo de Tesorero... En sesión celebrada por el Consejo Local de la Enseñanza del Ayuntamiento de Medio Cudeyo, se interesó por la destitución de cinco maestros por desafectos al régimen republicano, y en sesión posterior, todas ellas celebradas en el año 1937... interesó la destitución de tres maestros, que fueron propuestos para jubilación y traslado. Tenía puesto en su establecimiento un rótulo que decía "guarnicionero antifascista", y en dicho establecimiento se celebraban las reuniones de las que salían los acuerdos del Frente Popular, de cometer atropellos, tales como imponer cuotas, practicar registros, etc., siendo hecho prisionero en Gijón e incorporándose al Tercio. Hechos que el Tribunal califica como graves.

SEGUNDO RESULTANDO: Que los bienes que resultan de la propiedad del expedientado ascienden a 29.353, 54 pesetas en cuenta corriente bloqueada en el Banco de Santander, no habiéndose hecho declaración jurada de bienes ni cargas familiares, por lo que se dieron las órdenes pertinentes al Juzgado Civil Especial.

FALLAMOS POR UNANIMIDAD: Que debemos condenar y condenamos al expedientado como responsable político a la sanción de VEINTE MIL PESETAS...

ALFREDO MATILLA Y SU ESPOSA DOLORES RIVAS CORTÁZAR: El primero de 30 años, natural de Madrid y vecinos ambos de Ampuero en Sentencia 127 del Tribunal de Responsabilidades Políticas de Burgos a 2 de febrero de 1940.

ALFREDO MATILLA fundó en Ampuero Izquierda Republicana y "era gran propagandista de las ideas marxistas, dando varias conferencias por la radio de Santander, induciendo a cometer crímenes contra los sacerdotes y personas afectas al Movimiento Nacional. En los últimos meses del dominio rojo en Santander, contrajo matrimonio canónigo en Ampuero, con la expedientada DOLORES RIVAS CORTÁZAR, cargo principal que se hace a ésta en el expediente, habiéndose acreditado que era de acendrada religiosidad y que por su intervención con su novio Alfredo Matilla, esposo después, se salvaron muchas personas de derechas, y la comunidad de religiosos del Santuario de la Bien Aparecida. Alfredo Matilla huyó a Francia, siguiéndole su esposa, ignorándose el paradero de ambos...

SEGUNDO RESULTANDO: Que los bienes que resultan de la propiedad de la expedientada DOLORES RIVAS CORTÁZAR, ascienden a 14.199, 75 pesetas, careciendo de bienes el inculpado, no teniéndose conocimiento de las cargas familiares de ambos.

La esposa es absuelta.

FALLAMOS: Que debemos condenar y condenamos al expedientado ALFREDO MATILLA, como responsable político a la sanción de inhabilitación especial por QUINCE AÑOS para el desempeño de todo cargo político o en organizaciones sindicales dependientes de actividades políticas y a la económica de 100.000 pesetas...

RAMÓN MENDARO SAÑUDO, mayor de edad, casado, abogado y vecino de Torrelavega, por la Comisión Provincial de Incautaciones de Bienes de Santander y acordado proseguir por este Tribunal (sentencia 1600) en Burgos a 20 de febrero de 1941.

PRIMER RESULTANDO: Que de las pruebas, informes y antecedentes aportados a las diligencias, aparece justificado que RAMÓN MENDARO SAÑUDO afiliado al Partido Socialista antes del Glorioso Movimiento Nacional fue abogado de las Casas Campesinas y propagandista del marxismo en forma oral y escrita por medio de la prensa. Fue magistrado del Tribunal Popular de Santander que condenó a muerte a dos soldados del Regimiento de guarnición en aquella plaza; tuvo verdadero influjo sobre los elementos marxistas, y al aproximarse las fuerzas Nacionales huyó al extranjero, de donde no ha regresado. Hechos probados.

... carece de toda clase de bienes y sus cargas familiares son su esposa y una hija

FALLAMOS: Que debemos condenar y condenamos al expedientado RAMÓN MENDARO SAÑUDO a la sanción de INHABILITACIÓN POR QUINCE AÑOS, a contar desde la personal notificación PARA CARGOS POLÍTICOS O EN ORGANISMOS DEPENDIENTES DE ENTIDADES POLÍTICAS, y a la económica de DIEZ MIL PESETAS...

LUIS OCHARAN ABURTO DIRECTOR GENERAL DE ELECTRA VIESGO Y FALANGISTA QUE PIDIÓ LA PROTECCIÓN DE INDALECIO PRIETO EN DOMINIO REPUBLICANO

En la ciudad de Burgos, a diez y ocho de noviembre de mil novecientos treinta y nueve. — Año de la Victoria.

RESULTANDO: Que por el Ayuntamiento de Castro Urdiales se formó y envió a la Comisión Provincial de Incautación de Bienes de Santander, la que envía a este Tribunal ficha de presunta responsabilidad civil, contra los vecinos de Santander, D. Luis Ocharán Aburto y Dª. María Aburto, viuda de Ocharán, alegando en la concreción de aquella responsabilidad que hicieron donativos voluntarios al Frente Popular al que también voluntariamente cedieron un chalet en Santander, así como no haber prestado apoyo económico al Movimiento Nacional, ni a los problemas económicos y de beneficencia de Castro Urdiales, además de tener arrendada su mina a elementos separatistas.

RESULTANDO: Que a solicitud de la expresada Comisión de Incautación de Bienes de Santander, informan la Delegación de Orden Público y la Guardia Civil de Santander, afirmando ser ambas personas de derechas y adictas al Glorioso Nacional, que fueron perseguidas durante el dominio rojo y siendo incautadas sus fincas y cuentas corrientes.

CONSIDERANDO: Que entre los informes tan contradictorios se hace preciso aceptar los de Santander, dado que esta es la vecindad de los inculpados, aparte las mayores garantías de los organismos que formulan los informes favorables, remitiendo además a primera vista mayores visos de certeza, dado lo extraño que resultaría el que personas de la posición social de los acusados, no sólo contribuyan económicamente al sostenimiento de una situación que a la inteligencia menos desarrollada había de ofrecerse desfavorable para las personas adineradas, sino se privan de su propio y, con toda probabilidad, lujoso domicilio para ofrecerlo a las hordas rojas; no pudiendo por otra parte ser constitutivo de responsabilidad el hecho de no hacer aportaciones en un determinado pueblo del que se da la circunstancia de no ser vecinos los interesados, dándose además la particularidad de que el decir del propio alcalde, manifestó D. LUIS OCHARAN que ya había hecho muchos donativos a los Nacionales; y no pudiendo tampoco tomarse en cuenta el hecho de que una mina de su propiedad fuese explotada en arriendo por un separatista, porque ni ello es punible, ni en tal supuesto podría ser autorizado a rescindir del oportuno contrato, ni en fin parece haber gran responsabilidad en quien hoy se halla al frente de la mina y por tanto en libertad…

SE ACUERDA NO INCOAR EXPEDIENTE de Responsabilidad Civil contra D. LUIS OCHARAN ABURTO y Dª MARÍA ABURTO, VIUDA DE OCHARAN…

ARTURO PALOMERA GARMA, de 48 años, natural de Guriezo, vecino de Santoña, casado, industrial, en sentencia 1.973 del Tribunal de Responsabilidades Políticas en Burgos a 31 de mayo de 1941 fue condenado a Reclusión Perpetua revisada posteriormente y reducida a cuatro años de prisión… como autor de un delito de auxilio a la rebelión por sentencia de 24 de noviembre de 1937 en causa 218/1937 de Santoña por el Consejo de Guerra núm. 4. Afiliado a IR. como destacado izquierdista de Santoña fue nombrado instructor y capitán del Batallón de Retaguardia que así contribuyó a organizar en la referida localidad.

SEGUNDO RESULTANDO: Que los bienes que resultan de la propiedad del expedientado ascienden a 84.000 pesetas en un barco con sus artes de pesca, metálico en cuenta corriente y una huerta; 68.000 en otro barco aún no pagado del todo a la casa constructora y deudas por 32.000 pesetas, teniendo como cargas familiares la esposa y una hija de catorce años. Aparecen embargados en la pieza separada los dos barcos con una valoración de 85.000 pesetas y en c/c tiene 22.000 pesetas más un producto mensual del arrendamiento de expresados barcos en unas mil pesetas…

FALLAMOS POR UNANIMIDAD: Que debemos CONDENAR Y CONDENAMOS al expedientado ARTURO PALOMERA GARMA COMO RESPONSABLE POLÍTICO A LA SANCIÓN DE 50.000 pesetas.

AGUSTÍN PÉREZ AGUADO, de 37 años, soltero, natural de Palencia, vecino de Torrelavega, químico, por la Comisión Provincial de Incautaciones de Bienes de Santander y acordado proseguir por el Tribunal (en sentencia 1.603 en Burgos el 20 de febrero de 1941.

"… extremista de izquierda antes del Movimiento Nacional, interviniendo en mítines y actos de propaganda a favor del Frente Popular en las últimas elecciones. Por su carrera de químico fue lugarteniente del comisario de Armamento e Industrias de Guerra y fue inspector jefe de las fábricas instaladas en Torrelavega y Renedo ocupando cargos en el Socorro Rojo Internacional. Fue uno de los fundadores del Batallón rojo "Lenin". Huyó al extranjero de donde no ha regresado. Hechos probados.

SEGUNDO RESULTANDO: Que los bienes que resultan de la propiedad del expedientado ascienden a unas 50.000 pesetas en una casa en Torrelavega, calle Campoamor 19 no teniendo cargas familiares. No habiendo hecho declaración jurada de bienes se adoptaron las medidas precautorias legales.

FALLAMOS: Que debemos CONDENAR Y CONDENAMOS al expedientado AGUSTÍN PÉREZ AGUADO, a la sanción de INHABILITACIÓN POR QUINCE AÑOS... PARA CARGOS POLÍTICOS O EN ORGANISMOS DEPENDIENTES DE ENTIDADES POLÍTICAS Y A LA ECONÓMICA DE CIEN MIL PESETAS...

MATEO PÉREZ RASILLA, 47 años, natural y vecino de Los Corrales de Buelna, soltero, viajante, en sentencia 3001 del Tribunal en Burgos a 18 de octubre de 1941, ejecutado por adhesión a la rebelión en sentencia de 5 de octubre de 1939 por el Consejo de Guerra Permanente núm. 1 en causa 20.869 de 1939 de Santander por delito de adhesión a la rebelión.

Hechos probados: Que el Che fue en su juventud a América del Sur, de varias de cuyas repúblicas le expulsaron por indeseable; en el mes de octubre de 1934 se hallaba en Los Corrales y fue el dirigente máximo de los sucesos revolucionarios ocurridos en aquella localidad a consecuencia de los cuáles murieron algunos números de la Guardia Civil, siendo procesado el Mateo Rasilla, logrando huir a Francia y regresando a España a raíz de las elecciones de 1936, según manifestó en el Consejo de Guerra "porque era entonces cuando empezaba a normalizarse en España la situación política"; una vez en Los Corrales de Buelna fue nombrado delegado gubernativo y como tal preparó atentados a consecuencia de los cuáles resultó muerta en la propia cocina de su casa la madre de Luciano Polanco y heridos el citado Luciano y Luis Villanueva, también ordenó detenciones, entre otras, la del ingeniero Sr. Velarde, que un vez iniciado el Movimiento Nacional fue asesinado; a partir del Glorioso 19 de julio de 1936, empieza la vida de crímenes del CHE con más intensidad que entonces, digo, que hasta entonces, y ese mismo día ordenó la detención del sacerdote D. Santiago Concha, que es conducido a la checa de Neila, donde se le asesina; manda también detener a Manuel Ceballos Díez, el padre de éste, a un cuñado llamado Julio Arcas, siendo asesinados los tres, el primero en lugar desconocido y los otros dos en el barco–prisión Alfonso Pérez el 27 de diciembre de 1936; ordenó igualmente la detención de Manuel Rodríguez González, que más tarde es quemado vivo, a los tres meses de iniciado el Movimiento Nacional, es llamado por el Comisario General de Guerra llamado Malo, quien dispone que el Che vaya de fusilero al sector de Mataporquera, aquí asciende a capitán el mes de octubre, alcanzando más tarde el grado de comandante y siendo destinado como jefe supremo de la Brigada Disciplinaria donde estaban los presos de derechas... llegó éste a Gijón, donde ante la proximidad de nuestras fuerzas, embarcó para Francia, pasando desde aquí hasta Barcelona y quedando en situación de disponible hasta febrero de 1938 en cuya fecha pasó a la llamada Escuela de Mandos de Valencia, donde permaneció hasta julio del mismo año, que pasó a mandar el Batallón núm. 3 de la 16 Brigada en el Frente de Teruel, en el que estuvo tres meses al cabo de los cuales volvió a Valencia a unos cursillos para mando de Brigada, siendo ascendido en enero de 1939 y pasando a mandar la Brigada 63 en la que actuó hasta la total liberación de nuestra Patria, hecho que le sorprendió en Valencia, desde donde vino a San Sebastián con ánimo de pasar la frontera, siendo detenido en esta capital el día 22 de abril de 1939.

Hechos que el Tribunal califica como graves.

SEGUNDO RESULTANDO: Que de los bienes que resultan de la propiedad del expedientado ascienden a tres mil pesetas en fincas, no teniendo cargas militares.

FALLAMOS POR UNANIMIDAD: Que debemos CONDENAR Y CONDENAMOS al expedientado MATEO PÉREZ RASILLA como responsable político a la sanción de DIEZ MIL PESETAS...

FERREOLO POSTIGO FERNÁNDEZ, natural de Bárcena de Ebro y vecino de Polientes, casado, médico, 46 años, en sentencia 2853 del tribunal de Responsabilidades Políticas en Burgos el 27 de septiembre de 1941 condenado a pena de muerte luego conmutada por un delito de adhesión a la rebelión en Consejo de Guerra núm. 4 en Reinosa el 20 de octubre de 1937 en causa 1.350/37 "fue el principal dirigente de las izquierdas en todos los pueblos del Valle de Valderredible, tomando activa propaganda antes de las elecciones y vocal del Frente Popular después del Alzamiento Nacional, auxiliando al mando rojo en las operaciones de Loma de Montija, teniendo declarado el procesado que si en lugar de inclinarse a las izquierdas lo hubiera hecho a las derechas le hubieran seguido todas las personas del valle, ha injuriado a sacerdotes y a personas de derechas. Hechos que el Tribunal califica como graves.

SEGUNDO RESULTANDO: Que los bienes que resultan de la propiedad del expedientado, ascienden a dos mil trescientas pesetas noventa pesetas en fincas con carácter de gananciales con deudas por doce mil pesetas, teniendo como cargas familiares la esposa y tres hijos menores de edad.

FALLAMOS POR UNANIMIDAD: Que debemos CONDENAR Y CONDENAMOS al expedientado FERREOLO POSTIGO FERNÁNDEZ como responsable político a la sanción de SIETE MIL PESETAS...

VICTORIANO PUENTE REVUELTA, vecino de Mazcuerras, casado, a consecuencia de testimonio dimanante de la causa 15.513 de Bilbao en Consejo de Guerra de 9 de marzo de 1939 fue condenado a la pena de muerte, conmutada por la de inferior grado por un delito de adhesión a la rebelión en sentencia 703 del Tribunal de Responsabilidades Políticas en Burgos el 6 de julio de 1940.

PRIMER RESULTANDO: Que el expedientado VICTORIANO PUENTE REVUELTA que ya con anterioridad al Movimiento Nacional se significó en el pueblo de Mazcuerras como elemento izquierdista, coaccionando en las últimas elecciones a los elementos contrarios a su ideología extremista, perteneciente a las Casas Campesinas, adheridas a la UGT., formó parte del Comité, desarmó a los vecinos de derechas, practicando registros domiciliarios para la busca de armas y comestibles, detuvo a sus convecinos Ángel Laguillo y Alfredo González, alojó a los huidos de Barruelo, bajo amenazas, en casa de los derechistas, cobró cuotas y tomó parte en el incendio de la iglesia, impidiendo a los vecinos, pistola en mano que extinguieran el fuego; practicando el derribo de imágenes y altares de las cuatro ermitas del término municipal...

SEGUNDO RESULTANDO: Que los bienes que resultan de la propiedad del expedientado consisten en varias fincas que expresa y no valora con deudas por cinco mil pesetas, teniendo como cargas familiares la esposa y dos sobrinos. Las autoridades locales tampoco valoran las fincas, pero expresan que está en buena posición.

FALLAMOS POR UNANIMIDAD: Que debemos CONDENAR Y CONDENAMOS al expedientado VICTORIANO PUENTE REVUELTA como responsable político a la sanción de SIETE MIL PESETAS.

FRANCISCO QUINTANA RODIL, casado, industrial, vecino de Santander, por la Comisión de Incautación de Bienes de la provincia de Santander y acordado proseguir por este Tribunal (EN SENTENCIA 1995 en Burgos el 7 de junio de 1941.

PRIMER RESULTANDO: "... afiliado desde muy antiguo al partido socialista en el que desempeñó en ocasiones el cargo de vocal de la Junta Directiva durante el dominio rojo fue Delegado de Carbones, en el gremio correspondiente manteniendo gran amistad con los dirigentes marxistas Bruno Alonso y Roberto Álvarez; cotizante en las escuelas laicas en las que formó y educó a sus hijos; al aproximarse las fuerzas nacionales en Santander huyó a Barcelona, pasando por Francia permaneciendo en Castellón de la Plana y Jaén hasta la liberación total de España. Hechos probados.

SEGUNDO RESULTANDO: Que los bienes que resultan de la propiedad del expedientado, ascienden a cuarenta y tres mil pesetas en inmuebles; dieciocho mil pesetas en un pontón de carbones y a diecisiete mil quinientas pesetas en C/ C de Bancos con el carácter de gananciales y con deudas por cincuenta y nueve mil quinientas pesetas, no teniendo más cargas familiares que la esposa por ser mayores de edad sus tres hijos. Existe pieza de embargo en el Juzgado Civil, en el que se levantaron las trabas sustituyéndolas por los medios precautorios de la nueva legislación.

FALLAMOS: Que debemos condenar y condenamos al expedientado FRANCISCO QUINTANA RODIL a la sanción de inhabilitación por ocho años para cargos políticos o en organismos dependientes de entidades políticas y a la económica de QUINCE MIL PESETAS...

CARLOS RENOVALES FERNÁNDEZ en sentencia núm. 2.749 del Tribunal de Responsabilidades Políticas en Burgos, a 13 de septiembre de 1941, de 21 años, soltero, propietario y vecino de Arredondo, por la Comisión de Incautación de Bienes de Santander y acordado proseguir por el Tribunal.

PRIMER RESULTANDO: "Secretario del F. P. de Arredondo y denunció personalmente a seis falangistas y detenidos dos de ellos por el mismo expedientado al ser puestos en libertad y conducidos por él a la checa de Santander no ha vuelto a saberse de los mismos. Asimismo detuvo en Fuenterrabía al Conde de la Maza al que logró sacar cantidad de alguna importancia. Se ignora su actual situación pues algunas autoridades dicen que falleció en 1935. Hechos probados.

SEGUNDO RESULTANDO: Que los bienes que resultan de la propiedad del expedientado ascienden a la sexta parte de la herencia de su padre, cuyos bienes en España ascienden a cincuenta mil pesetas con débitos por unas treinta y cinco mil pesetas, no teniendo cargas familiares.

FALLAMOS. Que debemos CONDENAR Y CONDENAMOS al expedientado CARLOS RENOVALES FERNÁNDEZ a la sanción de inhabilitación por quince años… y a la económica de DIEZ MIL PESETAS.

RICARDO RUIZ LERENA, vecino de Guriezo, por acuerdo de este Tribunal (sentencia 164 en Burgos el 10 de febrero de 1940) ejecutado por un delito de adhesión a la rebelión en Consejo de Guerra en Santander Permanente Núm. 1 de 27 mayo de 1938, "perteneció al Partido Socialista, al estallar el Movimiento Nacional. Se puso a las órdenes del Frente Popular de Guriezo, interviniendo en unión de otros, en la cacería que se realizó en el monte llamado "El Juncal" de la cual resultaron tres muertos falangistas y otro herido… fue a detener en Santander al cura párroco de Guriezo, D. Feliciano, no lográndolo por no hallarse en su domicilio, fue voluntario al frente donde llegó a alcanzar la graduación de sargento y tomando parte en la ofensiva de Oviedo, una vez liberado el Norte, se escapó de la cárcel de Guriezo, tratando de hacer resistencia a la fuerza el día 25 de los corrientes, cuando por aquella iba a ser detenido, ocupándosele cuatro bombas en su poder. Hechos que el Tribunal califica como graves.

FALLAMOS POR UNANIMIDAD: Que debemos condenar y condenamos al expedientado RICARDO RUIZ LERENA, como responsable político a la sanción de DIEZ MIL PESETAS…

ÁNGEL SAIZ MARTÍNEZ, de 38 años, casado, tornero, natural de San Martín de Quevedo, vecino de Nueva Montaña; **MARCELINO MARTÍN AGUDO**, de 46 años, casado, empleado, natural y vecino de Santander, **MANUEL BALBUENA SÁNCHEZ**, 59 años, casado, pintor, natural de Sevilla y vecino de Santander… por acuerdo de este Tribunal (sentencia 3.361 en Burgos el 10 de enero de 1941) a consecuencia del testimonio dimanante de la Causa núm. 3.377 de Santander.

PRIMER RESULTANDO: Que los expedientados ÁNGEL SAIZ MARTÍNEZ, MARCELINO MARTÍN AGUDO Y MANUEL BALBUENA SÁNCHEZ, fueron condenados a la pena de muerte, ejecutada, como autores de un delito de adhesión a la rebelión por sentencia de 22 de marzo de 1938, dictada en Santander por el Consejo de Guerra Permanente núm. 1, dándose como hechos probados: Que ÁNGEL SAIZ MARTÍNEZ, condenado por el delito de auxilio a la rebelión por los sucesos revolucionarios de octubre de 1934, destacado afiliado de la UGT, y presidente del Sindicato Obrero de Nueva Montaña, fue nombrado en los primeros días siguientes al Alzamiento Nacional, administrador de la Cárcel Provincial de Santander, en representación del Partido que militaba, cargo que ostentó y desempeñó hasta el día veintiocho de septiembre de mil novecientos treinta y seis, en que fue designado director de dicho establecimiento, si bien con bastante anterioridad y por ausencia de Antonio Berna, que desempeñaba tal puesto, venía ejerciendo el procesado de hecho la dirección y régimen de la misma, en plena identificación con la actuación revolucionaria de los elementos que integraban el Frente Popular, a fin de facilitar crímenes y atropellos que por aquellos se decretaban, prohibió que determinadas personas al ser ingresadas arbitrariamente en la Prisión fueran inscritas en el libro de Registro, como ocurrió con el comandante de Aviación Sr. Gómez Jordana y capitán del mismo cuerpo D. Adrián Castro, de los que ordenó más tarde la excarcelación para entregarlos a los elementos revolucionarios para ser asesinados, como se hizo; ordenó incomunicaciones y malos tratos a los detenidos privándolos de alimentos y asistencia médica; en las noches del veintisiete de diciembre de mil novecientas treinta y seis y so pretexto de represalias por un bombardeo nacional el procesado facilitó la entrada de grupos armados en el establecimiento penal a su cargo y juntamente con ellos se seleccionó y puso a disposición de los mismos a los detenidos Sr. Fernández Dívar, abogado fiscal de la Audiencia de Santander, Sr. Rodríguez Tánago, comandante de ingenieros y director de la compañía de tranvías de esta ciudad y al Sr. Doñabeitia, alférez de complemento, que por su significación y relieve podría considerarse como víctimas más preciadas por las hordas marxistas.

Que MARCELINO MARTÍN AGUDO, de filiación socialista al subvenir el Movimiento Nacional desempeñaba el cargo de jefe de Negociado de Estadística del Ayuntamiento de Santander y voluntariamente solicitó y obtuvo bajo la dominación marxista de la ciudad puesto como miliciano en la Prisión Provincial donde procedió despiadadamente con las personas allí detenidas, facilitando la busca y captura de los mismos para entregarlos a las masas revolucionarias que dirigidas y alentadas por representantes de los partidos políticos del Frente Popular se dedicaban a toda clase de asesinatos, vejaciones y ensañamientos llegando a encarcelar violentamente y arrastrando por el suelo a quienes se resistían a trasponer los rastrillos de la Prisión donde eran esperados por los grupos armados, encargados de asesinar.

Que MANUEL BALBUENA SÁNCHEZ, de mala conducta y antecedentes, condenado por homicidio al iniciarse el MN. se encontraba recluido en la Prisión Provincial de Santander y al ser excarcelado por los elementos revolucionarios solicitó el cargo de miliciano en el interior de la Prisión; al ser detenido el Abogado Fiscal de la Audiencia de esta ciudad D. Julio Fernández Dívar, contra quien el procesado abrigaba resentimientos por haber intervenido en el periodo de instrucción y calificación, en el sumario seguido contra el BALBUENA, éste prevaliendo de la situación en que aquel se encontraba, le hizo objeto de amenazas, malos tratos y vejaciones y consiguió en la noche del veintisiete de mil novecientos treinta y seis que fuera seleccionado e incluido en el número de las víctimas que había de perecer a manos de los grupos armados que acudieron a la Prisión y a cuyo efecto acompañado de otro miliciano llamado Tomás Cuesta, sacó violentamente de la celda que ocupaba el Sr. Fernández Dívar y lo entregó a los revolucionarios que lo asesinaron a los pocos momentos. Hechos que el Tribunal califica como graves.

SEGUNDO RESULTANDO: Que los expedientados carecen de bienes de fortuna, teniendo como cargas familiares, ÁNGEL SAIZ MARTÍNEZ, la esposa y dos hijos menores de edad; MARCELINO MARTÍN AGUDO, la esposa y cuatro hijos menores, y MANUEL BALBUENA SÁNCHEZ, únicamente la esposa.

FALLAMOS POR UNANIMIDAD: Que debemos CONDENAR Y CONDENAMOS al expedientado ÁNGEL SAIZ MARTÍNEZ como responsable político a la sanción de SIETE MIL PESETAS, y a cada uno de los expedientados MARCELINO MARTÍN AGUDO Y MANUEL BALBUENA SÁNCHEZ a la de CUATRO MIL PESETAS…

GONZALO SALVIEJO MARSELLA, mayor edad, casado, comisionista, vecino de Laredo, actualmente en paradero desconocido. Iniciado por la Comisión de Incautaciones de Bienes de Santander y continuando por acuerdo de este Tribunal. (Sentencia 3.279 en Burgos a 20 de diciembre de 1941)

PRIMER RESULTANDO: Que de las pruebas, informes y antecedentes aportados a las diligencias aparece justificado que GONZALO SALVIEJO MARSELLA, de filiación marxista, ocupó el cargo de alcalde de Laredo durante la dominación roja sin que su carácter de autoridad se opusiera al asesinato del vecino D. Juan Ocejo, ordenó el derribo de las campanas de la iglesia y su venta; formó parte del grupo que obligó al depositario a la entrega de los fondos municipales y al G.M.N. huyó a Francia con su familia. Hechos que declaramos probados.

SEGUNDO RESULTANDO: Que los bienes que resultan de la propiedad del expedientado ascienden a trescientas sesenta y seis pesetas, diez céntimos, teniendo como cargos familiares su esposa y cuatro hijos menores de edad. Hay pieza de embargo.

FALLAMOS: Que debemos CONDENAR Y CONDENAMOS al expedientado GONZALO SALVIEJO MARSELLA, a las sanciones de inhabilitación absoluta durante DOCE AÑOS y a la económica de VEINTICINCO MIL PESETAS.

ISIDRO TAGLE FERNÁNDEZ, 72 años, vecino de La Serna, casado, propietario, "Por acuerdo dimanante de varias causas acumuladas a la 368 de 1937 de Santander, estando unido por expediente seguido por la Comisión Provincial de Incautación de Bienes de Santander". (Sentencia 1.994 en Burgos el 7 de junio de 1941).

PRIMER RESULTANDO: Que el expedientado ISIDRO TAGLE FERNÁNDEZ fue condenado a la pena de muerte, posteriormente conmutada por la de inferior grado con sus accesorias, como autor de un delito de adhesión a la rebelión, con circunstancias agravantes, por sentencia de 25 de octubre de 1937 dictada en Santander por el Consejo de Guerra núm. 3 dándose como hechos probados: Que Isidro Tagle Fernández, marxista, ateo y juez municipal de Arenas de Iguña, está considerado como el principal dirigente político de dicho pueblo aunque no actuaba directamente, sino valiéndose de testaferros que obraban a su dictado...

Hechos que el Tribunal califica como graves.

SEGUNDO RESULTANDO: Que el expedientado no hizo declaración de bienes y cargas familiares pero de la pieza separada resulta que le han sido embargados bienes por valor de ochenta y tres mil quinientas setenta y cinco pesetas y que no tiene hijos menores de edad.

...FALLAMOS: por unanimidad: Que debemos CONDENAR Y CONDENAMOS al expedientado ISIDRO TAGLE FERNÁNDEZ como responsable político a la sanción de CUARENTA MIL PESETAS...

ESTEBAN TORREDO RELLOSO, 71 años, vecino de Santoña, propietario de una fábrica de conservas, por acuerdo de este Tribunal (sentencia 2.247 en Burgos el 5 de julio de 1941) a consecuencia del testimonio dimanante de la causa núm. 77 de Santoña unida al que le siguió la Comisión Provincial de Incautación de Bienes de Santander.

PRIMER RESULTANDO: Que el expedientado ESTEBAN TORRADO RELLOSO, fue condenado a la pena de reclusión perpetua, con sus accesorias, como autor de un delito de adhesión a la rebelión, por sentencia de 5 de octubre de 1937 dictada en Santoña por el Consejo de Guerra Permanente núm. 3, dándose como hechos probados: Que ESTEBAN TORRADO RELLOSO, de significación marxista afiliado a IR demostró gran actividad durante el Movimiento a favor de los rojos, a cuya disposición puso cuanto tenía, incluso un auto que era conducido por el hijo, perseguidor solapado de las derechas, decía con frecuencia que iba a cortar la cabeza de todos con una hoz y que no merecían ni que se les daría de comer.

Hechos que el Tribunal califica como graves.

SEGUNDO RESULTANDO: Que los bienes que resultan de la propiedad del expedientado ascienden a treinta y nueve mil quinientas veintinueve pesetas, catorce céntimos en metálico y cuenta corriente en bancos, no teniendo cargas familiares. En la pieza separada aparecen embargados el edificio y enseres de cocina de una fábrica de salazón valorados en sesenta seis mil ochocientas cuarenta y nueve pesetas setenta y nueve céntimos y adjudicados en seis mil cuatrocientas setenta y cinco pesetas algunos efectos al mejor postor, sin que conste donde fue ingresada aquella suma...

FALLAMOS por unanimidad: Que debemos CONDENAR Y CONDENAMOS al expedientado ESTEBAN TORRADO RELLOSO como responsable político a la sanción de VEINTE MIL PESETAS...

ANTONIO TRUEBA CANTOLLA, mayor de edad, casado, abogado, vecino de Santander, por acuerdo de este Tribunal (sentencia 2955 en Burgos el 13 de septiembre de 1941) a consecuencia del testimonio dimanante de la causa 272/37 de Santander.

PRIMER RESULTANDO: Que el expedientado ANTONIO TRUEBA CANTOLLA fue condenado a la pena de muerte, posteriormente conmutada por la de inferior grado, con sus accesorias, como autor de un delito de adhesión a la rebelión, por sentencia de 18 de septiembre de 1937, dictada en Santander, por el Consejo de Guerra permanente núm. 1, dándose como hechos privados: que el procesado por su ideología socialista continuó en el cargo de Juez Municipal del Distrito Oeste de Santander al estallar el Movimiento Nacional, siendo después nombrado secretario de un Juzgado Especial afecto al Tribunal Popular y en el mes de abril último (1937) Presidente del Juzgado de Urgencia con pesetas 16.500 pesetas anuales de sueldo y con categoría de magistrado de entrada en el desempeño de cuyo cargo impuso penas preventivas de libertad y multas a personas afectas al Movimiento Nacional, por el solo delito de su ideología españolista. Hechos que el Tribunal califica como graves.

SEGUNDO RESULTANDO. Que los bienes que resultan de la propiedad del expedientado ascienden a quince mil quinientas cincuenta pesetas en valores y una parte de una casa en Menéndez Pelayo 98, con deudas que no puede precisar, teniendo como cargas familiares la esposa y tres hijos menores de edad.

FALLAMOS POR UNANIMIDAD: Que debemos CONDENAR Y CONDENAMOS al expedientado ANTONIO TRUEBA CANTOLLA, como responsable político a la sanción de DIEZ MIL PESETAS…

GUMERSINDO VALLE PÉREZ, vecino de Santoña, casado, "por acuerdo de este Tribunal (sentencia 1.509 en Burgos a 30 de enero de 1941) a consecuencia del testimonio dimanante de la causa núm. 79 de 1937 de Santoña, estando unido expediente seguido por la Comisión Provincial de Incautación de Bienes de Santander.

PRIMER RESULTANDO: Que el expedientado GUMERSINDO VALLE PÉREZ fue condenado a la PENA DE MUERTE, ejecutada en 16 de noviembre de 1937 como autor de un delito de adhesión a la rebelión por sentencia de 7 de octubre de 1937 dictado en Santoña por el Consejo de Guerra Permanente núm. 2, dándose como hechos probados: Que GUMERSINDO VALLE PÉREZ, afiliado a Izquierda Republicana, concejal y teniente alcalde del Ayuntamiento… presidente de la Sociedad "Depósitos de Pescadores", directivo de los elementos izquierdistas de Santoña, tomó parte en el asalto del cuartel de Infantería al estallar el Movimiento, instalándose en el mismo.

Hechos que el Tribunal califica de graves.

SEGUNDO RESULTANDO: Que en la pieza separada aparecen embargados una casa valorada en treinta mil pesetas; otra en quince mil y dos pisos en seis mil pesetas más una embarcación en diez ocho mil pesetas. Aparecen unidas varias reclamaciones de tercería y no se hizo declaración de bienes y cargas familiares.

Un hijo llamado Juan Antonio Valle Villafranca, oficial de prisiones presenta reclamación alegando el buen trato dado al general Sanjurjo.

FALLAMOS POR UNANIMIDAD: Que debemos condenar y condenamos al expedientado GUMERSINDO VALLE PÉREZ como responsable político a la sanción de VEINTE MIL PESETAS...

ELADIO VILLANUEVA GARCÍA y su esposa MARÍA ROSA GUILLAUME GUILLÓN, mayores de edad, vecinos que fueron de Santander, seguido por la Comisión Provincial de Incautación de Bienes de Santander y ordenado proseguir por el Tribunal (sentencia 1121 en Burgos el 16 de noviembre de 1940).

PRIMER RESULTANDO: "... director que era de la sucursal del Banco de España en Santander el 18 de julio de 1936, aceptó y desempeñó los cargos de Inspector General de sucursales y la jefatura de una oficina especial relacionada con los asuntos de éstas, para lo que fue nombrado por el Ministerio de Hacienda rojo, abandonando España cuando Santander fue tomado por las tropas nacionales, acompañado de su esposa Dña. María Rosa Guillaume Guillón y residiendo ambos desde aquella fecha en Francia. Hechos probados.

SEGUNDO RESULTANDO: Que los bienes que resultan de la propiedad de los expedientados ascienden aproximadamente a quinientas mil pesetas según resulta de la pieza separada de embargo, sin que al parecer tenga el matrimonio cargas familiares.

Presenta reclamación una ahijada llamada Sara Calvete en la que acompaña una carta de Villanueva fechada en Biarritz el 9 de julio de 1940 en que hace protestas de sus ideas cristianas y derechistas y su amistad con prohombres ilustres nacionales lo que le acarreó según expresa el dictado de fascista, pero en la que no justifica su prolongada estancia en el extranjero.

CONSIDERANDO: "Que ... estimándose que la obligación cristiana y legal de seguir la esposa al marido es justificación suficiente de la estancia de la Sra. Guillaume de Villanueva en el extranjero por lo que procede la absolución de ésta con todas sus legales consecuencias, mereciendo en cuanto al Sr. Villanueva la calificación de graves por tratarse de persona de arraigo y prestigio y ocupar un alto puesto de confianza desde el que pudo realizar una buena actuación contra la República de Santander, lo que no se ha acreditado, por lo que procede imponer al inculpado Sr. Villanueva las sanciones de inhabilitación especial y la económica comprendidas en los grupos I y III, del artículo 8º de la repetida Ley en la cuantía que se expresa en el fallo.

FALLAMOS: Que debemos CONDENAR Y CONDENAMOS al expedientado ELADIO VILLANUEVA GARCÍA a la sanción de INHABILITACIÓN 'POR QUINCE AÑOS a contar desde que esta sentencia pueda serle personalmente notificada para cargos políticos o en Organizaciones dependientes de entidades políticas y a la económica de DOSCIENTAS CINCUENTA MIL PESETAS...

GREGORIO Y LEONCIO VILLARÍAS LÓPEZ, de 53 y 50 años de edad, vecinos de Santoña, casados, industriales y en la actualidad, huidos al extranjero, por la Comisión de Incautación de Bienes de Santander, y remitido a este Tribunal, sin resolución en el mismo (sentencia 3.485 en Burgos el 13 de abril de 1940).

PRIMER RESULTANDO: "... GREGORIO VILLARÍAS LÓPEZ, personalidad destacada en Santoña, por su posición económica e industrial, y de ideas izquierdistas muy acentuadas, perteneciendo como afiliado al partido de Izquierda Republicana, presidió la agrupación del Frente Popular en aquella población, siendo concejal de su Ayuntamiento; fue el más eficaz propagandista del Frente Popular en Santoña, y desde los primeros momentos asumió el mando militar como general del Ejército rojo, en el sector de Los Tornos, en la limítrofe con Burgos, ejerciéndolo hasta la liberación de la provincia de Santander, en cuyo momento huyó al extranjero sin que haya regresado aún y sin que por las Autoridades Militares se le siga procedimiento judicial. Hechos privados. LEONCIO VILLARÍAS LÓPEZ, de iguales ideas y tendencias que su hermano Gregorio, coadyuvó con éste en todos sus manejos políticos y fue también Presidente del Frente Popular de Santoña durante la dominación roja y concejal de aquel ayuntamiento; fue uno de los asaltantes del cuartel de Infantería de Santoña y considerado por las autoridades locales como autor moral y material de los desmanes de la canalla marxista. Al liberarse Santander, huyó al extranjero con toda su familia, sin que haya regresado aún a España. Consta que por las Autoridades Militares no se le sigue procedimiento judicial. Hechos probados.

SEGUNDO RESULTANDO: Que los bienes que resultan de la propiedad de los expedientados, ascienden a doscientas noventa y una mil quinientas once pesetas, con veintinueve céntimos, los de Gregorio, y a doscientas ocho mil doscientas ocho pesetas, con cincuenta y seis céntimos, los de Leoncio, habiéndose interpuesto varias tercerías de dominio, teniendo como cargas familiares la esposa y dos hijos menores de 14 años, en zona nacional el Gregorio, y la esposa y otros dos hijos menores Leoncio, huidos con éste al extranjero.

TERCER RESULTANDO: Que... por la esposa del encartado GREGORIO VILLARÍAS, hecho uso del derecho que le concede aquel artículo en escrito en el que reconociendo que su esposo militó en los partidos del Frente Popular, alega en su defensa, que su actuación fue limpia y empleó su jerarquía para salvar a sacerdotes y familiares suyos de ideas derechistas a otras personalidades del campo de derechas, acompañando para justificarlo, escritos de varios favorecidos y solicitando se oiga a otras personas sobre hechos análogos, y por último se alega que su hijo Gregorio Villarías Palacio, al ser liberado Santander, con 16 años, se incorporó voluntario a las fuerzas nacionales en diciembre de 1938, hallándose en el Batallón de Transmisiones, habiendo estado hasta la terminación de la guerra en el llamado frente de Madrid. Por LEONCIO VILLARÍAS, no se ha presentado ningún escrito de defensa, habiéndose observado las prevenciones legales en la tramitación de las actuaciones.

FALLAMOS: Que debemos condenar y condenamos al expedientado GREGORIO VILLARÍAS LÓPEZ a la sanción de PÉRDIDA TOTAL DE SUS BIENES Y EXTRAÑAMIENTO, proponiendo al Gobierno la pérdida para el mismo de la nacionalidad española, y al expedientado LEONCIO VILLARÍAS LÓPEZ, a la sanción de INHABILITACIÓN ABSOLUTA POR QUINCE AÑOS DESTIERRO POR EL MISMO PERIODO DE LA PROVINCIA DE SANTANDER, y la económica de DOSCIENTAS CINCUENTA MIL PESETAS...

JUAN ANTONIO VILLEGAS CASADO, vecino de Santander y hoy en ignorado paradero (sentencia 3.610 en Burgos el 28 de abril de 1942). Era capitán de fragata y socialista, nombrado jefe de la flota del Cantábrico.

PRIMER RESULTANDO: "... desempeñaba el cargo de Delegado Marítimo de Santander, al surgir el Glorioso Movimiento Nacional, cargo que continuó desempeñando bajo dominio rojo, y con tal carácter figuró en una Junta de Defensa, y el 25 de junio de 1937, se le comunicó por el llamado Gobierno de Santander, Palencia y Burgos, en virtud de orden del ministro de Defensa Nacional, que se hiciera cargo interinamente de la jefatura de las Fuerzas Navales del Cantábrico y que se pusiera como tal a disposición del Jefe del Ejército del Norte, orden que cumplió desempeñando ese cargo desde indicada fecha de 25 de junio hasta el 25 de julio del mismo año, fecha en que volvió a reintegrarse a su anterior destino y al entrar las fuerzas nacionales huyó al extranjero sin que se conozca su actual paradero. Procesado por el delito de Rebelión Militar, causa 2903 de 1938, de la Comandancia General del Departamento Marítimo de Ferrol del Caudillo, sus actuaciones se hallan archivadas en aquel Departamento por rebeldía del acusado.

SEGUNDO RESULTANDO: Que los bienes muebles, inmuebles y rentas embargadas en la pieza de embargo, como de la propiedad del JUAN ANTONIO VILLEGAS CASADO, hasta el 28 de julio de 1938, ascienden según tasación pericial a treinta y dos mil trescientas pesetas con dos céntimos y ello sin contar la finca urbana, sita en el Ayuntamiento de Camargo a que se refiere la comunicación de 148 de la alcaldía de este pueblo, folio 32 del expediente, que no aparece incluida en anterior tasación, apreciada por dicha alcaldía en doce o catorce mil pesetas, ni la finca de mil quinientos carros a que se refiere la comunicación de 17 mayo de 1941, de la administración judicial en la pieza sin folio — de rendición de cuentas, ni tampoco si resultase cierta la suposición de ser dueño de las marismas conocidas por su nombre de una extensión superficial que calcula dicha alcaldía de Camargo en diez mil carros, cuyo valor indica la alcaldía, no puede apreciar en su totalidad, reclamándose por la mujer del encartado una cantidad superior a la tasada como procedente de bienes propios vendidos por su marido, apareciendo como cargas familiares su esposa e hija.

TERCER RESULTANDO: Su hija niega los cargos que se le imputan a su padre de izquierdista y propagandista estimándose improbados y atribuye el haber aceptado el cargo de Delegado Marítimo a los peligros gravísimos que hubiera corrido en caso contrario... como Jefe de la Flota dice que se excusó de aceptarlo y que no desempeñó ese cargo.

FALLAMOS: Que debemos CONDENAR Y CONDENAMOS al expedientado JUAN ANTONIO VILLEGAS CASADO a las sanciones de INHABILITACIÓN ABSOLUTA DURANTE QUINCE AÑOS y abono al Estado Español de la suma de VEINTICINCO MIL PESETAS... (Y AÑADE EL EMBARGO DE LAS FINCAS SEÑALADAS ANTERIORMENTE).

ES HERMANO DE WLADIMIRO VILLEGAS CASADO, 45 años, Procurador de los Tribunales, natural de Cóbreces, vecino de Torrelavega, casado, afiliado al Partido Radical y después a Izquierda Republicana, concejal de la

Gestora del Ayuntamiento de Torrelavega, siendo autor de una moción al expresado Ayuntamiento en que se condenaba el Glorioso Movimiento Nacional y se exaltaba al marxismo; fue secretario del Socorro Rojo Internacional y al aproximarse las tropas nacionales huyó a Francia. Tiene esposa y ocho hijos. El mayor de 22 años, el segundo guardiamarina, el tercero, falangista camisa vieja y los demás hembras.

Su mujer (Juliana Bustamante de la Rocha) alega que no era radical ni de izquierda republicana y si tuvo cargo en el SRI. fue por la necesidad de buscarse la vida para sí y para su familia, que salvó a muchas personas de derechas y que fue evacuado forzoso por los rojos y que si no vuelve por el temor a una persecución al regresar a España.

Fue inhabilitado por quince años para cargos políticos o de organismos dependientes de entidades políticas y a la económica de cinco mil pesetas.

Los destacamentos penales

La redención de penas por el trabajo y la asistencia a las familias de los presos, puesta en práctica el 1 de enero de 1939, se configuró inicialmente por Decreto de 28 de mayo de 1937 y regulada por la O.M. de 7 de octubre de 1938 que desarrollaba el Decreto anterior y reconocía el "derecho" a determinados penados a trabajar durante el cumplimiento de las condenas para condonar las penas. Los reclusos reclutados lo podían ser en obras del Estado, Diputaciones, Ayuntamientos y particulares y se condonaba un día de condena por día trabajado. Desde el Código Penal de 1944 fue un día de condena por dos días trabajados.

La aplicación de esta legislación se fijaba para las necesidades más urgentes en principio, como era el restablecimiento de las comunicaciones y que se acometen al poco de entrar los nacionales. Con tal finalidad se crea el servicio militar de puentes y caminos del Norte, sustituido por el servicio militar de construcciones, para la reconstrucción de puentes de carretera y ferrocarril, que habían sido inutilizados y dinamitados por el ejército republicano en su retirada. Tales servicios dependen de la Comandancia de Ingenieros de Fortificaciones y Obras de la 6ª Región Militar que suministra el material, empleando a presos con condenas menores, generalmente entre los 6 y 12 años y un día, encuadrados en batallones de trabajadores, así como personal militar de reemplazos movilizados. Posteriormente se creó el Destacamento de Santander con base en la capital y Santoña para gestionar directamente la reparación de este tipo de obras. En Cantabria, los puentes quedaron reparados al poco tiempo de su demolición, es decir, en octubre de 1937.

Las colonias penitenciarias militarizadas fueron creadas por Ley de 8 de septiembre de 1939 con el doble fin - según consta en la exposición de motivos - de aprovechar las aptitudes de los penados "en su propio beneficio moral y material, y en la del Estado, aplicándolos a la ejecución de obras de utilidad nacional" persiguiéndose de este suerte, además del debido rendimiento "que incluso pudiera llegarse a la amortización de las crecidas cantidades que el gobierno aporta para el sostenimiento de la población penal". Cualquier empresa particular, organismo del Estado, Diputaciones o ayuntamientos podían solicitar esta mano de obra, por otra parte, cualificada, barata y disciplinada.

El Régimen cantaba las excelencias, como no podía ser menos, de su sistema de redención basado en el modelo cristiano de regeneración y perdón (el jesuita Pérez del Pulgar era el cerebro gris de "la solución que España da al problema de sus presos políticos, aunque era Franco el caudillo "magnánimo" protagonista de la medida). En realidad, constituía una forma de disciplinamiento laboral, de control y vigilancia social sobre los reclusos y sus familias, asociada a la idea redentora de salvación del alma por medio de una purga que le limpiara de los pecados cometidos como integrante de las "hordas rojas".[156]

---

[156] Vid. Zurita García, Juan, 1989: 51 - 60.

El mando se confiaba a jefes y oficiales del Ejército y las unidades están formadas por batallones, agrupaciones y destacamentos. La estructura, organización y funcionamiento era enteramente militar. Serán los destacamentos los que cobren mayor importancia en la posguerra como señala el hecho de que en 1942 se encontraban en funcionamiento noventa y tres para la realización de pantanos, carreteras, ferrocarriles, puentes, minería, repoblación forestal y de los que es exponente el Destacamento Penal de Arroyo con 120 penados, junto con los canales del Bajo Alberche y Montijo, la reconstrucción de Belchite, Teruel, Potes y Oviedo, así como el célebre Valle de los Caídos. En la provincia se encontraban también el Penal del Escudo para la reparación de la carretera Santander - Burgos, el de Vega de Pas para la construcción del ferrocarril Santander - Mediterráneo, el del canal de Trespaderne, la construcción de los Saltos del Nansa, las Minas de Cabárceno, el Destacamento Penal de Ganzo para la construcción de la SNIACE. En Burgos, el de Miranda de Ebro, Pedrosa de Valdeporres y Valdenoceda. [157]Los presos enviados, proceden de Tabacalera, que empieza a cerrar sus puertas el 9 de junio de 1943. Los que no podían trabajar, por razones de salud o invalidez física, serán destinados al Dueso.

El jornal estipulado era de dos pesetas diarias para los peones, que se aumentaba en otras dos, si el interesado estuviera casado, más una, por cada hijo menor de quince años, que luego se extendería a los mayores de quince años. Estos suplementos se entregaban directamente a los familiares a través de las Juntas locales de Redención de penas por el trabajo dependientes del Patronato Central de Redención integradas por el cura párroco o sacerdotes en quien éste delegue, un representante del Alcalde, afiliado a FET y de las JONS y en una mujer "que reúna condiciones de espíritu caritativo y celoso". El salario de un trabajador "libre" oscilaba entre las doce y catorce pesetas. El diferencial engrosaba las arcas o la Hacienda del Estado. En el caso de las empresas privadas, se pagaba el salario de un obrero normal, y el Estado se quedaba con la parte restante, algo más de nueve pesetas, aunque se ahorraban los costes inherentes al trato con un trabajador normal porque disponían de ellos sin las cortapisas de los cambios de empresa o los finiquitos de los obreros "libres".

La afición de los Estados totalitarios coetáneos por el sistema de trabajos forzados (léase los engendrados por Hitler y Stalin) tenían su remedo en la España de Franco, enmascarado con el ropaje de las seráficas palabras de caridad, perdón y redención del lenguaje de los inspiradores católicos. Eran, en versión hispana, los esclavos de Franco. [158]

Felipe Matarranz, desde la Prisión Provincial, fue destinado a los talleres penitenciarios de Alcalá de Henares. Allí se dedicó a la construcción de armarios y mesas. Le daban dos pesetas por ser soltero que lo gastaba en pipas y de las que

---

[157] La Sociedad Nacional Industrias Aplicaciones Celulosa Española (SNIACE) se creó por Decreto del 13/04/1940 declarada de interés nacional. Se puso en marcha en agosto de 1944 y se destinó a la obtención de fibra textil artificial y rayón. Vid. Gobierno Civil, 1950: 185. Para Burgos Vid. Rilova Pérez, 1987.

[158] Véase Torres, Rafael, *Los esclavos de Franco*, Oberón, Madrid, 2002.

comía hasta las cáscaras. Marcaban un plan de trabajo y tenían que entregar los armarios en un plazo prefijado. Tenía buenas manos y terminaba sus labores antes del plazo prefijado. Junto con los más diligentes ayudaba a los más rezagados. Porque si no, los últimos pasaban a unas dependencias de las que desaparecían para siempre. Unas evaporaciones que emulaban a los campos de exterminio nazis o los "gulags" de Stalin y que conducían a una doble e inevitable presión agonizante.

En cuanto al tipo de condenas, inicialmente sólo se aceptarán reclusos con penas inferiores a los doce años y un día, restricción que desaparece paulatinamente a partir de 1940 dando cabida a penados con penas más graves. Sin embargo, va a persistir la prohibición absoluta, confirmada en la O.M. de 11 de enero de 1940, de designar para estos destinos a reclusos que pertenecen o hubieran pertenecido a la masonería para lo cual se hacía prestar un declaración jurada de no formar parte de la misma. A partir del Código Penal de 1944 se abre a todo tipo de delitos.

Algunos miembros del Destacamento Penal de Arroyo se evadieron y pasaron a formar parte de la guerrilla. [159]Fuera de las horas de trabajo los presos dormían y comían en barracones y eran custodiados por fuerzas de la Guardia Civil. Gozaban de cierta libertad de movimientos, pero las condiciones no mejoraron desde el punto de vista de la alimentación. En las obras del Pantano, por ejemplo, un grupo de presos protagonizó una huelga de hambre el 17 de diciembre de 1946 que conllevó el traslado de los mismos a la Prisión Central de Burgos.

La vida en los batallones y destacamentos de trabajadores dependía del buen o mal carácter del funcionario de turno, pero prevalecían los malos tratos derivados de una ideología reaccionaria como nos confirma Vicente Gutiérrez Quintana.

VICENTE GUTIÉRREZ QUINTANA[160] nació el 1 de septiembre de 1917 en Caranceja (Reocín). Era el penúltimo de 7 hermanos. Se dedicó a las labores del campo. De pequeño fue muy religioso. Pero se hizo de izquierdas por mediación de un vecino, Pío Villegas, que estaba suscrito a *Mundo Obrero* y le explicó lo que era el comunismo y poco a poco se impregnó de esa ideología. Pertenecía a las JJSSUU. Se alistó en Torrelavega donde el mismo Pío Villegas, que era teniente, reclutó voluntarios y se fue al frente con el Bon. Fuentes luego Bon. 103. Estuvo en La Lora y en la operación de Castro Grande donde sólo intervino para reemplazar al Bon. 114 que fue quien entró en línea de fuego. Cuando a las familias de derechas de estos pueblos les negaron el racionamiento las izquierdas, Pío Villegas y su mujer Sacramento, dieron la cara para que les suministraran los viáticos como a cualquier vecino. Pero entraron los franquistas y Pío Villegas fue ejecutado. Nada fue tenido en cuenta. Era un comunista y punto.

---

[159] Vid. Gómez Parra, Rafael, 1983: 85 - 86: "los guerrilleros de este sector asaltaron el destacamento penal de Arroyo (agosto de 1945 y enero de 1946), incorporando a cerca de veinte antifascistas a la guerrilla"; Cicero, Isidro, 1982: 87. Vid. también las declaraciones de Martín Santos.

[160] Entrevista el 24/08/02.

La retirada le sorprendió en Corconte y en retroceso pasa por El Escudo, Puente Viesgo hasta recalar en Santander con la intención de embarcarse en buques que, según decían, les llevaría a Barcelona. Le hicieron prisionero los italianos en Peñacastillo. Le llevan a Pamplona y de allí al campo de concentración de Miranda de Ebro para ser clasificado. Pasa a un Bon de Trabajadores en Sanlúcar La Mayor, el 134 Regimiento de Granada 6. Realiza trabajos de reparación de carreteras, campos de aviación. Las imposiciones y los atropellos eran moneda corriente. Había una compañía de vascos y uno de ellos, un jabato, lleva un saco de cemento a la espalda. Tenía que recorrer el patio durante 20 minutos sin parar. Estaba castigado por hablar vasco.

Tenían que levantar el brazo para saludar al estilo fascista. Pero aquel tipo, un teniente de Málaga, de unos 32 años, no quería ver luz entre los dedos. El sufrió tres palizas. Y el modelo era el siguiente. Sin más ni más le dice: "bájese los pantalones y quítese la camisa" y con una verga empezó a azotarle.

Le llevan a Posadas (Córdoba) para la construcción de un puente sobre el Guadalquivir y después al frente de Peñarroya para hacer una carretera hasta Puente Genil, luego ingresa en la prisión de Córdoba donde estuvo siete meses.

De Córdoba es trasladado a Santander y en el año 1941 es sometido a Consejo de Guerra donde le piden la última pena, acusado de la muerte de un vecino de Quijas llamado "Tuto" tras ser denunciado por un pariente. Conmutada la pena por la de cadena perpetua fue recluido en la Prisión Provincial. Con el incendio de Santander en 1941, se quemó el tejado de la cárcel y los presos fueron trasladados a Tabacalera.

De Tabacalera le llevaron a Ganzo para la construcción de la SNIACE donde se congregaron unos 600 presos para redimir pena. Acabadas las obras, les llevaron al penal del Dueso. Como era preceptivo, al entrar en la prisión estuvo 15 días de aislamiento. Después del Dueso le trasladan a la Prisión Provincial de Oviedo de donde salió para trabajar en regiones devastadas en este caso en la reconstrucción de la ciudad. En su caso concreto trabajó en un cuartel de la Guardia de Asalto. De aquí pasó a Gijón donde permaneció dos meses y finalmente a Santiago de Compostela de donde salió en libertad provisional el 4 de abril de 1946 y volvió a su pueblo natal hasta que se reintegró como enlace de la guerrilla.

La reconstrucción de Potes conllevó la construcción de veinte viviendas de jornaleros, siete casas en la plaza, mercado y plaza, puente sobre el Quiviesa, hospital, cuartel de la Guardia Civil, Casa de Correos y Telégrafos, reconstrucción de dos viviendas, matadero, grupo escolar, juzgado, ayuntamiento, traída de aguas y alcantarillado, iglesia y urbanización de varias calles, parada de sementales.[161] Los malos tratos de los presos en esta villa fueron un caldo de cultivo de la guerrilla de los Picos de Europa, de la que surgirán el mítico "Juanín", los hermanos Hermenegildo Campos Campillo, Daniel Rey, etc., como veremos.

Los saltos del Nansa se constituyeron en Madrid en 1941 con capital conjunto del Banco de Bilbao, Nueva Montaña Quijano, Electra Viesgo, Banco Central

---

[161] El Avance Montañés: 107.

y Banco Santander, para el aprovechamiento integral de los recursos hídricos de la cuenca del Nansa, mediante un sistema de centrales de gran salto, ordenados a lo largo del río para utilizar el desnivel total, con un embalse de almacén regulador en cabecera — La Cohilla. Su producción se cifró en 200 millones de kilowatios/año y se destino al abastecimiento eléctrico de la factoría de Nueva Montaña Quijano, S.A. e intercambios con Electra Viesgo. [162] Las obras de los Saltos del Nansa se iniciaron en 1949 y en ellas trabajaron prisioneros capturados en Huesca, en la invasión del maquis el 29 de octubre de 1944, presos condenados por delitos comunes y emboscados de la zona oriental de Cantabria, después de recorrer un gran trozo de la geografía española en destacamentos Penales.

El Patronato prefería destinar reclusos de regiones alejadas para evitar el tejido de relaciones solidarias y políticas que se pudieran establecer en caso contrario o se les trasladaba cada cierto tiempo por toda la geografía española.

---

[162] Ortega Valcárcel: 269 – 270.

La represión de los hijos de "los rojos": la arbitrariedad, las humillaciones y las vejaciones en los internados religiosos

JULIO BÁRCENA POSTIGO [163] es hijo de Julio Bárcena Postigo nacido el 1 de octubre de 1902 en Arantiones, delineante y vocal del Sindicato Metalúrgico durante la etapa republicana por el PCE, casado con Laurentina Postigo Postigo nacida el 1 de julio de 1909 y fallecida el 6 de julio de 1942.

El padre murió el 19 de septiembre de 1937 en el bombardeo de la aviación franquista en Revillajijedo (Gijón) en los talleres trasladados de La Naval de Reinosa a aquella localidad. Era a su vez hijo de Mariano Bárcena Gómez, jefe del almacén de oxígeno de La Naval, nacido en 1864 y fallecido el 3 de febrero de 1939.

Ambos, padre y abuelo de Julio Bárcena Postigo, que nació el 22 de noviembre de 1922 y estudió en el colegio San José de Reinosa durante los años 1940 al 43. En el año 1942 falleció su madre y estuvo durante el curso 1942/43 en la escuela de Federico Muñoz ubicada en la Fuente de la Aurora.

En septiembre de 1944 ingresó en el colegio Zancajo Osorio de Falange, ubicado en Ontaneda, donde le hicieron aprender instrucción, cánticos, etc. además de ser nombrado jefe de escuadra y de pasar un hambre espantoso, paliado con las castañas y peladuras de naranja que encontraban en la calle.

La única opción para un desvalido en aquellos momentos era ingresar como seminarista. Un salesiano oriundo de Reinosa le recomendó y facilitó el acceso, no sin antes superar una prueba de conocimientos.

En agosto de 1945 ingresó en los Salesianos de Carabanchel Alto donde cursó primero de Humanidades. Luego fue trasladado a Arévalo (Ávila) donde hizo 2º, 3º y 4º, entre 1945 y 1949. No pudo concluir el curso 1948 – 49 por falta de recursos económicos, aunque alegaron otras causas.

Estas causas que nunca ha podido confesar, que el sistema opresivo prohibía no ya denunciar, sino tan siquiera airear, que ha mantenido en secreto, puesto que su opinión no servía para nada por ser huérfano de padres "rojos", por ser fácil deshacerse de él para la "clerigalla" tan frecuente en la posguerra, consistieron en ser acusado en público de ciertas faltas de conducta, "las cuáles puedo dar fe de cómo sucedieron, a pesar de que ni los de mi casa, es el día de hoy, saben las vejaciones que sufrí."

La historia de estos vejámenes fue motivada por el despertar sexual de la adolescencia. Las erecciones nocturnas y diurnas le causaban un motivo de desasosiego que era transmitido en confesión. Llegó a oídos del director y el argumento de este personaje no fue otro que atarle las manos con una cuerda alrededor del cuello para evitar la masturbación. Sus brazos y sus manos inmóviles nada podían hacer para dar rienda suelta a sus naturales impulsos. Por si fuera poco era

---

[163] Entrevista en Santander el 22/11/02.

vigilado cada noche para observar si estaba convenientemente atado... Pero lo peor estaba por llegar.

Un día, alguien le arrojó un papel apretado y el cuidador se dirigió a su mesa para desplegarlo y leerlo. Estaban escritas frases obscenas sobre el pene, sobre las capacidades, las posibilidades, las variantes groseras en torno al miembro masculino, todo fruto de mentes inocentes de sexo reprimido.

El director requirió su presencia y al verlo empezó a propinarlo una bestial paliza con puñetazos y patadas. Sangró por la boca, por los oídos y después vino su expulsión.

¿Tan aberrante puede ser la capacidad de opresión del hombre sobre su semejante?, ¿tan deformada puede estar la mente de un humano para acallar de esa forma la inquietud de un adolescente indefenso y privado de sus padres por una guerra cruel?

Antes de la expulsión, este "superior" pederasta intentó abusar de aquel joven abandonado y luego vino la despreciable venganza de un engendro castrado y castrador, miserable personajillo al que no bastaba la absolución de la confesión que teóricamente debía de practicar y administrar. No. Vino el ensañamiento y la carencia de todo sentimiento de piedad.

"El año 1949 regresé a la casa de una tía de Bustillo del Monte y al cabo de un mes, me enviaron a la Universidad Pontificia de Comillas para trabajar como criado, concretamente para fregar platos y poner el comedor de los teólogos. Hoy en día hay sacerdotes que me conocen, afirma. Estuve hasta octubre de 1950, pero veía que no era vida para mí ya que no me concedían la oportunidad de estudiar.

Regresé a Bustillo del Monte. A la semana siguiente me enviaron como criado a Cezura (Palencia) para realizar labores del campo y estuve dos años ganando 2.000 pesetas al año, arando, segando, trillando... fueron los años 1951, 1952: Por noticias que llegaron, se enteró que necesitaban un criado en Revelillas (Valderredible). Se puso en contacto y le ofrecieron 3.000 pesetas al año y allí se trasladó hasta el 6 de agosto de 1954, fecha en la que fue llamado a filas. Siempre tenía in mente conseguir otro trabajo más acorde con su preparación. Todos los vecinos se extrañaban de mi ocupación y en realidad nunca tuve un apoyo, una mano que me apoyase."

En Revelillas propuso al cura que le ayudara para ingresar en La Naval. Su padre y su abuelo habían trabajado en la factoría y había cierta preferencia de los hijos de empleados para entrar en plantilla. Tenía una casa en Reinosa lo que facilitaba la posibilidad de alojamiento y entonces los curas tenían mucha influencia.

La contestación del clérigo fue brutal: "No quiero ni me da la gana ayudar a ningún hijo de comunista." Cuando tenía que oficiar la misa yo le seguía de lejos para entrar en la iglesia esperando la ocasión para abordarle sin estruendo.

Desde luego, que con la Iglesia había topado varias veces sin cometer ningún pecado contra Dios.

Todas las puertas se cerraron y deseó que llegara el día de incorporarse al servicio militar. Llegado el momento recogió sus ganadas 3.000 pesetas y fue a

Bustillo del Monte para preparar un poco de equipaje y caminar con otro compañero hasta la estación de Pozazal para tomar el tren y llegar a Santander. De allí puso rumbo a la Escuela Militar de Jaca donde se incorporó a la Compañía de Esquiadores Escaladores de Candanchú. Antes de partir, su tío le "aconsejó" que no llevara tanto dinero encima, pues podría ocurrir que lo perdiera o le robaran. Detrás de esas inocuas intenciones se escondía el afán depredador de un pariente descastado. "Le dejé 2.000 pesetas y me llevé las 1.000 restantes. ¡En buena hora…! me quedé sin ellas para siempre y nunca supe a pesar de que por carta le dije que me enviara algún giro. En 1955 murió mi abuela y por carta me lo comunicaron. Pedí me enviara algún dinero y me contestó que menos exigencias y que de seguir así lo comunicaría a la Guardia Civil. Fui cabo y con lo que nos daban, mal pasé la mili y sólo deseaba que llegara la hora de mi licencia, pero al tiempo yo pensaba por las noches cuando oía a mis compañeros ¡Me queda un mes! ¡Me voy para casa! Y yo dando vueltas a la cabeza me preguntaba ¿Y adónde voy yo? Nadie me vio, pero lloré muchas noches sin encontrar explicación.

Cumplí la mili y el 6 de mayo de 1955 me licenciaron. Volvió a Bustillo del Monte y de allí se planteó buscar la vida en otros lares." Tomó un tren en la estación de Los Carabeos que le llevó hasta Bilbao. Preguntó en Deusto donde estaban unos primos y andando y preguntando y de nuevo avanzando, llegó a su casa. Se empleó en un taller para la fabricación de tornillos. Primero los hacía sobre un esquema que le proporcionaban y después él mismo se encargó de hacer el esquema y el diseño. Por fin, alguien empezó a confiar en él y la vida le abría las puertas.

Los cántabros exterminados en los campos de concentración "nazis"

Los españoles exiliados, ante la movilización general de la invasión del ejército alemán, tienen como salidas cubrir los huecos dejados por los franceses en la agricultura y la industria (unos pocos privilegiados), y los que estaban en edad militar alistarse en la Legión Extranjera francesa o enrolarse en compañías de marcha (fortificaciones y compañías de trabajo).

Bastantes cayeron prisioneros durante el avance alemán ya que el gobierno francés no quiso reconocerlos como miembros de sus fuerzas regulares por su condición de extranjeros. Los nazis propusieron al gobierno español la repatriación en masa de estos rehenes cuyo número se cifraba, según, las fuentes, entre 10.000 y 20.000. El Gobierno español los rechazó por lo que fueron enviados como presos políticos a distintos campos de concentración. Sólo sobrevivirán tres mil.

Las compañías de trabajo, los batallones de voluntarios extranjeros, la deportación de civiles y la Resistencia en Francia fueron los conductos a través de los cuales los republicanos españoles llegaron a los campos de concentración nazis.

Los campos de Mathausen, Dachau, Buchenwal, Auswitz, Eudssen, Flossenburg, Neuengamme y Ravensbruck fueron el destino de los españoles, aunque el mayor número fue concentrado en Mathausen, en medio de un precioso paisaje montañoso de la provincia de Linz (Austria). Los campos de concentración fueron clasificados por los SS en tres categorías: la I, la II y la III.

Por ejemplo: Dachau y Sachsenhausen eran de categoría I; es decir, la de los "recuperables". Buchenwald, Flossenburg, Neuengamme, Auschwitz I, eran de la categoría II, para los más duros de pelar. Mauthausen fue clasificado en la categoría III; es decir, la de los "irrecuperables". La más terrible de todas. La clasificación en estas tres categorías fue hecha por Reinhard Heydrich, uno de los principales jefes de la SS con el visto bueno Himmler, jefe supremo de las SS.

Los presos de Mauthausen eran considerados enemigos peligrosísimos del III Reich. De ahí su etiqueta de "irrecuperables". Ningún preso entrado allí debía salir con vida, tal era el designio de las SS. Además de la clasificación mencionada, dada por los altos dignatarios nazis, Mathausen fue considerado como Vernichtungs Lager (campo de exterminio), en el lenguaje que los SS empleaban entre sí. Mathausen fue el único campo donde nunca pudo penetrar la Cruz Roja Internacional, ni delegación internacional alguna.

El campo estaba situado en la cima de una colina que domina el valle del Danubio. Hubiera podido ser un paraje idílico, dada su situación geográfica, si no hubiera tenido el triste privilegio de ser construido para el exterminio de miles de personas. En una de las vertientes de la colina está situada la cantera de Wienergraben. Esta cantera pertenecía al ayuntamiento de Viena antes de la anexión de Austria en 1938. Un grupo de prisioneros traídos de Dachau empezó la construcción de dicho campo. La mayoría de esos detenidos eran delincuentes comunes a los que más tarde, se agregaron detenidos políticos austriacos y alemanes, destinados a trabajar en la cantera. La empresa de explotación de la cantera de Mauthausen era de los SS, y todo el producto de la extracción de la piedra iba a su "caja particular".[164]

Los españoles, que comienzan a llegar a finales de la campaña de Francia, en agosto de 1940 serán en este campo, "los primeros prisioneros de raza no aria, pero sobre todo el primer grupo de deportados constituido sobre una base política común, la de la lucha antifascista". [165]Ellos se encargarán, dos años más tarde, ayudados por la llegada masiva de checoslovacos, de organizar la resistencia dentro del campo.

Unos siete mil "Rostpanier" (rojos españoles), cuyo distintivo era el triángulo azul de apátridas, se alojaron en Mathausen. Desde este campo se organizaban "Kommandos" exteriores de prisioneros que se ubicaban cerca de las fábricas que trabajaban para la industria de guerra alemana a la que proporcionaba mano de obra: Gusen, que fue en principio uno de éstos, se convirtió en el duplicado negro de Mathausen, del que difícilmente se volvía.

Un total de 4.074 españoles murieron en los campos de Mathausen y Gusen desde el 6 de agosto de 1940 al 5 de mayo de 1945, es decir, el 69,55 por cien de los que allí fueron internados (un total de 7.189). De ellos, 55 eran cántabros. El total de recluidos alcanzó las 206.000 personas, de las que murieron 110.000.

La ocupación alemana de Francia se acompañó de otra repercusión grave para los refugiados españoles, consecuencia del convenio de colaboración entre la policía alemana y la española, firmado el 31 de julio de 1938, por el Reicsfuehrer – SS y jefe de la Policía Alemana Hinrich Himmler, y el ministro de Orden Público de España, general Martínez Anido. Un convenio de colaboración encaminado a intercambiar información sobre "comunismo, anarquismo, emigración y demás actuaciones peligrosas al Estado" para lo cual, "se harán directa y sistemáticamente, por el medio más rápido, entrega de comunistas, anarquistas y afiliados de otras tendencias peligrosas al Estado"; unas medidas que tendrán especial relevancia en estos momentos y que condujo a los alemanes a la detención y extradición a España, donde serían fusilados, del presidente de la Generalitat, Lluís Companys, y del dirigente socialista y ex – ministro de la Gobernación, Julián Zugazagoitia, cuyos dos hijos nacidos en Santander, lograron ser evacuados a México.[166]

Agotados por trabajos forzados, falta de comida, heridos por los palos recibidos de los jefes del block y los kapos, la mitad de los compatriotas se encontraban imposibilitados y no podían seguir el ritmo impuesto por los SS. Los monstruosos métodos de exterminación, organizados concienzudamente, y la destrucción total de los agotados y enfermos, eran calculados teniendo en cuenta la entrada de nuevos presos, e incluso el buen o mal humor de los SS, los cuales, a la menor falta, desencadenaban lo que ellos llamaban una "ofensiva". Por ejemplo: si un día decidían que del grupo de la cantera — unos 300 — no debían regresar al

---

[164] Constante, Mariano, Los años rojos. Holocausto de los españoles, 1984: 106 – 107.
[165] Razola y Campo, 1979:12.
[166] Soldevila Oria, Consuelo: 93-96.

campo más que 150 hombres válidos, entonces apaleaban, torturaban, imponían duros trabajos, sin tregua, y asesinaban hasta que no quedara más que el grupo previsto: los 150. Los demás, los heridos o muertos, representaban la "escoria para el crematorio".

Cada ocho días, los SS hacían una selección de los más agotados y enfermos, para enviarlos a Gusen, un campo anexo a Mauthausen. Se encontraba a cuatro kilómetros al oeste, junto al Danubio, por la carretera de Linz. En él había también una cantera explotada por la organización SS, pero los prisioneros ignoraban lo que allí ocurría, ya que ninguno de los destinados volvía al campo central. La ignorancia era tal, que durante tiempo creían que se trataba de un campo para enfermos. Algunos compatriotas llegaron, incluso, a ir voluntarios a él. Gusen era la última etapa de la exterminación, el "matadero", como lo bautizarían más tarde los españoles, donde iban a parar todos los que no servían para nada en Mauthausen. Todo el que en el campo central era considerado como "inepto para la producción" era enviado a Gusen, donde un régimen de vida más draconiano aún, eran exterminados los deportados… Fue en Gusen, durante los años 1941 y 1942, donde fueron "rematados" la mayoría de los españoles, muertos después de haber sido aplastados físicamente en los trabajos forzados de Mauthausen. [167]

Prisioneros arrastrados por el vertiginoso descenso de la vagoneta a la que iban uncidos, temperaturas de cuarenta grados bajo cero, jornadas de trabajo que empezaban a las cinco de la mañana y terminaban a las cinco de la tarde, comidas de margarina y mortadela con una barra de pan negro repartidas entre catorce bocas, prisioneros sin patria ni gobierno que les reclamase, así vivieron los prisioneros republicanos españoles. [168] El paisaje humano de Mathausen nos recuerda a los secuestrados de nuestra época: Ortega Lara y María Angels Feliú.

Entre los cántabros que tuvieron la fortuna de sobrevivir al terror de los campos de concentración estuvieron Fernando Fernández Lavín un sobano de Quintana en cuya escuela aprendió las primeras letras, pastoreó el ganado de sus padres y segó y recogió la hierba de sus brañas. Salió de su tierra para emplearse en una explotación maderera en Guinea hasta que la guerra le sorprendió con 20 años. Luchó en los frentes de Madrid, Teruel y el Ebro para concluir en Cataluña con el grado de comandante. Traspasó la frontera de los vencidos y fue reclutado en una compañía de trabajo para después reforzar la línea Maginot que pretendía contener la amenaza del vecino alemán. Hecho prisionero, fue confinado en Mathausen el 13 de diciembre de 1940. El 29 de mayo de 1945 llegaron al aeropuerto de Orly de París los últimos prisioneros de Mathausen a bordo de un bombardero sin asientos. Fernández Lavín llegó con el hígado destrozado y una fuerte bronconeumonía que le obligó a permanecer dos meses en un sanatorio de Lourdes. En 1954, regresó a España y se empleó como conductor de autobuses en Barcelona hasta que ganó por oposiciones un puesto administrativo con el número uno.

Ángel Cuartango Lastra ("El Macizo") (no había quien le ganara al pulso), un santanderino nacido en la calle San Simón, en el seno de una familia numerosa

---

[167] Constante, Mariano, 1984: 120 – 212.
[168] Constante, Mariano, 1984: 121 – 122.

dirigida por el patriarca Timoteo Cuartango, maestro guarnicionero del rey Alfonso XIII. Apresado por los nazis y recluido en el tristemente célebre campo de concentración, fue empleado como guarnicionero de los soldados alemanes para arreglar sus cinturones y cartucheras. Ello le salvó la vida.

Liberado el seis de mayo de 1945 abandonó la profesión que le dio de vivir, más por la asociación con los terribles recuerdos del campo que por querencias de vocación. En Francia trabajó como pintor, en una fábrica de juguetes y en los ministerios, donde se jubiló.

Una dolencia hepática puso fin el 28 de diciembre de 1989 en París a la vida del prisionero que padeció el horror de Mathausen desde 1941 hasta 1945. Durante la guerra civil fue guardia de asalto.

El padre de Jesús de Cos Borbolla, Donato de Cos, alcalde socialista de Puentenansa, logró salir de Gijón en el último barco con destino a Francia para regresar a territorio republicano por la frontera catalana. Terminó la guerra y pasó de nuevo a Francia donde fue internado en el campo de concentración de Argelés — sur — Mer (Perpignan). Allí el gobierno francés les planteó el dilema de alistarse en el ejército francés o volver a España. Optó por alistarse en las Compañías de Trabajadores Militarizados que fueron enviados a los lugares de mayor peligro, a fortificaciones de primera línea para rellenar los agujeros hechos por las bombas, mal vestidos y alimentados. Fueron atrapados por los nazis en la bolsa de Dunkerque 3.500 españoles que fueron enviados al "stalag" de Gussen. Algunos españoles pudieron pasar en barcos ingleses a la isla de Jersey y escaparon del futuro atroz que les esperaban

Debido a una lesión producida en un campo de trabajo francés, De Cos cojeaba ostensiblemente y no podía levantarse de la cama. En nombre de la ideología del superhombre y de la pureza de la raza aria, los viejos y los inválidos eran las primeras víctimas sacrificadas por el terror del III Reich.

Donato fue asesinado a palos en su propio lecho en el comando de Gussen el 21 de agosto de 1941 por organizar la resistencia dentro del campo y negarse a los trabajos forzados por encontrarse enfermo. Fue incinerado en los hornos crematorios de Mathausen.

Los fusilados en la resistencia antinazi

El médico torrelaveguense Luis Benito Bouzán Cacho se dirigía en un coche facilitado por la Resistencia para atender a tres heridos por los alemanes en retirada. Era director del hospital de Chanaz – Moison de Boigne, un antiguo palacio habilitado como hospital en Ruffieux cerca de Chindrieux, una ciudad ribereña del lago Bourget, a 70 kilómetros de Ginebra. Era un 9 de agosto de 1944.

Le advirtieron que la Gestapo estaba detrás de sus pasos por prestar servicios clínicos a los resistentes. La Wehmatcht alemana había contraatacado el 26 de marzo de 1944 para conservar el Plateau de Glières y formar una línea de defensa desde Gliéres a Thône. La Resistencia francesa formada por batallones de Cazadores alpinos hostigaba estas líneas cercanas a la frontera franco-italiana.

Luis Benito Bouzán Cacho, nacido en Torrelavega el 11/07/1906, médico de profesión, fue asesinado por la Gestapo en Chindrieux, localidad francesa de la Alta Saboya el 9/08/1944.
En la foto junto con su esposa Leonor Oruña Haya, de Puente Arce con la que contrajo matrimonio el 13 de octubre de 1933.

En una de las escaramuzas producida en Chindrieux cercana a las líneas del frente, el doctor Bouzán se adentró para asistir a los tres heridos: un varón con la pierna amputada, una mujer y un niño. Nada más meterse en la plaza del pueblo, dos hombres le detienen. Hace ademán de meterse las manos en los bolsillos para indicar que no está armado y seguidamente le disparan volándole la cabeza que separada del tronco rueda durante metros. Bouzán se había alistado como voluntario en el ejército republicano en su Torrelavega natal. Perdido el frente Norte pasó de Francia a Barcelona donde le dejó ciego un obús al intentar socorrer a unos heridos. Recuperó la visión en un hospital francés y pasó a prestar servicios en la Cruz Roja. Fue reclutado por los servicios médicos alemanes en diferentes hospitales del Servicio Social de Extranjeros. En ellos atendía por igual a heridos y enfermos colaboracionistas que de la Resistencia, lo que le costó finalmente la vida.

Placa erigida en honor de los resistentes fusilados en Chindrieux: Luis Benito Bouzán Cacho, el jefe del grupo, a la sazón, el vasco Miguel Múgica y el joven resistente francés Roger Moulin.
Fotos cedidas por su hija.

Capítulo IV

El franquismo y la situación internacional en los cuarenta

Introducción

Los acontecimientos internos e internacionales ponen en graves dificultades al Régimen de Franco. Hay que situar la inflexión negativa en 1942 que hizo abrigar muchas esperanzas a los republicanos, en una espiral que se acrecienta hasta 1948, año en el que tras una represión feroz, el franquismo se siente consolidado. Veamos cuales fueron las circunstancias año tras año.

Año 1942

En 1942 la coyuntura política, tanto nacional como internacional, era propicia para los antifranquistas, puesto que el régimen tendría que pasar por situaciones incómodas que se irían agravando a lo largo del año. En el interior, a la "rebelión" de Muñoz Grandes se sumaban los primeros escarceos de la oposición monárquica, encabezada por el ex – ministro Pedro Sainz Rodríguez y Eugenio Vega Latapié, a los que se unirán algunos militares — entre ellos, Antonio Aranda y Alfredo Kindelán, que habían destacado en la lucha contra la República y en el caso del segundo, uno de los artífices de la concentración de poderes en manos de Franco en 1937 — Además, el 6 de agosto estalló públicamente la pugna soterrada que mantenían tradicionalistas y falangistas con los llamados *Sucesos de Begoña*, incidente que trasladaba las fisuras que atravesaba el régimen franquista.

Por otra parte, el año 1942 será testigo de los primeros contratiempos alemanes, cuya máquina bélica había asombrado al mundo en las primeras fases de la guerra. El 19 de noviembre las columnas hitlerianas eran cercadas en Stalingrado gracias a la contraofensiva rusa, y días antes, las tropas angloamericanas habían desembarcado en Marruecos y Argelia (Operación Torch), iniciando la penetración por el flanco sur. No obstante, la España franquista quedaría al margen de las operaciones militares aliadas, gracias — entre otros factores — al embajador americano Mr. Hayes, profranquista, y en ese sentido había que interpretar la carta del presidente Roosevelt a Franco, en la que tranquilizaba con respecto a las intenciones de las democracias occidentales.

No hay que olvidar, sin embargo, que Roosevelt fue el más decidido partidario occidental contra Franco y que el Estado Mayor estadounidense planificó, en un primer momento, llevar a cabo el desembarco en Canarias o Andalucía, y en función de esas hipótesis se preparó un plan de intervención en España que contaba con la ayuda de los exiliados españoles. El plan había sido elaborado por los servicios secretos americanos, a través de la *Office of Strategic Services* (OSS, luego CIA) y la *Office War Information* (OWI). Aunque finalmente se desechó, los americanos armaron a muchos exiliados españoles en el norte de África, y numerosos elementos pasarían a engrosar las unidades guerrilleras andaluzas gracias a esta ayuda, sobre todo militantes pertenecientes al movimiento libertario.

Año 1943

Las tropas del mariscal Von Paulus se rendían a los soviéticos en Stalingrado a finales de enero y los rusos iniciaban la contraofensiva. A mediados de enero, en la Conferencia de Casablanca, Churchill y Roosevelt, decidían el desembarco aliado en Sicilia, que se llevará a cabo en julio y agosto, cae Mussolini e Italia declara la guerra a Alemania el 13 de octubre. En la Conferencia de Teherán Inglaterra, Estados Unidos y la URSS decidían el desembarco aliado en Francia. La victoria de los aliados, después del arrollador inicio alemán, ya no era solamente una hipótesis a manejar, sino una realidad que empezaba a vislumbrarse.

Los comunistas se organizan y crean la UNE (Unión Nacional Española) en la que propugnaban un amplio frente nacional, la coordinación de los guerrilleros huidos y la preparación de la denominada "Reconquista de España" con la penetración de resistentes españoles desde Francia.

Año 1944

Es el año de la invasión comunista de los Pirineos. La oposición antifranquista estaba dividida hasta límites insospechados ofreciendo un espectáculo lamentable. En el PSOE, se enfrentan Prieto y Negrín, Besteiro y Largo Caballero. Al final Prieto pactaría con los monárquicos.

Los anarquistas se mostraban divididos entre la línea pura (Federica Montseny) y la colaboracionista (militantes del interior). Sólo el PCE, donde se impuso Jesús Monzón Reparaz, secretario general de los comunistas en Francia mantenía una postura coherente, pero cometió el error de ordenar la invasión transpirenaica pensando que Franco iba a caer como una hoja en el otoño.

Bajo la dirección del navarro Monzón, auxiliado desde Madrid por Gabriel León Trilla — posteriormente los dos serían depurados, el segundo asesinado por un comando comunista -, la expedición se saldaría con un rotundo fracaso y pérdidas considerables con la muerte o prisión de cientos de republicanos. De cualquier forma, la intervención aliada se veía cada vez más próxima y las ansias de regreso se contemplaban con euforia. Partisanos españoles que habían luchado contra los nazis en suelo francés y encuadrados en el FFP (*Franc – Tireurs et Partisans*) pensaban que su lucha iba a tener la misma respuesta que en suelo francés frente a la ocupación nazi. Franco tenía los días contados y el pueblo español espoleado por la penetración se alzaría contra el tirano.

En 1944 formaron la Agrupación de Guerrilleros Españoles (AGE), pensando en un apoyo masivo de la población al derribo de la Dictadura. Dirigida por el coronel de la resistencia francesa, el madrileño Vicente López Tovar, la denominada División 204 traspasó la frontera hispano - francesa con su jefe militar que daba la batalla por perdida de antemano, según confiesa en sus memorias.[169]

A primeros de octubre se llevaron a cabo las primeras penetraciones por los valles del Roncal y Roncesvalles y los portillos de Arroco – Goiti. Pero la más importante incursión tuvo lugar por el Valle de Arán. La reacción popular fue de indiferencia cuando no de oposición. La reacción de Franco no se hizo esperar. Los capitanes generales Moscardó (Barcelona), Yagüe (Burgos) y Monasterio (Zaragoza) con García Valiño como jefe de Estado Mayor de Ejército, concentraron y comandaron 13 divisiones y contingentes de la Guardia Civil y Policía Armada que elevaban los efectivos en una cifra entre 100.000 y 130.000 hombres. Los guerrilleros eran 5.000 y esperaban vanamente el levantamiento de la población contra Franco.

López Tovar, que dirigía las partidas guerrilleras, ante el estrepitoso derrumbe, ordenó la retirada el 27 de octubre. Santiago Carrillo apoyó la orden. El fracaso de Arán fortaleció simultáneamente al régimen franquista y a Charles De Gau-

---

[169] Biografía de Vicente López Tovar, texto mecanografiado: 148 y ss.

lle. Franco, después de las invasiones, reforzó severamente la frontera pirenaica. Apostó 13 divisiones y unos 100.000 hombres. De Gaulle, con el pretexto de la invasión, consiguió desarmar y desmovilizar a los guerrilleros españoles, que habían convertido el Suroeste francés en un verdadero feudo. A partir de entonces las infiltraciones fueron más selectivas y menos concentradas dando lugar a la llamada "política de pasos o táctica del "goteo". De esta forma, unos 200 guerrilleros consiguieron pasar el cerco y contactar con grupos de huidos en Andalucía, Cataluña, Asturias.

Mientras tanto, la embajada británica jugaba hábilmente las dos bazas posibles, la del régimen y la de la oposición.

Año 1945

1945 fue un año difícil desde el punto de vista diplomático para Franco y su régimen. Recién constituida la ONU, ésta emitió una condena contra la dictadura española el 19 de junio, como lo habían hecho las potencias vencedoras en la Conferencia de Postdam (17 de junio – 2 de agosto). El 5 de julio tenía lugar la capitulación de los nazis y los laboristas de Atlee alcanzaban el poder. Por otra parte, el pretendiente, Juan de Borbón y Batenberg, hacía público "El Manifiesto de Lausana" en el que además de un ultimátum a Franco, salía de su ambigua actitud y en agosto se constituía el gobierno Giral, llamado de la "esperanza" porque unía con "alfileres" a todos los partidos derrotados.

Dentro de los franquistas encontramos a los irreductibles, los de la conjura judeo-masónica, y aquellos que viendo en peligro el régimen aceptaban un repuesto moderado ante el temor de que la izquierda volviera al poder. Desde dentro, el Régimen procedía a su lavado de cara cuando Alberto Martín Artajo, un hombre de Acción Católica, fue el encargado del Ministerio de Asuntos Exteriores a partir de 1945, dejó de ser obligatorio el saludo fascista del brazo en alto y el 9 de octubre se concedió el primer indulto. Se pasaba del nacional - sindicalismo al nacional - catolicismo, un planteamiento más digerible por las potencias europeas.

Para el movimiento guerrillero significó la inflexión, pero al mismo tiempo los primeros síntomas de la decadencia. El peligro de la intervención extranjera se aleja y el régimen machaca duro. La huída de los guerrilleros empieza a ser una hipótesis.

Año 1946

El año 1946 comienza con serias dificultades internacionales para Franco. La Asamblea General de la ONU declara, el 9 de febrero, que "el gobierno del general Franco impuesto por la fuerza con la ayuda de las potencias del Eje, no representa al pueblo español y hace imposible su participación en los asuntos internacionales." El gobierno francés va más lejos; en una nota a los tres grandes afirma, el 27 de febrero, que el gobierno de Franco es una amenaza para la paz de Europa y anuncia su propósito de llevar la cuestión al Consejo de Seguridad de la ONU. Dos días después, el 1 de marzo, como réplica al fusilamiento de Cristino Granda (teniente coronel de las Fuerzas Francesas de Interior) rompe de hecho las relaciones con España al cerrar la frontera. El 12 de diciembre de 1946, la Asamblea Plenaria de la ONU, además de catalogar como fascista al Régimen español, recomendó la retirada de embajadores y el bloqueo económico, lo que no sirvió nada más que para agravar el sufrimiento y una disculpa para la no intervención exterior.

Los partidarios del dictador temieron durante la mayor parte de 1946 una invasión avalada por los países democráticos.

Aparecen también los primeros síntomas de la guerra fría y un relámpago de esperanza para los malos augurios que se presagiaban en el futuro del franquismo. Churchill el 5 de marzo advierte en Fulton sobre el peligro comunista ante el cual hay que levantar un telón de acero y que Franco había manejado en su levantamiento contra la República.

Los monárquicos habían organizado la coalición o confederación monárquica desde comienzos de 1946 y D. Juan de Borbón se trasladó de Lausana a Estoril (Portugal). Allí se aprobaron el 26 de febrero, las bases de una coalición monárquica, en la que participaron personalidades como el ex - ministro de Educación, Sainz Rodríguez, los tradicionalistas Conde de Rodezno, José María Oriol, Iturmendi, Arellano; monárquicos como Ortegosa, Vegas Fontanar e Ignacio Satrústegui. Las bases se parecían más a una carta otorgada que a un planteamiento constitucional puesto que proclamaban un Estado confesional, centralista, corporativo y un rey con amplios poderes ejecutivo y legislativo. La oposición antifranquista pactaría ingenuamente con ellos una salida a la sustitución del Caudillo. Pero los monárquicos eran más franquistas que demócratas.

Para la diplomacia británica y después la norteamericana, Franco resultaba útil y barato frente a las primeras amenazas comunistas expresadas en la guerra de Vietnam en diciembre de 1946 y la guerra civil en Grecia en enero de 1947. Stalin utilizó el problema español para sus propios intereses y a cambio de tener las manos libres en Polonia trasladó a Gran Bretaña y Estados Unidos la tutela de España.

En el interior del país, las organizaciones de masas apenas existían, y los militantes de partidos y sindicatos republicanos estaban muertos, en la cárcel o en el exilio. La mayoría silenciosa no quiere otra guerra civil y el resto estaba instalado en el franquismo. Mientras tanto, en Francia, Bélgica e Italia los comunistas han sido expulsados de los gobiernos de esos países.

Año 1947

A pesar de que es el año de mayor actividad de la guerrilla, es el principio del fin de la lucha armada. El Régimen se empieza a consolidar en el interior y en el exterior. En el interior las partidas se encuentran diezmadas, los supervivientes salen por la frontera; en el exterior Franco representa el mal menor. El 8 de agosto de 1947, el embajador de Argentina de Perón regresaba a Madrid, haciendo caso omiso de los acuerdos de la ONU. No era más que un precursor. La ONU no ratificaba las sanciones a Franco en noviembre de aquel año.

Año 1948

Es el año de la liquidación oficial de la guerrilla. El gobierno francés volvía a abrir la frontera pirenaica el 10 de febrero de 1948. El 24 de febrero de 1948 ha tenido lugar el golpe de Praga que daba a los comunistas el poder en la República checoslovaca, Mao avanzaba en China. Franco se presentaba como el defensor de Occidente ante una conflagración que él estimaba inevitable.

El 25 de agosto se entrevistaba Franco con D. Juan para ofrecer la posibilidad de educarse en España al príncipe Juan Carlos. Quedaba al descubierto la política de los monárquicos de "nadar y guardar la ropa" y con los que el PSOE pactaría pocos días después (el 30 de agosto) ante la natural estupefacción del resto de los opositores antifranquistas y del gobierno republicano de Albornoz en el exilio, que quedaba abandonado. Juan Carlos partía en el "Lusitania Expreso" el 8 de noviembre desde Lisboa a Madrid para ser tutelado por Franco.

En octubre de 1948 tenía lugar una reunión en Francia de dirigentes y "cuadros" del PCE, en la que se acuerda liquidar la táctica de las guerrillas, aconsejando la realización del trabajo comunista, de acuerdo con el consejo de papá Stalin, dentro de los sindicatos del Régimen. Todavía unos pocos continuarán su lucha en el monte.

En la guerrilla antifranquista podemos distinguir cuatro etapas:

1. La guerrilla durante la guerra (1936-1939).

2. En los primeros años de la posguerra (1939-1943)

3. Constitución del ejército guerrillero republicano bajo el patrocinio del PCE desde Francia (1943-1948)

4. Disolución de la guerrilla y negativa de muchos guerrilleros a dejar las armas (1948-1952) y su prolongación hasta 1962.

Capítulo V

Los huidos, la guerrilla en Cantabria y comarcas limítrofes de Burgos y Palencia

Primera y segunda etapas

En la primera y segunda etapas y como fenómeno correlativo con la represión hablaremos de los escondidos y los que "se echan al monte." Ocupada la provincia de Santander, no tardarán en aparecer varias partidas de huidos que prefieren la dura vida de las montañas a enfrentarse al terrible panorama de volver a sus pueblos y contemplar que sus pertenencias han sido devastadas o incautadas, o simplemente, escapar de la persecución y del piquete de fusilamiento. Otros, conocidos popularmente como "topos", permanecen escondidos en casas ajenas a su residencia habitual. El gobernador civil de la época, Romojaro, calculaba en unas 200 personas las que permanecían escondidas en la región cántabra en el año 1941. [170] Los escondidos tenían como opciones, entregarse después de pasados los primeros momentos de una represión implacable o echarse al monte para evitar cualquier acción represiva y mantener así la llama viva de la resistencia o, simplemente, sobrevivir. Los reveses de las potencias en la Segunda Guerra Mundial les harían albergar esperanzas de una posible acción internacional para acabar con el Régimen de Franco.

En Cantabria, en los primeros momentos de la posguerra se forman tres núcleos guerrilleros que tienen como escenarios la comarca montañesa del Miera, la de Los Carabeos en Campoo y la de Potes en los Picos de Europa.

La primera tenía como escenario principal las montañas pasiegas y abarcaba por el norte, desde Solares - Hoznayo hasta el límite con Burgos por el sur, y desde la carretera Ruesga - Matienzo por el este a la de Sarón - Vega de Pas por el oeste. El dirigente de este grupo era José Lavín Cobo, ("El Cariñoso") integrado por unos 30 miembros. El núcleo de Potes se extendía por terrenos de las provincias de Asturias, Santander, León y Palencia y estaba dirigido por Mauro Roiz Sánchez ("El Mauro"), nacido en Bejes, del PSOE, ex - comandante republicano con una docena de miembros. Cayó herido, fue detenido en octubre de 1941 y posteriormente desterrado. Su antorcha la habrían de tomar los guerrilleros de Ceferino Roiz ("Machado") y "Juanín".

Gil del Amo

Una de las partidas más tempranas, integrada por miembros del ejército republicano que habían sido atrapados en la bolsa de Valderredible desde la entrada

---

[170] Vid AGA, Sección Gobernación, Caja 8.812, Exp. 584.115. En Lantueno permanecieron ocultos hasta 1942, durante 5 años, Tomás Fernández Lucio y Federico González Saiz. En Las Rozas aguantó guardado desde el 26 de agosto de 1937 hasta el 2 de octubre de 1944, Emilio Ruiz Rodríguez; en Barruelo permaneció escondido hasta 1946, Federico Canduela Mediavilla. En Escalada hasta 1948 lo estuvo Avelino de la Canal Gallo. José Lavín Torre "Pepe", alcalde de Santa María de Cayón, se ocultó nueve años en Villanueva de Villaescusa saliendo a luz pública en 1946 tras lo cual fue condenado a 30 años, de los que cumplió cinco.

de los nacionales en agosto de 1937, fue la dirigida por Juan Gil del Amo ("El hijo del practicante de Los Carabeos") integrada por unos veinte miembros de la comarca campurriana y que tenía su base de operaciones en Fombellida y su radio de acción en las tierras de Campoo y en los pueblos del norte de Palencia y Burgos. Según Aguado actuaba en nombre del PCE, aunque hemos podido comprobar que estaban afiliados a la CNT y por algún tiempo llevaron el nombre de "Guerrilla Azaña" debido a la antigua militancia de su dirigente como secretario local de Izquierda Republicana en Los Carabeos. Disponían de armas abundantes e iban bien vestidos y trajeados. Se limitaron a sobrevivir mediante golpes económicos que tenían por blanco principal las cantinas, donde se proveían de artículos alimenticios y útiles de aseo, y los tratantes en las ferias, a los que sustraían el dinero. Realizaban algún reparto de propaganda procedente de Asturias. Vivían en cuevas como las de Revilla, próximas a Aguilar de Campoo.

No tenían objetivos políticos, si no simples razones de supervivencia. Llevaban a cabo sus actos en fechas señaladas como el 14 de abril y el 18 de julio en las que recordaban las conmemoraciones de la proclamación de la República o el levantamiento militar. Destacan varios atracos llevados a cabo en octubre de 1939 en Matamorosa, Celada de los Calderones en los que se llevaron comestibles, armas, prendas de vestir y dinero; en noviembre de 1939 asaltan una panadería de Reinosa. El 17 de aquel mismo mes, Gil del Amo y Santiago Fernández, disfrazados de soldados, consiguen zafarse de la pareja de la Guardia Civil que les solicita la documentación en un tren estacionado en Reinosa. Se establece un tiroteo en el transcurso del cual es herido el guardia civil Aquilino Santiago Moroso.

Hasta la primavera de 1940 las autoridades franquistas habían organizado batidas de represión guerrillera en las que intervenían sobre todo fuerzas del Ejército con escaso éxito, entre otras cosas por la carencia o insuficiencia de fuerzas especializadas en la represión como la Guardia Civil y la Policía Armada, el conocimiento por parte de los guerrilleros de un terreno sumamente accidentado en el que era fácil escapar a la persecución policial y el apoyo por razones de mito, simpatía o miedo de sus habitantes.

A partir de la primavera de aquel año de 1940 el gobernador civil pone en marcha un plan sistemático de acción consistente en el aumento y distribución táctica de los efectivos policiales por las comarcas señaladas, la división estratégica de las mismas en zonas de operaciones y las detenciones gubernativas - sin bases legales creadas al efecto como ocurriera más tarde - de familiares y apoyos sociales de los guerrilleros. Como consecuencia del aumento de efectivos se crean 112 plazas de guardias civiles que se suman a los 100 guardias civiles y 60 policías de la Policía Armada existentes hasta aquella fecha, así como la posible y puntual incorporación de miembros del Instituto armado procedentes de las Comandancias Rurales de Valladolid, Salamanca y Palencia.

En el plano de la distribución táctica se crearon nuevos puestos de la Guardia Civil que en el caso de Campoo se refieren a las localidades apartadas de las carretera general Santander - Palencia, pero comunicadas por carreteras comarcales o locales como eran Horna, Mataporquera, Los Carabeos, Olea, Fombellida (la única localidad contemplada en la ruta viaria de Santander - Palencia), Castrillo de Valdelomar, Castrillo del Haya, Celada Marlantes, San Cristobal del Monte, Moroso, Sotillo, Suano, Espinilla y La Lomba, precisamente allí donde el movimiento guerrillero tenía sus bases de operaciones

La zona del Miera se dividió en dos subzonas, la oriental situada entre las carreteras Solares - Hoznayo - Beranga al norte, Beranga - Solórzano - Matienzo - La Riva al este, La Riva - Arredondo - Bustablado - El Tabladillo al oeste y Arredondo - Alisas - La Cavada al oeste guarnecida por dos compañías de la Policía Armada. La zona Occidental a lo largo de la carretera que por Sarón y Villacarriedo conduce a la Vega de Pas hasta la provincia de Burgos jalonada con puestos de la Guardia Civil.

La comarca de Potes también fue ocupada por puestos de la Guardia Civil en La Hermida, Cabezón de Liébana, Lombraña, Unquera, Camaleño, Espinama, Vega de Liébana, Pesagüero y Linares.

La detención de los familiares y apoyos de esta primera guerrilla socava sus bases sociales y económicas. La necesidad de provisión de alimentos que hasta ahora procedía de familiares y simpatizantes aísla a los grupos guerrilleros y les conduce a la intensificación de asaltos armados, algunos de los cuales se dirigen contra establecimientos que habían sido regentados por fusilados por el franquismo, lo que nos da prueba de la descoordinación y la actuación desesperada. La multiplicación de las acciones conduciría a una mayor intensificación de la represión. En este sentido realizan varias acciones en Santiurde de Reinosa (establecimiento de la Vda. de José Cuevas fusilado en 1937), La Riva y Valdelomar en noviembre de 1940, en La Población de Yuso el 15 de abril de 1941

Gil del Amo recordó a las 30 personas que se encontraban en aquel lugar la conmemoración del aniversario de la República y dio vivas a la misma, tras lo cual se marcharon los 17 componentes del grupo. Pocos días más tarde, el 20 de abril, en Pesquera se llevaban de otro establecimiento 3.000 pesetas, conservas, licores, calcetines y otros artículos por valor de 1.500 pesetas. Completan la actuación un atraco realizado en Cigüeña en el mes de junio de 1941 con un importe de 36.000 pesetas, un secuestro de un vecino de Bilbao que se hallaba en Santelices (Burgos) tomando baños de sol, un atraco en Ruerrero en las cantinas y a varios tratantes valencianos que se encontraban en la feria de dicha localidad en los días 24 - 25 de junio de 1941 (45.000 pesetas), varios atracos en Quintanas de Valdelucio, Bricia (pueblos de Burgos) y en San Miguel de Aguayo, donde se apoderaron del dinero de algunos vecinos mientras asistían a la celebración de la misa dominical.

El aumento de efectivos produce las primeras víctimas y así un encuentro con la Guardia Civil había producido la muerte de Constantino García García domiciliado en La Serna el 10 de enero de 1940. [171]

---

[171] Registro Civil de Defunciones de Valdeolea en virtud de Certificación del Juzgado de Instrucción de Reinosa de fecha 11/01/1940. En marzo de 1938 había muerto en las operaciones de "limpieza" llevadas a cabo por fuerzas militares el huido Emilio Lantarón Gutiérrez de la localidad de Arroyo. (en Registro de Defunciones de Valderredible, T. 15. F. 100).

Pero el plan operativo, comentado en líneas anteriores, puesto en marcha desde el 25 de junio de 1940, el aumento de las actividades de los guerrilleros que, a veces, se dirigían contra la población hostil al franquismo, trajeron consigo la eliminación de estos primeros guerrilleros con la muerte y captura de sus dirigentes.

En la noche del 1 de julio de 1941, los miembros de la guerrilla campurriana penetraron en los pueblos burgaleses de Pedrosa y Santelices, asaltando varias casas, apoderándose de 18.000 pesetas y de diversas alhajas, tras dejar a los vecinos encerrados. Entre ellos se encontraba el alcalde y jefe local de Falange de la Merindad de Valdeporres, Venancio Guerra Sáez, que pudo escapar del encierro, reunir catorce falangistas y alertar al Gobierno Civil de lo ocurrido. En una camioneta de su propiedad recorrió los puestos de la Guardia Civil de Villarcayo, Quisicedo, Espinosa, Villasana, Soncillo y Cilleruelo, consiguiendo congregar treinta y cuatro hombres que al mando del teniente de la Guardia Civil y del citado alcalde salieron en persecución. Delatados por una niña que cuidaba el ganado, fueron sorprendidos por la guardia civil en el pueblo de Ahedo de las Pueblas (Burgos), en la Merindad de Pedrosa el 2 de julio de 1941. [172]

Murieron cinco de sus componentes: el jefe del grupo, Juan Gil del Amo y los guerrilleros Manuel ("Manolo"), de Santander, Florentino Albillo Picado ("Teruel") de la localidad palentina de Vergaño, Joaquín ("Quino") de Reinosa. El quinto, Vicente Gómez Gómez ("El Perro") de la localidad de Bolmir se suicidó al verse acorralado cuando descendía de un tren de viajeros de La Robla para unirse a ellos.[173]

Otros cuatro fueron detenidos: Gregorio Rodríguez Ramos, de Celada Marlantes; Ursicinio Gutiérrez Allende ("Turrupi"), de Matamorosa; Antonio Elvira de Hoyos ("el Chivu de Lantueno"), de Reinosa; y Ceferino Albillo Picado, ("Teruel") de la localidad minera palentina de San Felices de la Castillería) y ejecutados en Burgos el 8 de julio de 1941. Otro, conocido como El "Ramplín" (Santiago Fernández) logró huir herido adentrándose nuevamente en las montañas de Reinosa, reintegrándose en la guerrilla palentina. Así acabó este primer episodio de los del monte en Campoo, pero también los del resto de la región cántabra.

Poco después sería detenido Mauro Roiz Sánchez, dirigente de la agrupación de Potes y era dado muerte a fines octubre de 1941, en la calle Santa Lucía de Santander, Núm. 44, el mítico José Lavín Cobo, *alias "El Cariñoso"*.

El resto de los integrantes del grupo de Gil del Amo llevó a cabo algunas acciones en 1943, en Cilleruelo de Bricia, Sargentes de la Lora y Espinosa de los Monteros. Un vecino de Quintanas de Valdelucio llamado Aureliano Corada, nos refiere así la actuación de estos hombres cuando penetraron en la cantina de la localidad:

---

[172] Para las actividades de este grupo y caída en Ahedo de Las Pueblas Vid. AGA., Gobernación, Caja 10.558. Exp. 887.103 de la Direcc. Gral. de Seguridad y Registro Civil de La Merindad de Pedrosa.

[173] Vid. AGA., sección Gobernación, Caja 10.558, Exp. 887.103 referido a Juan Gil del Amo y Registro Civil de Pedrosa (Burgos), Tomo. 18. Folios.197 v, 198, 198 v. y 199.

> "Era el 18 de julio de 1943. Llegaron a las 8 de la tarde. Estábamos en la cantina siete y terminamos siendo treinta y tres. Metieron a todos los vecinos en el bar. Cargaron con tabaco, jamón, y medias de señora. Dos horas estuvieron…"

En 1944 se extinguió esta partida. Los miembros supervivientes, o bien se dirigieron al exilio como fueron los casos de Secundino Ruiz González (antiguo vicepresidente de la Asociación de Técnicos y Empleados de oficina y Comisario de Guerra en Valderredible) y Santiago Fernández (de Los Carabeos) que después de reintegrarse en la guerrilla palentina, pudieron salir al exterior por Francia y dirigirse a Venezuela donde han permanecido hasta su muerte ocurrida recientemente, o bien se incluyeron en la guerrilla del norte de Palencia o en la partida de El Gitano formada posteriormente.

Los emboscados de Guriezo

En la zona de Guriezo operaba una pequeño grupo de emboscados bajo las órdenes de un antiguo teniente republicano Manuel Pérez Tejera que sobrevivía con pequeños robos a vecinos de los alrededores. En los montes de la localidad hubo varios escondidos de las zonas limítrofes del País Vasco de más arraigada tradición izquierdista. En una fecha tan temprana como el 20 de marzo de 1938 cayó Demetrio Azcue Ereño, natural y vecino de San Miguel de Basauri, de 46 años, casado y comerciante. Pocos días después, el 29 de marzo de 1938 fue abatido Miguel Astigarraga, convecino del anterior, de 38 años, casado.[174] Finalmente, un 26 de junio de 1938 eran abatidos Félix Sánchez Arzubieta (natural y vecino de Barcelona, 25 años y José del Valle Méndez nacido en Bilbao y vecino de Barcelona, de 24 años.[175]

El 23 de agosto de 1941 varios falangistas de la localidad en combinación con guardias civiles de Santander y Liendo proceden a la persecución en el monte Orza del huido Tejera tras haber sido localizado por vecinos de los barrios de Tresagua y Lugarejos.[176] Antes habían salido en su persecución unos veinte falangistas. En el encuentro se provocó la muerte del camisa vieja Alfonso Angulo Francos, natural y vecino de Guriezo, de 27 años, chofer, casado con un hijo, que falleció en el domicilio de Álvaro Gutiérrez a las 4 de la tarde del 23 de agosto,[177] del emboscado Manuel Pérez Tejera, natural de Castro Urdiales, 27 años, domiciliado en Guriezo, labrador, soltero, que murió a las 4 de tarde del 23 agosto de 1941 y del padre Félix Pérez Corra, natural y domiciliado en Guriezo, casado con Consuelo Tejera, labrador.[178] Al intentar defender el padre a su hijo, uno de los

---

[174] Ambos en T. 17. F.52. N. 2.928 y F. 54. N. 2.930 Registro de Defunciones de Guriezo.
[175] T. 17. F. 63. Núm. 2.939 y F.62. N. 2.939 de Registro de Defunciones de Guriezo.
[176] S 8536, Causa 24.037/41. Consejo de Guerra el 1 de agosto de 1945.
[177] T. 17. F. 164. N. 3.040 Registro de Defunciones de Guriezo.
[178] T. 27, F. 150 v. N. 298 de Registro Defunciones de Santander.

falangistas le hizo un disparo al primero en la cabeza y ojo derecho de pronóstico grave. Fallecería el 11 de septiembre en Valdecilla.

Murió también a consecuencia de los malos tratos una de las enlaces, hermana de otro huido y llamada Carmen Vasco Rodríguez el 20 de agosto de 1943 en Riaño, viuda de Manuel Gutiérrez Valdor. [179]

"El Cariñoso"

José Lavín Cobo nació en Liérganes el 26 de abril de 1910. Era hijo de Ramiro Lavín Vega y de Teresa Cobo, su padre era molinero de maíz del barrio de La Angustina de Liérganes y su madre era una hábil pescadora de truchas, además de ama de casa. Ambos estaban considerados como miembros de la derecha moderada o silenciosa. Heredó el mote del "Cariñoso" de su abuelo, un carretero famoso en toda la región, aunque al parecer él también hizo méritos para merecerlo.

Liérganes la villa de las tetas de la pasiega, llamada así por los dos bultos montañosos que sobresalen en el horizonte del lugar, la del hombre- pez, por aquel caso de licantropía en el que Francisco de la Vega Casar muy aficionado desde pequeño a nadar en el río Miera, fue enviado por su madre por el año 1674 a Bilbao para aprender el oficio de la carpintería. De la ciudad del Nervión desapareció para volver a surgir cinco años más tarde en la bahía de Cádiz convertido en pez.

Liérganes la de la fábrica de cañones más antigua de España, la villa convertida desde finales del XVII en tranquila estación sedante y balnearia, donde miles de agüistas alivian sus padecimientos y entretienen sus ocios en la contemplación de sus bellezas naturales, la del gran jardín historiado de geranios entreverados con exóticas plantas traídas de América por los indianos; allí vieron nacer a José Lavín Cobo.

La mayoría de los componentes de esta guerrilla eran originarios de Trasmiera, del valle del Miera, desde el poblado más alto, en el corazón pasiego de San Roque de Riomiera hasta las zonas costeras de Cabárceno, Medio Cudeyo y la Marina de Cudeyo pasando por los valles intermedios de Ruega y Liérganes. Sobresalieron los naturales de San Roque de Riomiera, los de Liérganes, Riotuerto, Mirones en el municipio de Miera y los de Matienzo en el municipio de Ruesga.

El nombre de Trasmiera ha sido tomado de uno de los ríos que surcan tierras cántabras, cuyo nacimiento se encuentra a 1.230 metros de altura en el Portillo de Lunada y su desembocadura se realiza a través de la ría que se llamará de Cubas en la bahía de Santander después de recorrer 41 Kilómetros y atravesar San Roque de Riomiera, Liérganes, Solares, etc.

Antes ya habían probado el monte círculos de jóvenes y vecinos de derechas para eludir la prestación del servicio en filas y/o salvar el pellejo. En San Roque

---

[179] Registro de Defunciones de Solórzano. F. 154. N. 154.

de Riomiera, policías del Frente Popular habían venido de la capital para detener a Vicente Ruiz Lavín, un padre de familia numerosa de 43 años descendiente de un célebre guerrillero carlista. Denunciado como fascista, una noche se presentan en su domicilio. El perseguido pretexta un cambio de calzado y por una ventana de su casa da un salto prodigioso como sólo podían darlos los pasiegos cuando descienden por las empinadas laderas para hacer más breve el descenso.

En los ambientes rurales acostumbrados a la caza se conocen las costumbres de las alimañas del bosque en el permanente duelo que sostienen con ellas. A la espera de la pieza, escondidos entre los matorrales permanecen los milicianos. Es cuestión de paciencia. Había convenido con su esposa que le dejara la comida en un lugar señalado. Los policías rojos y algunos vecinos saben que la presa tiene como costumbre recoger las provisiones, observan las entradas y salidas de las guaridas, los lugares que frecuenta, los caminos que transita, las fuentes donde abreva. Sólo es cuestión de escoger el lugar y la hora para apostarse ocultándose sigilosamente en el lugar adecuado. El uno de diciembre de 1936, las partidas de milicianos ascienden sacudiéndose el frío por los bellos parajes del Miera, nacido al pie del Portillo de Lunada entre precipicios majestuosos que hacen dibujar al río cascadas y saltos de espuma acompañados de un río acompasado y rítmico que nos recuerda nuestra finitud ante la fuerza de la naturaleza apabullante.

Tras varias de espera, Vicente, rápido como un águila sale inesperadamente de la tierra o del aire para recoger sus viandas. Los depredadores salen de su sigilo y empiezan a disparar sobre la presa acorralada. Herido de muerte es trasladado al cementerio del pueblo acompañado de los estertores de la muerte.

Ahora los huidos y guerrilleros de Liérganes militan en la CNT y la FAI, los de Mirones estaban alistados en el PCE, todos tenían en común su antifascismo.

A veces, el sentimiento de apego al pueblo viene determinado por la hostilidad a los pueblos vecinos. Esta hostilidad muchas veces fruto de la disputa de los terrenos comunales o de influencias contradictorias de algún notable del lugar se trasladó al campo político y fue patente entre Mirones y Miera. Mientras los de Mirones eran comunistas, los de Miera se hicieron falangistas. Este fenómeno se repetía en otros pequeños pueblos de Cantabria.

Según Cicero,[180] "en las elecciones de febrero de 1936, el Partido Comunista de España, consiguió en Mirones veinticinco o treinta votos; el Partido Socialista Obrero Español, treinta o treinta cinco; Izquierda Republicana, otros treinta y pico. Las formaciones de derechas, muy poco o nada.

Miera, por el contrario, vota siempre a la derecha, y en el año 1936, gracias a un maestro de Santander que hubo en el pueblo, se formó un activo grupo de falangistas, muchos de los cuales son personajes importantes de la historia represiva que empezó cuando entraron en el valle los vencedores.

Mirones tenía más roce con el exterior que Miera. A veces, sucede en las montañas de Cantabria, que entre dos pueblos vecinos... hay un abismo cultural y antropológico muy difícil de explicar aun analizándole detenidamente. Es una diferencia de carácter transmitida de padres a hijos desde no se sabe cuando. Los

---

[180] Cicero, Isidro, *"El Cariñoso"*, 1978: 19.

síntomas son el acento con que se pronuncian determinadas palabras, el tono que se da a las frases, hasta el timbre de la voz con que se dicen las cosas... Se oyen y se ven distintos. Se conocen desde siglos. Se saben de memoria. Esa sabiduría es el acervo cultural de la familia".

En Miera muchos falangistas se escondieron, anduvieron por el monte y la historia se iba a repetir con el cambio de la tortilla. Los perseguidores se convierten con la victoria rebelde de forma inusitada, terrorífica, atroz, en acosados. Un fascismo rural adobado con viejas rencillas aldeanas, envidias y frustraciones personales se asomaba una vez más a los pueblos de Cantabria para acallar las conductas discrepantes, los espíritus inquietos y sumir en el oscurantismo, en el atraso a los valles de la región. Ponle a una bestia el uniforme de Falange, dale una pistola y carta blanca para matar a los rojos escondidos y tendrás seres acorralados que el aparato de propaganda de aquella dictadura despiadada transformaba en "forajidos", "bandoleros", "bandidos". El instinto de supervivencia clama por defenderse para sobrevivir. José Lavín Cobo ("Pin el Cariñoso") se convirtió en el jefe de la guerrilla vengadora de los desmanes cometidos en el valle de Trasmiera, principalmente en Liérganes y Miera.

En Liérganes, las Casas Campesinas habían constituido una colectividad rural denominada *Bruno Alonso* en honor del dirigente socialista montañés. Como en tantos lugares el régimen franquista castigaba con rigor implacable, con castigos ejemplares los atisbos de sindicalismo campesino. En este caso le tocaba a la bella localidad pagar la osadía de tal atrevimiento no sólo con los dieciséis fusilamientos por Consejo de Guerra, sino también azuzando una represión indiscriminada que costó la vida de otros cuarenta vecinos del municipio.

Fueron varios los desaparecidos en el valle de Trasmiera por las represalias de los fascistas. "Un padre y un hijo de Liérganes, otro padre y otro hijo de Ceceñas, un hombre (Luis Ortiz Ruiz el 9 de marzo de 1938, de 68 años, natural y vecino de Liérganes, casado) [181] que iba a buscar al veterinario porque tenía una vaca mala y le sorprendieron en Hermosa y le partieron la cabeza con una azada" Y después a Plácido Ibarrola García, natural de Milagros (Navarra) y vecino de Liérganes nacido hacia 1909, soltero, jornalero, hijo de la maestra de Rubalcaba, escondido en el monte con "El Cariñoso" y otros vecinos de Liérganes. Una mañana del 12 de mayo de 1938 a las 12 y media fueron sorprendidos por los falangistas cerca de Mortesante (Miera), desencadenándose un tiroteo en el que Plácido resultó muerto, siendo herido y apresado en la misma acción Belisario Lavín Cobo ("Sario"), hermano de "Pin el Cariñoso" fusilado el 27 de octubre de 1938 en Santander después de restablecerse de sus heridas en el hospital de San Rafael.

También las mujeres fueron objeto de una persecución implacable. María Gutiérrez Gómez, natural de Miera y vecina del Barrio de la Cantolla de Mirones, nacida en 1887, soltera y labradora.[182] Era tía del emboscado Orestes y se

---

[181] T. 24. F. 69. N. 69 de Registro de Defunciones de Liérganes.

[182] Cicero, Isidro, 1978: 23. Plácido inscrito en T. 24. F. 59. N. 59 de Registro de Defunciones de Liérganes. María en T. 17. F. 192. N. 192 del Registro de Defunciones de Miera.

había echado al monte por su significación comunista. Al no encontrar a Orestes, fue hostilizada por los falangistas del valle, ante lo cual ella les tiró un cuchillo, entonces los falangistas le propinaron una tremenda paliza antes de fusilarla un 4 de septiembre de 1937 en el cementerio de Mirones. Tenía 50 años. "Las masacres de posguerra y la emigración política y económica consiguieron limpiar de rojos los valles del Miera."[183]

Lucía, una de nuestras entrevistadas, comenta el ambiente de represión en un municipio aledaño como Riotuerto. Su familia fue muy castigada por los hechos de la Guerra Civil. A su padre y a su hermano les condenaron a muerte aunque luego fueron conmutados por treinta años y recluidos en Tabacalera.

También detuvieron a su madre, a sus tías. Les llevaron todo, hasta las cucharas, y por supuesto las siete vacas de la ganadería familiar. Una vecina les dio patatas de siembra y con ellas empezaron a rehacer su vida. Había participado en la huelga ganadera de 1934 en la que tiraron la leche en Orejo que llevaban a La Nestlé y estuvo en la cárcel de Santander por este motivo. Lo sacó de la cárcel el abogado socialista Roberto Álvarez Eguren.

"El Cariñoso" había sido sargento del Batallón Libertad durante la Guerra Civil y participó en los combates de La Lora y en la contención de las columnas gallegas que intentaban socorrer a la asediada Oviedo.

El 18 de octubre de 1936 intervino en un duro combate con fuerzas de la columna Sagardía en el valle de Valderredible a la que se causaron numerosos muertos y heridos.

Del 18 de octubre a 24 de noviembre los milicianos anarquistas ocuparon de gran extensión de la Lora (la llamada Pata del Cid) sosteniendo diversos encuentros con el enemigo al que produjeron numerosas bajas.

El 24 de noviembre comparte un fuerte ataque enemigo en Espinosa de Bricia. El 20 diciembre interviene en el ataque y ocupación de Espinosa de Bricia. Después de las navidades del 36, su Batallón se retira de descanso en reserva a Noceco.

Todos estos combates en la Lora le habrían de determinar su futuro. Al otro lado estaban los huidos por el monte de aquellos mismos pueblos donde después estuvo el escenario de la guerrilla. La venganza estaba presta a saltar cuando esas mismas tropas las de la columna Sagardía rompieron el frente republicano para repostar en los valles del Miera.

El 14 de febrero se desplaza con su batallón a Asturias y una semana más tarde se ocupa de la ofensiva sobre Oviedo y Cotoniello y sucesivamente guarnece posiciones en los sectores de Cogollos y Grullos.

El 27 de abril se traslada a Vizcaya para guarnecer el sector de Munguía, tomando parte en diversas acciones defensivas en los subsectores de Arriaga (Sollube), Munguía, Maruri, Lemóniz, Aranguren, Zalla, Argéntales y Villaverde de Trucíos hasta el 19 de julio.

El 14 de agosto interviene en acciones defensivas de la 3ª División del Cuerpo de Ejército de Santander y ante el avance franquista, retrocede sucesivamente

---

[183] Cicero, 1978: 103.

desde San Cristóbal, pasa por Los Carabeos, por Sarón, por Selaya, por Villacarriedo, por Esles para concentrarse por último en La Cavada, cerca de su Liérganes natal, el 23 del mismo mes. Es curioso que esta guerrilla surja en el itinerario de la columna Sagardía apostada en los páramo de La Lora burgalesa y caracterizada por la extremada crueldad de sus mandos.

Esta ruta fue ocupada por la columna Sagardía a la que los cenetistas habían hecho numerosas bajas en el frente de la Lora y en la que estaba integrada la Centuria de Falange Montañesa mandada por el capitán de carabineros Esteban Cecilio Gil al que habían matado un hijo en una escaramuza y el alférez Félix Salvador Merino al que habían matado a un hermano. Las represalias no se dejaron esperar.

El 24 de agosto se mueve con sus compañeros en retirada con la orden de concentrarse en Ruiloba (Santander), pero la celeridad con que el enemigo avanza sobre la capital de Santander y corta el cruce de carreteras en Barreda a las 18 horas aproximadamente le hace desplazarse con su hermano Belisario y otros cenetistas del pueblo como Andrés "el de la Valienta" hacia Asturias.

Al frente de aquellas columnas y batallones anarquistas estaba un hombre recto y ejemplar, Paco Fervenza.

Fervenza manda casi por derecho propio, elegido por sus iguales, un Batallón de la CNT–FAI. Sus hombres le respetan, le aprecian y le temen de forma natural, dotado como estaba del carisma de los que se hacen obedecer sin esfuerzo.

Había hombres de todo tipo. Los anarquistas recogían en sus filas a ex–presidiarios pensando quizás en su redención, a chorizos, a raqueros y alguna que otra gente de mal vivir, pensando en su rehabilitación. El hombre es bueno por naturaleza, es la sociedad podrida, burguesa y capitalista la que le trastorna y envilece, decían sus teóricos. Un destacado anarquista español, Juan García Oliver, declaró al comienzo de la década de 1930 que pretendía "eliminar a la bestia que hay en el hombre".

La mayoría procedían de los barrios marginales de Santander. Según Jacinto Olarriaga (Torres), estaban los tipos más chabacanos y raqueros de Santander, pero también estaban los músicos, los artistas, los bohemios, los obreros de CAMPSA de Astillero, los de Corcho y los del muelle.

La banda de la FAI tenía 60 músicos que tocaban los himnos de *la Internacional, Hijos del Pueblo, A las Barricadas* en el frente de la Cordillera Cantábrica a las 2 de la mañana y ponían los pelos de punta. La CNT albergaba seres extraordinarios y personal de baja ralea, mal encarado al que el lema de Ni Dios, ni amo, ni patrón constituía una disculpa excelente para arrasar con todo sin proceso de reflexión.

Fervenza era un hombre de principios anarquistas, pero con un carácter autoritario. Qué contrasentido, anarquista y autoritario. Y es que para ser un buen anarquista se necesita, además de una enorme convicción, una personalidad resuelta y dominante capaz de establecer un liderazgo sobre el grupo que le rodea.

Francisco Fervenza Fernández, nacido el 15 de agosto de 1907 en la santanderina calle Alta, fue activista anarquista, metalúrgico de Corcho, jefe militar. Tras la caída del Norte se reintegró al Ejército de Levante donde mandó con gran autoridad y pericia la 81 Brigada Mixta. Fue ascendido al frente de 53 División con la que defendió Valencia. Hecho prisionero en Alicante, fue juzgado en Santander y conmutado de la pena de muerte por los numerosos testimonios de derechistas salvados por su acción.
Foto cedida por su familia.

El liderazgo anarquista significa innovar, no imponer sino convencer, hacer imitable la buena conducta propia y no ejercer el 'liderazgo' como eufemismo de ser el jefe. En el fondo, el líder anarquista sustituía al clérigo de la Iglesia Católica al que los jornaleros y obreros consideraban una figura fraudulenta tras casi dos mil de historia al lado del poder y de los ricos.

Con la reorganización del ejército y la movilización de quintas los dos batallones de la CNT llamados *Libertad* —en realidad un poco más grandes cada uno que una compañía-, comandados por Fervenza se convierten en el Bon. 122, número que hacía olvidar sus connotaciones ideológicas al igual que ocurría con el resto de unidades militares, pródigas en nombres de personajes, fechas míticas y términos legendarios, relacionados con la izquierda.

Con la movilización forzosa, muchos jóvenes derechistas tuvieron que incorporarse a los frentes de combate. Las divisiones se convierten en Brigadas. A Fervenza se le confiaría la 12 Brigada Mixta autónoma en noviembre de 1936 con la que lucharía en el cerco de Oviedo supliendo a las agotadas fuerzas asturianas en febrero y marzo de 1937.

En el frente de Santander con Palencia y Burgos, le enviaron 200 hombres de derechas para ponerlos en primera línea y los mataran enseguida sus propios compañeros. Fueron recibidos con muchos recelos y había ganas de eliminarlos por parte de los milicianos.

Aquella actitud instalaba un clima de terror en el seno de la unidad, hacía inviable cualquier esfuerzo militar y era repugnante ante los ojos de un personaje sensible como Fervenza y de cualquiera que tuviera un mínimo de sentido humanitario y compasivo.

"El Cariñoso" vio a Paco Fervenza formar a todo la Brigada, nada menos que a dos mil hombres, en las campas de Ruerrero, pueblo de Valderredible donde estaba instalado el cuartel General y oyó decir:

—*El que se atreva a asesinar a uno de estos lo mando fusilar. En el otro bando están compañeros vuestros a los que os gustaría que les respetasen la vida.*

Y añadió:

—"Algún día os preguntarán ¿Por qué habéis matado a ese hombre? Y la único alegato que tendréis será porque era de derechas. Hombre, os parece que por ser de izquierdas vinieran los otros y os mataran.

—Y si fuera así, si ellos hacen lo mismo, no podemos igualarnos. Recordad que luchamos para hacer un mundo mejor. Nos asiste la razón y a ellos, a los fascistas sólo la barbarie. Matar a alguien por sus ideas es de fascistas.

—Hemos de cambiar la venganza por la justicia. Si alguno de estos hombres falta al cumplimiento de sus deberes militares, si intentan evadirse o traicionarnos, hagamos justicia. Le juzgamos y si le encontramos culpable, le fusilamos. Pero nunca puede ser alguien culpable sólo por su forma de pensar. ¡Nunca…!"

A continuación se dirigió a los aliviados derechistas:

—"Y a vosotros: No dudo de vuestra adhesión a nuestro ejército porque, o matáis u os matan los que están enfrente."

Dicen que gran parte de estos derechistas fueron premiados con notificaciones al valor y que los fieros milicianos aprendieron a respetar las ideas ajenas.

De ese mismo batallón eran además del Cariñoso, otros huidos pronto capturados y "paseados" como Andrés (a) "el de Juana La Valienta", los hermanos Emeterio "Terio" y Ramiro Agudo Ortiz, su hermano Belisario y tantos otros trasmeranos.

Con el derrumbamiento del frente asturiano, regresaron a sus casas a través de los Picos de Europa en un día de diciembre de 1937. "El Cariñoso" se puso a trabajar en la panadería de su tío Pepe Vian en San Roque de Riomiera, cuando es requerido para prestar declaración en la sede de Falange de Liérganes donde fue recluido. Como temiera por su vida, logra escaparse fabricando una llave artesanal con una cuchara, no sin antes dejar tendido al guardián apodado "el Rey de los Campos". Según Abdón Mateos,[184] se trataba del alguacil Manuel García Fernández, posteriormente asesinado por los falangistas.

Andrés ("el de Juana la Valienta") fue asesinado en su propio domicilio tiroteado por una lluvia de disparos que a punto estuvo de matar a su madre.

Los Agudo se escondieron en la cuadra de la casa de su madre de Liérganes. Fueron descubiertos y pronto se apresuran los guardias civiles y las fuerzas vivas del pueblo que rodean la casa, inspeccionan las habitaciones y encuentran la trampilla del desván sin cerrar. En el tejado se encontraban Ramiro y Emeterio. Conducidos por las calles vacías de aquella mañana invernal, los llevaron a la cárcel municipal para darlos "el paseo" por la noche en Jesús del Monte. Los dos hermanos atados, fueron colocados al borde del terraplén delante de los faros encendidos del coche, listos para hacer rodar sus cuerpos por el desmonte. Alguien repara en el jersey nuevo que lleva Ramiro y decide que hay que desatarlos. No podía quedar sin dueño aquel jersey verde. Es el momento en que este aprovecha para dar un salto y perderse en la noche entre los matorrales.

Desde la oscuridad, Ramiro gritó: "os conozco a todos así que mucho cuidado con lo que hacéis a mi hermano porque lo que hagáis con él me lo vais a pagar a mí. Por la madre que me parió".[185] Y aquella voz amenazante fue suficiente

---

[184] Ibídem: 64.
[185] Cicero, 1978: 171.

para conservar con vida a Terio a pesar de ser encerrado después en la cárcel de Santander, atado e incomunicado.

A los pocos meses, en agosto de 1938, el cerco en torno a Ramiro se estrechaba. Dos compañías del Ejército se unieron a la Guardia Civil y al somatén local que buscaron por los montes y vericuetos de Liérganes. De nuevo, logró burlar el cerco cruzando el Miera por debajo del puente de Rubalcaba y perdiéndose en la Candenosa. Y cruzar el puente por debajo le salvó una vez más porque de haberlo hecho por encima le hubieran tenido a tiro de fusil los guardias.

Recaló en Santander alojándose en el Hotel Arenal con la intención de embarcarse en un buque carbonero ayudado por unos muchachos amigos del frente. Ya tenía el petate metido en el barco. Faltaban dos horas para salir y Ramiro se dispuso tranquilamente a comer en el Hotel Arenal.

Sus captores esperaban el momento de sorprenderlo en un sitio cerrado. Y cuando entraron para apresarlo, hizo frente con botellas, mesas, sillas y todo lo que encontró como arma arrojadiza. Aún pudo ganar la calle, pero era tan grande el número de perseguidores que nada más pudo hacer entre la lluvia de patadas y golpes. Le propusieron un trato: "Quedas libre, si nos dices donde está el resto de la banda."

Ramiro después de pensar un poco accede para ganar tiempo. Antes le esposan a un guardia para evitar su evasión y se dirigen a la Peña de Mortesante. Cuando estaban a punto de rebasarla, Ramiro se lanzó al vacío arrastrando al guardia. Pero aún parece que el destino quisiera reservarle para mejores empresas. Un tronco de laurel mantenía a Ramiro y al guardia suspendidos en el abismo. El guardia gritaba desesperado, Ramiro la emprendió a mordiscos con su casual e inoportuno compañero de fatigas. Les incorporaron a tierra firme y la emprendieron a culatazos en la cabeza y bayonetazos en las costillas. Todavía vivo le bajaron al pueblo y dejaron el cuerpo agonizante delante de su casa. Era el 10 del mes de agosto de 1940, día de San Lorenzo. Natural y vecino de Liérganes, militante de la CNT, labrador y soltero. Tenía 24 años. [186]

Otro huido, Segundo Campos Ortiz, antiguo concejal, fue muerto por la Guardia Civil el 13 de diciembre de 1940 en Somarriba, entre Pámanes y Penagos, cuando trataba de saltar una pared para escapar de un registro en el comercio que regentaban las hermanas Gabina y Dolores Ortiz Cobo. Era natural y vecino de Pámanes (Liérganes), nacido hacia 1908, casado con un hijo. Está enterrado en el cementerio civil de Liérganes. [187].

Domingo Samperio Fernández ("Rada"), nació en Los Cerrillos cerca de Merilla de donde era vecino, a mitad de camino entre Miera y San Roque de Riomiera, militante del PCE. Se echó al monte y murió a fines de 1941 ejecutado, según algunas versiones, por sus propios compañeros por indisciplinado y comprometedor. Otra fuente sostiene que en el atraco a Bucarrero fue herido de muerte por el dueño de la casa terminando su vida en una cueva de Angustina (Riotuerto). [188]

---

[186] T. 24. F. 153. N. 153 de Registro de Liérganes, Cicero: 215 - 239, y Mateos: 80-81 y 130.
[187] Tomo 24. F. 175. N. 175 de Registro de Defunciones de Liérganes.
[188] Cicero: 165-203.

Orestes Gutiérrez Gómez ("El Peinado" o "Manonegra"), formó parte del Frente Popular de Mirones. Pertenecía al PCE. Había nacido el 11 de enero de 1900 en el barrio de La Cantolla de Mirones de donde era vecino. Por discrepancias se separó de la partida y cayó abatido por la Guardia Civil en su pueblo natal el 11 de agosto de 1940 después de ser delatado `por el dueño de la cabaña en la que se escondía. Está enterrado en Liérganes. [189] Una tía suya llamada María había sido fusilada por los falangistas del lugar.

Raimundo Fernández Pérez, natural y vecino de San Roque de Riomiera. Formaba parte de las Casas Campesinas y fue secretario del Frente Popular de San Roque de Riomiera. Falleció en el sitio de Los Costales el 20 de junio de 1940 a las 12 horas. Era labrador. Tenía 43 años. Estaba casado con 5 hijas. [190]

En septiembre de 1940 irrumpen Marcos, Pedro Lavín y "El Cariñoso" en la casa de La Cavada de María Otí Ortiz al grito de "Abran a La Guardia Civil y a Falange o tiraremos la puerta." La nuera de María llamada Tomasa Alonso se dirigió al entonces desconocido:

"Hola, Pin". Tras el saludo confidencial, pidieron alimentos y las visitas se repitieron los siguientes días. De estas frecuencias surgió el amor entre ambos.

La primera estancia del Cariñoso con madre e hija en Santander fue en el Sardinero en Villa Rosario. "El Cariñoso" pasó a vivir después del pavoroso incendio de Santander en febrero de aquel año. En el mes de marzo se trasladó con su novia a la calle Vargas, núm. 3, 2º piso propiedad de Juan Antonio Casado Usín quien les cobraba una renta entre 4.000 y 6.000 pesetas. Parece ser que las relaciones de Casado no eran buenas con María Solano y pasaron a vivir al Sardinero con su suegra. Era una vieja costumbre trasmerana vivir la suegra con la hija casada o emparejada y también en este caso se cumple la tradición. De allí se trasladaron a la calle Pedruecas en la casa donde residía Julián Abascal junto con Marcos Lavín Gómez, Dolores Lavín Gómez ("Lola") y Pedro Lavín Cobo.

Lola, enamorada del Cariñoso, no veía con buenos ojos su relación con María Solano y tampoco se llevaba bien con Isabel Abascal por lo que se alojó separada de la pandilla en una casa de calle de General Dávila. Poco después se cambiaron de forma definitiva a la casa de Santa Lucía propiedad de María Salas Cuesta.

¿Cómo es posible que el Cariñoso viviera en Santander capital, de una forma más o menos normal y dirigiera una guerrilla tan temida por las autoridades franquistas de la época? ¿Cómo es posible que la acción fuera tan despiadadamente represiva en las comarcas trasmeranas mientras el Cariñoso desarrollara una vida tan aparentemente tranquila en Santander sin ser detectado cuando eran *vox populi* sus andanzas en la ciudad? ¿Con qué complicidades del aparato represor y de las fuerzas vivas de la ciudad contaba para permanecer sin ser visto cuando su presencia era pública y notoria en los mentideros de la ciudad?

Isidro Cicero [191] lo atribuye al importante círculo de relaciones de los trasmeranos y a la facilidad de comunicaciones, dado que Liérganes se encontraba tan

---

[189] T. 18. F. 21. N. 41 de Registro de Defunciones de Miera.
[190] T. 10. F. 185. N. 185 del Registro de Defunciones de San Roque de Riomiera.
[191] Ibídem, 1978: 41.

sólo a 27 kilómetros de Santander en relación con las largas distancias a la capital de la guerrilla de los Picos de Europa para huir o escapar del cerco de muerte. De hecho estaban habituados al contacto con el exterior y no eran pocos los miembros de esta guerrilla que eran originarios de Cuba o de Estados Unidos, como veremos. Tanto los trasmeranos como los vaqueros pasiegos tuvieron que salir de sus pagos para complementar los ingresos agrícolas con tareas de canteros en la que sobresalieron los de Trasmiera o vendedores de helados e introductores de razas de ganado selecto en las que destacaron los pasiegos.

A pesar de las frecuencias y permanencias de sus quehaceres en otros países, yo pienso que no les ayudó mucho en un régimen despiadado. Los riscos y el difícil acceso de Liébana ofrecían mayor seguridad que las cumbres del Miera y de hecho la guerrilla de los Picos no fue eliminada totalmente hasta 1957 con la muerte de los últimos y míticos emboscados, "Juanín" y Bedoya.

Entre los 1.510 metros de cota máxima en San Roque de Riomiera (389 de mínima), los 961 de cota máxima de Miera (215 de mínima), y los 1.462 y los 70 de mínima de Liérganes transcurre la guerrilla meracha. Estas cotas pueden parecer demasiado pendientes, pero estaban surcadas por una considerable red de comunicaciones, al contrario de lo que sucedía en los Picos de Europa.

La represión trasmerana fue más cuantiosa y todavía más desconsiderada que la de Potes, Bejes y Tresviso. Lo que si resulta chocante es la vida del "Cariñoso" en una ciudad de tamaño medio, centro de la actividad represora y policial y por lo tanto muy vigilada como Santander. Efectivamente, fue uno de los pocos emboscados que habitó en una ciudad de forma continuada, hasta ser objeto de delación por uno de sus íntimos colaboradores.

Según Cicero,[192] "El Cariñoso" era un maestro para el disfraz. No había fotos de él. Entonces no era fácil disponer de fotografías de una persona; pues las únicas que podía haber eran las que se sacaban en las romerías, las llamadas del minuto. Las descripciones lo pintaban como un hombre alto, con los pelos rubios de punta como clavos, esbelto y buen mozo. Para la época de la evacuación, pesaba más de cien kilos. Se había teñido el pelo magistralmente, presentaba una cabellera ondulada, se puso gafas, se vistió sotanas y uniformes, se dejó crecer un bigote espesamente negro, y si alguien le pedía la célula de identificación presentaba una documentación tan perfectamente falsificada que podía presentarse con ella en cualquier sitio."

Cuando "El Cariñoso" se instaló en Santander ya era una leyenda viva. Desde luego que era contrario a posar ante una cámara fotográfica. Cuando viaja a Barcelona, Elena Salas Cuesta le pide en vano que se haga dos retratos para ilustrar la documentación falsa. Siempre fue reacio a las fotos para dificultar su identificación. Se vino a Santander cuando las comarcas del Pas y del Miera estaban tomadas por las fuerzas de orden público, se había impuesto el toque de queda, se había ordenado el desalojo del ganado de las cabañas, se había prohibido el traslado y venta de ganado a otras provincias, se habían encarcelado a centenares

---

[192] Cicero, Isidro, 1978. 134.

de personas, se habían detenido a todos los Lavín Cobo de Liérganes, se había torturado, se habían entregado miembros de su partida, y nada. José Lavín Cobo jugaba a las cartas, salía (en lo que actualmente se conoce) de copas, se paseaba por el muelle, se disfrazaba de cura, engordó a propósito, frecuentaba los bares de la calle de San Pedro junto con el ex – guardia civil Juan Antonio Casado Usín y el agente de policía gubernativa Sergio Alonso Alcaide ¿Quién iba sospechar que detrás de tan correcta compañía y de esa vida de juerguista frívolo se escondía un mito que mantenía en jaque a las autoridades del Régimen?

Con él se instalaron en diferentes casas de Santander, los hermanos Marcos y Lola además de su primo carnal, Pedro. En Santander y Orejo supo tejerse una buena red de enlaces a partir de mayo de 1941 cuyas artífices principales fueron su novia y la madre de ésta. Tales contactos abarcaban a familiares como Concepción y Leonor Solano, a amigas íntimas como María Salas Cuesta. Tras su regreso de Barcelona, las tierras altas estaban peinadas por las fuerzas represivas. El gobernador Carlos Ruiz García dio la orden en 1940 de concentrar el ganado de los valles del Pas y el Miera en las plazas de los pueblos donde estuvieron concentrados cerca de un año y prohibió su acceso a los pastos de la alta montaña. Los paisanos tuvieron que vender las vacas a precio de saldo y algún notable aprovechado se valió de la coyuntura para hacer pingües negocios de compraventa. Otra de las medidas fue la declaración forzosa de los familiares del paradero de todos los ausentados del pueblo en el cuartel de la Guardia Civil.

El somatén, un cuerpo de voluntarios civiles movilizados temporalmente para combatir la delincuencia, había sido abolido por la República en 1931. No obstante, el franquismo lo había restaurado en Cataluña en 1939 y a partir del 9 de octubre de 1945 aprobó su funcionamiento en el resto de España. El entonces gobernador civil Carlos Ruiz creó el somatén cántabro para perseguir el maquis y así los lugareños se enfrentaban armados, protegidos por el paraguas oficial, a sus convecinos emboscados.

Entonces, el Cariñoso cambió el escenario tras su regreso de Barcelona. De las altas tierras pasiegas y de los valles de Trasmiera descendió a las zonas costeras en el perímetro de la bahía de Santander (Cubas, Guarnizo, Herrera de Camargo, Orejo).

"EL Cariñoso" jugaba a las cartas, alternaba en los bares y lugares de diversión de Santander con un ex – guardia civil llamado Juan Antonio Casado Usín y un ex – agente de la policía gubernativa Sergio Alonso Alcaide que había trabajado en Bilbao. Frecuentaban el bar La Zanguina de la calle Martillo y las ferias de San Lucas en Hoznayo y en Orejo. Quizás en la Zanguina hablara del viejo Malumbres asesinado en la primavera de 1936 y sus compañeros tomaran el nombre para bautizar a su banda.

La entrega voluntaria y posterior ejecución de su hermano mayor Belisario, indujo al Cariñoso a vengar su muerte y la de otros huidos en su pueblo natal y otros de los alrededores

La primera actividad tuvo lugar en el pueblo de Miera donde asesinan a tres personas por culparles de la persecución y muerte de su hermano Belisario que tras ser capturado fue fusilado en Ciriego.

El 4 de noviembre de 1938, el Cariñoso acompañado de Juan Espinosa Alonso persigue a tiros y da muerte a Santos Manuel Casar, alcalde del barrio de La Angustina de Liérganes.

Al día siguiente fue apresado en una batida Pedro Alonso Higuera, natural y vecino de La Angustina, que se encontraba huido.

El 9 de febrero de 1940 en el barrio de La Edesa de Liérganes da muerte a Norberto Casar Diego, de 30 años de La Angustina (Riotuerto). Eran las cinco y media de la tarde y se encontraba realizando la poda de árboles con una cuadrilla de serradores. Cuando regresaba a su casa con los bueyes se le aparece José Lavín Cobo. Norberto corría cuesta arriba para escapar de su presencia y de los disparos. Eran las 5 y media de la tarde.

> "Si alguien dice quién le mató, que ha sido Pin el Cariñoso. He matado a uno, y lo peor es empezar porque quedan otros tres".

"El Cariñoso" dio vuelta al cadáver de Casar para comprobar que estaba muerto y le quitó la pistola.

Norberto había sido amigo de la infancia del Cariñoso. Su hermano estuvo escondido en una cueva para evitar ser enviado al frente "rojo". Sin embargo, en 1938 delató a los escondidos, que fueron sorprendidos por los falangistas en Miera cerca de Mortesante, cayendo en la refriega Plácido Ibarrola "el hijo de la maestra de Rubalcaba" y Belisario Lavín Cobo, hermano del Cariñoso. Como venganza "El Cariñoso" pegó cuatro tiros al delator en el puente de La Angustina, pero increíblemente sobrevivió haciéndose el muerto. Berto estuvo buscando al Cariñoso para vengarse, pero finalmente fue éste el que lo hizo.

Pocos días después, el 13 de febrero de 1940 sobre las 19,30 horas se presentó el Cariñoso en la cantina de José Mier de Miera. Se produjo la muerte de Manuel Lavín Pérez "Manolo" o "Nel el de la Pasiega", de 38 años, casado, tres hijos, labrador.[193] Otro parroquiano llamado Zoilo Higuera Maza fue trasladado gravemente herido a Valdecilla muriendo en Santander.

A consecuencia de la batida emprendida por estas muertes, el 15 de febrero de 1940 se entregó a la Guardia Civil, Juan Espinosa Alonso, de 21 años, natural y vecino de Liérganes condenado a la pena de muerte (posteriormente conmutada por 30 años) en el Consejo de Guerra en el que se juzgó a los integrantes tras la caída del jefe.

El 22 de junio de 1940 en el Barrio de Sierra Millana de La Cavada "El Cariñoso", "el Ferroviario" y Víctor Cobo ("El Cubano" o "El Mimbre") hicieron nueve disparos sobre el vecino Víctor Gómez Aja, causándole la muerte e impidiendo que ningún vecino recogiera el cadáver. Su madre tuvo que llevarlo a rastras.

El 10 de julio de 1940 veinticinco individuos armados y disfrazados de Guardias de Asalto interrumpen el tráfico y acordonan las casas en Anero atracando a varios vecinos.

El 24 de junio de 1940 en Liérganes se presentan en casa de la quesera Gabriela Quintana Abascal, "El Cariñoso", Orestes Gutiérrez y Nemesio Hazas Arce ("El

---

[193] T. 18. F. 17 v. N. 34 de Registro de Defunciones de Miera y placa de los caídos

Tuerto" o "Nemesio") en busca de su marido José Recio Cobo. Al no encontrarlo se llevaron como rehén a la quesera obligándole a escribir dos cartas en las que exigían un rescate de 60.000 pesetas que la familia pagó contraviniendo las órdenes de las autoridades de no pagar los rescates. Por tal motivo el matrimonio padeció cuatro años de cárcel.

El 8 de febrero de 1941 sorprendieron en el monte Cantabrao del barrio de Rubalcaba a las siete y media de la tarde a Manuel Alonso Marañón con su hijo Ramón de 14 años. Se percataron de la presencia del "Cariñoso" y se escondieron. Descubrieron el escondite y les amenazaron con una bomba si no salían. Pidieron a Manuel Alonso Marañón 11.000 pesetas y como no llevara consigo tal cantidad exigieron su entrega antes de las doce de la noche. Mientras tanto uno de los dos se quedaría como rehén. Así lo hizo el padre, mientras tanto el hijo dio cuenta a sus familiares los cuales avisaron a la Guardia Civil y ante la delación "El Cariñoso" dio muerte a Manuel Alonso Marañón.

El huracán causado por el viento Sur el 15 de febrero de 1941 desató un pavoroso incendio que tras arder casi durante dos días completos arrasó la mayor parte del centro urbano, acabando con 337 edificios particulares y gran número de negocios, dejando en la calle a muchas miles de personas arruinadas y desesperadas. Ante la difícil situación el gobernador militar, coronel Burgués, declaró a través de un bando el estado de guerra y dictó una serie de normas para evitar el pillaje, facilitar el alojamiento de los damnificados y asegurar la cooperación con las autoridades de toda la población. La intensificación de la vigilancia en la ciudad y la ruina producida animó al "Cariñoso" a encaminar sus pasos a lugares lejanos.

El 3 de junio de 1941, el "Cariñoso", su novia María Solano Otí, la madre de ésta, María Otí Ortiz y Elena Salas Cuesta emprenden viaje a Madrid en el taxi de Alejandro Torre Rey. Después se dirigen a Barcelona por vía férrea donde pensaban abrir un bar y permanecen un mes y medio, primero en una fonda de la calle Diputación de una viuda vasca llamada Felisa y luego en la casa familiar de la hermana de las Salas, casada con un súbdito alemán llamado Carlos Riss. La nacionalidad de éste, tan cara entonces al régimen, les haría pasar desapercibidos e incluso protegidos.

No llevaron suficiente dinero para el traspaso y se ven obligados a regresar por ferrocarril a Bilbao para retornar a Santander en el taxi de Alejandro Torre Rey. Antes María Otí había vendido su casa y una finca de La Cavada por 15.000 pesetas, a un vecino de esta localidad. Allí María Otí pensaba en encaminar la vida del Cariñoso y por ende, la de su hija y la suya, por la vía de la normalidad como ciudadanos corrientes y anónimos.

El "Cariñoso" viaja con identidad falsa proporcionada por María Salas Cuesta a nombre de Luis García Doalto consistente en una cartilla militar, una célula personal, un salvoconducto y documento de haber prestado servicios durante la guerra en una unidad Italiana.

En agosto de 1941 vino Franco a Santander para inaugurar las obras de la reconstrucción de la ciudad tras la catástrofe. Se hicieron muchos presos gubernativos. Fue detenido Luis Hazas Arce, hermano del Nemesio y "El Ferroviario" y centenares de presos de izquierdas. Después de la visita de Franco sería el momento del regreso del jefe y sus acompañantes.

En el mes de septiembre se incrementan los atracos con asaltos a cuatro casas en Gándara de Soba, tres en Herrera de Camargo, una en San Pedro de Soba. En Escobedo de Camargo en el asalto a una tienda producen la muerte de Valentín Landa.[194] El 23 de septiembre de 41 asaltaron cinco casas en el pueblo de Cubas y asesinaron a los hermanos Luis y Victoriano Vega Lastra de filiación derechista, después de cortar la comunicación telefónica y obligar al barquero a cruzarles la ría.

Aquel año de 1941 iba a ser aciago para los emboscados del "Cariñoso". Juan Cano Cárcoba, natural del valle de Ruega y vecino de Asón (Arredondo), murió por disparos de la Policía Armada del Destacamento de Riaño el 24 de abril de 1941. Falleció desangrado en el trayecto del monte de la Alcomba a la Riva.[195]

El 24 de octubre de 1941 se encontraban Nemesio Hazas Arce ("Nemesio"), Constantino Trueba y Rafael Hazas Arce en la casa de Juan Lavín Acebo de La Cavada, un anciano de ochenta años, que vivía con sus nietas Balbina, Felisa, María y Manuela Fernández Lavín.

Los guerrilleros solían concentrarse en el domicilio de este octogenario represaliado liberado de la cárcel, con el padre de sus nietas aún en ella. Allí se refugiaban en una cueva construida en la cuadra, cubierta por hierbas y escajos. Otras veces lo hacían en el cementerio. Las nietas trabajaban en la fábrica textil "La Montañesa" de La Cavada y militaban en la FAI. Nuestra entrevistada, Lucía Gándara también empezó a ocuparse junto con su hermana en la fábrica textil, mientras que el hermano estuvo por ahí para ganar los jornales. "Sí, de criado en Orejo y por ahí."

La fábrica de La Cavada era entonces de Don Gabriel Roiz de la Parra emparentado a través de su mujer, con la familia Botín. Luego fue vendida a unos catalanes. La mujer de "Botín el viejo", como se denominaba popularmente al patriarca de esta saga de banqueros, era de La Cavada, un pueblo de muchos indianos y gentes de derechas donde también se hicieron cañones en el primer alto horno de España. Ser de izquierdas en La Cavada era entonces y copiando a Sabina como ser torero en Nueva York, algo muy raro y en los años 40, muy peligroso. En la fábrica trabajaban desde las 2 de la tarde hasta las 11 de la noche y tenían que sostenerse con un pan de racionamiento de color verde para las largas horas de jornada que complementaban con unos higos que compraban por su cuenta.

La Guardia Civil ya conocía por estas fechas, de la confesión de su confidente Galante, el paradero de los componentes de la guerrilla del Cariñoso. En el encuentro cayeron Nemesio y Constantino, logrando huir herido Rafael Hazas Arce.

Nemesio ("Nemesio" o "Tuerto") era alto, algo rubio de complexión fuerte y natural de Matienzo. Pertenecía al PCE antes del 18 de julio y había sido miem-

---

[194] Ver Historia y Memoria Colectiva: 275.
[195] A.R.R.M.N., Expediente del Cariñoso Caja 1157. T. 3. Sumarísimo 24.198/41.

bro del Frente Popular de Ruesga (Matienzo). En el levantamiento de los cadáveres, las guapas hermanas de los Hazas identificaron a Constantino afirmando entre sollozos y lamentos:

"Es nuestro hermano Rafael"

Y así constó hasta que regresó Rafael en 1973 procedente de Francia. De esta forma le dieron tiempo a curarse y a salvar la vida. Rafael Hazas Arce ("El Ferroviario") se presentó el 23 de septiembre de 1973 ante los ojos atónitos de los miembros del Juzgado Militar Eventual de Santander para solicitar la prescripción del delito. [196] Ante varios testigos certifica su identidad. Había cruzado la frontera junto con los restos de la partida el 22 de septiembre de 1947. Tras su retorno pasó a residir en Maliaño.

La identidad equivocada del Ferroviario correspondía a Constantino Trueba Fernández, miembro del Frente Popular de San Roque Riomiera donde ejerció los cargos de tesorero de las Casas Campesinas y de juez municipal. Tenía ya 54 años en 1941 y era industrial. Pertenecía a Izquierda Republicana. Murió abatido en La Cavada el 1 de octubre de 1941 junto con Nemesio Hazas Arce.

La Guardia Civil eliminó al Cariñoso tras detener a Galante que actuaba de enlace entre el jefe y el resto de los guerrilleros. No tenemos constancia de las presiones que pudo sufrir, aunque podamos intuir que Galante se prestó a colaborar y actuar de cebo ante la omnipresente tortura.

Delató el paradero de todos los enlaces y los miembros más notables del círculo, entre ellos el de su jefe al que casi diariamente daba el parte de novedades. Condujo a la Guardia Civil a la morada del Cariñoso en la calle de Santa Lucía el 27 de octubre de 1941. En la puerta le gritó: "¡Pin, abre! es un asunto muy importante."

"El Cariñoso" despertaba de su acostumbrada siesta. Abrió la puerta y olfateó la presencia cercana de guardias civiles. "¡Cabrón, me has traicionao..."!

Galante había bajado rápidamente las escaleras para apartarse del ángulo de tiro. En la refriega fue herido gravemente Lorenzo Bustillo Toca, marido de María Salas Cuesta la dueña de la mansarda y el guardia Enrique Rico Acitores en la región gemelar. Terminaba así la leyenda, el mito al que *El Alerta* se refería que "en torno al "Cariñoso" y su bondad se había formado una leyenda de omnipotencia y de impunidad." [197]

Las mujeres tuvieron un enorme protagonismo en esta guerrilla. Hasta prostitutas y casas de prostitución de la capital actuaron como enlaces y refugios.

La alta presencia de mujeres en labores de avituallamiento (alimentos, asistencia a los guerrilleros heridos) o por tener alguna relación de parentesco como madres, esposas, novias o hermanas, fue muy relevante.

Constituían un segmento social escasamente representado en la época. No obstante, fueron el elemento necesario en los espacios de retroceso, de retirada.

---

[196] Su defunción en el Registro Civil de Riotuerto (T. 1. F. 59) como abatido por la Guardia Civil el 25 de octubre de 1941.

[197] Cicero, Isidro, 1978: 268.

Apoyo y protagonismo en la guerrilla, se alían a los gestos heroicos de mujeres que aisladamente hicieron una feroz resistencia a la entrada de los franquistas. Mujeres solas hicieron fuertes en casas, cabañas y caseríos frente a las tropas invasoras sucumbiendo irremisiblemente ante la fuerza numérica de los atacantes. Eso cuentan los informantes, que le echaron "cojones" esas mujeres que se enfrentaron a los ejércitos triunfadores.

La capacidad de la mujer en la lucha guerrillera demostraba el poder de la debilidad del coraje frente a la fortaleza de los ejércitos organizados. El poder de la resistencia, del rescate de lo perdido, del recogimiento testifical.

La mujer era la reserva fallida de la otra mitad de la población, la masculina. Un ejército de reserva surgido de la desesperación y la derrota. Por ello, el Régimen temeroso de su fuerza oculta, la recluyó de nuevo en el hogar de donde apenas habían salido. De nuevo en casa o en la cárcel, se les cortó el pelo pensando que su fuerza arrasadora residía como Sansón en sus cabellos.

Las enlaces eran las que más exponían en la lucha guerrillera. Fueron tremendamente represaliadas y muchas pagaron con su vida la ayuda al movimiento. Por razones de sanguinidad, parentesco, amor, compasión, solidaridad, muchas demostraron un valor heroico, corajudo, vital. Están (estaban) mejor preparadas para el amor sin cortapisas. A aquella primera represión de las mujeres mediante la ingesta de ricino y el afeitado de cabeza, se unirían otro tipo de coacciones. Las propias presas fueron objeto de insultos y vejaciones acerca de su moral o conducta sexual. El régimen insultaba y humillaba a las mujeres comprometidas.

Concepción Solano Villa casada con Juan Antonio Casado Usín era una renovera que entró en contacto con el círculo a través de sus relaciones en el mercado de La Cavada. Mantenía contactos con Jesús Aparicio ("El Madrileño"). Su hermana Leonor Solano Villa sostenía amistad con "el Catalán" o "Ferroviario". Eran sobrinas de María Otí y primas de María Milagros Solano.

Guardaban los productos en la cueva "La Leona" de Matienzo sita en el monte Los Trillos y otra con el mismo nombre en Bustablado. Tras enterarse de la muerte del "Cariñoso"; Marcos, Pedro, Lola y Palmira se trasladaron de la calle Pedruecas. Acompañadas por Julián Abascal tomaron un tranvía sobre las siete y media de la tarde en la parada de la Plaza de las Farolas, dirigiéndose hasta el barrio de Campogiro en Peñacastillo, donde se instalaron en un chalet dedicado a elegante casa de citas.

Muy pocos podían sospechar que allí, un lugar de citas clandestinas de cargos de la policía, médicos y gente respetable, podían alojarse cuatro perseguidos. En aquel lugar durmieron y permanecieron hasta las 11 horas del siguiente día bajo la apariencia inocente de dos parejas encubiertas que pernoctaban como otras tantas. Esa era la hora convenida con Julián Abascal para trasladarles a otro terreno y ocultarse en una cueva próxima en el monte. Se dirigieron a la carretera general Santander – Bilbao por el callejón llamado de Castro. Al fondo les estaba esperando un coche de la Guardia Civil cuyos ocupantes empezaron a disparar, originándose un tiroteo que acabó con los cuatro guerrilleros. Sólo salvó la vida Palmira Marcos Abascal marchando hacia la carretera Santander – Palencia. Hasta que pudo llegar a su casa de Cabárceno, donde fue detenida.

Cueva de Peñacastillo empleada por los miembros del Cariñoso y el callejón donde fueron dados muerte.
Foto cedida por Jesús de Cos Borbolla

En el enfrentamiento se emplearon granadas de mano, armas de fuego y en algún momento se llegó a la lucha de cuerpo a cuerpo. Fue herido de pronóstico menos grave el guardia Francisco Haro Castanedo.

Dolores Lavín Gómez ("Lola") o ("Lola la Comunista"), era de Riotuerto, se unió al grupo junto con su hermano Marcos tras revelarse que facilitaba comida a Laureano ("El Paisa") y descubrirse que en su casa se hallaba un hombre escondido Segundo, ("el de Tania"), a quien mataron cuando intentaba saltar por la ventana. Detenida, apaleada, el pelo rapado, el aceite de ricino, los pechos quemados, sufrió violación, escarnecimientos, ensañamiento. [198]

Junto a ella sucumbió su hermano Marcos Lavín Gómez ("El Melenas") y su primo Pedro Lavín Cobo ("El Cenizo"), todos de la localidad de Riotuerto.

Varios componentes de la guerrilla se encontraban en las montañas de Arredondo, un enclave de montaña que se denomina la capital del mundo: porque allí los emigrantes y los indianos mostraban sus lujosos coches con las matrículas más dispares procedentes de todas las partes del planeta como una especie de motorización ecuménica.

Por último, el 7 de noviembre caían en esta localidad, los últimos componentes de la partida llamados Laureano Lavín Alonso ("El Paisa"), Hermenegildo Trueba Lavín, Víctor Gómez Gómez ("El Cubano") y Alfredo Barquín Ruiz. Resultó gravemente herido el guardia civil Gregorio Samperio Cobo con un balazo en el pecho que le interesó pulmón e hígado. En diciembre de aquel año caía abatido Amalio Lavín Gómez ("Malión").

Laureano Lavín Alonso ("El Paisa"), natural de Rubalcaba (Liérganes) fue abatido por la Guardia civil el 7 de noviembre de 1941 en Bustablado (Arredondo). Enterrado en Bustablado.

Hermenegildo Trueba Lavín ("Gildo"), natural de Arredondo y vecino de Bustablado, soltero, labrador. Nació hacia 1921. Murió el 7 de noviembre de 1941 en encuentro con la fuerza pública. Enterrado en Bustablado. Tenía 20 años.[199]

Alfredo Barquín Ruiz natural de Calseca (Ruesga), vecino de Bustablado (Arredondo), nacido hacia 1911, viudo y sin hijos. Murió el 8 de diciembre de

---

[198] Cicero, Isidro, 1978: 137 – 138.
[199] T. 14. F. 71 v. N. 2.132 de Registro de Defunciones de Arredondo.

1941 a consecuencia de encuentro con la fuerza pública, siendo enterrado en el cementerio de Bustablado. [200]

Víctor Gómez Gómez ("El Cubano", "Mimbre" o "Centello") formó parte del Frente Popular de Mirones. Salió mortalmente herido del cerco de la Guardia Civil el 8 de noviembre de 1941 en Bustablado. Se refugió en una cueva y aprovechando la noche salió de ella. Dejando tras de sí un reguero de sangre, se precipitó por un abismo. Su cuerpo no fue encontrado. [201] Poco después, Amalio Lavín Gómez ("Malión"), tío de Pedro Lavín, natural y vecino de Riotuerto, labrador, antiguo miembro de la FAI, fue aniquilado por la Guardia Civil en Matienzo el 1 de diciembre de 1941.

La delación no sólo causó la muerte del Cariñoso, del Cenizo, del Melenas, de Lola, del Paisa, de Hermenegildo Trueba Lavín, del Cubano y de Alfredo Barquín Ruiz, sino también la detención, aquel 27 de octubre, de 62 personas que fueron juzgadas el 14, 15 y 16 de enero de 1942 en la causa 24198/41 de Santander en medio de una expectación pública enorme. Otros tantos fueron detenidos como presos gubernativos sin juicio, entre ellos la madre y tías del Cariñoso, la mujer del Ferroviario y otros parientes, en suma, familias enteras.

En este Consejo de Guerra se impusieron 28 condenas de muerte, de las que nueve fueron ejecutadas (entre ellas dos mujeres) en una especie de ley de Talión de los nueve muertos que hizo la banda: Julián Abascal Ruiz, Juan Antonio Casado Usín, Ricardo Gómez Gutiérrez, Secundino Gómez Pérez, Santiago Martínez Fernández, María Otí Ortiz, María Salas Cuesta, Bonifacio Ruiz Pérez y Alejandro Torre Rey que fueron fusilados el 31 de enero de 1942 junto con otros seis presos condenados por hechos acaecidos en la guerra: Manuel Rodríguez Zaballa, Pedro Ibáñez Martín, Ramón Arenal Pardo, Domingo Gómez Lombraña, Mauricio Cusidor Zorrilla y Agustín Iglesias Abad.

Julián Abascal Ruiz era natural de Caranceja y vecino de Santander, casado, dependiente. Como enlace dio refugio en su domicilio a los guerrilleros. Fue fusilado con 35 años. Había cumplido condena por sucesos de guerra. Se comenta que durante su estancia carcelaria fue abandonado por su esposa y la rabia del tiempo arrebatado en prisión fue una de las causas de su cooperación con el "Cariñoso" al que conoció en las ferias de San Lucas de Hoznayo. Hombre de grandes cualidades, se caracterizó por su simpatía y compañerismo.[202]

Santiago Martínez Fernández, natural y vecino de Orejo, soltero, labrador. Fue fusilado con 25 años. Era criado de Ricardo Gómez Gutiérrez. Intervino como enlace y actuó en los atracos en Rubayo, Agüero, Herrera de Camargo, en un banco en Sarón, y en el de Cubas.

Bonifacio Ruiz Pérez, natural de Arredondo, vecino de Agüero, soltero, labrador. Fusilado con 45 años. Era enlace del Cariñoso.

Alejandro Torre Rey, natural de Arnuero, vecino de Santander, taxista, soltero. Fue el conductor que trasladó al "Cariñoso" en su viaje a Madrid junto con las Otí y María Salas Cuesta. Fue fusilado con 28 años.

---

[200] T. 14. F. 72 v. N. 2.134 de Registro de defunciones de Arredondo.
[201] AGA, Sección de Gobernación, Caja 8.812, Exp. 384.115.
[202] Confesión de Román Vela Mijares.

María Otí Ortiz, natural de Riotuerto, vecina de Santander, viuda. Era la suegra del Cariñoso. Tenía 51 años.

María Salas Cuesta, natural y vecina de Santander, casada. Era la dueña de la buhardilla de la calle de Santa Lucía. Tenía 35 años.

Juan Antonio Casado Usín, natural de Torrelavega, ex cabo de la Guardia Civil, estaba casado con Concepción Solano Villa. En la cárcel padeció las burlas de los presos por su pasado represor en la Revolución de 1934. La prensa le ridiculizó por consentir las relaciones de su esposa con un emboscado. Fue fusilado con 41 años. Mantuvo alojado al "Cariñoso" y le tuteló en las rutas de bares y cafés.

Ricardo Gómez Gutiérrez natural de Soba y vecino de Orejo, viudo, labrador. Tenía 50 años. Era enlace y su casa refugio de guerrilleros. Según el Consejo de Guerra intervino en el atraco de Cubas.

Secundino Gómez Pérez, natural y vecino de Orejo, soltero, labrador. Hijo del anterior. Tenía 24 años.

Nuestra entrevistada, Lucía Gándara Lavín tuvo familiares masacrados en la guerrilla. Uno de ellos fue su tío, Amalio Lavín Gómez ("Malión"), natural y vecino de Riotuerto, de la FAI y tío también de Pedro Lavín.

Ella misma coincidió en la cárcel de los Salesianos con María Otí, la suegra de "El Cariñoso" y fue testigo de sus últimos momentos. Le dieron palos en todo el cuerpo antes de ser fusilada. Su piel estaba llena de moratones. Con ella también estaba María Salas la dueña de la buhardilla donde se alojaba el Cariñoso.

Recuerda Lucía que María Oti leyó una carta emocionante a las presas antes de salir para entrar en capilla y ser fusilada: Después de leerla, pidió que se enviara otra dedicada a su hijo que encontraba en México. En ella le pedía perdón y comprensión. Todas las presas estuvieron llorando alrededor de aquellas infelices. Eran las 12 de la noche. Centenares de presas llenaban los largos pasillos de aquel colegio de religiosos convertido en cárcel.

Lucía, que vive en la localidad de Rucandio, estuvo encerrada como presa gubernativa por ser acusada de "tratos con los del monte". Antes de ser detenida nunca había visitado Santander. Mataron a una hermana llamada Joaquina Gándara Lavín a la que dieron una tremenda paliza y a consecuencia de la misma, murió el 24 de agosto de 1942. Habían salido de prisión en junio de aquel año y vino a morir a casa con 19 años. Las palizas, los puñetazos, las patadas en los riñones, los golpes en los pechos, los culatazos en la cabeza, los palos en las costillas, acabaron minando su salud y su vida. Lo mismo le sucedería a Ana Cano Gómez, vecina de Mirones que falleció con 17 años en los Salesianos por desnutrición y malos tratos. (La causa oficial, tuberculosis).

Otros fueron conmutados de la condena de muerte:

Lorenzo Bustillo Toca, marido de María Salas Cuesta, natural y vecino de Santander. Trabajó como panadero. Acusado de dar refugio o permitir a su mujer que lo hiciera en la casa de la calle Santa Lucía al "Cariñoso".

Juan Lavín Acebo, de La Cavada, tenía 81 años. Culpado de dar refugio a los componentes de la guerrilla. Se le concedió el indulto por su avanzada edad.

Balbina Fernández Lavín, nieta del anterior. Vivía junto con otras tres hermanas, jornaleras de la fábrica textil de La Cavada, y su abuelo. Tenía 29 años en 1942. Pertenecía a la FAI al igual que sus hermanas. Cumplió condena en la Prisión Provincial de Segovia.

Elena Salas Cuesta, de 24 años, natural y vecina de Santander. Inculpada por albergar al Cariñoso, a María Solano y a María Otí en la calle de Santa Lucía, 44, y de facilitar documentación falsa al "Cariñoso" en su viaje a Barcelona. Elena Salas Cuesta fue conmutada de la pena de muerte por la de 30 años. Puesta en libertad condicional el 13 de enero de 1952, pasó a vivir en Barcelona.

Leonor Solano Villa, de 37 años, natural y vecina de Santander. Casada con Ramón López Cos, renovera. Se dedicaba a la compra – venta de aves de corral, huevos y legumbres en los mercados de Torrelavega, Solares y La Cavada. Estableció contacto con los guerrilleros en el mercado de La Cavada.

Teresa Ruiz Quintana, de 62 años, natural de Reocín y vecina de Santander, sirvienta del banquero Botín. Madre de Julián e Isabel Abascal Ruiz. Acusada de alojar al "Cariñoso", a Marcos, Pedro y Lola.

Isabel Abascal Ruiz hija de Teresa Ruiz y hermana de Julián Abascal. Cumplió condena en la Prisión de mujeres de Barcelona.

María Lavín Cobo, hermana del "Cariñoso", en la época en que fue encarcelada y torturada.
Archivo personal de Jesús de Cos

María Milagros Solano Oti, novia del "Cariñoso", tenía 24 años en 1941, era natural de Miami y oriunda de La Cavada. Fue conmutada de la pena de muerte por la de 30 años. Estuvo recluida en la Prisión Central de Mujeres de Guadalajara. El 13 de diciembre de 1954, reclamada por la embajada de EEUU en Madrid, se hizo cargo de ella el cónsul americano, y desplazada al lugar donde había nacido: Miami. Había dado a luz poco después de ser detenida y la hija fue solicitada por el cónsul americano en Santander y trasladada a los EEUU. En honor al Cariñoso puso a su hija el nombre de Josefina. Cuando salió de la cárcel tenía 36 años. En Estados Unidos residía también su hermano Francisco Solano Otí y una tía, Emilia Otí Ortiz.

Josefina Solano, hija del "Cariñoso", fruto del amor con su compañera en la clandestinidad, María Solano, que sobrevivió en el vientre de su madre a las torturas que infligieron a ésta.
Archivo personal de Jesús de Cos

Concepción Solano Villa, de 38 años, natural y vecina de Santander, casada con Juan Antonio Casado Usín, de profesión vendedora. Proporcionaba tabaco, jabón y hojas de afeitar a los huidos en el mercado de La Cavada. Salió de la cárcel el 6 de julio de 1958 y se estableció en Toulouse (Francia) el 20 de abril de 1959.

Palmira Marcos Abascal, natural y vecina de Cabárceno, tenía 24 años en 1942. Era sirvienta de Ricardo Gómez y novia de Santiago Martínez, padre e hijo, ambos ejecutados en enero de 1942. Habían "paseado" a su padre Teófilo Marcos Ortega, minero de Cabárceno y a su novio Antonio Gutiérrez Cabarga. Fue condenada a 30 años tras ser conmutada de la pena de muerte. Recluida en la prisión de Segovia y en la central de Alcalá de Henares, salió en libertad condicional el 25 de octubre de 1953 con 35 años. Tras trabajar en una empresa eléctrica en Barajas fijó su residencia en Maliaño.

Ángel Ortiz Lavín, de 45 años, natural de Liérganes y vecino de Orejo. Acusado de dar refugio en su casa a los guerrilleros. Era pariente de Pedro Lavín ("El Cenizo").

Antonio Gómez Ruiz, tenía 33 años, era natural de Hazas de Soba y vecino de Orejo. Su casa era punto de apoyo o lugar de refugio de la banda. Antonio Gómez Ruiz cumplió condena en el Penal del Dueso y se instaló en Baracaldo.

Sabina Aja Gómez, de Liérganes, tenía 47 años en 1942. Acusada de dar refugio y pasar información a la guerrilla, recibió tremendas palizas a consecuencia de las que murió en la prisión de mujeres de Santurrarán el 14 de febrero de 1944. Tuvo dos hijas también maltratadas, Rosario de 17 años y Mercedes Cobo Aja, de 27 años. Rosario Cobo Aja fue condenada a 6 años y un día.

Juan Espinosa Alonso, natural y vecino de Liérganes, labrador, tenía 23 años en 1942. Acompañó en el monte al "Cariñoso hasta que se entregó a la Guardia Civil el 15 de febrero de 1940 tras la muerte violenta de varios convecinos atacados por presunta delación.

Gabina Gutiérrez Fernández, natural de Liérganes y vecina de Santander, tenía 23 años, mantuvo alojada en su casa de la calle General Dávila a Dolores Lavín Gómez ("La Lola").

Pilar Ortiz Fernández, 20 años, natural de la Cavada y vecina de Orejo. Era enlace y amiga de los integrantes de la cuadrilla.

Luis Hazas Arce, 22 años, natural y vecino de Matienzo, labrador, hermano de Nemesio y Rafael, los dirigentes del grupo.

Fueron condenados a 30 años:

Felisa Fernández Lavín, natural y vecina de La Cavada, 21 años, soltera, obrera. Su casa en la que vivía con sus hermanas servía de refugio a los huidos.

Manuel Salas Gómez, de 63 años, natural de Suances, vecino de Santander, casado, pescador, padre de las hermanas María y Elena Salas, amigas, enlaces y puntos de apoyo del Cariñoso.

Ramón Gutiérrez Laso, de 58 años, natural de Liérganes, vecino de Santander, labrador, casado, padre de Gabina Gutiérrez Fernández.

Mercedes Cobo Aja, de 21 años, natural de Liérganes, soltera, labradora, hija de Sabina, acusada de alojar en su casa a los del monte.

Eugenio Calante Abascal, delator del Cariñoso y confidente de la Guardia Civil fue condenado a 30 años. Tenía 20 años en 1942. Era natural y vecino del barrio de La Angustina. Salió en libertad condicional de la Prisión Central de San Miguel de Reyes en Valencia el 2 de mayo de 1957. Pasó a residir en Valencia.

Pedro Fernández Cobo, de 29 años, natural de Mortesante, vecino de Entrambasaguas, soltero, labrador. Desertó del ejército republicano y se escondió al ser llamado a filas por los franquistas hasta que se entregó a la Guardia Civil el 19 de septiembre de 1939. Nuevamente te escapó del Batallón de Infantería número 58 en Tánger para internarse en el monte juntamente con los huidos. Fue apresado el 18 de octubre de 1941.

Domingo Alonso Cobo ("El Gordo"), de 63 años, natural y vecino del barrio de Rellano en Liérganes, tenía establecimiento de comestibles y bebidas. Era enlace, proporcionó alimentos y refugió en su domicilio a los guerrilleros. Salió en libertad condicional el 1 de junio de 1952 y se estableció en Entrambasaguas.

Otras condenas:

Pedro Alonso Higuera, de 31 años, natural y vecino de Angustina (Liérganes) fue condenado a 14 años, 8 meses y un día. Había sido apresado en una batida el 5 de noviembre de 1938 tras el asesinato de los vecinos ya citados considerados delatores del paradero de los huidos.

Manuela Fernández Lavín fue condenada a 6 años y un día. Tenía 17 años, natural y vecina de La Cavada, era jornalera. A la menor de la hermanas Fernández Lavín, le fue rebajada la pena por su minoría de edad.

Aquilino Gutiérrez Arenas fue condenado a 2 años. Era el barquero de la ría de Cubas. Era natural de Pámanes, vecino de Agüero. Tenía 36 años y estaba considerado como derechista.

Luis García Doalto, natural y vecino de Santander, casado, panadero. Fue condenado a 14 años, 8 meses y un día. Facilitó su documentación al Cariñoso para su viaje a Barcelona.

Matilde Ortiz Fernández, a 14 años, 8 meses y un día. Tenía 17 años, natural de La Cavada y vecina de Orejo, enlace de la banda. Su hermana Mercedes fue condenada a 30 años.

Fueron absueltos María Fernández Lavín, de 24 años, natural de Valdecilla, vecina de Ceceñas, casada, hermana mayor de la saga de las Fernández Lavín de La Cavada. No estaba al corriente de las actividades de sus hermanas. También Ramón López Cos, esposo de Leonor Solano Villa, tenía 41 años, natural de Boo de Piélagos, vecino de Santander, peón y Joaquín Quintanilla Cuesta, 27 años, natural y vecino de Penagos, labrador, casado.

El padre de Marcos y Dolores, Benito Lavín Pérez ("el de Soscastillo"), natural de Liérganes y vecino de Riotuerto falleció en su domicilio el 5 de diciembre de 1943 con 64 años a consecuencia de apoplejía hipertensión arterial.[203]

A fines de 1943, se vuelven a intensificar las acciones represivas contra miembros desperdigados de la antigua partida del Cariñoso como Ramón Diego Diego ("Daniel"), natural y vecino de Ruesga, de 22 años, soltero, labrador, fallecido

---

[203] T. 2. N. 28. N. 28 de Registro de Defunciones de Riotuerto.

por disparos de la Guardia Civil en La Riva el 11 de diciembre de 1943. [204] Se encontraba escondido en la casa familiar. Primero hicieron un simulacro de fusilamiento de su hermana lo que le indujo a salir del escondite para defenderla. Fue asesinado nada más hacer acto de presencia junto con un desconocido que pudiera ser Manuel Gómez ("El Lolo") otro emboscado de unos 30 años. La familia del primero, despojada de todos sus bienes y ante la imposibilidad de desarrollar una vida de forma digna tuvo que salir del pueblo y establecerse en Bilbao.

Por el camino quedaron otros cuyo rastro desapareció sin que podamos dilucidar su paradero de vida o muerte como Julio Cobo Barquín, Luis Ruiz Arellano, Tomás Higuera Gómez, Ángel Conde Diego ("El Vizcaíno"), Jesús Aparicio ("El Madrileño"), Laureano Pérez también conocido por "el Paisa".

La historia de "Joselón"

José López Ruiz es un huido poco conocido, quizás eclipsado por las figuras del "Cariñoso" y "Juanín", pero de igual forma tuvo una trayectoria singular e importante. José nació en Socabarga el 26 de abril de 1912, hijo de Baltasar y de Rosa. Trabajaba como minero en la empresa "Orconera" en las minas de Cabárceno. El escenario de las correrías de este personaje solitario fueron los valles mineros de Pámanes, Penagos, Villaescusa donde hubo muchos huidos y emboscados debido a la tremenda represión que sacudió a estas comarcas mineras.

José era miembro del PCE desde el 1 de mayo de 1931, y estaba sindicado en la UGT. Durante su estancia en el servicio militar en 1933 en Barcelona se aficionó a coleccionar relojes, la mayor parte de los cuales regaló a su madre. Se incorporó como voluntario en las filas republicanas desde agosto de 1936 y fue enrolado en el Escuadrón de Caballería "Libertad". Hombre de honor, el 30 de julio de 1937 cuando volvía a su casa en un permiso del frente de la Cordillera hirió con tres disparos a un convecino por pegar a su hermana Manuela:

- "¿No te da vergüenza pegar a una mujer como has pegado a mi hermana hace unos días y además tirarla dos tiros?"

El interpelado llevaba un dalle con el que trató de agredir a "Joselón", éste sacó un revolver que escupió tres tiros. Posteriormente se vino a su domicilio donde fue detenido por la Guardia Nacional Republicana de Villaescusa.

Su madre Rosa Ruiz Gutiérrez fue encarcelada por el Frente Popular por guardar las llaves de la iglesia. La familia vivía de la ganadería y tenía una posición económica aliviada.

Su mujer era Justa Moreno Alejos, domiciliada en San Salvador. Sirvienta en casa del capitán Alejandro Martín Aguirre de Santander al que supuestamente, según unos, robó unas alhajas y, según otros, denunció como derechista, resultando luego fusilado el 27 de diciembre de 1936, día de asalto del barco-prisión. Justa Moreno fue condenada a muerte y dio a luz antes de ser ejecutada el 11 de

---

[204] T. 29. F. 22. N. 1.071 de Registro de Defunciones de Ruesga.

enero de 1938. Dicen que "Joselón" no pudo aguantar el atropello cometido por el fusilamiento de su esposa y se tiró al monte.

José fue procesado por los disparos a su convecino por la jurisdicción ordinaria republicana y nuevamente procesado por las tropas franquistas, pero esta vez por la jurisdicción castrense.

José López Ruiz estaba internado en la Plaza de Toros de Santander y un día que le sacaban a trabajar al campo de Aviación de Pontejos se fugó, refugiándose en las cuevas de Cabarga. [205] Se unió a distintos errantes como Manuel Coterillo Liaño, concejal socialista de Liaño y fugado del Instituto de Santoña, su hermanastro Victoriano Sáez Ruiz retornado de Francia, el hermano del alcalde socialista de Villlaescusa, Anastasio Zubía Liaño y otros.

Entre diversas acciones, atracaron en Cabárceno al pagador de la compañía minera *Orconera Iron Ore Company* de Villaescusa, Patricio Ayllón Ceballos residente en Astillero en septiembre de 1939.

Los tres últimos encontrarían pronto la muerte en encuentros con la fuerza pública. Manuel Coterillo Liaño a las 11 de la noche del 7 de agosto de 1940 en el término de Astillero. A Victoriano Sáez y Anastasio Zubía les fue aplicada la "ley de fugas" el 10 de agosto y 12 de octubre de 1940, respectivamente, en Santiago de Heras cuando trataban, en términos oficiales al uso, de "escaparse de la fuerza pública", es decir, disparados por la espalda tras ser conducidos por la Guardia Civil a descampado. "Joselón" quedaba sólo en su vida de fugitivo.

Existen versiones de que operaba sólo, actuaba exclusivamente en banda en los momentos puntuales de los atracos, en cualquier caso, nunca bajo el paraguas de una agrupación política.

Más tarde y ya pasando los años — hablamos de 1943 — estaba con distintas personas y un 23 de abril, feria de Solares, dieron un atraco en Pámanes, en el molino de la Agüera. Era una noche de luna llena. El señor de la casa era falangista y estaba armado. Como uno de los de la banda intentó acceder a la casa por el balcón, el falangista disparó y mató a un compañero de "Joselón" llamado Anastasio Quintana Llamosas ("Riscas") que era cantero y vivía en El Condado (Pámanes).

Había vuelto clandestinamente de Francia porque le habían dicho que la caída de Franco era inminente. Su padre hizo un nicho de piedra en una huerta contigua a la casa familiar para enterrarle y que nadie se percatara de su estancia escondida en España.

Volvió a quedarse sólo. El 18 de julio intentó en el paso a nivel de la carretera de Sarón a Torrelavega un nuevo asalto a un vehículo sin conseguir el botín de su ocupante. Acorralado tuvo que abandonar la zona para dirigirse a la localidad de Treceño y esconderse en el domicilio de Jesús Sánchez Noriega entrando en relación con los componentes de la cuadrilla de Machado o de "Juanín". En la zona occidental estuvo por espacio de dos meses.

El 22 de marzo de 1944 formó parte de un grupo de diez individuos armados que desvalijó el establecimiento de Eduardo Sainz Díaz en Roiz, barrio de la

---

[205] Sumario 23.271/40.

Vega, apoderándose de 25.000 pts en billetes, gabardina nueva sin estrenar, un traje de paisano azul, un par de botas en buen uso, 20 monedas de oro, alhajas, sortijas, pulseras, pendientes, medallas y cadenas de oro, una máquina de escribir portátil marca Underzo con teclado universal, una escopeta de dos cañones calibre 12 marca "Astra", una cámara fotográfica "Roda", de seis por nueve, unas tres o cuatro docenas de medias de color, siete u ocho docenas de calcetines y alguna docena de pares de zapatillas, ovillos de hilo, 50 paquetes de tabaco, arroz y azúcar.

En 1945, atracó a Manuel Coterillo Salgado, recaudador de Hacienda, en el trayecto de Penagos a Pámanes al que llevó 31.000 pts.

El 16 de noviembre de 1946 en la sucursal del Banco de Santander en Solares se llevó 43.350 pts. En el asalto resultó herido por la Guardia Civil con una bala alojada en la rodilla, pero pudo llegar a Socabarga a casa de su madre. A los cuatro días se alojó en la casa de Arturo Quintana Zalacaín y su esposa Rosaura Llamosas "los Riscos" residentes en el Condado (un barrio de Pámanes).

Una familia llamada "Los Dertianos" (Luis Dertiano Agudo) que vivían en el barrio de El Quintanal (Cabárceno) le trasladó oculto en un carro de verde (heno) para que lo viera Fernando Cobo Obregón, médico de cabecera residente en Helguera. Éste remitió a "Joselón" al sanatorio de San José de Santander para que lo tratase el doctor Bustos especialista de huesos. Ingresó en la clínica con derrame en la rodilla y fiebre elevada.

Hermes Alfonso Fernández Bustos le extrajo la bala. Tras un mes de estancia en el sanatorio curó, salió y dio un atraco frustrado en Sarón a las 12 de mediodía. Se trataba de unos tratantes de ganado de Solares que iban a la feria de Sarón portando gran cantidad de dinero. Ordenaron parar el coche, pero en lugar de amedrentarse, los ocupantes aceleraron su marcha. Eran tres los actuantes. "Joselón", que se había plantado delante del vehículo, intercambió disparos con los movilizados falangistas del somatén y volvió a escapar.

La asistencia a "Joselón" deparó graves disgustos a ambos galenos que quedaron en prisión preventiva rigurosa, aunque su causa fue sobreseída el 2 de junio de 1948, dada la necesidad acuciante de médicos.

"Joselón" alternaba sus estancias en los montes de Cabarga con las pernoctas en casa de su madre, de los Riscas, de los Dertiano, de la Campa.

Una vez hicieron un registro. Para ello mandaron al sobrino quitar la hierba del pajar de casa de su madre. Cuando quedaba poca hierba, el sobrino se dirige al guardia civil y dice "mire lo que queda. ¿Sigo?". "No déjalo". Y en aquel escaso montón de hierba estaba "Joselón".

Se comenta que su perdición fue una mujer: Se echó de querida a una viuda de Somarriba ("La Campa") a cuyo marido habían fusilado. En realidad se trataba de dos personas unidas por el fusilamiento de sus cónyuges. Puso una panadería en Puente Viesgo. "Joselón" siguió por aquí (Cabárceno) y para verla cogía el tren en Sarón para Puente Viesgo. La gente le conocía y sabía su modo de vida, pero nadie se atrevió o quiso denunciarlo.

"Joselón", entonces, se acoge en casa de este hombre y deja de ver a la querida y de pasarle dinero, y fue cuando ella lo denunció. Un día la casa apareció rodeada por la fuerza pública. Eran las 7 de la madrugada del 13 de agosto de 1947. El sargento del puesto de Cayón pregunta por "Joselón" y el dueño de la casa lo negó. "Sabemos que está aquí, dígale que baje." Y "Joselón" baja armado comenzando a disparar. Mata al sargento y a uno de los guardias civiles, hiere al capitán y escapa junto con el hijo y la hija del dueño no sin antes arrojar dos bombas de mano. El sargento era Pedro Gutiérrez Díaz- Mingo (de 37 años, casado, natural de La Guardia (Toledo) y enterrado en Ciriego); el guardia civil se llamaba Albino González Díaz (de 34 años, natural de Los Corrales, casado y enterrado en Peñacastillo). El capitán era Enrique Martín Gil. [206]

Quedó en la casa el matrimonio y un hijo pequeño. Les llevaron a la cárcel. Al hijo pequeño le hicieron andar por el monte para que los buscase y reclamase con su voz. Todo fue en vano. De vuelta le dispararon por la espalda. Aquel muchacho se llamaba Ángel, tenía diecisiete años y el hecho ocurrió en la noche del 13 de agosto de 1947.

"Joselón" trató infructuosamente de salir a Francia y lo hubiera realizado de no ser por la falta de fondos. Un colaborador suyo lo consiguió. Se trataba de Francisco Cortázar Rodríguez, nacido en Cabárceno el 4 de octubre de 1917, que trabajó como calderero remachador en los talleres de Astillero desde los 13 años (1929 - 1947). Eran íntimos amigos. Los dos junto con Francisco Fernández Fuentes participaron en un atraco frustrado en Agüera (Santa María de Cayón) a los tratantes de Solares que iban a la feria de Sarón. Pasó a Francia a primeros de agosto de 1947. Se empleó como calderero en Dunkerque y regresó a España el 1 de julio de 1961. Fue detenido e ingresó en la Prisión Provincial. Salió en libertad provisional el 17 de enero de 1962. La causa se sobreseyó el 9 de febrero de 1962 y pasó a residir en Guarnizo.

Transcurre el tiempo y "Joselón", junto con los dos hermanos (José Luis y Josefa Quintana Llamosas), se refugió en una cueva de las minas de Pámanes. Conocen a un cabrero llamado Emilio Santa Cruz con el que traban confianza. "Joselón" bajaba frecuentemente a la casa del cabrero. Los falangistas (Venero, "el Regato"), avisados, capturaron al cabrero y le llevaron al cuartel de la Guardia Civil donde le hicieron "cantar" descubriendo el nombre de la cueva.

El guardia civil Ángel Agüero que estaba de servicio en Cayón conocía la cueva y allí se dirige dando muerte a los tres. Era un 28 de octubre de 1947. "Joselón" vestía chaqueta oscura de paño, buzo azul debajo de la chaqueta y pantalón beige debajo del buzo, camisa caqui y zapatos de goma. José Luis, traje marrón oscuro con rayas descoloridas, camisa caqui, zapatos de goma, Josefa, un vestido amarillo, chaqueta beige, calcetines de short y zapatos de goma.

El guardia civil esperaba una recompensa o ascenso por este hecho, pero no le ascendieron porque había abandonado el servicio. Este guardia fue el que mató a "Juanín" años más tarde y entonces sí le recompensaron.

A "Riscos" y la mujer les molieron a palos en la cárcel. Arturo Quintana fue ingresado en Valdecilla por parálisis de las cuerdas vocales y un sospechoso cua-

---

[206] T. 34 (Oeste), F. 170. N. 336 y F. 170. N. 337 del Registro Civil de Santander. Procedimiento Sumarísimo Ordinario 651/47 Sº 9526 (Dos tomos).

dro de asfixia inminente un 25 de febrero de 1948. Se le tuvo que practicar una traqueotomía y falleció el 27 de marzo de 1948. Nacido en Pámanes y vecino del Condado de Pámanes, tenía 62 años. [207]

Su mujer Rosaura Llamosas Negrete, natural de Guriezo de 61 años, casada con cuatro hijos (Arturo, María Luz, Irene y Francisco) falleció por tuberculosis pulmonar el 18 de enero de 1948 en la Prisión de mujeres de Santander.[208] Tenían otra hija llamada Francisca sirviendo en casa de un coronel y los falangistas fueron a buscarla, pero el coronel se negó a entregarla.

Terminaba así la historia de "Joselón". El punto de apoyo de "Joselón", la familia de los Riscas, quedó diezmada. Murieron violentamente los cuatro hijos y el matrimonio. A los dos hermanos compañeros de fatigas del jefe, les enterraron en Cabárceno y a "Joselón" en Penagos.

En el Consejo de Guerra el 1 de diciembre de 1949 fueron condenados de muerte Francisco Fernández Fuentes (natural y vecino de Socabarga) luego conmutado por 20 años, sobreseídos su madre Rosa y su hermana Manuela, además de los médicos Cobo y Bustos. Luis Dertiano Agudo fue condenado a 12 años y un día, Francisco Cortázar fue condenado a muerte en rebeldía tras salir a Francia.

Pablo Cepeda Hoz, Antonio Llamas Martínez, Ángel Velasco Velasco, Rosa Ruiz Gutiérrez y Francisca Quintana Llamosas fueron puestos en libertad el 3 de diciembre de 1949. Francisco Fernández Fuentes fue puesto en libertad condicional el 13 de agosto de 1953 después de cumplir en Burgos, pasando a residir primero en Cabárceno y después a Socabarga.

Guerrilla en la cuenca minera palentina

En la cuenca minera palentina operaba un círculo de aproximadamente 30 a 40 ex - combatientes del ejército republicano procedentes de las localidades de Barruelo, Vallejo de Orbó, Guardo, Areños, Cordovilla de Aguilar, etc. que tenían como refugio los montes de Salcedillo, Valberzoso y la zona de las Tuerces en Revilla de Pomar, liderados por un barruelano apodado el "Cárcaras". Este grupo guerrillero que actuará fragmentado en grupos menores con una amplia autonomía interna va a tener una continuidad mayor que el de la guerrilla de sus vecinos campurrianos y permanecerán en el monte hasta casi el final del movimiento guerrillero en 1948.

El 9 de enero de 1943 son sorprendidos por la Guardia Civil en un domicilio de la localidad de Quintana - Hormiguera y en el enfrentamiento resulta herido un cabo de la fuerza llamado Julio Pérez Arce. A este grupo se atribuye también la muerte del guardia civil Heliodoro Ruiz en Perazancas de Ojeda el 10 de junio de 1942. Realizan dos atracos en Areños en 1944. Al año siguiente se llevan a cabo hechos similares en Paredes de Nava y en una fábrica de harinas de Vega

---

[207] T. 35, F. 25 v. N. 48 del Registro de Defunciones de Santander.
[208] Tomo 34, F. 337 y Núm. 669 del Registro de Defunciones de Santander.

de Riaño. En 1946 atracan una sucursal bancaria en Saldaña con un botín de 680.000 pesetas, en Quintanilla de las Torres, en la fábrica de galletas Fontaneda, en la estación de ferrocarril de Aguilar de Campoo y en la sucursal del Banco de Santander en Villovilla.

El balance de la Montaña de Palencia se salda con 37 atracos, tres secuestros y cuatro muertos (uno de ellos, Amadeo Ruiz de la localidad minera de San Cebrián de Mudá, que fue dado muerte el 28 de mayo de 1946).

El 11 de octubre de 1947 se desencadenó un tiroteo con la Guardia Civil después de cometer un atraco en Reinosa en el transcurso del cual resultó un guerrillero herido. El motivo de la acción era financiar la salida a Francia. Pero el 23 de octubre son localizados por la Guardia Civil en el barrio de La Comporta de San Sebastián, produciéndose un tiroteo en el que mueren Felipe Villegas Nieto (PSOE), de Barruelo, Gerardo Santos Álvarez (PCE), de Guardo, y Matías García Bañuelos (PSOE), de Vallejo de Orbó. El jefe de la guerrilla palentina, Mariano Ortega Alonso ("El Cáscaras"), fue detenido el 9 de abril de 1947 y ejecutado a garrote vil en Palencia el 10 de marzo de 1951.[209]

Estos guerrilleros de primera hora se limitaron a sobrevivir con la única esperanza de que la presión exterior produjera la caída de Franco. La relación con la población rozaba entre el mito, la amistad y el miedo, lo que les permitía realizar una vida semiclandestina. Durante el día iban a sus pueblos de origen a comer y dormir, al cine o al baile, salir con chicas, acudir a las romerías de pueblos cercanos con motivo de las fiestas del patrón sin que fueran denunciados, e incluso avisados, cuando se acercaba la Guardia Civil. Algunos dejaban la actividad guerrillera y volvían temporalmente a sus trabajos. En el monte vivían en cuevas o cabañas hechas con troncos en lugares de difícil acceso y desde los que se dominaba una amplia panorámica para vigilar las posibles incursiones de sospechosos. Cometían pequeños atracos que llevaban a cabo, sobre todo, en las ferias, que concitaban la presencia de tratantes con considerables cantidades de dinero y que garantizaban un botín seguro. También exigían dinero a falangistas notorios como ocurrió en Fuencaliente de Valdelucio (Burgos) y en Espinosa de los Monteros.[210] Se repartía una cantidad entre los más necesitados, entre las viudas y huérfanos de ejecutados o se invitaba a todos los parroquianos en la cantina.

Procuraban evitar los enfrentamientos con la Guardia Civil lo que no quiere decir que no se produjeran, motivo por el cual perdieron la vida o fueron heridos tanto guerrilleros como guardias civiles y así ocurrió el 9 de enero de 1943 cuando una patrulla irrumpe en una vivienda de la localidad de Hormiguera en la que se encontraban alojados.

"Tomaban" alguna localidad para realizar un mitin de tono republicano y antifranquista ante los vecinos reunidos hablándoles de la pronta sustitución del

---

[209] Este era el apodo de Mariano Ortega Alonso. Vid. A.G.A., ficha policial de Mariano Ortega Alonso.
[210] Archivo PCE, *Movimiento guerrillero, Jacques 96, actividades guerrilleras 1945*.

franquismo por un régimen de libertades. Castigaban duramente a los delatores. En este sentido fue ejemplar y cruel el que ocasionaron al pastor de Helecha de Valdivia que condujo a la Guardia Civil hasta la cueva donde vivían sin que pudieran encontrarles. Cuando los guerrilleros tuvieron ocasión retuvieron al pastor para llevarle a un lugar apartado y allí le cortaron una oreja.

Tercera y cuarta etapas

La tercera etapa viene marcada por la presencia del PCE en la organización de la guerrilla y la pérdida de la esperanza de una intervención internacional que derrocara el Régimen.

Un cántabro, Luis Ortiz de la Torre, nacido el 20 de junio de 1914 en la casa familiar de Astillero, hijo del arquitecto del Catastro Elías Ortiz de la Torre y de Marie Jeane Torrás Dubedat, de nacionalidad francesa, miembro del PCE, ingeniero de profesión, oficial del ejército republicano y resistente antinazi, desempeñó el puesto de oficial de las Fuerzas Francesas del Interior en la región de Tarn y Garona. Fue hecho prisionero y recluido en Burdeos. Cuando era trasladado en tren a algún campo de exterminio alemán logra escapar al atravesar el departamento de Càte-d`Or y organiza una unidad de maquis españoles en la ciudad de Chètillon sur Seine. Dirigiendo una nueva unidad guerrillera consigue la liberación de la ciudad el 9 de septiembre de 1944 por la cual fue condecorado con la Cruz de Guerra con Estrella de Bronce.

A mediados de 1946 es enviado por el PCE para coordinar los grupos guerrilleros en Ciudad Real. Desde allí organiza la lucha y prepara la intendencia para las actuaciones de "Julio" y "Labija". En la madrugada del 11 de enero de 1947 la Brigada de Investigación Criminal de Madrid rodea una casa en la que resultaron muertos Carlos Ruiz Lozano "Pepe", secretario general del PCE de Puertollano, natural de Argamasilla de Alba (Ciudad Real) y al jefe de la unidad guerrillera Luis Ortiz de la Torre, de 32 años, natural de Astillero. [211]

En Cantabria, la guerrilla, bajo la denominación de Guerrilleros del Norte, estaba dirigida desde 1943 por "Tampa", "Ferroviario" y Esteban Arce, secretario del PCE en Santander y supervivientes del grupo de *"El Cariñoso"*.

La policía franquista anduvo presta y practicó las primeras detenciones del PCE clandestino. En los interrogatorios de la Prisión Provincial murió ahorcado un 18 de noviembre de 1943 el dirigente del PCE de la capital santanderina Adán Musy Andrés (35 años, soltero, barbero).

La Unión Nacional se organizó en Grenoble (Francia) en septiembre de 1943 por dirigentes republicanos exiliados que estaban participando en la resistencia antinazi. La UNE fue el primer organismo político que se plantea decididamente la formación de un ejército guerrillero y los primeros pasos se dan en 1944 tras la liberación de Francia por los aliados. En él estaban representados los militares republicanos, comunistas y diversos sectores socialistas y anarquistas residentes tanto en Francia como dentro de España. Otros sectores del PSOE, PNV y burgueses republicanos permanecían a la expectativa intentando seguir las consignas de británicos y americanos que ya propugnaban un cambio pacífico.

---

[211] Fernando de Vierna en Sesenta años después. El exilio... en Cantabria, 2001: 175-178.

A fines de 1944 se había formado ya el Consejo Supremo del ejército guerrillero español y se comenzaron a estructurar las diferentes agrupaciones de la guerrilla partiendo de los grupos armados preexistentes. Se crearon seis agrupaciones en todo el territorio español, una de las cuales era la Agrupación de Asturias - Santander, nuevo nombre que toma la antigua denominación de Guerrilleros del Norte, aunque cada una de ellas funcionó de forma autónoma. Cada Agrupación disponía de un Estado Mayor, integrado por un jefe militar, un comisario político, un responsable de propaganda y otro de información. La Agrupación se dividía en sectores, cada uno, a su vez, con un Estado Mayor, y compuesto por divisiones o guerrillas formadas por un número variable de miembros, entre tres y diez. Cada organización de combate se ocupaba del reparto de propaganda, de tener sus propios apoyos entre la población civil y campesina.

El Estado Mayor del ejército guerrillero se encontraba en el sur de Francia, donde funcionaba una escuela guerrillera en los montes cercanos a Toulouse, dirigida por el PCE.

La organización llamada UNE (Unión Nacional Española) patrocinada por el PCE, es organizada por Rafael Crespo Aguado quien desde Madrid se desplaza para contactar con grupos de huidos. Conecta con el grupo de Liébana donde operaba Machado y la Brigada Malumbres con base de operaciones en Arredondo. La UNE desaparece en la primavera de 1945 cuando el PCE se incorpora a la ANFP., una organización creada en Toulouse el 9 de septiembre de 1944, una vez liberada Francia. La Alianza Nacional de Fuerzas Democráticas (ANFP) estaba integrada por Izquierda Republicana, Unión Republicana, Partido Republicano Federal, Esquerra Republicana de Cataluña, PSOE, Movimiento Libertario, CNT y UGT y su constitución tenía como propósitos mantener la continuidad histórica de la democracia republicana, hacer posible la libre decisión de las formas políticas y sus instrumentos orgánicos y contrarrestar la influencia del PCE y Unión Nacional en las fuerzas guerrilleras en la liberación de Francia.

La guerrilla del "Gitano" en Campoo

En esta etapa, operó en la zona de Reinosa el grupo de Martín Santos Marcos ("El Gitano") que llevaba este apodo por su tez morena, o Brigada Cristino, en memoria de Cristino Granda, teniente coronel del Ejército de la resistencia francesa contra los nazis y dirigente de la guerrilla urbana de la capital española, capturado y ejecutado por el franquismo en febrero de 1946. La partida inicial fue patrocinada por la Agrupación de Guerrillas de Santander y estuvo integrada por miembros de las Juventudes Socialistas Unificadas y del PCE que se encontraban cumpliendo condena en el Penal de Ganzo para la construcción de SNIACE, entre ellos Inocencio Aja, "El Gitano" y Remigio Blanco.

Martín Marcos Santos nació en Viérnoles el 8 de mayo de 1920, aunque de niño se trasladó a vivir a Santiago de Cartes. Cuando estalló la guerra tenía 16 años y pertenecía a las Juventudes Comunistas. Era telegrafista. A tan temprana edad solicitó ir como voluntario al frente. Le denegaron la incorporación y logró la falsificación de la mayoría de edad añadiendo dos años más a los que tenía. Y le enrolaron por la quinta de 1918 en lugar de la del 20, que le correspondía. Le destinaron a los frentes de Portillo La Sía, La Lora, Bricia y se enroló en la Guardia Nacional Republicana, antigua Guardia Civil.

Realizó tareas de vigilancia e inspección de contrabando en la frontera entre el País Vasco y Cantabria. El 25 de agosto salió de Santander en barco para Francia y volvió a la zona republicana por Barcelona a Valencia.

Le enviaron a una compañía de guardias de Asalto de Ciudad Real con la que se deplaza al frente de Extremadura. Capturado, es hecho prisionero y remitido a Valdepeñas. El 29 de septiembre de 1941 fue condenado en Consejo de Guerra a la pena de 20 años. Pasó por las cárceles de Madrid, Prisión Provincial de Santander, Tabacalera y El Dueso. Salió en libertad condicional al Batallón de Trabajadores para la construcción de SNIACE en donde decidió la incorporación a la guerrilla.

Remigio Blanco Gutiérrez, un tornero mecánico de Santander, había participado como comandante en la Resistencia francesa y volvió a España en la invasión del valle de Arán en octubre de 1944 para enrolarse en la guerrilla santanderina. En julio de 1947 fue capturado y condenado a treinta años en la prisión de Oviedo. [212]

Inocencio Aja volvió a Torrelavega para fijar su base de operaciones en la esta ciudad y desde allí buscar la expansión por las zonas de la Penilla, Valle del Pas, instalando una red de enlaces entre los valles pasiegos y la capital del Besaya. Su final se cita en el correspondiente apartado.

En principio se establecieron en las estribaciones del monte Saja cerca de Aradillos y eligieron la zona de Reinosa como teatro de operaciones después de la caída de la partida de Gil del Amo. Contactaron con los pastores de la zona y habitantes de los lugares cercanos (Bárcena Mayor, Los Tojos, Saja, Lantueno, Cañeda, llegando por el sur hasta Barruelo).

Integraba a miembros de las antiguas partidas de Gil del Amo, de la guerrilla de la cuenca minera palentina o de recién incorporados de la comarca que habían salido en libertad condicional. Para entonces instalaron una base permanente en Los Carabeos y otra provisional en Aguilar de Campoo extendiendo los contactos por el valle del Besaya (Arenas de Iguña, Coo, Viérnoles, Torres y Torrelavega) entre personas de todas las ideologías, incluido un jefe de Falange y el párroco de Arenas de Iguña, Bartolomé de la Puente.

Sus acciones eran de mayor envergadura tales como secuestros y voladuras de organismos oficiales y centrales eléctricas. Obtenían sus fuentes de financiación de actividades en los diferentes establecimientos comerciales y ferias de la comarca. Su contacto con el mundo exterior se forjaba a través de enlaces que les mantenían informados, les suministraban cobijo ocasionalmente o proporcionaban alimentos.

Efectuaron también labores de rescate, bien arrebatando los presos que llevaba detenidos la Guardia Civil, bien acudiendo al Penal de Arroyo para acoger a los

---

[212] Causa 535/47.

que se encontraban redimiendo condena en las obras del pantano, también realizaban labores de hostigamiento y propaganda. Entre los recogidos en el penal de Arroyo se encontraba Manuel Barriuso González ("Manolo de Bustasur") y de los restos de la fallida Brigada Pasionaria, Joaquín Sánchez ("El Andaluz"). [213]

El 9 de agosto de 1946, era desarticulada en Mataporquera, en la fábrica de "Cementos Alfa" una célula comunista, auxiliar de la partida, con lo que ésta, al no tener apoyos, se fracciona en pequeños grupos. A veces se internan en la provincia de Palencia para escapar a la persecución.

De esta redada, lograron escabullirse Eulogio Rodríguez Serrano ("El Sordo"), Arsenio Rodríguez Tapia ("Tapia") y Alfredo Bárcena García ("El Chaval") o ("El Peque") para integrase con los del monte.

La guerrilla evitaba el combate directo con la Guardia Civil, pero los enfrentamientos se producían de forma inevitable. El 15 de febrero de 1947 en un tiroteo eran heridos dos guardias civiles en Polientes.

Entre las acciones más espectaculares de esta partida se encuentran la voladura de la comisaría y de la Delegación de Abastos de Torrelavega en la noche del 24 al 25 de marzo de 1947 y del puente de la línea de ferrocarril Madrid - Santander en Mataporquera. Usaban la noche para desplazarse y alcanzar su objetivo, las acciones se podían hacer a plena luz del día.

El 27 de diciembre de 1947 fueron dados muerte por la Guardia Civil dos miembros desgajados de la partida, por desavenencias en torno a la convivencia con mujeres en los campamentos, llamados Alfredo Palacios Fernández y Anastasio Benito ("Churriti" o "Pescador"), en el pajar de la casa de la madre del primero en La Población de Arriba (Valderredible). [214]

"El Gitano" intentó pasar a Francia en una primera ocasión en noviembre de 1948 frustrada por la intervención de la policía. En aquel cerco murió en San Sebastián el otro acompañante, Alfredo Bárcena García ("El Peque") de Mataporquera, de 29 años. "El Gitano" salió con vida de un intenso tiroteo, aunque también fue dado por muerto el 16 de noviembre de 1948. [215] Volvió a su monte de origen en el tren de La Robla disfrazado de fraile dominico hasta que recaló en Montesclaros, estación en la que bajó para internarse en el monte.

En su ausencia donostiarra murieron en batidas, según la propia confesión del "Gitano", Eulogio Rodríguez Serrano ("El Sordo"), de 40 años, natural de Mataporquera y vecino de Barriopalacio; Arsenio Tapia Garrido ("Tapia"), de 32 años, natural de Valderredible, vecino de Mataporquera, Joaquín Sánchez ("El Andaluz") de Arroyo, Manuel Barriuso González ("Manolo de Bustasur"), de 28 años, natural de Mataporquera, vecino de Bustasur (Las Rozas).

El 21 de septiembre de 1949 llevó a cabo el secuestró de un hijo de Emilio Valle, empresario de la comarca, cuñado del entonces fiscal franquista de Málaga Arias Navarro, casado con una Valle. Exigieron un rescate de 500.000 pesetas para financiar la salida al exterior. Se celebraban las fiestas de San Mateo en

---

[213] Causa 806/47.
[214] Registro de Defunciones de Valderredible y Exp. 806/47.
[215] T. 129. F. 800. N. 838 del Registro Civil de San Sebastián.

Reinosa. En pleno baile al aire libre en Las Eras se acercaron al muchacho y le llevaron retenido al monte de Aradillos. Un caballo blanco a cuyos lomos iba un hermano del secuestrado haría la entrega del dinero. En el otoño de 1949 su dirigente logró salir a Francia por Hendaya, vía Bilbao con la ayuda de un guía proporcionado por el dirigente comunista Imaz (José Imaz Trueba fallecido en el Dueso el 4 de diciembre de 1956), tras varios intentos y peripecias sin conseguirlo. El trayecto hasta Bilbao fue realizado con un taxista de Santander que les recogió en el Manjón, próximo a Los Corrales de Buelna. En el trayecto le acompañó Nicolás Fulgencio Terán Ruiz ("Carrocera"), un carnicero de Arenas de Iguña, incorporado a la guerrilla para eludir una multa de la fiscalía de tasas.

Había perdido el apoyo del PCE que planteaba un cambio en la dirección del grupo, al considerar que el mandato de "El Gitano" había originado intrigas dentro de los guerrilleros, disensiones y conflictos, que motivaron la muerte de algunos de los integrantes de la partida. [216]Numerosos enlaces en Reinosa, Mataporquera, Castrillo del Haya, Barruelo y Carabeos resultaron detenidos en sucesivas caídas en 1946 y 1947 por la acción de las "contrapartidas" o "brigadillas".

Las contrapartidas eran guardias civiles vestidos de guerrilleros y se hacían pasar por tales. Su método de acción consistía en preguntar a los lugareños por los guerrilleros con la engañosa pretensión de unirse a ellos. Cuando confiados, los campesinos confesaban las andanzas de los miembros de la guerrilla, los componentes disfrazados de la Guardia Civil se identificaban como tales y el episodio finalizaba con la detención de toda la familia y la tortura posterior. La Guardia Civil dispuso, por otra parte, de un servicio de persecución en Bárcena de Ebro y Mataporquera con un teniente, un cabo y seis guardias del servicio de Información que detuvo en 1947 a 20 enlaces y encubridores. Algunos de estos detenidos resultaron muertos a consecuencia de las torturas. Los últimos guerrilleros de la Brigada Cristino a su vez desperdigados de la ya extinta brigada Malumbres, Federico Peña Martínez de la localidad burgalesa de Montejo de Bricia, y Dionisio Bejar ("Beltrán") de la provincia de Toledo, fueron dados muerte en la localidad de Vega de Pas el 2 de junio de 1950.

Inocencio Aja Montes, "Tampa", "El Ferroviario" y la reorganización de la antigua partida del Cariñoso: la Brigada Malumbres

Inocencio Aja Montes ("El Vasco") era natural de Obregón y vecino de La Penilla, soltero y jornalero, nació el 15 de diciembre de 1915 en el seno de una familia tenida como derechista.

---

[216] Entrevista con Marcos Martín Santos ("El Gitano") (30/04/2003). Para las detenciones de enlaces, muerte de miembros, la trayectoria y malas relaciones con el PCE Vid. Ibídem y A.P.P.S., Causas 9/48, 672/46, 777/47, 800/47, 806/47, 836/47, 284/48, 313/48, 530/48, 579/49, 110/49, 27/50, 32/50, 356/50.

Inocencio Aja Montes ("Cencio" o "El Vasco")

Era hijo de Inocencio Aja Sainz de la Maza, un antiguo navegante por largo tiempo que durante la Primera Guerra Mundial permaneció varios años en América hasta que regresó a La Penilla para trabajar como empleado de la Nestlé, y de Ramona Montes, ama de casa.

Inocencio Aja, al igual que sus padres y hermanos, empezó a trabajar en la multinacional suiza de La Penilla. En la guerra fue nombrado comisario político del Batallón 127 con 21 años, después de desempeñar el cargo de comisario político de la tercera compañía del Batallón 133. Pertenecía a la UGT desde 1932 y a las Juventudes Socialistas Unificadas desde el 1 de julio de 1936. En el mes de octubre de 1936 se presentó voluntario para ir al asedio de Oviedo y estuvo de posición en Brañes durante dos meses. Después fue destinado al frente de Burgos en la posición de Los Castros, en San Pedro del Romeral y en Villasana de Mena. Con el avance franquista se retiró a Cabezón de la Sal y Panes, localidad en la que se entregó. Tras pasar por el campo de concentración del monasterio de la Santa Espina (Valladolid) y después de ser clasificado fue trasladado a Tabacalera de Santander. Fue juzgado en la causa 2254/37 de Santander junto con Ramiro Mora Martínez y José San Emeterio Hoyo, ambos ejecutados. Él fue conmutado de la pena de muerte. Numerosos testimonios a su favor procedentes de Falange y de personas particulares, entre ellos los del párroco, decidieron la conmutación.

Aja Montes salió en libertad provisional en octubre de 1943. Fijó su residencia en Torrelavega y poco después en La Penilla. Se empleó en la Compañía Española Industrial y Financiera, S.A. de Torrelavega y en los laboratorios de SNIACE. De él partió la orientación política y reorganización bajo las siglas del PCE de los grupos de huidos repartidos por Cantabria. Pronto se dedicó a la confección de octavillas clandestinas que repartió entre sus compañeros de trabajo en la SNIACE, motivo por el que fue procesado en febrero de 1945 y recluido como preso gubernativo.

Su categoría personal, los buenos oficios de su padre, nada sospechoso de izquierdismo hasta entonces, y la trayectoria de sus hermanos, Ángel movilizado en la 4ª Bandera de Castilla, Ramón, voluntario en el frente ruso en la 3ª Escuadrilla de Aviación y Amadeo, realizando el servicio militar en las Palmas de Gran

Canaria junto con otros tres hermanos afiliados a Falange, hicieron que las cosas no fueran a mayores y quedó pronto en libertad. Ello no impidió que torturaran a su padre y allegados para dar con su paradero tan pronto como quedó en libertad. Inocencio tampoco se libró de las "recetas" de posguerra: la expulsión de la fábrica y el maltrato. Las palizas recibidas, una vez más, decidieron su marcha al monte para desarrollar una vida de clandestinidad.

Las acciones más espectaculares del grupo de Aja fueron la voladura de un polvorín en Camargo, varios atracos en la zona de Villafufre, Argomilla de Cayón y Abienzo de Villacarriedo, la sustracción de una máquina de escribir en la noche del 5 de noviembre de 1946 Hispano Olivetti en Queserías Reunidas, S.A. de Torrelavega (QUERESA) y otras dos pertenecientes a la Sociedad Lechera Montañesa para la confección de octavillas, llamamientos a la resistencia y propaganda antifranquista. Además de la voladura de postes de alta tensión, el 3 de febrero de 1947 colocan una bomba en la Inspección del Cuerpo General de Policía de Torrelavega.

Nuevamente reanudó sus actividades reorganizando y reforzando con nuevos miembros los restos de la antigua partida del Cariñoso, ahora rebautizada como Brigada Malumbres bajo la dirección de Raimundo Casar Acebo ("Tampa"). Para ocupar el hueco que había dejado el grupo de huidos del "Hijo del practicante de Los Carabeos", se creó la Brigada Cristino bajo la dirección de Martín Marcos Santos ("El Gitano") en los montes de Reinosa.

Inocencio efectuó una frenética campaña captando militantes, confeccionando el material de propaganda con versos, planos, mapas, en los que estampaba un sello y un cuño de la Brigada Malumbres. Hace tiradas de "Mundo Obrero" y hojas sueltas en las que insta a la población rural a ocultar las cosechas, a hacer declaraciones falsas y eludir el pago de impuestos, etc. Se dedicó a la captación de nuevos guerrilleros procedentes de los destacamentos penales de Arroyo, de Vega de Pas, sin abandonar las labores de coordinación de los grupos guerrilleros desperdigados por Cantabria y de acción en la propia guerrilla, de la que fue su comisario político. Estaba conceptuado entre los propios guerrilleros como una persona excepcional, de grandes cualidades humanas, muy sensibilizado con las injusticias sociales, idealista y muy valiente.

De la antigua partida del "Cariñoso" aún seguían por los montes, Rafael Hazas Arce ("El Ferroviario") o ("el Catalán"), de Matienzo; Víctor Cobo Diego ("El Centello") o ("el Americano") (procedía de la emigración meracha a los EEUU y residió en Liérganes y Los Corrales de Buelna), y Ramón Cesar Casar Acebo ("Tampa") o ("Garbanzo"), originario de la localidad norteamericana del mismo nombre en el Estado de Florida (EEUU), domiciliado en Mirones. Un hermano de éste último fue fusilado en Palencia el 27 de junio de 1938.

Oficialmente las fuerzas represivas creían que habían muerto y así constaba en los registros oficiales, particularmente en los casos de Rafael y Víctor "el Cubano", al que confundían con "el Americano". Esta percepción hizo que pudieran sobrevivir hasta la reorganización de la guerrilla oriental, labor de Esteban Arce primero e Inocencio Aja, después. Su centro de operaciones se trasladó de la zona de Miera para adentrarse en las montañas de Arredondo y San Roque de Riomiera, más inaccesibles a la acción policial. En 1943, con algunos supervivientes de la partida de "El Cariñoso" y con evadidos de prisión, se formó la brigada Malumbres, en honor del periodista, director de *La Región*, asesinado en la primavera de 1936.

Rafael Hazas Arce, dado por muerto por las fuerzas policiales, conocido por "El Ferroviario" o "el Catalán" por haber ejercido su actividad profesional en Cataluña, de activa y arraigada militancia sindical recompuso la partida. En 1944 cobró impulso político con la incorporación de Esteban Arce e Inocencio Aja del PCE clandestino del interior, como comisarios políticos. Tras nuevas incorporaciones se hace cargo de la jefatura Tampa y adoptan el nombre de Guerrilleros del Norte.[217]

El 28 de junio de 1947 las bandas unidas de Rafael Hazas Arce y Aja efectúan un atraco a mano armada en Hoz de Anero en el establecimiento de un industrial y a varios coches particulares, resultando herido un soldado norteamericano y un abogado de San Sebastián.

El grupo del "Catalán" dinamitó instalaciones eléctricas y ferroviarias causando importantes destrozos. Ejecutaron atracos en los términos de Entrambasaguas, Heras, San Miguel de Aras, secuestros en San Pedro de Soba, asaltos al polvorín de Dolomitas de Escobedo de Camargo, colocación de cargas explosivas en el depósito ferroviario de Marrón, entre otras acciones.

Según la memoria de la Comandancia de la Guardia Civil de 1966, los afectos de la Brigada desde 1943 fueron: Domingo Samperio Fernández (muerto en 1943), Manuel Gómez Gómez (1943), Esteban Arce Ceballos, Juan Carreras Pérez (incorporados en 1944), Tomás Higuera Gómez (entregado en 1945), Luis Carreras Pérez, Eduardo López Marcos, Manuel Otero González, Juan Blanca Buenosvinos, Manuel Graviotto Rodríguez (incorporados los cinco en 1945, de los que sobrevivió sólo el primero), Pedro Saura Rodríguez, Dionisio Béjar Vázquez, Juan Manuel Pérez Ruiz (Calseca, vecino de San Roque de Riomiera, 33 años en 1946), José Argüello Fernández, Manuel Graviotto Fernández, Manuel Carballo Urriza (huidos del Destacamento Penal de Arroyo el 1 de enero de 1946 y de los que sobrevivieron Pérez Ruiz y Graviotto), Vidal Gómez Abascal (detenido en 1947).

A partir de 1943, la Brigada Malumbres estaba constituida por Juan Carreras Pérez ("El Topo") o ("el Socio"), de 28 años en 1947, e incorporado en 1944; Luis Carreras Pérez ("Topo") o ("Marañón") hermano del anterior, ambos naturales y domiciliados en Matienzo, huérfanos de padre y con su madre en prisión. Se evadió en 1945 del Batallón de Trabajadores en Vega de Pas junto con varios presos vascos, entre ellos los hermanos López Marcos. Saturnino ("Julio") o ("El Chaval"), y Eduardo ("Belique o El Rubio"); Anastasio Benito González ("Churriti") o ("Pescatero") natural de Aguilar de Campoo, domiciliado en Guarnizo, comerciante, casado con una mujer que vendía pescado de forma ambulante en el mercado de Torrelavega. También se incorporaron a la Malumbres en marzo de 1945 varios resistentes procedentes de Francia, en su mayoría vascos, por orden

---

[217] Mateos, Abdón, 2003: 85 -86.

del jefe de La Agrupación Guerrillera de Euskadi, Leandro Vicuña ("Alfredo Oria"), a la espera de constituir una base guerrillera en la región vecina.

Al frente estaba Mateo Obra Lucía ("Pedro") que combatió como voluntario en la Guerra Civil y como resistente en La Alta Saboya y Los Pirineos franceses. Repasó la frontera en noviembre de 1944 y logró llegar a Bilbao con cuatro supervivientes.

El responsable político de las guerrilla del norte fue Juan Hervera Bernés,[218] antiguo militante en las Juventudes Católicas de Barcelona. Se afilió a las JJSSUU al estallar la guerra civil, en las que ocupó el cargo de secretario general. Marchó a Francia tras la ocupación de Cataluña. Allí entró en contacto con el PCE y se integró en las filas del llamado Ejército de Liberación Español con el grado de teniente. Ascendido poco después a capitán fue concentrado en Toulouse y más tarde en Perpignan. Pasó a España el 28 de octubre de 1944 en el grupo del comandante Delicado como jefe de los enlaces del mismo y la frontera francesa.

Interceptados en Solsona (Lérida), logró ocultarse en casa de sus padres en Barcelona hasta el mes de diciembre. Por mediación de un hermano logró entrar como oficinista en la sucursal de Bilbao de una casa dedicada a la distribución de películas, utilizando el nombre de Miguel Turón Díaz. El PCE le encargó la redacción de proclamas antifranquistas. Una vez detenido colaboró con la policía para dar los nombres de los comunistas, entre ellos los de Mateo Obra y Carballo, que murieron como héroes. Él fue condenado a 25 años.

Obra Lucía, Mateo ("Pedro") nacido en Sacedón (Guadalajara), voluntario en la Guerra Civil, resistente en la Alta Saboya y los Pirineos franceses, teniente coronel de las Fuerzas Francesas del Interior, repasó la frontera en noviembre de 1944 al mando de la Brigada de los Altos Pirineos y dirigió la Brigada Malumbres de la guerrilla del oriente cántabro antes de intentar formar sin éxito una guerrilla en Vizcaya. Fue detenido en mayo de 1946. En la foto se observa el desmejoramiento físico a causa de las torturas. Fusilado en Derio (Bilbao) el 4/06/1949.

El 1 de enero de 1946 se fugaron del Destacamento Penal de Arroyo siete presos que pasarían a engrosar los efectivos de la Brigada Malumbres y a la que fueron llevados por el vasco Carballo.

Eran Pedro Saura Rodríguez ("Modesto"), natural de Calasparra (Murcia) muerto por la Guardia Civil en el monte Collado de la Espina el 19 de abril de 1948. José Argüello Fernández ("El Extremeño") o ("Vivanco"), natural de la villa pacense de Almendralejo. Juan Manuel Pérez Ruiz ("El Teja") o ("el Pasiego"), de 32 años, natural de Calseca y vecino de San Roque de Riomiera donde había formado parte del Frente Popular por las Casas Campesinas. Vidal Gómez Abascal ("El Viejo") de San Roque de Riomiera, labrador, con 50 años en 1940,

---

[218] ARRMN, Causa 142.279, 17 de diciembre de 1948 en Ocaña.

suegro del anterior, también del Frente Popular por Izquierda Republicana y UGT. Y por último, Dionisio Béjar Vázquez ("Beltrán"), natural de Toledo, abatido por la Guardia Civil en Vega de Pas el 2 de junio de 1950.

Otros, como Manuel Graviotto Rodríguez ("Tamizo") o ("el Granadino"), natural de Albuñol (Granada), albañil, se presentaron el 1 de mayo de 1948 ante el capitán jefe del sector interprovincial de Ramales. Militante de las Juventudes Libertarias, había sido conmutado de la pena de muerte en Consejo de Guerra del 10 de octubre de 1941 en Granada. Su padre un destacado dirigente del Frente Popular granadino como juez de Instrucción y presidente del Comité de Granada se ahorcó antes de entregarse y un tío suyo llamado Tomás fue fusilado. Procesado en la causa 802/47 el 17 de marzo de 1951 fue condenado a muerte y conmutado, siendo recluido en el Dueso. Le fue concedida la libertad provisional el 1 de noviembre de 1964 estableciendo su residencia en Lérida.

De la Brigada Machado o de los Picos de Europa procedían Carlos Cossío Rozas ("Popeye"), Segundo Calderón Pérez ("Ghandy") o ("El Marcao") que lograrían traspasar la frontera en 1947.

Mateo Obra Lucía llegó a Bilbao en compañía de otros dos individuos, apodados "Gregorio" y "Casimiro", conectando con la organización del PCE en Toulouse para iniciar la lucha armada. De Bilbao vino en tren en dirección a Santander. En la estación de Gibaja fue recogido por miembros de la Brigada Machado. Primero contactó con este grupo de los Picos de Europa para después ponerse al frente de la Brigada Malumbres con el fin de deshacer y superar las rivalidades internas que la dividían.

La Brigada estaba escindida en dos partidas operativas. La cuadrilla conocida con el expresivo nombre de "los disidentes" estaba integrada por compañeros de aquellos contornos: Juan Manuel Pérez, José Argüello, Luis Carreras, Rafael Hazas y Víctor Cobo ("El Americano"). La otra seguía una línea más politizada en la senda del PCE: Inocencio Aja, Juan Carreras ("El Topo"), Pedro Saura ("Modesto"), ambos bajo la dirección de Mateo Obra Lucía ("Pedro") hasta que éste marchó a Bilbao.

Mateo Obra logró impresionar a los integrantes de la Malumbres por su conocimiento del armamento y su capacidad de liderazgo, si bien no logró superar las inquinas internas. Estuvo al frente de la Malumbres el primer trimestre de 1946.

Después, en opinión de los dirigentes comunistas, "la Malumbres" sería una excelente plataforma de lanzamiento para constituir una guerrilla en el País Vasco.

Por orden del jefe de la Agrupación Guerrillera de Euskadi, Victorio Vicuña ("Oria"), Mateo Obra pasó a Bilbao, con la finalidad de formar un núcleo guerrillero. Padeció las luchas internas del PCE entre Monzón y Carrillo cayendo en desgracia, tras ser difamado como agente policial y traidor a la causa comunista, que dio la orden a Vicuña para proceder a su eliminación.

Pero no hizo falta, fue delatado por los propios responsables comunistas ante las autoridades franquistas. Al final fue detenido, encarcelado y ejecutado por los franquistas.

Detenido en mayo de 1946 fue fusilado el 4 de junio de 1949 en Derio tras ser torturado sin dar los nombres de la organización. Santiago Carrillo tenía quien le hiciera el trabajo sucio, en este caso un extraño compañero de cama, el franquismo. Mateo Obra Lucía moriría atormentado con el estigma de ser acusado de traidor por la causa en la que creía con la fe del carbonero. Un infierno.

En el fondo de estas susceptibilidades hacia comunistas destinados al interior, estaban los recelos y la inquietud de los dirigentes en su cómodo exilio, por el protagonismo que tomarían estos luchadores en una España liberada del franquismo. No admitían que nadie les hiciera sombra. Si Vicuña se negó a la aniquilación de Mateo Obra, Luis Evaristo González ("Luisillo"), jefe del Partido en Euskadi, fue eliminado directamente en una visita a la dirección en Toulouse.

Mateo Obra, al frente del grepúsculo de comunistas vascos, procedentes de las montañas santanderinas (los hermanos Eduardo y Saturnino López Marcos y Carballo), "se instaló en abril de 1946 en una galería minera abandonada y en cuevas de las alturas de Basurto. Se trataba de lo más parecido a la alta montaña existente en las cercanías de Bilbao. Los montes de Triano y Galdames, cuyas alturas fluctúan entre los 500 y los 700 metros, la zona de cuevas calizas de Urállaga y las galerías abandonadas de la mina El Sauco fueron un área agreste donde operar. Había varias fuentes que les proveían de agua, el terreno era relativamente escarpado, con taludes, vegetación y desmontes inundados y Baracaldo, Sestao y Portugalete, posibles viveros de nuevos maquis, estaban a tiro de piedra. Allí se iban a desarrollar unas pocas semanas de frenética actividad, con acciones armadas y charlas políticas a jóvenes de la margen izquierda, únicos momentos de sol en la vida de topos que llevaban dentro de cuevas y galerías". [219]

Junto con Mateo Obra, también fue inmolado el 4 de junio de 1949 en Derio. Saturnino López Marcos ("El Chaval") o ("Julio"), natural de Bilbao, del PCE. Tenía 23 años.

Antonio Carballo Urriza ("Líster"), nacido en Galdames (Vizcaya). Fue acribillado por la Guardia Civil en Lujua el 14 de mayo de 1946 con 32 años en un atraco a un banco para adquirir fondos con el fin de comprar una imprenta Minerva y tirar propaganda. En el encuentro fue herido Mateo Obra, que logró escapar para ser detenido poco más tarde y, como dijimos, fusilado.

El único miembro superviviente de la guerrilla vasca, Eduardo López Marcos ("Belique"), hermano de Saturnino, se reintegró en la que operaba en la zona de La Penilla, dirigida por Bonifacio González Mazón ("Rubén"). Moriría abatido por la Guardia Civil en un caserío de Renedo de Piélagos el 17 de julio de 1947. Era natural de Bilbao y tenía 24 años.

Tras la marcha de Obra a Bilbao en abril de 1946, "Tampa" que había quedado como subjefe, vuelve a retomar la dirección de la Brigada Malumbres.

En 1947 circularon rumores y quejas sobre la actitud de "Tampa", al que se acusa de quedarse con el dinero de los atracos, de querer marchar al extranjero y abandonarles, o de proseguir a toda costa la lucha armada. Era uno de los sobrevivientes más veteranos del Cariñoso.

---

[219] Rodríguez, Mikel; maquis. La guerrilla vasca 1938 – 1962: 188-189.

La moral era ya muy baja. "Mientras las cosas fueron bien no hubo queja alguna, pero en cuanto la represión empezó a apuntarse éxitos y la vida se hizo más ingrata en la sierra, el ánimo decayó visiblemente. Pasaba el tiempo y la anunciada invasión de España por tropas extranjeras no ocurría. En cambio, la Guardia Civil estaba en todas partes."[220]

Sus camaradas, miembros del Partido Comunista, son partidarios de juzgarlo sumariamente y ejecutarlo (Churriti, Belique, Popeye, Pancho y Valdés). Saura prefería oír sus declaraciones y aclarar el estado de las cuentas y juzgarlo, si procede. Pero ¿quién se atrevía a poner el cascabel al gato?

Juan Carreras ("El Topo") o ("El Socio") decidió correr el menor riesgo posible. Matarlo mientras se encontraba durmiendo. Y así lo hizo de un tiro en la cabeza. Su cadáver metido en un saco, fue arrojado a la cueva de la Garma del Ciervo en Arredondo.

Poco después caía abatido por la Guardia Civil Pedro Saura, y fue capturado en una solitaria cueva de Arredondo, Vidal Gómez Abascal ("El Viejo"). También se entregó "El Granadino".

Tras perpetrar un atraco en Udalla habían sido perseguidos resultando muertos en Jesús del Monte, Manuel Otero González [221] (de la zona de Ramales, natural de Ampuero, 56 años, casado, albañil en el monte de San Bartolomé de los Montes), Manuel Carrillo Rodríguez ("Morán" o "Durruti") y Juan Blanca Buenosvinos ("Buenosvinos") el 17 de julio de 1946.

El grupo de los disidentes en su mayoría sobrevivió, logrando pasar a Francia. La muerte de Tampa suscitaba temores que no sólo procedían de las fuerzas de Orden Público, sino de las disensiones internas.

El 22 de septiembre de 1947 su jefe Rafael Hazas Arce, Víctor Cobo Diego ("El Americano"), Esteban Arce Ceballos, Segundo Calderón Pérez ("El Marcao") o ("Ghandy"), José Argüello Fernández ("Vivanco") o ("el Extremeño"), los hermanos Luis y Juan Carreras Pérez ("Los Topos"), Juan Gutiérrez Porres y Juan Manuel Pérez Ruiz ("El Pasiego") o ("el Teja") se dirigen a Irún para pasar a nado el Bidasoa hasta la orilla francesa.

Anastasio Benito resultó muerto con 40 años por la Guardia Civil en La Población de Arriba el 27 de diciembre de 1947 junto con Alfredo Palacios Fernández. Harto de tantas palizas en el cuartel de la Guardia Civil de Torrelavega se echó al monte recalando en la Brigada Malumbres. Andaba dificultosamente por una pierna escayolada de una rotura sufrida al saltar una tapia. En una visita que hizo a Palacios, guerrillero de la Brigada Cristino, amigo de la cárcel, fueron sorprendidos por la Guardia Civil. Escondidos en el pajar de la casa de la madre de Alfredo, un guardia civil empezó a clavar una horca hasta dar con su paradero. Dicen que un disparo de la Guardia Civil acabó con la vida de Alfredo, pero que Anastasio acabó con la propia antes de ser capturado.

---

[220] Ruiz Ayucar, Ángel, *La sierra en llamas*, Fuerza Nueva Editorial, Madrid, 1976: 191.
[221] T. 38. F. 260. N. 6 de Registro de Defunciones de Voto.

De esta forma, la Brigada quedaba definitivamente desarticulada en 1948, tras la muerte de su jefe Raimundo Casar Acebo "Tampa" y el paso a Francia de los ocho guerrilleros citados. [222]

A principios de 1947, tras la caída de la organización comunista en Santander y Torrelavega, algunos miembros de la comarca del Besaya en torno a Reocín (ubicación de las minas de cinz) y la Penilla (sede de la Nestlé) se echan al monte bajo la dirección de Bonifacio González Mazón, alias "Rubén".

Mazón "Rubén" se había erigido en cabecilla de una cuadrilla que operaba en la periferia industrial de Torrelavega (La Penilla, Reocín, Castañeda, Renedo). Estaba compuesto por el minero de Reocín, Enrique González Zurita ("Tista" o "el Brujo"), el trabajador de Nestlé Enrique Colsa Gutiérrez ("Vitines" o "Montgomery"), Ignacio González Mazón ("Chuchi") y hermano de Bonifacio, Luis García Pérez ("El Chirris", "el Periquín", "Churriti" o "Pancho"), de 37 años, de Ganzo, obrero de la Lechera Montañesa de Torrelavega.

El 12 de julio de 1947 y sobre las 22 horas, se presentaron en un comercio de Castañeda cuatro hombres que, pistola en mano, ordenaron "¡manos arriba...! ¡Que nadie se mueva!". Echaron las manos al alto todos, a excepción del dueño, Manuel Laso, que estaba tomando café y tenía una botella de coñac. Con un arrojo y exceso de valentía la lanzó sobre los asaltantes. En la refriega subsiguiente resultó herido el anterior, y muerto un parroquiano que casualmente se encontraba en el lugar, José Luis Gutiérrez.

El 4 de agosto de 1947 sobre las 11,30 horas los cuatro anteriores intentaron un atraco en el comercio del vecino de Villafufre, Miguel Arenal Sainz, al que se había asaltado en otras dos ocasiones. Prevenidos por una nueva amenaza, varios somatenistas se concentraron en el edificio y esperaron. Cuando entraron los guerrilleros se vieron sorprendidos, resultando herido uno en la tienda y otro en la persecución. Se ocuparon dos pistolas, un revolver, 300 pesetas y una cartera procedente de otro atraco en Escobedo de Villafufre.

El 7 de agosto de 1947 moría en Valdecilla como resultado de las heridas, el jefe de los guerrilleros Bonifacio González Mazón, de 24 años, natural de La Abadilla y domiciliado en La Penilla.[223]

González Mazón fue detenido como enlace de Aja el 1 de agosto de 1945 y procesado el 15 de agosto de 1945 por el Juzgado Militar de jefes y oficiales. Sufrió varias ratificaciones de prisión y fue puesto en libertad el 13 de mayo de 1946. Para evitar el acoso de la Guardia Civil se echó al monte junto con los otros. El otro guerrillero herido, Enrique González Zurita se restableció de sus heridas el 14 de agosto de 1947 para ingresar en la Prisión Provincial.

Bajo la consigna de Inocencio Aja y Ricardo Bedia, dirigentes provinciales del PCE, centraron los atracos en tiendas de somatenistas, en combinación con antiguos componentes de la cuadrilla del Cariñoso ahora dirigida por Rafael Hazas Arce ("El Catalán").

---

[222] Servicio Histórico de la Guardia Civil, Memoria de la Comandancia de la Guardia Civil, 1966.
[223] Tomo 34 (Oeste), F. 163, N. 323 de Registro de Defunciones de Santander.

Al parecer, los "del monte" prometieron volver a Vega, presumiblemente para vengarse, y los falangistas avisados se prepararon para recibirles. El 16 de agosto de 1947 en Vega de Carriedo muere accidentalmente al disparársele el arma el jefe local de FET y de las JONS, Jesús Ruiloba Pérez ("Chus") de 41 años y cinco hijos. Estas acciones de represalias provocaban el efecto de unión de los falangistas locales que se mostraban cada vez más decididos a hacer frente a los huidos. El cerco era cada vez más estrecho y los ánimos falangistas más excitados.

Ahora le tocaba pagar con su vida al propio alcalde falangista de Castañeda, un médico bueno y moderado. El fascismo rural no toleraba que los cargos fueran ocupados por personas venidas de fuera, señoritos "estudiados". En Castañeda aquel jefe de Falange era el médico local, Nemesio Oceja Carredano. El nombramiento molestaba a los falangistas oriundos que se sentían orillados. Por si fuera poco, no permitía los excesos de sus correligionarios y además auxilió a un huido herido, al antiguo alcalde socialista, Clemente Villar Bustillo, secretario de la Casa Campesina de Castañeda desde 1933. Para evitar su detención, el médico se echó al monte y allí murió de un disparo. Unos afirman que se suicidó ante tamaña presión, otros dicen que lo mataron.

Clemente Villar Pardo, hombre cenceño y de pequeña estatura, pudo internarse en el monte oculto en un cuévano transportado por el asno de un vecino. A través de un pariente bien instalado en las esferas del Régimen obtuvo un salvoconducto que le permitió huir del cerco y trasladarse a Sevilla. Fue detenido en la capital hispalense, juzgado en la causa 620/47 por el Tribunal Militar Eventual de Santander y condenado a 9 años. El Consejo de Guerra reconocía que procuró evitar violencias contra las personas durante su mandato en periodo bélico. Por otro lado ya habían producido una muerte escandalosa, la del médico, y se había ya satisfecho la cuota de sangre de la venganza.

En aquel otoño de 1947 se inauguraba un nuevo método que pondría en práctica "Juanín", para recabar fondos mucho más seguro y eficaz que los desagradables atracos. Se trataba de un impuesto de ayuda a la guerrilla comunicado por carta a los industriales más significados. Esteban Arce responsable del PCE escribe una carta a Jaime F. Diestro, industrial de Torrelavega, conminándole a la entrega de 10.000 pesetas para la ayuda a los presos. Realmente, trataban de obtener fondos los acorralados Inocencio Aja y Luis García ("Churriti") o ("Pancho").

> Muy Sr. Nuestro; la presente es para pedirle en el plazo de 48 horas haga una entrega de 10.000 pts donde abajo se indica pues hay muchos hombres que por ser antifranquistas se encuentran presos y necesitan dinero, para sus defensores, por lo tanto si en el plazo ese no ha hecho la entrega lo haremos con nuestra justicia pues como verá es poco lo que se le pide a Ud. tuvo que entregar 40.000 pts. Pues nosotros pudimos sacarle a Ud. y señora en el caserío que tiene Vd. Pero somos de esa y le conocemos bien, en lo cual sacamos a votación y acordamos pedirle este poco dinero.
> Las señas donde tiene que dar el dinero es, a la mujer de Modesto Terán que vive por Torres y la pone una nota que diga disponga Vd. de 2.000 pts y lo otro

pasarán a recogerlo, y ella que no sepa quien lo manda. Y les manda un cajón de comida a la cárcel, y pone por dentro para todos los de Torrelavega.

Advertencia si algo pasara a esta familia y no cumpliesen con lo pedido entonces después de perder el doble, y llegáramos al extremo de matar, pues estamos fuera de la Ley y nos da igual así que esperamos de Ud. cumpla con esta miseria y no nos haga emplear la violencia que por mucho que la policía le guarde no podrá evitar que cumplamos con nuestra causa. El Responsable EA.

IV Grupo de Guerrilleros del Norte.

Viva LA REPÚBLICA DEMÓCRATA

Diestro, un conocido industrial de Torrelavega, efectuó el pago, pero no dio a conocer a la Guardia Civil esta carta hasta la desgraciada muerte de Pancho y Aja. Años después, como diremos, el 3 de diciembre de 1956, "Juanín" y Bedoya secuestraban al hijo de Diestro en el Turujal pidiendo un rescate de 50.000 pesetas.

Tras este reguero de muertes, las horas estaban contadas. Diezmada la partida, Aja y Pancho aislados, sólo pensaban unirse a la guerrilla de los Picos de Europa para seguir los pasos de "Juanín" o salir a Francia. Tenían en su poder 29.000 pesetas.

Encontraron refugio en la casa de Jesús Diego Peña en la localidad de Torres. El 27 de noviembre de 1947, la Guardia Civil dio con su pista, rodeó la casa y mató a "Pancho" e hirió gravemente a la dueña, Sabina Montes Piquero, al lado de la carretera general. Aja pudo zafarse y bajar herido al río Saja. Herido de muerte blandiendo la pistola encasquillada acabó por morir ahogado y su cadáver fue encontrado en la ría de Suances el 16 de diciembre de 1947. Su doblemente torturado padre tuvo que reconocer los restos mortales.

Las autoridades franquistas temían y odiaban el carácter peligroso y secreto del PCE. La dirección comunista bajo las órdenes totalitarias de Stalin también cooperaba con esta política de persecución de sus militantes o por lo menos los abandonaba a su suerte para convencerles por la vía del escarmiento en cabeza ajena, del cambio de estrategia. Había que abandonar la lucha armada y los métodos empleados englobaban las prácticas de la eliminación directa e indirecta.

Los enlaces y puntos de apoyo fueron martirizados. El comandante de Marina de Cartagena, Ramón García Báez abogó como pariente de la familia Fernández Mora de San Román de Cayón, por el padre, Benigno Fernández Palazuelos, y el tío, Luis Mora Martínez, antiguo fotógrafo en los Estados Unidos, pidiendo que se hiciera "constar si es que los ha habido, los maltratos, coacciones o amenazas de cualquier especie tanto de unos como de otros".

Afirma que una de las hermanas, Julia: "había quedado dolida de los riñones y cojeaba... y que su primo Francisco tenía las muñecas muy irritadas, sobre todo la mano izquierda inflada..." como resultado del interrogatorio. Julia que había desarrollado una abnegada cooperación con todos los huidos, terminó con dolencias siquiátricas motivadas por las palizas.

En la casa de Renedo donde se refugió y resultó muerto el guerrillero vasco Eduardo López Marcos, fue maltratado el propietario y su familia. Se trataba de David Lanza Oreña (labrador), su mujer Benedicta Sánchez Herrera y sus hijos Jesús y José Lanza Sánchez. Como consecuencia de los malos tratos falleció el hijo de la casa que servía de punto de apoyo. Era Jesús Lanza Sánchez nacido el 28 de septiembre de 1926 en Barcenilla y domiciliado en Renedo de Piélagos, muerto el 15 de enero de 1952 en Valdecilla con 25 años. [224] Otros morían en libertad provisional en sus casas, como Hilario Díaz González, natural y vecino de Ganzo, almacenero, soltero, con 27 años el 24 de enero de 1952; [225] y Manuel Estrada Martínez, oficialmente de bronconeumonía, en su pueblo de Pando (Santiurde de Toranzo) el 11 de octubre de 1950, con 65 años. Había nacido en Pando el 29 de septiembre de 188 y estaba casado. [226]

Modesto Terán Pernía, aludido en la carta, muere a palos en la cárcel de Cuellar (Segovia) sin confesar la identidad de los autores de la misma el 17 de mayo de 1951 con 39 años, casado, chofer y vecino de Torrelavega. [227]

Rosario Ruiz Iturbe encausada por Bandidaje y Terrorismo por participar en la guerrilla afirma que en la clandestinidad se organizó el SRI (Socorro Rojo Internacional) para ayudar a los presos republicanos. Recuerda a los que vinieron a reconstruir el puente llamado de los italianos en Cartes y que recaudaba siete pesetas semanales, una de las que más. Cuando empezaron a venir los presos para la construcción de SNIACE entró en contacto con ellos: les visitaba para que no estuvieran tan solos y echaba sus cartas.

Rosario Ruiz Iturbe fue detenida junto con otras mujeres el 1 de agosto de 1945 por pertenecer al SRI y al PCE. El Partido estaba organizado en células o troikas de forma que solo conocían a dos compañeras. Recababan fondos para la guerrilla. Estuvo algunos días en las "leoneras", así llamaban a las celdas de castigo. Permanecieron durante nueve meses en la cárcel de las Oblatas y al final la causa fue sobreseída. El defensor argumentó que habían sido engañadas por la circunstancia de haber sido represaliados sus hermanos y las maniobras de las organizaciones marxistas que obedecían los dictados de Moscú. En aquellos años Franco estaba en la cuerda floja y los tribunales no se atrevían a pronunciar sentencias por lo que pudiera ocurrir en un futuro inmediato. Pasaban la pelota a los juzgados de Instrucción o sobreseían la causa.

De hecho, fue novia del dirigente del PCE en Santander, Antonio Bedia. Rosario era interrogada por el paradero de Antonio y ella decía tal y como él había advertido que en caso de ser interrogada dijera que era agente comercial y que vivía en Renedo y que ese era a quien conocía y que no tenía idea de quiénes eran los comunistas. Salió de la cárcel el 13 de mayo de 1946.

---

[224] T. 50, F. 344 v. N. 681 del Registro de Defunciones de Santander.
[225] T. 74. F. 281 v. N.560 del Registro de Defunciones de Torrelavega.
[226] T. 31. F. 37 v. del Registro de Santiurde de Toranzo. En la Causa 444/47 se procesa a todos los integrantes del grupo de Aja y Mazón.
[227] Causa 533/45.

En la cárcel se levantaba a las 6, 30 horas de la mañana. Tenían misa diaria a las 8. También rezaba el rosario, comían la bazofia que les daban y dormían la siesta. Desayunaban una infusión de plantas que tenían las monjas en la huerta con un poco de leche. Comían a las 12 un cazo de caldo con dos garbanzos y dos patatas y cenaban una sopa de ajo que era pan mojado con pimentón. No le pusieron la mano encima.

Los dormitorios eran salas corridas al frente de las cuales se encontraba una monja que aplicaba una dura disciplina. Estaban mezcladas las comunes y las políticas. Estás últimas eran una diez o doce y hablaban de la esperanza de que Franco cayera pronto. Pronto se ocupó de la confección de pañitos, manteles, etc. que su madre vendía en la calle y fue tal el éxito de estos trabajos manuales que pronto tuvo que hacerse con ayudantes dentro del recinto carcelario. Su madre cada poco le remitía un "papeluco" con los encargos.

Cuando sale de las Oblatas es seguida por un guardia civil apellidado Arozamena que no le quita ojo. Se emplea como barnizadora en la fábrica de muebles Hernández, de Torrelavega.

Fue detenida por segunda vez el 25 de junio de 1947 acusada de ser enlace de la guerrilla y esta vez sí que fue procesada porque decían que era mejor que estar cada dos por tres en la cárcel. Fue juzgada junto con 50 hombres y 3 mujeres.

Llevaba las cartas de Inocencio Aja ("El Vasco") y de "Pancho" de casa de María (González Ganzo, natural y vecina de Torrelavega) ("*la del cestero*") donde se alojaban los guerrilleros. Y comenta una larga historia cuya casualidad le hizo rebajar su condena a seis años en la Causa 444/47 juzgada por un Tribunal Militar Especial por Bandidaje y Terrorismo.

Resulta que una de las cartas comprometedoras había sido arañada por un gato. Cuando les detienen, un cabo de la Guardia Civil llamado Mata pide un careo entre ella y María.

Rosario niega que haya jamás entregado cartas y María a la que habían dado una tremenda paliza dice:

—"Sí Rosario ¿no te acuerdas de la carta que arañó el gato?
— "¡Esta mujer está loca! ¿Cómo una carta tan comprometida va a arañar un gato?, se preguntaban y aseveraban los guardias civiles en el interrogatorio.

Hicieron caso a Rosario y afortunadamente para ella se libró de la acusación de las cartas de los del monte. Salió el 10 de junio de 1952. Se empleó en una fábrica de punto radicada en Campuzano. Entonces fue cuando se enteró que Antonio tenía una novia franquista y varias más. Era un aprendiz de Don Juan, y ante la idea de compartir la multitud, rompieron sus relaciones.

Fue acusada de hacer vida marital con los del monte, de ser la presidenta del PCE de Torrelavega, de alojar en su casa a los guerrilleros. Incluso le hicieron un reconocimiento médico para comprobar que permanecía virgen y no compartía vida sexual con los perseguidos.

Se casó con 33 años, tarde para aquellos años, siempre adelantada a su tiempo. Su marido le apoyó siempre en sus actividades de militancia. En una ocasión recibe una carta con remite desde Bilbao que dice haber conocido a sus tres hermanos y pide que le busque algún trabajo en Torrelavega. Le contesta que en Torrelavega la cuestión del empleo esta muy mal. Al cabo de ocho días recibe otra carta del mismo remitente para contactar con el movimiento clandestino a través de su mediación y le pide que rompa la carta una vez leída.

Su marido le dice que se presente con la misiva en el cuartel de la Guardia Civil. Allí se encontraba Arozamena el guardia que le había seguido. Pregunta por el capitán que estaba ausente y le recibe un sargento al que presenta la carta. La lee y dice: Yo creo que esta carta no tiene importancia. La carta procedía de la misma Guardia Civil, pero ella no cayó en el engaño y contesta. Yo no quiero saber nada de nada, aludiendo a las demandas que solicitaban y que de haber accedido le hubiera supuesto caer en una auténtica trampa para sí y sus compañeros de clandestinidad.

En otra ocasión miembros de la Benemérita le proponen colaborar como somatén. A cambio ofrecen sacar a su hermano de la cárcel y buscarle un buen trabajo. Una vez más esgrime. Yo no quiero saber nada de nada.

Comunicó al abogado defensor del Consejo de Guerra, Manuel Fernández Díaz (un comandante originario de Barruelo) los avatares referidos.

>—"¡Estos hijos de su madre! ¡Que malas artes emplean!", masculla el militar.
>Y añade que cualquier otro intento de captación o manipulación se pusiera en contacto con él y que le dijera al capitán que fuera a hablar con su abogado defensor. Se presenta en el cuartel y pregunta por el capitán que baja las escaleras como una flecha:
>—"Mire - le dice - que me ha dicho el defensor que no dé un paso sin contar con él y que vaya a hablar con él. Desde entonces no volvió a ocurrir nada. No hubo presiones ni tentativas de engaño."

No volvió a suceder nada, pero cada poco la guardia civil le preguntaba, eso sí, siempre en tono amistoso. ¿Qué crees que va a pasar? ¿Qué van a hacer?, refiriéndose a las actividades clandestinas en fechas clave como el 18 de julio o el 1 de mayo.

En la madrugada del 1 de mayo de 1960 se presentaron en su casa, el sargento Mata y tres guardias civiles, su marido entraba a trabajar en el turno de las seis: "¿Vive aquí Rosario? Qué mañana se presente en el cuartel."

Pasaba a engrosar las listas de detenidos en los años 60 cuando se temían las acciones subversivas por algún acontecimiento especial. En los primeros de mayo, cuando Franco vino a Santander en 1967 y en la creación de las Comisiones Obreras incipientes.

Le llaman la "Pasionaria", "La Comunista". Actualmente es vicepresidenta de la Asociación de Vecinos de Barreda. Rosario fue juzgada en el sumario 379/45 por el Juzgado Militar de jefes y oficiales y permaneció en prisión desde el uno de agosto de 1945 hasta el 13 de mayo de 1946 y en el sumario 444/47 por el Juzgado Militar Especial por Bandidaje y Terrorismo desde el 25 de junio de 1947 hasta el 10 de junio de 1952. Casi seis años de prisión.

El "Gitano" dado erróneamente por muerto por la Guardia Civil en San Sebastián, volvió desde Bilbao al campamento donde permanecía el resto, e intentó de nuevo la salida a Francia. Para ello, dio una carta a su hermana que debía de entregar a un amigo en Santander donde le citaba para una entrevista con el fin de efectuar el paso de la frontera. A la misma, el Gitano acudió con Nicolás Terán ("Carrocera"). Pero al volver al campamento le encontraron vacío y pensaron que podían haberse desplazado a otro que existía en el Saja. Se trasladaron allí con el mismo resultado negativo. Decidieron marchar solos. Para ello, un taxista de Santander les recogió en el Manjón, lugar próximo a Los Corrales de Buelna, que los trasladó a Bilbao y de allí en barco pasaron a Francia. Cuando estaban en Francia se le ocurrió a Carrocera escribir a un punto de apoyo con todo tipo de detalles sobre los pasos y enlaces de la operación. Era el otoño de 1949.

LA GUERRILLA DE MACHADO Y DE "JUANÍN"

El valle de Liébana está compuesto por los municipios de Cabezón de Liébana, Camaleño, Cillorigo – Castro, Pesaguero, Potes y la Vega de Liébana.

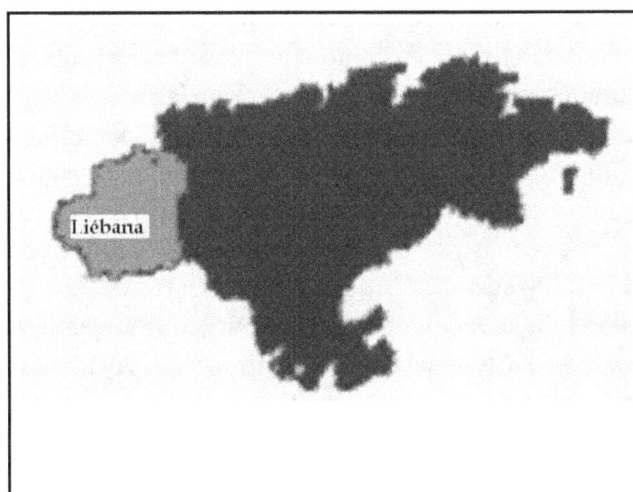

Se puede subir a Tresviso por el desfiladero de la Hermida, desde la localidad de Urdón parte una pista que tras 10 Km. de recorrido llega hasta Tresviso, a 890 metros sobre el nivel del mar.
Esta senda realiza un impresionante y sinuoso ascenso tallado en la roca. Durante siglos se ha utilizado para el transporte de mercaderías, el correo, etc. como única vía de comunicación

Los Picos de Europa están formados por tres grandes macizos: el macizo oriental (entre los ríos Deva y Buje), el Central (entre el Buje y el Cares), y el occidental (entre el Cares y el Sella) Entre estos macizos y el cuerpo principal de la Cordillera Cantábrica por el sur, se han formado unos valles tajantemente divididos entre sí por los acusados contrafuertes de unión con la Cordillera. Son de oriente a occidente, los valles de Liébana (río Deva), el de Valdeón (río Cares) y el del Alto Sajambre (río Sella).

La comarca de Liébana está en el corazón de la montaña cantábrica; es la gran hoya o depresión situada al pie de los Picos de Europa.

La doble imagen del profundo tajo y de la imponente pantalla de las altas cumbres que lo rodean constituye el rasgo sobresaliente que se impone en la retina del espectador. El contraste entre los picos y cumbres, situados por encima de los 1.200 metros aquellos, y a más de 2.000 metros éstas, y el fondo de los estrechos valles, vaciados y encajados por debajo de los 300 metros, es una de las imágenes más deslumbrantes de Liébana; contraste que las nieves de las cumbres y las nieblas de los valles enriquece y resalta. Más la presencia de la montaña se manifiesta por el efecto de abrigo que proporcionan los Picos de Europa y que afectan a las partes bajas: el anfiteatro lebaniego dispone de un clima local en el que las precipitaciones se hacen más escasas, los días de sol se multiplican, las temperaturas se elevan, los calores estivales son un rasgo permanente.

Las excepcionales condiciones ecológicas derivadas de su condición de depresión intramontana hicieron de Liébana una zona de cultivos de cereales mediterráneos (trigo), legumbres (garbanzos, lentejas) y vides. Las viñas ocuparon miles de hectáreas por las pindias cuestas de Cillorigo, Cabezón y Potes aprovechando la máxima insolación, las temperaturas más elevadas, los veranos más calurosos en contraste con los atributos climáticos de la montaña atlántica peninsular por el efecto de abrigo que produce el macizo de los Picos de Europa. Ha dispuesto de un cultivo vinícola diferenciado, del que todavía a finales del siglo pasado se recogían más de 10.000 hectolitros de vino. [228]

En Liébana, el cultivo de los cereales mediterráneos era posible. Dispuso, por ello, del pan por antonomasia, del pan del rico, es decir, del pan de trigo, en una tierra como la cantábrica donde los únicos cereales disponibles han sido la escanda, el panizo y más modernamente el maíz. Y como en el pan, las legumbres; Liébana ha sido tierra de legumbres clásicas, de garbanzos y lentejas.

Praderas y puertos altos, junto a las navas de las tierras bajas proporcionaron al labriego de Liébana su otra dimensión, la de pastor en mayor medida que vaquero. Porque el rebaño del labrador fue, hasta principios de este siglo XX, heteróclito, con las vacas, ovejas, cabras, yeguas y cerdos cuyos espacios de delinean en torno a chozos, cabañas, invernales y cuevas. [229]

¿Cómo puede ser que siendo el 80% de la población contraria a la República, hubiera tanto apoyo a la guerrilla y que los guerrilleros fueran nativos de la zona?

Los testimonios más diversos coinciden en señalar a las propias autoridades como responsables de la "huída al monte" de algunos de los emboscados. Es opinión común que fue ese trato o maltrato sostenido, el que empujó a ciertos lebaniegos (y no lebaniegos) al monte, y el causante del odio incondicional hacia el cuerpo encargado de la represión, la Guardia Civil.

La piel pegada a la camiseta a consecuencia de las palizas fue el detonante de la huida para salvar el pellejo y lo que es casi más importante, la dignidad. Todos los emboscados, guerrilleros, huidos tienen esta marca impresa en su piel. Muchos de los guerrilleros eran de Bejes. El pueblo entero estaba tomado por la guerrilla y concordaba con ella. Las agobiantes represiones del Régimen condujeron a gentes de derechas a simpatizar con los guerrilleros.

La red de enlaces se extendía por Torrelavega, Santander, pueblos de la comarca oriental como Labarces, Luey, Ruiloba, Roiz, Portillo, Cillorigo.

Ángeles Obregón Bolado y Gerardo Martínez Gutiérrez de Caranceja eran algunos de estos.[230] Entraron en relación con "Juanín" a través del "Repollero".

---

[228] Ortega Valcárcel, José: Liébana: La excepción y la regla en La Montaña: 12, 15, 16.
[229] Ortega Valcárcel, José: Liébana: La excepción y la regla en La Montaña: 11 – 21.
[230] Entrevista con Ángeles Obregón Bolado en Caranceja el 28/03/03.

"Juanín" dijo que no había encontrado una mujer que le hubiera tratado tan bien. De hecho estando preso su marido por la relación con "los del monte", "Juanín" se presentó en su domicilio: "Dios mío, que mi marido está en la cárcel, "Juanín"". Decía ella. "Que sólo quiero comer, Ángeles. Que no te quiero comprometer, sólo quiero comer y me marcho". Eran los mejores enlaces que tenían los guerrilleros.

Gerardo trabajaba en La Continental de Torrelavega. En la guerra fue herido en La Lora con siete perforaciones en el vientre. Fue ingresado en Valdecilla y sus heridas le produjeron una dolencia crónica de estómago. Un hermano llamado Antonio había muerto en Gijón, al ser bombardeada la ciudad por la aviación franquista. Durante la guerra, los del Frente Popular querían llevar a fusilar a uno de los Rubines. Y Gerardo paró a los ejecutores sus intenciones de muerte: "Alto ahí, de ese respondo yo". Y uno de los Rubines salvó su vida. Porque los Rubines, eran buena gente, unos derechistas muy considerados por la población.

A Gerardo, la Guardia Civil lo fue a buscar a la fábrica (La Continental) y lo llevaron al cuartel de La Rampa en Vallés, que estaba en la bajada de Quijas.

Al cabo de unos días, los hombres del tricornio lo llevaron a su domicilio. Pensaban que allí se encontraba "Juanín". Antes arrojaron una bomba para obligarlo a salir. Ángeles estaba con un niño de tres meses. Salió de su casa y se encontró a la Guardia Civil, la bomba explosionada en su casa y a su marido tirado en la huerta, aunque vivo.

María Jesús Martínez Obregón es hija de ambos y nieta de Fidela Gutiérrez, otra enlace de los del monte. El impacto fortuito del encuentro con los huidos provocaba un gran choque psicológico que los protagonistas rememoran con fruición y el recuerdo forma parte del imaginario colectivo, sobre todo, los que en aquella época eran niños. Recuerda que cuando tenía 13 años se encontraba en el portalón con pilas de hierba. La Guardia civil vino a visitar a su abuela y se sentó en las pilas de hierba. En el pajar de la misma casa estaban escondidos "Juanín" y "Manolo". La abuela dio de merendar a los guardias con una entereza increíble y advirtió a María Jesús: "No digas nada, que está "Juanín"". Piensa en la autoridad que tenía la abuela en una chiquilla que no contaba más que con trece años. No dijo nada a la Guardia Civil, pero lo expresó a través de una tremenda diarrea.

José y Fidela Gutiérrez alojaron a Jesús de Cos para reponerse de sus heridas curadas por el médico Cuevas en Torrelavega después de resultar herido en el puente de Virgen de la Peña en una emboscada tendida por la Guardia Civil.

Esteban Cuevas González [231] nacido el 1 de agosto de 1913 en Bedoya (Barrio de Esanos), era el menor de cuatro hermanos, estuvo dedicado a la agricultura y a la reparación de carreteras en la zona de Liébana hasta ser detenido el 17 de agosto de 1950 como punto de apoyo de la guerrilla de Machado. Condenado a cinco años en el proceso 216/50, estuvo en prisión preventiva hasta el 29 de octubre de 1952, los ocho primeros días, incomunicado. Salió de la cárcel en 1954 y estuvo 3 meses en libertad provisional. Cree que hubo cuarenta y tantos en el proceso, de gentes de Tresviso, Puente Nansa, Liébana, y entre ellos muchas mujeres. En

---

[231] Entrevista realizada el 26/01/02.

las declaraciones le inmovilizaban con un cepo, del que le quedan secuelas en las muñecas, pero a estas alturas ya no había palizas (por lo menos él no las sufrió) y la comida había mejorado algo respecto a los terribles años cuarenta.

Entre las mujeres, Carmen Manrique Santamaría, de Torrelavega que estando condenada a muerte logró fugarse espectacularmente de la cárcel de las Oblatas de Santander, consiguiendo escapar a Francia donde fue miembro activo a favor de la III República en España, Aurora Dolores Ubierna Fernández ("La Lola"), de Torrelavega, Agapita González Díaz, de Pechón compañera entonces de Jesús de Cos, quien se escapó al monte sin pensarlo dos veces por ver en él un héroe de leyenda; la hermana de Jesús, Magdalena de Cos a la que afeitaron la cabeza y amenazaron con ponerle un hierro candente en su cuerpo, con el que se marcaba a las vacas; la madre y la hermana de "Juanín", Paula Ayala y Avelina Fernández; la madre de Bedoya, Eulalia Díaz (esposa de Ángel Noriega), Consuelo Alonso, Silveria Fernández y Emilia Agüeros, Juliana Rábago y Milagros Soberón, Águeda Salazar y Visitación Fuente, las hermanas Peláez de Mazcuerras, las hermanas Milagros y Dionisia Gutiérrez Solana, de Sierra de Ibio.

Y estos enlaces eran los verdaderos héroes, el objeto de los malos tratos, de la persecución y del agobio permanente. El antiguo guerrillero Felipe Matarranz sostiene que "los héroes fueron los del llano que tantas recibieron por apoyarnos, por facilitarnos comida, por decir que no nos habían visto."

En los municipios lebaniegos predominaba la pequeña propiedad insuficiente (el 96,51 por ciento), precaria, de miseria, junto con formas totalmente injustas como la aparcería en manos de unos pocos grandes propietarios. Según el Censo Agrario de 1962, 948 Hectáreas de estos seis municipios se cultivaban en régimen de aparcería y 987 estaban en arrendamiento. El 3,49 por ciento de las tierras estaba en manos de grandes o medianos propietarios absentistas. Estas cifras se elevaban en Cillorigo, uno de los baluartes de la guerrilla, donde alcanzaban las 518 hectáreas (el 5,23 por ciento), en manos de dueños ajenos.

La excepción estaría en Potes, la capital comarcal de servicios, en donde sólo el 35 por ciento de la población se dedicaba a las labores del campo (444 de 1.239 habitantes en 1940). El resto estaría constituido por comerciantes, servicios (abogado, registrador, farmacéutico, médico, juez, telégrafos) y rentistas. [232]

Una de las medidas del franquismo que agobiaba a los lugareños era la entrega de los cupos forzosos impuestos durante la década de los 40. La creación del Servicio Nacional del Trigo (SNT) pretendía la regulación del precio del trigo actuando el Estado como garante de la estabilidad.

Los diferentes ayuntamientos elaboraban un inventario de superficies y desde Santander se asignaba una cantidad que debía de entregar cada municipio. Cómo el cálculo no se basaba en las condiciones reales, sino ideales y teniendo en cuenta que el sistema de explotación y tenencia estaba basado en la aparcería y en las rigurosas condiciones del terrazgo y la ecología locales, cualquier entrega comportaba un tremendo sacrificio. En otras palabras, no se recogía el trigo suficiente, ni para el propio consumo, por lo que a veces había que comprarlo para completar el cupo de entrega.

---

[232] Los datos de Potes en *Evaluación de la riqueza...*: 1946: 207.

En este escenario natural lleno de belleza y de desigualdades, libre de injerencias extrañas, deseando permanecer libres, con un sentido del reparto de una riqueza escasa y mal distribuido, nacieron y desarrollaron su vida los guerrilleros, hombres y mujeres que lucharon con dignidad contra el telón de ignominia, contra las palizas, la arbitrariedad, la espesura. Se echaron al monte por instinto, por supervivencia sin que nadie les organizara, les dirigiera, aunque el PCE poco después viera el filón que representaban para sus propios intereses políticos. Pero el PCE les abandonó y algunos de ellos ahí siguieron como antorchas de una noche sin final en una batalla perdida de antemano.

Este territorio lejano y aislado ha determinado la configuración tradicional de las poblaciones que lo surcan. En Liébana, la comunicación natural con el exterior se realizaba por la parte sur a través de Piedras Luengas (hacia la Pernía en el norte de Palencia y el valle de Polaciones y por el puerto de San Glorio a Valdeón (León).

La comunicación con la zona costera, tan cercana, y con ella a Santander sólo fue posible abriendo con dinamita una estrecha franja a lo largo de la garganta formada por el Deva (desfiladero de la Hermida). En algunos pueblos de estos valles había penetrado las ideas de izquierda antes de la guerra. Por ejemplo, en Tresviso, fue el maestro Miguel Morán un líder de opinión política, y el pueblo en masa votó al Frente Popular en las elecciones de febrero de 1936. Comenta el historiador falangista Arrarás que el ambiente político de Tresviso era marcadamente izquierdista [233] y familias enteras de este pueblo fueron conducidas a las cárceles de Santander a la entrada de los franquistas.

Bejes y Tresviso fueron el granero, el vivero, el lugar de nacimiento y residencia de estos huidos. Enclaves humanos apartados de las comunicaciones y al pie de los riscos de los Picos de Europa.

Hablamos de la guerrilla de "Juanín", pero hasta su muerte fue la guerrilla de Machado. Ceferino Roiz Sánchez ("Machado") nació y vivió en La Hermida, había estado como emigrante en Cuba en donde tomó el apodo de Machado en memoria del gobernante cubano de igual nombre (para otros en memoria del poeta Antonio Machado). En los pueblos de Urdón y Bejes daba clases a los niños como maestro temporero. Organizó y participó en el aplastamiento de la intentona falangista de Potes el 18 de julio. En la guerra se afilió a la UGT y fue alcalde de Peñarrubia protegiendo la vida de derechistas. Salió de la cárcel y se echó al monte donde pasará a integrarse en la guerrilla del PCE. Era un hombre de fuertes convicciones, abierto, solidario y cultivado capaz de aglutinar a los huidos.

El maquis de Ceferino Machado es el más numeroso, el mejor implantado y organizado. El PCE trata de organizar estos grupos de resistentes cántabros aislados. En mayo de 1940, el dirigente Esteban Arce, de Revilla de Camargo, secretario del PCE en Santander comienza la labor de coordinación.

Desde el final de 1944, en consonancia con el momento histórico, con la euforia por la victoria de la resistencia sobre el nazismo, la dirección del PCE instalada en Toulouse, decide organizar en España un potente movimiento de

---

[233] Ibídem, Volumen V: 616.

resistencia armada al régimen. El maquis se convierte en el brazo armado de un frente antifascista creado en 1942 por los comunistas: Unión Nacional Española que lanzan la campaña "Reconquista de España". Una nueva esperanza parece levantarse. En octubre de 1944 penetran las fuerzas republicanas por el Valle de Arán. Pequeños grupos de resistentes españoles se infiltran en España para transformar los grupos de huidos en verdaderos "maquis", estructurados y coordinados, tal y como había sucedido en Francia durante la Resistencia. El grueso de los combatientes eran comunistas, pero también había anarquistas y socialistas.

La 6ª Brigada Machado de la guerrilla del norte, conocida también como la de Los Picos de Europa se convierte en 1945 en la Agrupación Guerrillera de Santander con su Estado Mayor en Asturias.

En una de las reuniones que tuvieron los dirigentes del PCE de Torrelavega y Santander con la Brigada de Machado acordaron apoderarse de las nóminas del mes a las minas de Reocín. La noche del 3 de abril, los guerrilleros pernoctaron en el invernal de Segundo Calderón ("El Marcao") o ("el Ghandy") en Cohicillos, en las proximidades de San Cipriano.

En la madrugada del 4 se presentaron Anastasio Benito ("Churriti" o "El Pescador"), Carlos Cosío ("Popeye"), minero que vivía en Torres, y "El Marcao" para enseñarles la zona de operaciones así como los lugares propicios para un rápida retirada. Recorrieron el extenso eucaliptal del monte Estrada, los matorrales y las árgomas que circundan la zona minera. Después, Carlos y Anastasio se retiran a sus domicilios, mientras "El Marcao" se dirige con los guerrilleros a su domicilio donde su esposa les había preparado una suculenta cena.

Carlos Cosío fue uno de los principales enlaces que planearon el atraco. Trabajaba en el pozo Santa Melia de la mina de Reocín. En estas minas existían organizaciones políticas clandestinas y se sustraía dinamita, detonadores, mecha. Carlos era el encargado de transportar esta carga hasta Madrid en el expreso de la noche de los sábados desde la estación de Torrelavega. El destino era la guerrilla del partido socialista en la zona central y meridional.

Durmieron en el pajar imaginando las emociones venideras. De madrugada recogieron sus raciones de comida y se encaminaron hacía la carretera que sube a la mina a partir del pueblo de Torres, escondiéndose en un zarzal a la espera del asalto a la llamada "cochona" que transportaba la paga de los mineros. A las diez de la mañana cuando el vehículo se aproxima, saltan los guerrilleros al centro de la calzada y despliegan sus armas conminándole a parar. Rápidamente asciende Santiago Rey que pregunta al chofer por el dinero de la paga.

"Ya está en la oficina desde ayer", responde el conductor.

Mientras tanto, "Gildo" trepa por el poste de teléfono para cortar los cables. Santiago grita: ¡todos al coche! y dirigiéndose al chofer, espeta: "Y tú, llévanos a la oficina."

El coche rebasa las oficinas de abajo y todo el mundo se queda sorprendido: Serán ingenieros, comentan los obreros. Dentro del autobús observaban a hombres bien vestidos. Los guerrilleros se habían insertado sus mejores atuendos, unos flamantes trajes. Se detiene en las oficinas de arriba. Descienden y reducen a los guardias jurados y a uno que había intentado sacar la pistola, le propinan una serie de cachavazos para indicar que iban a por todas.

José Marcos Campillo, Santiago Rey y Hermenegildo Campos entraron en la oficina, el resto se apostó fuera, vigilando. Los obreros ya estaban cobrando. Y "Gildo" con ese vozarrón que le caracterizaba gritó:

> —"Compañeros, somos guerrilleros de la República. Necesitamos este dinero para sobrevivir y continuar dando la batalla al franquismo asesino, que en estos momentos esta usurpando y asesinando a la clase trabajadora, comprended nuestras razones. No perderéis nada… Considerad que os tendrán que pagar y que no perderéis vuestro jornal. Los patrones tiene más, nosotros no. ¡Viva La República!"

Seguidamente tienden una manta en el suelo, arrojan en ella las 84.000 pesetas que contienen las sacas del dinero. Marcos pliega las cuatro esquinas y carga el botín al hombro. Después todos salen a paso ligero hasta San Cipriano al encuentro de los dos que esperaban. Era un 6 de abril de 1945.

Machado y Daniel Rey habían permanecido en el caserío del "Marcao" de donde salieron al mediodía para situarse en un cotero por encima de la ermita de San Cipriano en el que se divisa, además de una gran extensión de monte, la carretera de Sierra de Ibio por el oeste y la de Cohicillos por el este. Allí podían advertir de posibles peligros a sus compañeros. Y en efecto, se dieron cuenta de que no habían cortado todas las líneas de teléfono, y que pronto, las fuerzas harían acto de presencia. Y así sucedió: la Guardia Civil de Torrelavega avisó a todos los puntos de la región.

En Torrelavega había una academia donde se preparaban para el ingreso en la Guardia Civil unos mil muchachos llamados por la población los "piojos verdes" que también fueron movilizados. Machado y Daniel Rey observan como varios autobuses y camiones se acercan a Cohicillos. Dan la voz de alarma disparando un tiro de fusil, contestado por otro como señal del enterado. Cruzan la carretera en medio de grandes precauciones y a través de los vericuetos llegan hasta la posición de los dos compañeros. Desde una braña en el monte de Sierra de Ibio observan los desplazamientos de la fuerza pública. Por la tarde ascendieron por la Sierra del Escudo y en su cima durmieron. Por la mañana se dirigen a las minas de la Florida y se alojan en casa del padre de Torre, que tenía amistad con Machado.

Segundo Calderón ("El Marcao") fue detenido y a los pocos días puesto en libertad. Carlos Cosío fue buscado, no por el robo de Reocín, sino por la operación del traslado de dinamita a Madrid. Su nombre había sonado cuando detuvieron a un enlace. Los dos, junto con Anastasio Benito ("Churriti"), pasaron a la clandestinidad y mostraron su intención de unirse a la Brigada Machado. Poco después el responsable comunista, les destinó a la zona de Matienzo y Ruesga para reorganizar la partida de "El Cariñoso" que había quedado desmantelada a raíz de la muerte del mítico meracho.

En Pandébano (Sotres) los guerrilleros se disponían a celebrar la entrada de los soviéticos en Berlín con un banquete en la que se guisaron cabritos y asistieron mujeres.

La Guerrilla de "Machado" tenía dinero fresco y abundante producto del atraco a las minas de Reocín, y en aquellos días se había efectuado la capitulación "nazi".

Después de una reunión entre los componentes del grupo deciden celebrar el acontecimiento, ya que después de la capitulación de Alemania, supuestamente vendría la capitulación franquista.

Tanto "Gildo" como Daniel no estaban conformes con semejante celebración, porque opinaban que era como vender un pájaro antes de darle caza. Y decidieron marchar a un invernal en las proximidades de Tresviso.

El resto se animó e invitó a varios conocidos para que acudiesen a la fiesta que celebrarían en la majada de "Pandébano" perteneciente al pueblo de Sotres.

No pensaron correr peligro alguno por estar enclavado en la alta montaña, y ser un lugar de difícil acceso para la Guardia Civil. Desde muy temprano van llegando los invitados y entre ellos el guarda jurado de la Reserva Nacional de los Picos de Europa, que en muchas ocasiones ha comido con los guerrilleros. Todo marchaba según el plan previsto: conferencias, bailes, copeos hasta la llegada de la hora de la comida.

Serían aproximadamente las once de la mañana cuando el guarda les dice que tiene que marchar para dar la vuelta a las cabras con el fin de que no entren en las fincas de Tresviso. Tardó aproximadamente una hora en volver para compartir la fiesta con los demás invitados. La guardia civil avisada, se apostó en los altos de Sotres para hacer fuego tras una contraseña pactada con el guarda:

— "Salgo del invernal, digo que voy a soltar las ovejas, me giro la boina con las manos y hacéis fuego contra ellos."

Los guardias civiles de Cabrales recibieron el mensaje, y raudos se aprestan a liquidar a la guerrilla por su cuenta sin contar con sus superiores de Santander, para así ganarse los laureles de la victoria y el posible ascenso: El cuartel quedó sin un solo hombre, y trocaron la victoria por la derrota más deprimente.

Cuando ya se estaban acomodando para dar comienzo al festín, aparecen los doce números de Cabrales y cercando el invernal conminan a los ocupantes a rendirse. Estos se encierran en su interior en espera de la noche para salir.

Los sitiadores efectuaron descargas ininterrumpidas. Los guerrilleros no podían disparar contra los agentes desde algunas pequeñas aberturas de la puerta, batidas por los guardias.

Sólo detenían sus ráfagas para advertirles de la crítica situación del cerco, que se entregasen, que no les ocurriría nada. Pero los guerrilleros a pesar de estar atrapados en aquella ratonera no se amilanaron y continuaron resistiendo las interminables horas del asedio, hasta que "'Machado" con la idea de salvar a sus camaradas, decidió efectuar un salto para colocarse detrás de una piedra y abrir fuego contra los civiles.

Con la mayor rapidez posible le abrieron la puerta para dar el deseado salto. Un guardia apostado en un ángulo vio a "Machado" asomarse, disparó un tiro y perforó el pecho de aquel valiente que se derrumba desplomado.

Los camaradas lo arrastran hacia el interior del edificio cerrando la puerta tras de sí. Un proyectil le atravesó los pulmones. Ruega a su primo "Santiago" que lo remate de un tiro en la sien. Todos estaban tristes pero a nadie se le pasó por la imaginación entregarse. Santiago al ver el sufrimiento de su primo y convencido de que no había ninguna salvación ejecutó la trágica orden pensando que quizá también pudieran correr idéntica suerte.

Desde aquel momento las andanadas de la Guardia Civil se sucedían sin interrupción para obligar a los sitiados a rendirse.

Ya avanzada la tarde, un enlace comunica a "Gildo" y a Daniel la situación de sus compañeros. "Gildo" de un salto se levanta de la cama y le dice a Daniel:

—"Vamos rápidamente a sacarles del apuro en que se han metido."

Daniel se niega, alegando que se lo había advertido

—"Dejaros de fiestas, todavía no está el horno para bollos. Yo no me muevo de la cama, estoy muy cansado."

— "Pues si tú no vas, iré yo."

Y recogiendo el fusil y las cartucheras, se lanzó a paso ligero hacia la nueva aventura. A su llegada a las inmediaciones estudió la posición y se parapetó detrás de un peñasco. Cargó las balas en la recámara y apuntó a un guardia que hacia esquina con la puerta, disparándole. Los demás no hacían más que mirar en todas las direcciones para observar de donde procedía la descarga que había herido de muerte a un compañero. Esto dio a "Gildo" el suficiente tiempo para efectuar otro tiro poniendo fuera de combate a un segundo. Entonces fue cuando los demás se dieron cuenta de donde procedían los balazos, y dirigieron sus armas contra "Gildo", lo que le obligó a cambiar de sitio. Volvió a tirar contra un guardia civil, según parece gallego, porque no hacía más que gritar con aquel acento:

- "Tras de aquella piedra está escondido, tirar todos hacia allí."

Pero el valiente tresvisano también lo abatió y entonces cesó el fuego. "Gildo", audaz y decidido, era un hombre que nunca pudo estar parado. Lo mismo reparaba los aperos de labranza de sus enlaces que se aprestaba a las misiones más comprometidas.

"Gildo" en aquella pausa dio media vuelta para observar la retaguardia tras haber oído un pequeño chasquido. Vio aparecer a un guardia civil que lo buscaba con la vista. Con la rapidez de un rayo dispara, dándole un balazo en el brazo derecho. El guardia soltó el fusil y salió corriendo, perdiéndose de la vista de "Gildo" y detrás sale el resto de la fuerza dejando en el campo a dos muertos y dos heridos.

Tras recorrer la zona de operaciones y hallar a los guardias abatidos, se dedicaron a recoger las armas abandonadas: cartucheras, zapatos, guerreras, e incluso pantalones. En una de las carteras apareció media cuartilla escrita y firmada por el guarda jurado, en que les daba cuenta de dicha reunión. Este mensaje fue guardado con mucho sigilo. Cargaron con las armas y municiones y marcharon del lugar acompañados de todos los asistentes de aquella fatídica fiesta.

Cuando aún no habían recorrido unos cien metros, "Gildo" pregunta por 'Machado":

—"... que no lo veo entre los demás."

Y le contestaron que lo habían matado. Y "Gildo" exclama:

—"¡Cómo! ¿Lo han matado, y todavía dejáis a esos vivos?"

Se volvió rápidamente y remató a los que todavía permanecían con vida.

Cuando habían recorrido largo trecho se detuvieron para dialogar y convencieron a los invitados de la conveniencia de que les acompañasen al monte para evitar las consabidas represalias. El guarda jurado también accedió para no caer en sospechas, ignorante de que ya tenia las horas contadas.

El suceso se extendió como un reguero de pólvora. La noticia llego rápidamente a los oídos de "Juanín", que se hallaba en la zona de Liébana. No había estado en el atraco de Reocín, ni en la refriega de Pandébano.

Rápidamente emprendió marcha hacia los Picos de Europa para reunirse con sus camaradas. Le relataron con detalle lo acaecido, los sucesos y la traición del guarda jurado. Tras esta delación, se habló del castigo del delator. Dicen que "Juanín" se ofreció voluntario para llevar a cabo la ejecución. Fue a buscarle. Después de despedirse de los vecinos y compañeros emprenden la marcha hacia Peña Vieja. El guarda jurado ignorante le sigue esperanzado, al llegar, le interrogaron los guerrilleros y le hicieron saber el precio de su traición.

Convinieron en que se lo llevase con él para no alarmar al resto de los vecinos. "Juanín" le llevó a un pozo, a la llegada y en las proximidades de una profunda sima, "Juanín" saca la pistola y le introduce una bala en la nuca. Una vez caído al suelo, lo registra quitándole algunos efectos como unos potentes prismáticos, que llevó hasta muerte, así como el arma reglamentaria que posteriormente entregó a José Largo San Pedro ("Pedro"). Después arrastrándole, arrojó su cuerpo a la torca. El cadáver chocaba contra las paredes y el ruido de la caída todavía resuena fantasmagóricamente en aquel pozo. El guarda, presa del pánico, se había hecho sus necesidades encima.

La huida al monte de medio pueblo creó un inquietante problema. Una mujer embarazada se vio obligada a dar a luz en una cueva. Las autoridades locales y los párrocos intercedieron para evitar batidas con resultados escandalosos. Les invitaron a entregarse sin miedo a represalias. Se firmó un pacto con el capitán de la Guardia Civil, Enrique Martín Gil, y algunos guerrilleros se entregaron.

Algunos pasaron una temporada en la Prisión Provincial, al final, todos regresaron a sus casas.

Muerto el jefe de la guerrilla, ya nada iba a ser como hasta entonces. Era el principio del fin. Ceferino Roiz Sánchez ("Machado") comandante guerrillero, murió en Pandébano (Asturias) aquel 22 de abril de 1945. Personaje de gran carisma, influyó en la adscripción ideológica de izquierda de muchos jóvenes de Liébana y Potes. Era uno de los personajes más cualificados de la guerrilla cántabra y su muerte resultó devastadora para el maquis al que había dotado de cierta coherencia ideológica. Desde entonces, la guerrilla se fragmentó en diversos grupos incapaces de actuar bajo una mínima coordinación de objetivos.

A su muerte, la guerrilla de los Picos de Europa se dividió en tres grupos. Uno al frente de Santiago Rey Roiz, se encargaría de la zona entre los Picos de Europa y Ribadesella con cinco guerrilleros, otro compuesto de seis individuos al mando de Hermenegildo Campo Campillo en la zona de Liébana a Peñamellera y a "Juanín" se le asignó el territorio de la zona del Nansa a Torrelavega. En total unos cuarenta. Al frente de todos se pondría desde mediados de 1946 Quintiliano Guerrero miembro de la Brigada Pasionaria remitida de Francia.

Hermenegildo Campo ("Gildo").
Fuente: Página web de Alfredo Cloux (geocities.com/los.del monte). "Juanín". La Historia de un guerrillero antifranquista de la Liébana

La decisión se tomó en el invernal de Felipe y María, en la falda norte del monte Cuera. Detrás del caserío se halla una enorme haya hueca ideal para ocultarse varios en su interior. "Juanín" no asistió a aquella reunión. Se excusó alegando que tenía que volver a la Vega. El que declinase ir a tal reunión no agradó a "Gildo".

"Juanín" era una leyenda, sin embargo, nunca quiso ponerse al frente de los guerrilleros. Fue un lobo solitario. Persistentemente rehuyó las acciones en grupo. Individualista, callado, fino estratega, indisciplinado, mujeriego, generoso, siempre fue un navegante de los montes, de los riscos, aparecía y desaparecía como si tocara puerto y luego desembarcara hacia un mar irreal, conocía como nadie todos los rincones de su Liébana natal. Precipitado en el disparo, no dudaba un instante en situaciones que consideraba comprometidas.

Tomó el mando Quintiliano Guerrero y no "Juanín" como se cree. "Juanín" iba por librepor su independencia de carácter. Le llamaban "el Pernales", alma de aventurero, especie de Robin Hood al que volvían loco las mujeres.

Los guerrilleros con las mujeres tenían mucho éxito, algunas se les ofrecían, entre otras cosas, porque sabían que los guerrilleros no aireaban sus conquistas en aquel ambiente opresivo. La guerra y la posguerra habían causado estragos en la población masculina y el déficit de varones desequilibraba los deseos femeninos.

Utilizaban la orina para curar los hematomas y los golpes y los brebajes naturales para las gripes, catarros, gripes, el dolor de muelas y la disentería. Acudían al médico cuando eran heridos sin mayores problemas que la cura de urgencia y a veces a punta de pistola. Un médico que auxiliara a un bandolero corría el peligro de dar con sus huesos en la cárcel, como hemos visto. Durante los inviernos dormían en las cuadras y los pajares con la tranquilidad de que la Guardia Civil no iba asomar por las montañas y pueblos de Potes, el rigor del frío les mantenía alejados.

"Juanín" era un gran seductor. Su mito le hacía asequible a las conquistas amorosas, a las que se inclinaba con fruición. Nunca le faltaba un buen frasco de colonia con el que ponerse a remojo y que lo mismo servía para espantar el fino olfato de los sabuesos, que para atraer los cuerpos y las almas de las mozas. Su atuendo, a veces impecable, se nutría de varios trajes que se hacía encargar en una sastrería de Potes. Era el rebelde nato, desinteresado, ajeno a las disciplinas de los partidos o si se quiere del Partido.

Todos los perseguidos buscaban en "Juanín" la leyenda del salvador imaginario, el dios inmortal capaz de enfrentarse a las fieras del Averno, al minotauro del laberinto. Personaje entrañable, callado, de gran temple y capacidad de sufrimiento. Siempre parecía que se reía de la muerte y de las adversidades. Daba la impresión de que siempre estaba triste. De carácter agradable, pero muy firme y con mucha decisión en la lucha. Era temido por los enemigos y querido y admirado por el pueblo. Las emisiones de Radio España Independiente se referían a él como el coronel de la Resistencia.

"Juanín".
Fuente: Página web de Alfredo Cloux (geocities.com/los.del.monte).
"Juanín". La Historia de un guerrillero antifranquista de la Liébana

La leyenda de "Juanín"

"Juanín" nació el 27 de noviembre de 1917 en Potes. A los pocos años, establecen su residencia en Vega de Liébana. La delicada salud de su padre, le obliga a los 11 años a ponerse a trabajar. Fue miembro de las Juventudes Comunistas desde 1934. Combatió como voluntario con La República en el norte de Burgos y fue hecho prisionero tras el derrumbamiento del frente de Santander. Salió en un barco a Ribadesella, regresó andando hasta La Vega y le aconsejaron presentarse a las nuevas autoridades, pensando en que pudiera ser la mejor solución. Prisionero en Tabacalera y la Prisión Provincial de Santander fue condenado a la pena de muerte conmutada, por la intercesión de José, su hermano falangista camisa vieja, por la de 12 años y un día. De Tabacalera fue trasladado a la prisión de Porta Coeli en Valencia. En el otoño de 1940 hubo un indulto, fue puesto en libertad condicional y empezó a trabajar en la reconstrucción de Potes bajo el Patronato de Regiones Devastadas. Tenía que presentarse en el cuartel de la Guardia Civil dos o tres veces por semana. En Potes, los penados glosaban los avatares de la guerra. Un día "Juanín" comentó a uno de los presos y luego compañero de guerrilla (Lorenzo Sierra). "Ayúdame a quitar la camisa, yo solo no puedo." Se puso a despegarla de la espalda con mucho tino. Aquello no era espalda, aquello era una llaga sanguilonenta. "Van a terminar conmigo a palos estos hijos de puta. Así que vengo a decirte que me voy al monte con Ceferino y con los demás de Tresviso y Bejes. Venderé caro mi pellejo frente a esas hienas con tricornio alentadas por los caciques falangistas."

Fue el 11 de agosto de 1941 cuando "Juanín" se echó al monte en busca del grupo de Machado. Permaneció emboscado durante 15 años. El régimen ofreció por su cabeza 500.000 pesetas. Todo en vano. ¿Cómo es posible imaginar que hubiera podido resistir tan largo tiempo sin una red local de complicidades, de instinto superviviente y de coraje?

La leyenda de "Juanín" está trufada de anécdotas en las que hacía cosas inverosímiles para ser un perseguido o quizás precisamente por ello. Aquella vez en la que invitó al capitán de la Guardia depositando una nota debajo de la taza de café en un bar o aquella en la que se entrevistó con un falangista que le odiaba a muerte y había prometido no descansar hasta darle captura. Anécdotas que ponían a prueba su temeridad, decisión y osadía.

Todavía vivía Machado. El grupo carecía de dinero y por tanto de víveres y alimentos. Planearon qué hacer. Estudiaron la posibilidad de un atraco. Pero ¿Dónde? ¿A quién? Pensaron que la persona idónea era el alcalde de Puente Pumar (Polaciones) teniente provisional en el ejército de Franco.

Cuando se acercaron a la casa del alcalde, la puerta tenía la llave echada. Lograron forzar la cerradura. Francisco Torres Gutiérrez al oír el ruido tomó su pistola y les esperó con el arma. Los asaltantes eran ocho personas y abrieron fuego sobre el alcalde dejándole malherido entre alaridos de dolor. Se apropiaron de alhajas, dinero y comestibles. En aquel atraco no estaba "Juanín". Era el 14 de octubre de 1944 y se llevaron "mil quinientas pesetas, ropas, artículos alimenticios, relojes, una máquina de escribir y otros objetos valorados en seis mil pesetas", según Consejo de Guerra celebrado en Santander el 29 de octubre de 1952 contra cuarenta y un procesados.

Francisco logró sobrevivir. Cuando salió de Valdecilla se ubicó en El Tejo, pueblecito situado en las proximidades de Comillas. Y como "Juanín" estaba en todos los saraos en los mentideros populares, comentó el alcalde que tenía ganas de encontrarse con el guerrillero para escupirle a la cara porque se decía que el legendario luchador había pegado a la esposa. Esperaba cada noche en el balcón con la escopeta entre las piernas.

"Juanín" esperó la ocasión y una tarde empezando a anochecer lo atrapó entre la casa y la cuadra. Interpuso la metralleta y le espetó:

—"Creo que has divulgado por todas las partes que me vas a pisar la cabeza y escupir a la cara. Pues ahora tienes ocasión de cumplir tus deseos."

Y después de una discusión, añadió:

—"Vete al balcón y espérame en tu puesto, porque ya me doy por enterado. Las noticias que mejor se guardan son las que no se dicen."

Había oído que en un restaurante conocido de la localidad tenía por costumbre tomar café el capitán de la Guardia Civil. Era un día de septiembre y lucía un tiempo espléndido. "Juanín" comunica a los dos compañeros de jornada, "El Repollero" y "Pedrín" que se le ha ocurrido la idea de invitarle. Se encontraban al oeste de Campollo con la intención de pasar por el puerto de Los Lobos hacia algún lugar en las proximidades de Frama.

"Juanín" condujo a los compañeros hasta las alturas de la villa y descendió a Potes. Con toda tranquilidad se metió la pistola del nueve largo en la cintura, los cargadores en los bolsillos y cuatro bombas de piña. Se vistió con un jersey amplio, se encasquetó la boina y tomó la cachava. Advirtió a sus compañeros que vigilaran con los prismáticos e hicieran uso de la metralleta en caso de apuro. No daban crédito.

Pero estas decisiones les dejaban sin remedio entre la desolación y la parálisis de la confianza que produce el riesgo. Entró en el bar. Las calles de la localidad se hallaban vacías. Los vecinos se encontraban comiendo o durmiendo la siesta. Tres individuos constituían en aquel momento la clientela. No repararon en la llegada de "Juanín". Hablaban del resultado de la cosecha de la uva.

"Juanín" preguntó por el capitán y le aseguraron que debido a su puntualidad les extrañaba su tardanza. Se sentó en una mesa próxima a la entrada para observar los movimientos del local y en caso de apuro practicar una rápida salida.

Se acercó el dependiente y le pidió un café que fue saboreando lentamente. Era muy cafetero. Transcurría media hora y parecía que no llegaba el capitán. Pidió otro café y llegó. Buenas tardes, dijo muy educado. Y se sentó en una mesa del fondo. Pidió un café y empezó a ojear un *Alerta* que estaba dispuesto sobre la mesa.

Con una mirada solicitó "Juanín" el cobro de las consumiciones incluida la del capitán, todavía por servir. El dependiente tenía presta la tacita encima del mostrador. "Juanín" se levantó y dejó la nota que tenía escrita, debajo de la tacita, tras efectuar el pago. Y abandonó el lugar.

La nota decía: "Yo, "Juanín", tengo el honor de invitar a un café al capitán de la Guardia Civil de Potes y que le aproveche como a los pajaritos los perdigones."

Se alejó del lugar sin prisa entre los soportales y rebasó una farmacia para ascender por aquellas empinadas callejuelas al encuentro de sus compañeros y de allí enfilaron al norte de Campollo.

Uno de los temores de la gente del monte además de los "civiles" eran las caídas por los riscos y precipicios, los descensos traidores en las cuevas y en las torcas. La lluvia y el frío (las inclemencias del tiempo) eran también enemigos naturales y muchas humedades terminaron minando sus pulmones y su salud. Ropas empapadas durante días eran secadas en fogatas en días de nieblas porque en jornadas despejadas podían ser vistos a través del resplandor de las llamas.

Señala Jesús de Cos que una expedición para practicar una "operación económica" en Valdeón (León) terminó en desastre. A él se le congelaron los pies. A otro conocido como "El Chino" (José Sánchez) le entró una congestión después de atiborrarse de queso pichón, único alimento que encontraron a mano. Regresaron trece hombres desfallecidos de hambre y frío entre una nevada descomunal y sin haber conseguido un céntimo. Fueron primero a la Vega de Liébana a la casa de Elías para recuperarse y después acordaron reunirse en el molino de la Borbolla. En el trayecto, "El Chino" se cayó por un precipicio y se vieron negros para rescatarlo. Abajo el gritaba: "¡Tranquilos, que no me pasó ná!".

Los sucesos de Villanueva de la Peña

Esteban Arce, "Juanín" y Santiago García planearon los atracos de Villanueva de la Peña y Sierra de Ibio el 10 de octubre de 1945. Tenían información de que podían cazar a dos "pájaros franquistas" (en la jerga de la guerrilla) en aquellos contornos de Ibio.

Uno era Antonio Orbe Cano, instructor de la Causa General y magistrado del Tribunal Supremo, que había permanecido escondido durante la guerra en Barcenaciones haciéndose pasar por ganadero.

El otro era José Pérez Bustamante, al que los lugareños llamaban "D. Pepito" y que había formado parte de tribunales franquistas como alférez jurídico en León. Los republicanos habían matado a su padre en el Alto de San Cipriano. En el ejército nacional había ascendido a capitán y había perdido un ojo como consecuencia de herida de guerra. También ocupó algunos cargos como el de gobernador civil de Valladolid y delegado del Ministerio de Educación. Era, a su vez, hermano de Ciriaco Pérez Bustamante, rector de la Universidad Internacional Menéndez Pelayo desde 1946 e historiador de temas hispanoamericanos.

No dieron con sus paraderos. En el caso de "D. Pepito" posiblemente no lo identificaron, puesto que venía de un molino con traje de faena y un saco de harina cargado al hombro para pasar desapercibido. Entonces fueron en busca de su hermano Juan, que tenía una tienda de comestibles para buscar dinero y un depósito de armas con las que se daba caza al llamado "Mellizo de Villanueva", huido por el monte. Como Juan respondiera a los guerrilleros arrojándoles una guadaña, uno de ellos le dio con el culatín de la pistola y le dejaron tendido. Se llevaron 8.800 pesetas y 12.425 en artículos alimenticios, una máquina de escribir y dos relojes de pulsera.

Al salir de la tienda, un maestro nacional pasaba casualmente por allí. Iba a buscar a su mujer y a su hijo que venían en tren. No se sabe muy bien si fue confundido por José o que al mandarle "Juanín" poner los brazos en alto no pudo hacerlo con desenvoltura al tener las manos ocupadas con el carrito del bebé. El caso es que "Juanín" le disparó. Jesús de Cos dice que ellos, al darse cuenta del error pidieron auxilio para transportarle a un centro sanitario, pero el maestro que estaba desterrado y que tuvo la mala fortuna de pasar por allí, había caído mortalmente herido. Era muy buen maestro, opinaban los vecinos. Y no sólo eso, sino que además fue desterrado al pueblo por sus antecedentes izquierdistas.

Otros dos se dirigieron a la casa de Bernabé, uno de ellos era Esteban Arce, secretario del PCE de Santander. Llamaron a la puerta y al ver que le apuntaba con la pistola ametralladora, se volvió rápido y cogiendo una guadaña que tenía en la puerta Esteban Arce le envió una ráfaga de plomo que le dejó mortalmente herido en la cocina a donde dirigió sus pasos agonizantes.

Todos se preguntaban porqué los guerrilleros dieron muerte a aquellos hombres, entre ellos al maestro D. José Tejón Lezo. Ninguno acierta a explicarlo a no ser que con las armas surge lo que se llaman eufemísticamente los efectos colaterales.

La Brigada Machado volvía a tener dificultades económicas. "Juanín" comentaba a Elías Fernández sus penurias y Elías le ofrece una solución:

—"Mira, Juan dentro de cuatro días tengo que ir con el autobús a la feria de Riaño y siempre hay alguno que lleva algún dinerillo por si les apetece comprar una res de capricho, para las necesidades de su cabaña o traer algo de leche para la familia. Creo que les podíais hacer un gran favor aligerando su bolsillo. Os podéis hacer de un dinero fácil y sin peligro."

—"¿Y si va algún guardia en el autobús?"

—"Es difícil. Si eso ocurre os aviso con los faros del coche."

—"Bueno, pero puede ir alguno armado y nosotros somos sólo dos en este momento." El otro era Manolo (a) El Repollero todavía poco ducho en los enfrentamientos.

—"La verdad que hay que pensarlo un poco. Porque no me gustaría herir a ningún pasajero. ¿A qué hora pasas por el puerto?"

—"Al amanecer", contestó Elías. Y regresamos entre la una y dos de la tarde para que los feriantes puedan volver a casa a comer.

— "Pienso que lo tengo medio solucionao. Hazme de camisas viejas, chaquetas, sombreros." Dijo a Elías.

— "¿Para qué quieres tanto trapo viejo que ni los traperos lo querrán?"

—"Pues muy sencillo, colocaré unos muñecos entre las matas para dar la impresión que somos varios y nadie se moverá."

— "Cuando te eche el alto, pararás. Yo te encañonaré con la metralleta y mi compañero lo hará con los ocupantes del autobús."

"Juanín" y "el Repollero" se dirigen al puerto de San Glorio a donde llegaron por la noche. Buscaron un lugar protegido para guarecerse del frío y se pusieron a dormir. De madrugada, "Juanín" camina hasta un promontorio cercano donde hace uso de sus prismáticos para cerciorarse de la ausencia de guardias civiles en los alrededores. Al día siguiente pasaría el autobús. Todavía quedaban por instalar los muñecos entre la maleza

Y al amanecer subía el autobús ronroneante, esforzándose en la ascensión del puerto. A la salida de una curva, "Juanín" se planta en medio de la calzada con la metralleta en ristre. El herrumbroso coche de viajeros aparca en la cuneta tal y como habían convenido.

"Juanín" sube a bordo e invita a todos los ocupantes a descender y ponerse en línea con las manos en alto apoyadas sobre el lateral de la carrocería. En el cacheo recoge junto con el dinero algunos carnés de Falange que rompe delante de las narices de sus portadores. A los que reconocía de izquierdas les engrosaba la cartera con los billetes arrebatados a los falangistas.

En la comitiva se encontraba el párroco de la Vega, D. Marcial, muy conocido de "Juanín" que iba a visitar a su madre en Portilla de la Reina y de paso llevarla algunas pesetas en aquellos tiempos de necesidad.

Y cuando le toca el turno a D. Marcial, este se atreve a increpar:

—"Pero hombre, también a mí me quitas el poco dinero que llevo a mi pobre madre."

Y "Juanín" en tono tranquilo, amigable, pero rotundo:

—"Mire D. Marcial, también yo lo necesito y tengo más necesidad que su madre, Bien sabe usted que se me persigue como a una alimaña y sin culpa. Ustedes que se hacen pasar por representantes de Dios en la tierra consienten los desmanes que esta basura comete entre sus feligreses. Usted es uno de tantos que se ha hecho el soca con los crímenes y canalladas que están cometiendo contra los trabajadores."
—"Te equivocas, "Juanín", yo no estoy ni estaré de su parte, por lo que desearía que me devuelvas el dinero que tengo para socorrer a mi pobre madre."
—"Lo siento mucho D. Marcial, pero no se lo puedo devolver porque no puedo ni me dejan ganarme el sustento honradamente, como hubiera sido mi deseo."
Y arrecia el tono enfadado de sus palabras:
—"Usted lo gana cantando y del cuento, así que suban inmediatamente al coche no vaya ser que me arrepienta."

Todos subieron atropelladamente. Unos lamentándose de su suerte, otros callados porque habían visto aumentar sus dineros y no era cuestión de pregonarlo.

En Riaño, la Guardia Civil se puso en acción. Sólo dos ocupantes se atrevieron a denunciar. Salieron guardias y perros organizando batidas. Aquella noche los dos estaban a buen recaudo en la casa de Elías, el chofer del autobús atracado. La madre de "Juanín" se acercó a visitar a su hijo y permaneció con él escasos minutos para no levantar sospechas.

Y "Juanín" permaneció dos meses inactivo entre La Vega y Bárago visitando a sus amistades y viviendo noches y días de amor con sus novias.

Brigada Pasionaria (capturados en El Escudo)

En Los Picos de Europa la guerrilla se había consolidado y necesitaba urgentemente armas e instructores para encuadrar a los civiles que se unían a ella. El futuro de Franco era incierto, la Conferencia de San Francisco había condenado el régimen.

Desde Toulouse, la dirección organizó un gran envío. Se ordenó a los guerrilleros que preparasen una zona de desembarco en Llanes. Se levantaron planos de la zona, se establecieron claves mediante luces y esta información se mandó a

Francia. Un destacamento de diez hombres acondicionó la cueva, la llenó de latas de conservas y allí estuvieron dos meses, esperando en un hueco entre las rocas. Sin embargo, el desembarco no sucedió porque Enrique Líster, número dos del PCE y general del ejército soviético, opinó que la invasión la harían por tierra ante las malas condiciones de la mar. [234]Nadie avisó del cambio de planes.

Un grupo de cuarenta y dos resistentes se reúnen en Saint Jean Pied de Port. En la noche del 25 de febrero de 1946 atraviesan a pie la frontera por Roncesvalles. Organizados por el PCE pretenden reforzar la resistencia en la Asturias minera y en Los Picos de Europa. Entre ellos venía un jefe de partida, Jerónimo Argumosa de la localidad de Campuzano. En Noain, al sur de Pamplona, se apoderan de dos camiones que abandonan en Soncillo por falta de carburante.

La Brigada llamada Pasionaria está mandada por Gabriel Pérez Díaz, oficial de las F.F.I. (Fuerzas Francesas del Interior), dirigente de la Resistencia Española en el Gard, L'Ardèche y La Lozère. Al llegar a Soncillo, al pie del Escudo, se escinden en seis o siete pequeñas partidas. Hace un tiempo de perros y la nieve frena la progresión. Del 3 al 9 de marzo, en la zona de la Sierra del Escudo, cerca de Reinosa, surgen los primeros choques con las fuerzas de la Guardia Civil, desmantelando al grueso del grupo. Fueron arrestados 33 miembros y encerrados el 6 de marzo de 1946 en la Prisión Provincial de Santander. Los maquis locales que pudieran haber hecho una avanzadilla para protegerles seguían pensando en un desembarco marítimo, pero desde Toulouse no se dijo nada, para evitar filtraciones, y nadie fue avisado.

Manolo ("el Repollero") pone en palabras de Quintiliano Guerrero el paso por la frontera hasta llegar al Escudo:

> "Yo congeniaba con Antonio Quintiliano Guerrero y siempre que podía pasaba los ratos en su grata compañía, - puesto que había ejercido de maestro en Toledo. Me enseñó la preparación de los artefactos incendiarios y explosivos, que usaban en la resistencia francesa contra los alemanes.
> Durante el descanso que hicimos en la casa de unos enlaces en El Mazucu se me ocurrió preguntarle sobre el grupo de los cuarenta componentes que habían cruzado la frontera francesa por las proximidades de Valcarlos a lo que me contesta:
> Al principio todo nos salió a pedir de boca, ya que nadie reparó sobre nuestro paso por la frontera. Hasta que llegamos al paso a nivel de Noain, al sur de Pamplona y como teníamos cuatro uniformes de la Guardia Civil, allí mismo paramos dos camiones de pescado, tiramos toda la carga a la cuneta, montamos en ellos y nuestro jefe dio orden de ir hacia Tafalla, pero según pasamos el pueblecito de Las Campanas, en el primer cruce nos dirigimos hacía el puente de la Reina, pasamos por Logroño hacia Pancorvo y nuestro mando no se preocupó del combustible hasta pasado Soncillo en el que nos quedamos sin gasolina y tuvimos la necesidad de abandonar los camiones. Para nosotros esto fue muy duro así que tomamos la decisión de separarnos en pequeños grupos en Quintanaentello, procurando dejar el menos rastro posible. El grueso del grupo se dirigió hacia El Escudo y un grupo de ocho nos dirigimos hacia Reinosa, pero al topar con la vía del tren, la seguimos equivocadamente y fuimos a parar a Arija.

---

[234] Rodríguez, Mikel, *Maquis. La Guerrilla vasca*: 187 – 188.

Sin llegar a éste pueblo tuvimos que cruzar la mieses nevadas hacia Matamorosa y desde allí arrastrando frío y nieve pasamos por Aviada y como ya habíamos oído las noticias por radio de lo sucedido a nuestros compañeros, tratamos de evitar las zonas habitadas, aunque pernoctábamos en invernales abandonados para paliar en lo posible el frío. Disponíamos de vitaminas en pastillas especialmente contra el agotamiento, que nos permitían resistir los días de aislamiento en las montañas cubiertas de nieve. Así fuimos caminando hacia las proximidades de San Pedro de Bedoya, en que un paisano nos descubrió en un invernal y nos aseguró que él había estado preso y que todavía tenía a un familiar en la cárcel. Nos trajo comida y nos advirtió que el río Deva estaba muy crecido por lo que tendríamos que cruzarlo por el puente de Castro Cillorigo aunque estuviese vigilado por la Guardia Civil. Por la noche nos acercamos para cruzar dicho puente y sin esperarlo recibimos una ráfaga de subfusil, a la que inmediatamente contestamos con nuestras metralletas por cuyo motivo nos mataron a dos compañeros. Al parecer la Guardia Civil salió huyendo y nosotros tras recoger las armas de nuestros compañeros y sus pertenencias cruzamos el puente e iniciamos la subida hacia la derecha de Colio y tratamos de escalar la montaña. Un compañero resbaló en la helada roca, despeñándose por lo que tuvimos que caminar al pie de la impresionante roca. Pronto informó la radio franquista de nuestra situación, por lo que nos dimos cuenta de que nos habíamos metido en una ratonera. Tuvimos la suerte de que algunos vecinos fueron guiándonos por rutas exentas de peligro y otras personas nos daban refugio en sus invernales.

Hasta que fuimos rescatados por Marcos, Daniel y "Gildo" que nos libraron de caer en manos de la Guardia Civil (puesto que) ignorábamos las veredas que nos dirigían al Grupo "Machado" (y) las montañas cubiertas de nieve, (dejaban impresas) nuestras huellas, aunque muchas de ellas eran borradas por el constante nevar de aquellos días."

Movilizada la Guardia Civil de Santander y Burgos con refuerzos de la Academia Regional de Torrelavega, el día 3 de marzo, en la Venta Nueva del Puerto del Escudo eran muertos dos, y apresado herido, el jefe de la expedición Gabriel Pérez. Poco después en Resconorio eran apresados siete; proseguida la operación de limpieza, al día siguiente se le ponía cerco en las proximidades de San Miguel de Aguayo a un grupo de catorce que se entregó sin oponer resistencia (partida mandada por Francisco Rodríguez Chaves). Otros dos se apresaron de un grupo en el que fueron muertos tres al oponer resistencia, totalizando 31 bajas (26 detenidos y cinco muertos).

El maquis en España

Entre los que cayeron abatidos el 4 de marzo de 1946 en Luena, estaban Roberto Fernández Pérez[235] nacido en Ciudad Real en 1916; Antonio Martínez Martínez[236] nacido en Almería en 1918, soltero; y Manuel Rodríguez,[237] de Madrid que tenía 27 años.

---

[235] T. 2. F. 162 y 164. N. 162 y 164 de Registro de Defunciones de Luena.
[236] T. 2. F. 175. N. 175 del Registro de Defunciones de San Miguel de Luena.
[237] T. 2. F. 163. N. 163 de Registro de Defunciones de Luena.

Mapa del maquis en España.
Elaboración propia

Los diez que trataron de salir del cerco del Escudo para integrarse en la guerrilla de los Picos de Europa, lo hicieron cada uno por su cuenta, y acordaron seguir la línea de alta tensión a los Picos de Europa hasta reunirse en Asturias. Uno de ellos, José Palomo Santamaría, lugarteniente de la Brigada recala en Bejes y mata al guardia civil del puesto Elías Rodríguez Fernández (nacido en la localidad leonesa de Tejerina) el 11 de marzo de 1946. Perseguido por un grupo de lugareños, fue capturado y dado muerte en Tielve el 14 de marzo de 1946.

En la noche del 27 de marzo de 1946, en el puente de Lebeña (Castro – Cillorigo) sobre el río Deva, en mitad del estrecho desfiladero de La Hermida una columna de supervivientes es emboscada por la guardia civil al mando de Camilo Alonso Vega, entonces director general del Cuerpo. Perecieron otros cuatro guerrilleros. Para ese día las fuerzas franquistas dieron por liquidada la expedición.

El balance final fue de 26 detenidos, uno de ellos herido, diez muertos, cuatro que consiguieron integrarse en los Picos de Europa y un último en la de Asturias. Por parte de la fuerza pública hubo un guardia civil muerto y dos heridos.

Cuatro miembros son recuperados extenuados por la Brigada Machado. Se trataba de José García Fernández ("Pin el asturiano"), Joaquín Sánchez Arias ("El Andaluz"), Venancio Guerrero Fernández conocido también como Quintiliano ("El Francés") o ("El Tuerto"), otro conocido como "el Madriles", y Julio Fraile ("Maqui") o ("Mediometro"). Un muchacho asturiano del que sólo se conoce su nombre de pila, Fortunato, pasaría a la guerrilla asturiana.

Manolo "El Repollero" recabó estos datos de Quintiliano Guerrero ("El Tuerto") que había ejercido de maestro temporero en Toledo y que pasó a dirigir la guerrilla de los Picos de Europa:

> *"Y entonces yo le pregunté, ¿quienes fuisteis los afortunados en salvar la piel? Ese que está sentado sobre esa piedra, que se llama José García Fernández, que nosotros llamamos "Pin el Asturiano", Joaquín Sánchez Arias (a) "El Andaluz" que es este que está enfrente a nosotros, Lo nombramos así por ser de aquella región y aquel que está hablando con Marcos, lo llamamos el Madrileño o Madriles y otro joven llamado Fortunato que era de la zona del Nalón, o sea de Pola de Laviana y que su deseo era unirse al grupo que operaba en aquella región. Y como nosotros nunca hemos puesto trabas a las justas pretensiones de nuestros compañeros, lo dejamos marchar tan pronto mejoró el tiempo.*

O sea, por lo que veo, solamente quedasteis en está cuatro de la fatídica expedición y el más joven que marchó. Entonces yo le dije que la prensa de Santander dio la noticia de que habían cogido a treinta y nueve y que solamente se salvó uno, que llamaban el "Maqui".

Los 26 detenidos ingresaron en la Prisión Provincial el 6 de marzo de 1946 procedentes de la prisión del Partido de Reinosa. Fueron sometidos a Consejo de Guerra el 16 de febrero de 1948. Se pidieron cinco penas de muerte por un delito consumado de Rebelión Militar para los cinco jefes de las correspondientes partidas y fueron ejecutados en Ciriego el 30 de mayo de 1948. [238]

Los jefes guerrilleros condenados a muerte y ejecutados fueron:

Gabriel Pérez Díaz (dirigente de la Resistencia en Francia y jefe de la expedición), nacido en Oviedo, sillero, soltero, fusilado el 30 de mayo de 1948. [239]

Juan Jerónimo Argumosa López, nacido en Campuzano, mecánico, casado, fusilado el 30 de mayo de 1948 con 35 años. [240]

Francisco Rodríguez Chaves ("Paco") o ("Francisco"), nacido en Tetuán (Marruecos), linotipista, casado, fusilado el 30 de mayo de 1948 con 33 años. [241]

Feliciano Santamaría García, nacido en Puente de Vallecas (Madrid), guarnicionero, soltero. Fusilado el 30 de mayo de 1948 con 36 años. [242]

Juan Rivero Sánchez, nacido en Bollullos de la Mitación (Sevilla), campesino, casado, fue fusilado el 30 de mayo de 1948 con 41 años. [243]

Los restantes fueron trasladados el 24 de mayo de 1948 a la Prisión de Burgos. Con condenas de 30 años: Agustín García Cobos y Urbano Fernández Menéndez.

CONDENADO A LA PENA DE 25 AÑOS: Jesús Fernández Fernández.

CONDENADOS A LA PENA DE 20 AÑOS luego conmutada por 12 años y un día: Teodoro Gil Llorente, José Magdalena Sevilla, Santiago Sánchez Rosales, Juan Beltrán Vela, Jesús Durán García, Jesús Bajo Bodas, José Ruiz Herrera, Rafael García Barriero.

CONDENADOS A 12 AÑOS Y UN DÍA: Ramón Acha Bilbao, nacido y domiciliado en San Sebastián nacido el 11 de junio de 1909, chofer. Manuel Alonso Díaz, nacido en Mieres, 22 años, soltero, minero. Vicente Antonio Velasco. Jesús Barquín Ochoa, de Castro Urdiales, vecino del Barrio Urdiales, cerámico, nació el 29 de enero de 1906, casado. Ingresó herido en Valdecilla el 17 de mayo de 1946 sin que sepa su final. Nemesio Folgado Blanco, nacido y domiciliado en Parada de Solana (León), soltero, dependiente. Paulino García García, nacido en Serandi (Asturias), soltero, campesino. Antonio Mateo Sánchez, natural y domiciliado en Serón (Almería), 28 años, pastor o minero, soltero. Gregorio Ruiz Romo, José Salas García, Eugenio Valriveras Carrera, de Labajos (Segovia),

---

[238] Causa 161/46.
[239] T. 24. F. 152 v. N. 297 de Registro de Defunciones de Santander.
[240] T. 24. F. 151 v. N. 295 de Registro de Defunciones de Santander.
[241] T. 24. F. 153. N. 298 de Registro de Defunciones de Santander.
[242] T. 24. F. 151. N. 294 de Registro de Defunciones de Santander.
[243] T. 24. F. 152. N. 296 de Registro de Defunciones de Santander.

domiciliado en Madrid, C/Leganitos, dependiente de comercio, soltero, nació el 16 de diciembre de 1911.

El Consejo de Guerra estaba compuesto por el juez comandante de Infantería Mauricio Pardos Aguina, el presidente del Tribunal era el coronel de Infantería Gregorio Villa Tolosa, el vocal ponente el comandante auditor Fernando Suárez de la Dehesa, el fiscal jurídico Militar Ramón González Arnau, los vocales eran los capitanes de Infantería Celestino Fernández Díaz, Federico Peralta Alonso y Moisés Moreno Ortega y el defensor Carlos González de las Cuevas.

El 18 de julio de 1946, aniversario de la sublevación militar deciden dar testimonio, colocando una carga de dinamita para volar las columnas de la línea de conducción eléctrica de Urdón a Puente San Miguel.

Cuenta Manolo "El Repollero" que emprendieron la marcha al anochecer después de discutir el emplazamiento de las cargas explosivas en los lugares idóneos para derribar las columnas de Viesgo de forma que la empresa tuviera dificultades en reparar el tendido.

"Les sugerí los montes de Casar y Periedo. Salimos en dirección a la Cotalamesa y desde allí subimos por una cambera hacia el caserío de la Barbecha y cruzamos la cumbre de la montaña. Allí prepararon "Popeye" y "Juanín" las cargas explosivas. Una vez dispuestas, volvieron a meterlas en mi mochila. Emprendimos la marcha monte abajo en dirección a Cueto por donde pasaba la línea de alta tensión.

Antes de colocarlas, "Gandi" las iba envolviendo con hojas de periódico bien atado para que la hola expansiva afectase al resto de las cargas.

Una vez prendidas las mechas nos dirigimos hasta el monte de Periedo por donde pasaba otro tendido de la misma Compañía. Colocamos otras cuatro cargas en una columna y cuando nos retirábamos empezaron a explotar las anteriores. Los resplandores ocasionados nos causaron gran regocijo.

Sin perder tiempo les guié hacia la carretera de Bustablado, cruzamos el ferrocarril y la carretera Santander - Oviedo y nos lanzamos por la mies de Ontoria, e hicieron explosión las cargas de la segunda columna.

Sorteados los mayores peligros, nos detuvimos a contemplar las dantescas explosiones en el silencio nocturno, los resplandores del constante chocar de cables transformaban la plácida noche en algo emocionante y sobrecogedor.

Una vez que todo quedó en silencio, y en la más completa oscuridad, emprendimos la ascensión hacia Santa Lucía y al monte del Escudo. Amanecía cuando llegamos a la cumbre. Era una de las más seguras en nuestro constante caminar porque podíamos divisar el peligro a distancia y darnos tiempo para ocultarnos entre las matas de avellanos."

Pero aún quedaban cartuchos para volar otras líneas de alta tensión. Y así lo hacen el 7 de octubre de 1946 conmemorando la revolución del 34:

"Juanín" nos dirigió desde San Pedro de Bedoya hacia el Este bordeando la montaña de Peñasagra hasta llegar a un tendido de la línea eléctrica de alta tensión que sale de Urdón hacia Reinosa.

Buen conocedor del terreno nos dirigió hacia un picacho en que se erguía nuestro último objetivo para colocar la última carga que yo portaba. Les entregué los explosivos y me retiré a unos veinte metros de distancia. Los demás treparon la columna rápidamente acoplando los explosivos a los ángulos de la misma. En semejante precipicio, era casi imposible reconstruirla.

Colocados los explosivos, "Juanín" prendió fuego a una mecha de retardo y en vez de arder lentamente, prendió con una llamarada rápida que contagió a los cartuchos restantes por simpatía.

Mis compañeros se vieron sorprendidos y emprendieron una veloz retirada. Por puro milagro se libraron del fogonazo. Ardieron en conjunto mechas y dinamita y los pistones hicieron explosión, unos en el aire y otros en el suelo.

Desalentados por el fracaso, nos dimos cuenta de que las mechas transportadas juntas en el mismo paquete se habían impregnado de glicerina, lo que favoreció el que ardiese antes de lo previsto.

Al verme libre de la mortífera dinamita, me desapareció el dolor de cabeza. Comentándolo más tarde con "Juanín" me comunicó que el dolor era producido por el manejo de la nitroglicerina. Después del incidente nos fuimos aproximando hacia Piasca, lugar que cruzamos al anochecer, continuábamos hambrientos con la esperanza de llegar al invernal de Elías de la Vega de Liébana, que tenia más arriba de la casa."

Desde aquel 18 de julio de 1946 proliferaron los atracos. Al día siguiente asaltaron al vecino de Camijanes Domingo González a quien arrebataron catorce mil pesetas; el 7 de octubre volaron otra columna de Electra Viesgo, el 4 de diciembre atracaron al industrial de Serdio Tomás Álvarez Garabes apoderándose de cuatro mil pesetas, el 8 asaltaron la oficina de Correos de Novales llevándose nueve mil pesetas, dos días más tarde atracaron al vecino de Mercadal al que despojaron de cinco mil cincuenta pesetas y el más sonado fue el 16 de diciembre de 1946 al cura y aparcerista de Labarces Francisco Faya Torres al que llevaron la cuantiosa cifra de veintisiete mil pesetas.

La suma se prolongó con menos intensidad durante el año 1947. Los más sonados se produjeron el 22 de noviembre de aquel año en el establecimiento de Jesús Vázquez Rodríguez en el pueblo de La Revilla con catorce mil pesetas en efectivo y mil quinientas en efectos. El día anterior habían sustraído al industrial de Roiz, Jesús Odriozola Gutiérrez, tres mil quinientas en metálico y diez mil novecientas en licores y alimentos. A partir de 1948, huidos o muertos muchos de los integrantes, se acudió a la imposición de un tributo a los más acaudalados consignándose mediante carta las cantidades que debían de entregar.

"Juanín" era imprescindible entre los compañeros de lucha por su experiencia, su determinación y el conocimiento de los misterios del monte.

Por ejemplo, cuando se encontraban con osos. Los bramidos y el agitar de los avellanos por parte de estos plantígrados ponían en prevención a la agitada y sobresaltada vida de los guerrilleros.

"Juanín" sabía que eran unos animales tímidos y que huían al detectar la presencia humana. Y sus palabras tranquilizaban a los colegas que estaban dispuestos a ahuyentarlos con sus disparos. Por las inmediaciones de aquellos bosques, cerca de San Pedro de Bedoya, famoso por sus cebollas, se veían grupos de colmenas cercadas por muros de piedra. Eran un verdadero manjar para estos habitantes de los bosques.

Pero "Juanín" era un andarín incansable y sometía a su gente a unas caminatas agotadoras sin poder seguir el ritmo. Jamás permanecía mucho tiempo en el mismo sitio. Algunos no podían soportar esa trepidante cadencia y menos el tono autoritario de sus caprichosas órdenes. Aparecía y desaparecía como un Guadiana desconcertante.

Corría el año 1947 y aquel año fue terrible para los guerrilleros. Las fuerzas represivas habían eliminado a una parte considerable, las potencias no iban a quitar a Franco, surgen las desavenencias internas. Los supervivientes pensaban en escapar a Francia.

Algunos integrantes se separan. La causa de "Juanín" estaba perdida, su carácter indisciplinado y autoritario les alejan. La guerrilla daba sus últimos coletazos, pero "Juanín" permanecería otros diez años en el monte.

Algunos opinaron que era mejor hacer la guerra por su cuenta o abandonar aquella vida de errantes sin futuro. "El Repollero" y "Pedro" decidieron dejar a "Juanín" y dirigirse hasta Francia.

Hasta conseguir su objetivo, "El Repollero" y "Pedro" hicieron prácticamente su vida por los montes de Casar (en las cercanías de esta localidad y de Cabezón). Desde las proximidades de Portillo Angosto podían observar los movimientos de persecución y construyeron una chabola de ladrillos que subían por las noches de las tejeras de sus enemigos. Para casos de emergencia hicieron otro garito en el monte de la Busta a modo de cabaña india con palos convergentes en la altura en un hoyo de difícil acceso, cubierto con césped. Y así pasaron algunos meses.

En el casino de la Inglesa de Barcenaciones estaba pasando sus vacaciones el cónsul inglés y era buen momento para hacerle una visita de cortesía.

"Pedro" y "el Repollero" se pusieron en camino desde San Esteban hasta el puente de Golbardo y de allí por un camino, próximo al río, se acercaron.

Abrió la puerta el propio cónsul y puso cara de sorpresa, retrocediendo unos pasos. No era para menos. Pedro le tranquilizó con unas buenas noches y le dijo que eran guerrilleros de la República y que sólo querían conversar con él.

Su aspecto no era nada presentable. Llevaban puestas unas mugrientas gabardinas y unos sacos tapaban sus cabezas para protegerse de la lluvia inclemente. Los fusiles al hombro y las pistolas en la mano.

En la cara del cónsul se percibía una mezcla de sensaciones de temor y de broma pesada. Y como se hace en estos casos les hizo pasar al salón en un intento de congraciarse con aquellos seres que suscitaban la compasión y la prevención que se siente por los perros vagabundos y abandonados.

Empezó a hablar "Pedrín", el más preparado de los dos, quejándose del comportamiento de las naciones democráticas que habían permitido la supervivencia del franquismo.

—"Como le dije a la entrada somos guerrilleros de la República y luchamos contra los ladrones y asesinos del pueblo español. Nos hemos tenido que lanzar al monte como consecuencia de las palizas que nos infligían los verdugos en combinación con la Guardia Civil, después de arrebatarnos parte de nuestras cosechas y de lo mejor de nuestros ganados."

Y proseguía:

—"Los guardias civiles saben que a cada uno de nosotros que detengan o maten, les vale un ascenso y un sobresueldo que compensa los sueldos de miseria que reciben." Para concluir:

—"Los gobiernos europeos se han portado asquerosamente con el pueblo español. El gobierno franquista ayudó a la Alemania nazi y a la Italia fascista con material y alimentos y el gobierno que usted representa ha permitido que un enemigo de la democracia campe a sus anchas."

Mientras tanto, el cónsul asentía y escuchaba atentamente, al menos lo parecía, la proclama de aquel interlocutor tan inesperado. Y al final, llevando la corriente de aquellos desesperados, repuso:

—"Franco supo engañar a los aliados, afirmando que sólo luchaba contra el comunismo y por ello mandó la División Azul indicando que no luchaba contra las democracias, sino contra el comunismo. Yo mismo he comprobado que en España los comunistas son cuatro gatos y que no hay ningún peligro comunista."

Se fue acercando tímidamente la señora del cónsul hasta intervenir en la conversación, haciendo su marido el papel de traductor.

—"¿No es peligrosa la vida que hacen Vds. en el monte?"
—"No, estamos acostumbrados al sufrimiento y al trabajo desde la infancia. Conocemos el monte como la palma de la mano por lo que disponemos de un amplio margen de huida en caso de peligro y sólo podemos ser atrapados en caso de emboscada."
—"Mi señora dice que si no tenéis miedo a la traición de algún compañero o vecino."
—"Referente a nuestros compañeros es imposible, ya que todos hemos sufrido en nuestros cuerpos el látigo de la barbarie fascista. Respecto a los enlaces nunca les decimos a donde vamos ni de donde venimos. Además, la mayoría son hijos de los que han pasado el calvario de las cárceles o el martirio en los cuarteles de la Guardia Civil."

El diálogo continuó durante dos horas. La señora ordenó a la criada (hija de Policarpo de Golbardo) que les sirviera un poco de cena. Cenaron ensaladilla y pasteles. El cónsul donó cien pesetas a cada uno y les dio las gracias por una entrevista desarrollada en términos tan cordiales.

A los dos días la BBC dio la noticia y el contenido de la entrevista. Y señaló que no merecían el calificativo de forajidos o bandoleros. Guerrero y sus hombres sintonizaban Radio Pirenaica y la B. B. C. y con gran asombro captaron la noticia. Inmediatamente lo pusieron en conocimiento de "Juanín" que intentó buscarlos para que se incorporaran al grupo. Estando solos corrían un gran peligro. Pero no querían saber nada de "Juanín" con quien se sentían coaccionados.

La casa de Matilde de la Torre en Cabezón de la Sal se había convertido en sede de Falange y allí se dirigieron "Pedro" y "el Repollero" para conseguir documentación. Destrozaron las fotos de Franco y José Antonio y se llevaron certificados de buena conducta y carnés de Falange en blanco en los que previamente habían estampado los sellos pertinentes. Eran fiables salvoconductos en caso de apuro y su intención era pasar a Francia a través de Bilbao.

Y aquí encontró la muerte Pedro Largo Samperio ("Pedrín") nacido en Sestao y domiciliado en Santoña, hijo de un militar fusilado por los republicanos. Desertó del cuartel de la Dolores del Ferrol el 21 de marzo de 1946 junto con Jesús de Cos Borbolla y con él se incorporó a la guerrilla de Machado. De camino harían noche en su domicilio. En la travesía desde Casar de Periedo hasta la villa costera tenían que sortear Castillo – Pedroso. Sorprendido por la Guardia Civil, Pedro ("Pedrín") murió con 23 años en el monte Borleña de Castillo – Pedroso el 21 de agosto de 1947 cuando intentaba preparar su paso a Francia. Su compañero era "el Repollero":

> "Aquella noche emprendimos la marcha hasta situarnos en las proximidades de Riocorvo donde nos ocultamos. Ya entrada la noche cruzamos el río Besaya subiendo al monte Dobra por la derecha de Viérnoles. Y llegamos de mañana al caserío de Tomás Obregón y a nuestra llegada salió el dueño asustado y lleno de terror comunicándonos que aquella noche habían atracado el comercio de Hijas y que estaba toda la región cubierta de guardias civiles. Nos indicó un pequeño hoyo en medio de un zarzal en que podíamos ocultarnos, pero que nos fuésemos con aire fresco. Al llegar la noche salimos del escondrijo y fuimos, poco a poco, subiendo a la cima de la montaña situada más al Sur, caminando por ella hacia las proximidades de Castillo Pedroso, aproximadamente kilómetro y medio del pueblo. "Pedrín" se quejaba de los pies y llovía sin parar. Así que nos metimos en un pequeño hoyo cubierto de maleza donde aguantábamos la constante lluvia que caía sobre nuestras gabardinas. Ascendimos la empinada pendiente unos cuarenta o cincuenta metros hasta la cima. Yo acababa de lavarme y "Pedrín" se distanció unos veinticinco metros de donde teníamos el equipo para lavarse la cara y yo me separé dirigiéndome a un vallado para vigilar si un joven con el que acabábamos de hablar se dirigía a Castillo Pedroso. Pero desgraciados de nosotros. No habíamos visto que allí estaban apostados guardias civiles.
> Preguntaron al joven si había visto a alguien, contestó: Aquí abajo están dos (de esto me enteré unos meses más tarde en Bilbao, el joven se llamaba Ángel El Molinero de San Vicente de Toranzo). Inmediatamente bajaron los civiles, cogieron a "Pedrín" por sorpresa y dispararon, momento que aprovechó para salir corriendo cuesta abajo. Yo al oír los disparos me metí de cabeza en un zarzal, no había transcurrido ni un minuto cuando pasa junto a mí un guardia y se larga corriendo y al verle marchar yo salí del zarzal y pasé por donde habíamos dejado nuestras pertenencias, las armas y mochilas.
> Entonces yo con la ropa deshecha, sangrando por la cara y brazos, arrastrándome unas veces y otras agachado, pude llegar a las proximidades de la cima que ya se estaba cubriendo de niebla. Miré al fondo de la montaña y me horroricé, puesto que por ella subían desplegados unos cincuenta guardias civiles. Dispararon contra mí, silbaron algunas balas, pero al parecer les temblaba demasiado el pulso.
> Emprendí la carrera hacia Hijas amparándome en la niebla, A mi llegada al invernal de Tomás le relaté el desastre ocurrido. Allí escribí una carta a la madre de "Pedrín" con la esperanza de que hiciese lo que pudiese por su hijo ya que esta

señora tenía buenas influencias entre los mandos militares. Aquella noche crucé el río Besaya por Riocorvo y al despuntar el día, me deslicé entre fincas y eucaliptales hasta el monte de Estrada. Lo cruce en toda su extensión hasta Torriente. Era tal mi desesperación que sin miramiento crucé en pleno día los ríos Cedeja y Saja y las mieses de maíz hasta Llago, miré a ambos lados de la carretera, sin divisar vehículos ni seres humanos y me lancé a cruzar los prados. Cuando iba a cruzar la vía del ferrocarril, oigo el silbato del tren que salía de Casar. Al pasar el tren a mi altura, me vio Manuel Obregón, ("El Pasiego"). Al llegar a la estación de Virgen de La Peña, salió ligero a mi encuentro. Yo en aquel momento me dirigía a casa de sus padres que tenían en Ruta... A los dos días ya me enteré del final de "Pedrín". Salió corriendo y lo apresaron al oscurecer. Lo esposaron y lo bajaron al cuartel de la Guardia civil de San Vicente de Toranzo, insultándolo y pegándolo hasta morir."

Manuel López Díaz ("El Repollero") o ("Doctor Cañete") se entregó voluntariamente en la comandancia de Santander después de algunos años de inactividad. Fue sometido a Consejo de Guerra y condenado a 12 años y un día por pertenencia a banda armada.

Otros repasaron la frontera sanos y salvos como Santiago García Bueno ("Sancho"), natural de Casar de Periedo y domiciliado en Ibio. Pertenecía al PCE antes de la guerra. Se incorporó a la guerrilla en octubre de 1945 tras ser perseguido por los sucesos de Villanueva. Logró salir con su mujer e hijos a Caracas, la capital venezolana a través de una red de evasión en el exilio.

Jesús de Cos Borbolla.
Archivo personal

Carlos Cossío Rozas ("Popeye"), nacido en Tanos en 1915, vecino de Torres, casado, minero de Reocín, logró situarse en Francia al igual que Segundo Calderón Pérez ("Ghandy" o "El Marcao"), nacido y domiciliado en Cohicillos desde 1911, casado y labrador. Su segundo apodo procedía de una cicatriz diagonal desde el labio superior hasta la barba.

Jesús de Cos Borbolla junto a su compañera Agapita González Díaz fue interceptado en la frontera navarro -francesa el 17 de febrero de 1947, pero la sangre fría de un mugolari le libró de usar su pistola en un control.

"Patxi, el pasador de la muga o frontera, les condujo con otros tres en un coche hasta la localidad navarra de Aldudes. En una curva antes de llegar a Pamplona una patrulla de la Guardia Civil dio el alto y les pidió la documentación.
Yo metí mano de inmediato a la pistola que llevaba en el bolsillo, pero no hubo mayor sobresalto porque Patxi haciendo un alarde de sangre fría extraordinaria

soltó en tono autoritario: Oiga, ¿quién le ha dado a usted la orden de pararnos? ¿No sabe que nos está esperando el general X para cenar en el restaurante X? El guardia se cuadró haciendo el saludo militar, pidió disculpas y ordenó a sus compañeros que nos dejaran pasar. De buena nos habíamos librado.

Atravesamos durante toda la noche la montaña con una nevada atroz y al amanecer, desde una cúspide, Patxi nos indicó la dirección de una aldea francesa. Una vez allí nos presentamos en la Gendarmería y nos internaron en el campo de concentración de Pichey (Merignac). Estuvimos mezclados con presos comunes, presos alemanes, colaboradores nazis. El trato fue malo. Pasamos por diversas humillaciones hasta que el responsable del PSOE en la Gironda, Dámaso Solana, conocido de mi padre, nos sacó del campo. Tuve que reponerme de la herida de bala que tenía en la pierna y para ello me internaron en un hospital".

Jesús de Cos Borbolla, del que su vida merece una biografía extensa, rehizo su vida en Burdeos como contratista de obras sin abandonar una activa lucha antifascista en el exilio hasta su regreso a España en 1979. En Francia fue detenido e interrogado en 1956 por la policía por su actividades en relación con "Juanín". Fue nuevamente detenido en 1965 por sus trabajos en la organización de un aparato militar (Ejército Republicano de Liberación Nacional) en la que tomó el nombre de "comandante Pablo" para la instauración de la III República española bajo las órdenes del general Perea Capitulino. Cuando regresó a España en 1979 sufrió amenazas que le obligaron a regresar a Francia. En 1982 fue nuevamente retenido en la comisaría de San Sebastián por su militancia política en Francia. El regreso definitivo ocurrió en 1986. En su retiro santanderino y derrochando pruebas de un entusiasmo juvenil inimitable se muestra como un diligente y ardoroso defensor de los perseguidos en aquella fatal, larga guerra y posguerra y de todas las causas de los desfavorecidos y oprimidos.

Otros habían dejado su reguero de sangre en los años de plomo. Además de Machado, habían muerto Rosendo Campos y Mateo Campo Campillo el 9 de octubre de 1940 en Cañimuelles (en Tresdelcollau cerca de Tresviso, su localidad natal).

El asesinato de Mateo Campo fue vengado once años más tarde por su hermano Hermenegildo quien el 4 de julio de 1951 mató al secretario del Ayuntamiento de Tresviso Agapito Bada, considerado instigador de la caída.

"Pedrín" (Pedro González Cabeza) originario de Vada (Vega de Liébana) dejó de existir de forma violenta el 5 de diciembre de 1943 en Osanjo (Puerto de San Glorio), Ignacio Roiz Sánchez, vecino de Bejes, tenía 31 años, cuando le dispararon en su pueblo el 14 de septiembre de 1943. Se había enrolado como voluntario en el ejército republicano y unido después a la guerrilla. Segundo Bores Otamendi, de Bejes, labrador, casado, había pertenecido durante la guerra a la gestora municipal de Cillorigo y murió violentamente con 35 años el 25 de mayo de 1944 en el Doblillo (Bejes), Daniel Rey Sánchez, también de Bejes, resultó muerto por disparos de la Guardia Civil en Labarces en la noche del 23 al 24 de noviembre de 1948, Leoncio del Campo Sánchez y Santiago García Marcos, el primero natural de Bejes, vecinos de Los Llanos de Valdeón de León que actuaban en Riaño fueron "paseados" por el valle antes de desaparecer tras ser arrojados al Pozo Grajero de Lario de Valdeburón; Estanislao Alonso Vallina ("Wenceslao"), ("Estanislao") o ("Lao") de un caserío al pie del Escudo (en San Vicente del Monte) murió con 53 años, al arrojarse del tren "cuando iba conducido por la fuerza pública" según la versión oficial, en Treceño el 12 de septiembre de 1947. Alejandro del Cerro Gutiérrez dirigente del PCE en la clandestinidad tras sufrir seis años de cárcel por haber sido comisario político en la guerra, tuvo que escapar al monte para eludir su captura después de la caída del comité santanderino. En el monte contrajo una terrible enfermedad. La cabaña en la que se refugió ubicada en Bores (Asturias) fue incendiada en un día de 1949 con él en estado agónico.

En 1947 habían acabado con la vida de los dirigentes de otras guerrillas como Aja, Mazón y "Joselón". Otros se encontraban escondidos tras su salida de prisión como el responsable político del PCE, Esteban Arce Ceballos ("Chiscán"), de Revilla de Camargo, vecino de Santander, carpintero. Durante la guerra, alcanzó el grado de comisario político del PCE, salió a Asturias y de allí a Francia. Regresó a zona republicana y fue hecho prisionero en Madrid. Fue juzgado por adhesión a la rebelión en causa 22248/40 a 30 años conmutada por la de 20 años y un día. Salió en libertad provisional en 1944. En enero de 1945 se incorporó a la guerrilla y fue responsable político de la brigada Machado. Posteriormente fue juzgado en rebeldía en el 125/45 y en los sumarios 24/50 y 248/50 por atraco a mano armada.

El mismo Felipe Matarranz nos recuerda:

Felipe Matarranz en la prisión de Burgos.
Archivo personal

"el 24 de noviembre de 1946, estábamos en la cabaña *La Rizosa* cerca del pueblo de Tresgandas, al pie del *Mazuco* en la Sierra de Cuera donde fuimos rodeados por fuerzas de la Guardia Civil. Cada uno intentó salir por donde pudo. Yo salté por una ventana de la casa y tropecé con otro compañero que ya estaba muerto, era el Madriles, un héroe de la Resistencia francesa que logró unirse a nosotros tras la caída del Escudo. El fuego cruzado del Madriles también hirió mortalmente a un guardia civil. En aquel momento caí. Mis armas no tenían munición. Había sido consumida en el combate. Cuando intenté ponerme de pie fui encañonado por varios guardias civiles. No tuve escapatoria posible. Y fui detenido. De inmediato me sujetaron con una cuerda. Después me trasladaron al cuartel de la Guardia Civil. Y después a la Comisaría. ¡Cuántos golpes recibí! Torturas de las que jamás pensé poder recuperarme. Después de unos meses fui puesto de nuevo ante un Consejo de Guerra en Oviedo el 7 de noviembre de 1947, y condenado por un Tribunal Militar Especial, una vez más, a pena de muerte como "individuo extremadamente peligroso, de ideas avanzadas y recalcitrantes, activo propagandista y propagador de los huidos", frase que confirmaba su ideología, su fe leal y fiel al PCE, a pesar de las torturas. Tras unos meses fue indultado. Y después de seis años de prisión recorriendo penales, fue trasladado a Burgos y finalmente puesto en libertad en julio de 1952."

Los sucesos de Tama

Dominador Gómez Herrero había sido concejal y alcalde presidente por la UGT de Cillorigo de Liébana durante los años de la guerra. Era un peón agrícola que trabajaba las tierras de un hacendado local. Estuvo en la prisión provincial condenado a 30 años y había salido de la cárcel en 1941. Vivía en una casa situada en la cima del pueblo, en el Campillo, con su mujer María del Carmen Genara de Miguel y su hija Emilia del Carmen Gómez Genara. Era un 20 de octubre de 1952.

Cuatro guerrilleros se encontraban alojados en su casa "Gildo", "El Andaluz", José Marcos Campillo y "el Tuerto". La fuerza pública vino a hacer un registro en la mañana del 20 de octubre.

Los guardias civiles hicieron fuego a discreción cayendo mortalmente heridos "Gildo" y el "Andaluz". Desaparecía así, con 43 años, Hermenegildo Campo Campillo ("Gildo"), natural de Tresviso, de carácter enérgico, serio, responsable, de pocas palabras, rudo. Su presencia de casi un metro ochenta era imponente. Se había fugado del Destacamento Penal de Vega de Pas. La misma desgracia corrió sobre uno de los supervivientes de la Brigada Pasionaria, Joaquín Sánchez Arias ("El Andaluz") que se desplomó en el puente de Tama. Eran las diez de la mañana.

Los emboscados responden al fuego de la fuerza causando el fallecimiento del sargento del puesto de Potes, José Sanz Díaz (natural de Molledo, casado, 39 años). Eran las 11 de la mañana.

José Marcos Campillo herido en una pierna junto con Quintiliano Guerrero huye por una ventana. Marcos se aplica un torniquete en la pierna, logra subsistir y se adentra de nuevo en las montañas.

Dominador se encontraba en la finca de don Félix y a él van a buscar los guardias tras el encuentro, fusilándole en el acto. Después, a su mujer. La hija se abraza a su madre y caen las dos abatidas. A continuación prenden fuego a la casa. Otros dos hijos del matrimonio que se encontraban ausentes, son invitados a abandonar el lugar y desaparecer de allí para siempre tras recibir una indemnización de mil pesetas.

En cuanto a las fuerzas de orden, su actuación era reflejo de las fuertes presiones a las que estaba sometida, al aislamiento interno en cuarteles remotos, a las difíciles condiciones de vida material de sus miembros y a un sistema de ascensos en las escalas inferiores que propiciaba la progresión de los más duros y brutales. Siempre dentro de estas salvedades, se asiste a una autoría de homicidios protagonizados por miembros de las fuerzas de orden, homicidios que sin duda, están fundamentados en el poder adquirido por los institutos armados, en el estrés producido por el apremio para acabar con la guerrilla y la ideología violenta que caracterizaba al nuevo Régimen.

Nos cuenta un miembro del cuerpo ya retirado que las autoridades franquistas llegaron a pensar que la Guardia Civil era confidente de "Juanín". Trajeron fuerzas de otros puntos al mando de un coronel experto en la liquidación de la guerrilla. En Andalucía este coronel había fusilado a un puesto completo del Cuerpo porque los maquis asaltaron el cuartel y se llevaron el armamento.

La Guardia Civil lo pasó muy mal. Mal vestidos, mal comidos, sometidos a las inclemencias del tiempo. Y las medallas las llevaban los jefes. El director general era Camilo Alonso Vega, íntimo de Franco. Un militar duro, autoritario y cruel con sus hombres.

¿Por qué tardaron en descubrir a "Juanín"? ¿Por qué estuvo veinte años en el monte convirtiéndose en un mito inexpugnable? ¿Interesaba mantener a un hombre acorralado que al fin y al cabo ya no hacía daño a un régimen consolidado que había pasado sus peores momentos en el bienio 1944 - 1946? ¿Fue "Juanín" una especie de *Lute* de los cincuenta? ¿Una especie de reliquia de la guerrilla que al régimen no disgustaba mantener como alerta y recuerdo de un pasado amenazante?

Parece que los méritos residieron en "Juanín". Imaginemos la noche de los guerreros. El deambular por las montañas solitarias y gigantes en el seno de un silencio interrumpido por los ruidos inquietantes de la oscuridad. Así es la noche de estos luchadores condenados a vivir en los cerros con las cumbres escarpadas, los vientos caminando, las hojas anunciando el cimbrear de los árboles. Fuera el mundo hostil de tricornios, de yugos y flechas lacerantes. Y el frío, las lluvias y la niebla golpeando los débiles cuerpos, la carne de cañón.

¡Que verían aquellos riscos de hombres despeñados transitando por senderos de vértigo de barro deslizante colgados en el vacío!

Al otro lado no se hacían las cosas bien. Los guardias civiles no podían cumplir con lo que ordenaban. Estaban recargados y sufrían una vigilancia inhumana. Sobre un plano se veía muy bien, pero luego había que recorrer las distancias, permanecer horas y horas apostado en un lugar para dar con la presa.

Les mandaban ocho días de patrulla por el monte y se tenían que buscar la vida. Después lo acortaron a cuatro días. En el monte había dos enemigos enfrente. Uno para que no te sorprendieran fuera del sitio asignado y el otro para sorprender a la pieza. El que te encontraran fuera del lugar indicado implicaba la expulsión del Cuerpo por abandono del servicio. También tenías una mujer, unos hijos que quedaban en casa. Podía quedar la baja por enfermedad, pero más de seis meses o bajas reiteradas suponía la baja definitiva y había que comer. De hecho, en 1952, 32 guardias civiles fueron expulsados del cuerpo en ocho meses por falta de entusiasmo y desidia a la hora de combatir a los bandidos. [244]

---

[244] Álvarez, Pedro, *"Juanín"*, 1990: 64 y reproducido por Ortiz, Jean, "Le maquis Ceferino": 15).

Cuando ingresó en el año 1949 en el Cuerpo cobraba 380 pesetas al mes, que subieron a 420 en 1952. Del sueldo había que restar 10 pesetas para la patrona y 30 pesetas para el lavado de la ropa.

Hasta el año 1952, las fuerzas de orden público calculaban en 703.913,50 pesetas el importe de los atracos perpetrados por "Juanín", lo que resulta desde 1940 el importe de 60.000 pesetas de la época, anuales, 5.000 mensuales, es decir el sueldo de diez guardias civiles para una guerrilla de cuarenta miembros. Alguien podía pensar que la cifra es considerable. El sostenimiento de la guerrilla y la ayuda a las familias perseguidas, los enlaces, fidelidades y el pago de corrupciones explican este montante que no hizo rico a ningún guerrillero ni enlace.

Acindino afirma que la Guardia Civil no era política, "sólo defiende las leyes de los gobiernos". Entre ellos no se hablaba de política. Aún se sabe de memoria la Cartilla de la Guardia Civil (48 artículos), la cartilla militar, la Ley de Caza y Pesca, La Ley de Enjuiciamiento Criminal, los principios básicos del Derecho Penal y Fiscal.

Primero estuvo en la Academia de las Navas de Tolosa (Barcelona) donde recibía cinco clases diarias de cultura general, armamento, derecho fiscal, rural.

Del 49 al 52 permaneció en Isobol (cerca de Puigcerdá). Tenía que recorrer las mugas o los pasos de la frontera durante ocho días por el monte. En una ocasión les dijeron que entraban en España los guerrilleros Masana y Sabater. Salieron a las 5 de la tarde de Isobol hasta las pistas de La Molina llegando a Castillet de Nur (Barcelona) a las 2,30 de la tarde del día siguiente. Todo para encontrarse con un fiasco: sólo se trataban de pacíficos cazadores.

En mayo de 1952 vino a Santander al puesto de Cabezón de la Sal. Por los contornos estaba "Juanín" y le mandaron hacer guardias de ocho horas seguidas delante de la casa de las "Currinas" en Mazcuerras donde supuestamente y en ocasiones se alojaba "Juanín", con frío, con lluvia y toda clase de intemperancias.

En diciembre de 1955 fue trasladado a Espinilla. Todavía no había casa cuartel. Se tuvieron que alojar en Soto en un antiguo colegio. Después fue a vivir con derecho a cocina en casa de un hermano del abogado Regino Mateo de Celis, dirigente de la Quinta Columna santanderina durante la guerra civil. Y observó la mayor nevada de su vida en febrero de 1956. Allí coincidió con la familia de "Juanín", su cuñado Segundo Báscones, su hermana María Fernández y sus cinco hijos, trasladados el 16 de septiembre de 1956 a Espinilla y poco después a Polientes para cortar los contactos familiares con su entorno. Segundo era un humilde pastor que cuidaba las vacas de todo el valle de Vega de Liébana. Otros fueron esparcidos por diferentes pueblos de Campoo (Bárcena de Ebro, Pesquera, Polientes, Villanueva de La Nía, etc.).

José Martínez Gutiérrez, fue detenido junto sus padres, hermanos y otros, entre ellos Bedoya, como enlace de "Juanín". [245] Había nacido en Mestas de Ardizana (Oviedo) y pasó a residir en Luey. Ingresó en la Prisión Provincial el 22 de octubre de 1948 y de allí fue trasladado a la Prisión de Yeserías de Madrid el 25 de

---

[245] Causa 860/47 y entrevista con José Martínez Gutiérrez el 25/11/2004.

mayo de 1951 en donde salió a fines de 1953 para pasar a la Prisión de Fuencarral. Cuando salió fue desterrado en Pesquera. Pernoctó en el cuartel de la Guardia Civil de la localidad y quedaba a expensas de la buena voluntad de algún vecino. Su padre José Antonio fue desterrado a Cuenca y les habían embargado la casa y las fincas. Le dijeron que preguntara en la tienda de Pepe y Piedad. El resultado fue positivo. Pepe le preguntó si sabía ordeñar para ayudarle en la labor de las ochenta cabras. Y así fue, le dio un buzo y desde entonces prestó su ayuda a la familia de acogida. Hasta le compraron un traje para asistir a un concierto de Antonio Molina en Reinosa y recuerda con enorme cariño a este matrimonio que le dio cobijo señalando esta etapa como una de las mejores de su vida por la gratitud y el cariño recibidos. La casa y las fincas fueron recuperadas porque tuvo la suerte de que un pasiego radicado en el Alto de Lamadrid se las devolvió desinteresadamente tras comprarlas en la subasta.

En la foto, José Martínez Rodríguez (primero por la derecha) con otros desterrados.
Archivo familiar

El guerrillero y amigo de "Juanín", Lorenzo Sierra González (nacido en 1918 en Ledantes de Vega de Liébana) remite a la zozobra de los guardias civiles con la guerrilla del norte. En un viaje en tren desde la estación madrileña de Atocha a Granada coincidió con dos guardias civiles que iban de permiso a Cádiz y Sevilla, respectivamente y con los que se había enfrentado en el balneario de la Hermida a juzgar por lo que relataban en un andaluz cerrado:

Lorenzo Sierra
Página web de Alfredo Cloux (geocities.com/los.del.monte). "Juanín". La Historia de un guerrillero antifranquista de la Liébana

"Ci ustedes zupieran lo que paza en laz regionez de Santander y Asturias... Aqueyaz zon montañaz preñáz que paren maz bandioz que no ce. Mi compañero y yo llevamos pa do añoz y pico de cervicio en aquella zona y mardita cea la hora que noz destinaron por allá, aquello no ez vivir, encomendando por loz jefes (ustedes perdonen ci lez ofendo), que no noz dejan viví, ni un minuto en paz, zon peor que loz bandidoz. Noz echan del cervicio pal monte, mientraz eyoz ce van a laz casa de loz ricoz a come y bebe con loz ceñores, en tanto a nosotros que noz parta un rayo, a paza frío y calamidad. A vezes van elloz con nozotroz y noz dan la orden de zubir por laz veredaz del monte, mientraz elloz se quean en la carretera onde no hay peligro arguno, nozotroz con la mayor voluntá der mundo zubimoz pa riba, pero laz botas se rezbalan pa bajo, ze niegan a zubir como ci olfatearan er peligro, por lo menoz yo ací lo interpreto. A continuación habla de un sargento ambicioso por obtener los galones de teniente y que les condujo al enfrentamiento armado en la Hermida en los que perdió la vida el sargento y ellos lograron salir vivos."

Mientras tanto al otro lado de la barrera, el médico de Cabezón de Liébana, antiguo republicano, dirigente de la Casa del Pueblo de Potes, conferenciante de la situación de la mujer rural y de reforma del sistema penitenciario, Jesús Díaz Cuevas había sido detenido por atender a Quintiliano Guerrero que había perdido el ojo luego de un enfrentamiento con la Guardia Civil. Era el año 1947. Visitaba a la suegra de Elías Fernández y allí se encontraba Quintiliano con el ojo desprendido. Preguntó el médico las razones de aquella herida:

—"Una horca de recoger paja, mire Vd. Me caí con tan mala suerte que me clavé la horca en el ojo. "

La herida requería la consulta de un especialista. Quintiliano se conformaba con que le extrajesen aquel apéndice ya inservible. Quedó anulado y desde entonces le acompañó el apodo del "Tuerto".

Y las muertes violentas continuaban rondando al resto de los miembros de la guerrilla. Casto Junco Junco muere en Llanes abatido por aquel al que iban a atracar; Francisco ("Pancho") Llamazares Villar, procedente de una partida asturiana, fue eliminado en enero de 1950 por un confidente infiltrado en su pueblo natal (Ruenes), Benito Quintiliano Guerrero ("El Tuerto") superviviente de la Brigada Pasionaria capturada en El Escudo e integrado en la jefatura de la Guerrilla Machado, murió en la primavera (16 de abril) de 1953 en Valdediezma (Tresviso) por los disparos del cabo José García Gómez que le hicieron rodar letalmente por el precipicio que allí fabrica la Cordillera. Su nombre auténtico era Venancio Guerrero Fernández natural de Urda (Toledo). El cabo sería abatido meses más tarde por "Juanín". Pero no fue, como se dice, en represalia, simplemente le había sorprendido atracando un bar en Ruiloba en unión con Bedoya. Daba la casualidad que era su amigo de infancia. Fernández Ayala envió una carta de pésame a su viuda. [246]

Con Benito Quintiliano Guerrero ("El Tuerto") desaparecía otro preparado y experimentado jefe de la guerrilla y de la resistencia francesa.

En aquella acción fue herido el tresvisano José Marcos Campillo, ("El Tranquilo"), primo de "Gildo", personaje legendario y un poco la mascota de todos sus compañeros, que logró huir. Permaneció escondido en un pajar en Lon (Camaleño) donde curó sus heridas. En otra ocasión se encontraba visitando a su abuelo cuando la Guardia Civil irrumpió en la casa. Se metió en la cama del viejo enfermo entre la pared y el colchón sin ser visto, a pesar del minucioso y prolon-

---

[246] Serrano, Secundino, 2001: 366.

gado registro tras el que consiguió escapar. Milagrosamente salía vivo después de multitud de acciones haciendo gala de una flema poco común y de una gran fortaleza física. Recientemente ha muerto en Francia.

José junto con su hermano Pedro, y Santiago Rey Roiz, de 44 años, natural de Bejes, desde 1949 se habían establecido por su cuenta y sus acciones culminaron con los secuestros de Reinosa y Valmaseda. Desde 1953 tenían su base de operaciones en Bilbao.

Emilio Bollain era un procurador bilbaíno con una finca enclavada en el monte Sabugal, a unos 1.500 metros del pueblo de Valmaseda en dirección a Mena. La casa estaba rodeada de un bosque de pinos y el camino que comunica con la carretera venía como pintado para un atraco.

José Marcos Campillo y Santiago Rey Roiz secuestraron en la noche del 29 de junio de 1955 en Balmaseda a un hijo de la familia Bollain. El primero había sido herido en la emboscada de Viladiezma en la que moriría "El Tuerto". Consiguió refugiarse en Lon-Camaleón y sobrevivir, de momento.

Emilio María Bollain era un estudiante de Medicina de 19 años por cuyo rescate exigieron millón y medio de pesetas. En la madrugada del 2 de julio fue liberado previo pago. Tras el sustancioso golpe pasaron la frontera francesa a través de Pamplona el 4 de octubre de 1955. En Francia les esperaba Avelino Marcos Campillo (un tercer hermano). La policía española logró que fueran detenidos por la gendarmería en Clermont – Ferrand el 16 de diciembre, pero fueron puestos en libertad el 31 de diciembre por la consideración que tenían de partisanos.

En la movilización por esta puesta en libertad influyeron dos ex – guerrilleros de la Brigada Machado que ya se encontraban en Francia: Jesús de Cos y Lorenzo Sierra García y un antiguo comisario del ejército republicano Epifanio Somarriba que pusieron en alerta a las organizaciones del exilio. El presidente del Colegio de Abogados de Lyon se prestó voluntario para su defensa y los tres fueron declarados por el gobierno francés refugiados políticos. Santiago Rey se encontraba en un hospital afectado de asma y murió poco después.

Las autoridades francesas entregaron a la policía franquista los documentos que portaban y que produjeron la detención de 19 personas en Bilbao, Sodupe, Pamplona y diversos pueblos de Burgos y Palencia. Estaban acusados de la muerte del súbdito cubano, el indiano de Piedras Luengas y de dos secuestros, uno en Reinosa y el citado de Valmaseda.

En la Peña se detuvo a un amigo de Pedro Marcos Campillo a quien se acusaba de ser enlace de los secuestradores. También en Bilbao se detuvo a un taxista, dueño de una pensión en Iturribide, que era el chofer de Rey y Campillo y en cuya casa habían vivido los tres últimos años (Francisco García). El tercer detenido fue un médico domiciliado en Iturriza que había curado de diversas heridas a Santiago Rey, tres vecinos de Sodupe, a través de cuya mediación habían conseguido la consulta del médico, un vecino de Cervera de Pisuerga "industrial, minero y millonario" al que se atribuyó la financiación de las operaciones de los dos secuestradores y a su sobrino a quien se culpaba de haber efectuado los transportes de dinero, un fogonero de La Robla residente en la localidad burgalesa de Gijano a cinco kilómetros de Valmaseda (Leonardo García Urquizu) en cuya casa se escondieron los secuestradores aquel verano, a su mujer (Gloria Torres Fernández), el guía de Pamplona que les ayudó en el paso de la frontera y otro vecino de Pamplona que les puso en contacto con el guía.

El final de "Juanín" y Bedoya

"Juanín" y Bedoya fueron invitados por los suyos al paso de la frontera. Lorenzo Sierra G. a través de su madre le había proporcionado documentación falsa para viajar a Francia, vía a Madrid. Ante los requerimientos "Juanín" exclamaba concisa y rotundamente:

> —"Prefiero morir aquí como un valiente que en el extranjero como un cobarde. Yo nunca abandonaré estas montañas y esta lucha, porque entiendo que si lo hago estoy desertando y esa palabra no me gusta."

En los últimos años de "Juanín" proliferaron los secuestros. El 17 de julio de 1954 se secuestra al indiano Benigno Ferreiro, en Piedras Luengas. Al día siguiente es asesinado. Era un gallego de la villa lucense de Vivero establecido en La Muralla de la Habana con una desahogada posición económica. Tenía 57 años y vino a Reinosa en representación de una familia cubana para liquidar una herencia. Unas fincas en la Población de Suso eran el objeto de la discordia, precisando mediciones y papeleos "in situ". Un día a la vuelta de este pueblo, al anochecer, pararon en Naveda para reponer fuerzas. Se hizo de noche y el coche conducido por Benigno transportaba a otros tres ocupantes, el letrado Martínez de Diego y dos dirimentes, los herederos Rodrigo Díez de Reinosa y Pilar Gómez de Mataporquera.

A la salida de Naveda un individuo tambaleante se pone delante del coche y se echa literalmente entre las ruedas delanteras. La frenada del vehículo es aprovechada por los asaltantes del falso borracho para llevarse secuestrado al indiano

En el sitio del Turujal, en la carretera general Santander - Oviedo, a las 22,15 horas del 3 de diciembre de 1954 un camión se encaminaba al puesto de recogida de leche con destino a la Granja Poch de Torrelavega.

El camión era conducido por Víctor González, acompañado de Eduardo Diestro Casanueva, de 23 años y vecino de Torrelavega. "Juanín" y Bedoya mandan parar el vehículo. Retienen al hijo de Diestro al que rocían con colonia para despistar el olfato de los perros y se internan en el monte Corona. Dejan marchar al chofer al que dicen que comunique el precio del rescate: 50.000 pesetas. Se dirigirán a la familia a través de una carta en la que comunican que el dinero será entregado por el conductor del camión de leche en su recorrido de Cabezón a Unquera cuando vea un paraguas tirado en la orilla de la carretera. "Tu padre ha hecho buenos negocios con el régimen". Diestro tenía cinco camiones que se usaban para el transporte de vacuno racionado de las provincias ganaderas del Norte hasta otras provincias. "Es muy listo, seguro que antes del dinero llegue a nuestras manos nos intentará engañar". Y efectivamente, los guerrilleros dejaban el paraguas, pero Diestro mandaba vehículos por delante como señuelo y el conductor se quedara sin la referencia retornando con el rescate. Así desconcertaba a los secuestradores. Dos veces se repitió la operación. "Juanín" y Bedoya estaban nerviosos, el hijo más al temer por su vida. En la tercera ocasión, el vástago bajó a la carretera y paró personalmente el furgón con la preciada carga de dinero que le puso en libertad.

Para dar caza a "Juanín" y Bedoya, el mando de la Guardia Civil decide escoger a uno de sus miembros joven y soltero para que conquiste a la hermana de Bedoya. Llegaron a contraer matrimonio. Como no recabase los datos suficientes le declararon traidor al cuerpo y le ingresaron en la Prisión Provincial.

La molinera de la Vega de Liébana tenía estrechas relaciones con "Juanín". Por ello la habían desterrado a Oviedo después de martirizarla con palizas. Ahora recibía la orden de regresar a la Vega:

> "La noche que se presente "Juanín" le citarás para el día siguiente, comunicándole que tienes que regresar al cabo de dos días a Oviedo. Si no lo haces así, acabaremos con tu vida....
> Ten presente que nosotros deseamos cogerlo vivo. Lo juzgarán y al cabo de algunos años estará en libertad. Pero si no nos ayudas te vuelvo a repetir que te sacaremos la piel a tiras y a él le perseguiremos a muerte, y tú serás la responsable de su muerte."

Los mandos habían traído tiradores expertos de la brigadilla de la Guardia Civil de Toledo. Como se había previsto, "Juanín" fue a visitar a la molinera ese día y también al día siguiente. La molinera fue hacia La Vega para hacerse la encontradiza con los guardias y disimuladamente dar la noticia.

La superioridad colocó a los dos guardias civiles en un zarzal próximo a la carretera dando vista al molino. "Juanín" bajaba confiado por el sendero que atravesaba el bosque desde Señas hasta la Vega, justo desembocando al molino, en el paso de Soberao. En Señas vivía su hermana a la que acababa de ver. Los miembros del cuerpo veían la silueta de un hombre en camisa y con una prenda colgada del brazo. El cabo Leopoldo Rollán Arenales y el guardia Ángel Agüero Rodríguez en una noche lluviosa del 24 de abril de 1957 dieron muerte a "Juanín".

El 25, día de mercado en Potes, su cuerpo es expuesto manteniéndolo de pie contra un muro con una iconografía que recuerda a la de la crucifixión. Los campesinos, los lugareños, desfilan ante el cadáver entre el miedo y la simpatía secreta. La foto es ejemplarizante, la amenaza de "Juanín" ha caído, pero se engrandece el mito. La figura de un solo hombre representaba los miedos vencidos, la insumisión prometeica, la rebeldía de los dioses clásicos, la ausencia de componendas políticas, la generosidad ruda. Prefirió morir siendo él por encima de las contingencias de la vejez, de los intereses personales, del exilio, de las cuitas terrenales que abruman al resto de los mortales. Comenzaba la leyenda del "bandido generoso", del héroe inmortal.

Francisco Bedoya Gutiérrez, natural de Serdio (Val de San Vicente) se había evadido de la Prisión de Fuencarral de Madrid en 1952 donde purgaba una pena de 12 años por auxilio a bandoleros impuesta en 1948 para unirse a "Juanín".

("Bedoya")
Página web de Alfredo Cloux (geocities.com/los.del.monte).
"Juanín". La Historia de un guerrillero antifranquista de la Liébana

La familia Bedoya residía en Serdio, tenían cerca de dicha población el caserío conocido como "de las Carrás". Allí fue hecha la famosa fotografía que serviría para anunciar la recompensa puesta a la cabeza de "Juanín", al más puro estilo americano.

Doña Julia, madre de Bedoya, había acogido en diferentes ocasiones a algunos emboscados. Fue así como Bedoya conocerá a su futuro compañero del monte, haciendo enlace de él.

Fue detenido en agosto de 1948 por presunta complicidad con "Juanín". Será sentenciado a 12 años de prisión. Tras una breve estancia en la Provincial, será destinado al Destacamento Penitenciario de Fuencarral en Madrid, de donde se escapó en 1952.

Unos días antes de su huida, el caserío de su familia arderá por los cuatro costados con todo el ganado dentro. Bien pudo ser el detonante para decidir la fuga. Tenía 23 años y su condena estaba a punto de finalizar.

"Juanín" a través de su hermana Avelina, había dado instrucciones y dinero al enlace Pedro Noriega para desplazarse a Madrid y facilitar el regreso de "Paco" a Cantabria. Se le ofreció la posibilidad de pasar a Francia, pero decidió ir con "Juanín" al monte, junto con quién permanecerá hasta prácticamente el final de sus días.

Su incorporación a la guerrilla puede ser considerada como la última llevada a cabo en nuestra Región. En el 52 ya nadie se echaba al monte. Hacía ya cuatro años que había desaparecido de forma oficial la resistencia armada y los pequeños grupos actuaban en desbandada.

Quienes le conocieron afirman que Paco Bedoya estaba muy lejos de la figura sanguinaria con que era descrito, presentándolo como un "hombretón" noble y de gran corpulencia (115 kilos de peso y 185 centímetros de altura).

La soledad es el alma sin asidero. La muerte nos vuelve a cobijar en la tierra, solos. Entre los muchos abandonos, Bedoya debió de sentir el del solitario y del moribundo. La soledad, esa amante caprichosa, fría e implacable, que acompaña en las desdichas y desvelos, en las fiestas y en las alegrías, se transformaba en una diosa amarga y vengadora. Muerto "Juanín", Bedoya no tenía a nadie. Era la soledad no compartida del abandonado, del marginado, del explotado, del acosado, del incomprendido, del pobre. La más dura de las soledades.

Un hermano de Bedoya llamado Fidel ya había estado detenido en Santander cuando intentaba comprarse una cazadora con un billete de mil pesetas que según versión de la Guardia Civil había sido uno de los billetes marcados y entregados a los guerrilleros por el rescate pedido a Diestro por su hijo secuestrado en un puesto de leche próximo a Roiz. Eduardo, el hijo de Diestro fue secuestrado el 3 de diciembre de 1954 para obtener un rescate. Muchas personas fueron detenidas por tal delito, pero después se pudo comprobar que los billetes habían sido entregados por la Granja Poch al efectuar el pago de la leche.

El mando de la Guardia Civil había permitido el regreso de los trasterrados de Valderredible para que actuaran como reclamo.

El cuñado de Bedoya, San Miguel, continúa siendo vigilado y amenazado. Sobre él caía el estigma de haber sido ex – miembro del cuerpo, estar emparentado con Bedoya y haber sido incapaz de aportar alguna información sobre su paradero.

San Miguel se aviene a un pacto de traición. Al anochecer de un dos de diciembre de 1957 montan en una moto *derby* que según se rumoreaba había pertenecido a la Guardia de Franco. José San Miguel conduce la moto vestido con una gabardina y la cabeza protegida con un casco. Bedoya se viste con una cazadora de cuero y se tapa con un pasamontañas.

Su destino es Bilbao. Llegan al cruce de Navas en Cabezón de la Sal y se adentran por la carretera de Cabuérniga hasta Carrejo. Aquí se paran y regresan hacia Cabezón de la Sal. De nuevo en le cruce pregunta a dos personas de paisano:

—"¿Está libre la carretera de Bilbao?"
—"No hay el menor peligro. La carretera está libre y tranquila, sin la menor vigilancia."

Se despiden deseándose suerte y se dirigen hacia Torrelavega. El trayecto estaba vigilado por centenares de guardias civiles de paisano. Vuelve San Miguel a detener la moto y cambian de ropa. San Miguel se pone la cazadora después de haber entregado la gabardina a Bedoya. Se acercan dos individuos a los que vuelve a formular la misma pregunta. Y reciben por respuesta:

—"No han podido escoger mejor día. Han jugado el Racing y el Indauchu de Bilbao y se pueden camuflar entre los aficionados vascos que han venido al partido."

Tras atravesar Sarón son seguidos por dos coches de la Guardia Civil. En uno el teniente coronel con tres expertos tiradores. En el otro el gobernador civil con otros tres. Todos portaban el correspondiente subfusil y la pistola reglamentaria.

Se había ordenado detener el tráfico entre Laredo y Liendo e Islares y Castro Urdiales. Para que no fracasara la operación se había diseñado como lugar de caza el tramo de carretera ceñido entre la playa de Oriñón y la mole inaccesible del monte Carredo. A la llegada al lugar elegido, se adelanta uno de los coches del que, colocándose a la izquierda de la moto, se sacan los subfusiles por la ventanilla gritando: "Alto Bedoya, detente. Estás cercado."

Bedoya saca la pistola y dispara sobre su cuñado gritando. "Traidor, me has vendido." Una ráfaga sale de los subfusiles. La moto sin rumbo se echa sobre el coche y Bedoya herido tiene todavía la suficiente energía como para trepar por la roca hasta situarse en una pequeña oquedad. Se rasga la camisa tapándose los impactos recibidos en el vientre. Todo le parecía ajeno. Vislumbra presencias extrañas y gigantes, figuras fantasmagóricas, rostros sombríos y malignos que le escrutan con ojos fijos y nefandos. No veía nada y su incertidumbre era total. Soñó que alguien le abrazaba para consolarle y sintió cierta tranquilidad antes de expirar.

Un enorme plantel de fuerzas cerca el lugar. Aquella noche no pudo ser encontrado. A la mañana siguiente tampoco. Hacia media mañana un pastor de Islares dio cuenta que su perro había encontrado el cadáver.

La guardia civil proporcionó la versión de que un miembro llamado Fidel Fernández había acabado con su vida. Terminaba así la vida de los dos últimos resistentes armados cántabros al franquismo. En el camino quedaron 75 guerrilleros cántabros, 29 guerrilleros forasteros, 57 enlaces muertos. Del otro lado, sucumbieron 22 paisanos falangistas, siete guardias civiles de cuarteles de Cantabria y dos más de Arenas de Cabrales (Asturias).

ÍNDICE

Introducción	5
Agradecimientos	9
El fracaso de la sublevación militar en Cantabria	11

Capítulo I
La represión republicana

La represión republicana	17
El asalto al barco–prisión	27
Los hermanos Sentíes de Astillero	31
La persecución religiosa	33
Encarcelamiento y desaparición de los cistercienses	36
Los maristas de Cabezón de la Sal	37
Los jesuitas de Universidad Pontificia de Comillas	38
El sacrificio de los claretianos (Hijos del Corazón de María) del Colegio Barquín de Castro Urdiales	41
La persecución religiosa en la capital santanderina	41
El santuario dominico de Las Caldas de Besaya	42
Los dominicos de Montesclaros	43
Los escolapios de Villacarriedo	44
Los franciscanos de San Pantaleón de Aras (Junta de Voto)	45
Se salvan el obispo de Santander y otros clérigos	46
La movilización de las quintas en el dominio republicano	53
Las violencias en la retirada	57
Los Corrales de Buelna: un núcleo de intensa violencia	59

Panorama económico–social de Torrelavega en los años 30	79
Panorama político–ideologico en los años 30	81
La revolución de 1934	83
La primavera del 36	85
La guerra civil	87
La vida cotidiana durante la guerra civil	89

Capítulo II
La represión franquista

La represión franquista	101
Las cifras de la represión en España y Cantabria. Geografía de la represión en Cantabria	103
Número de fusilados en Cantabria (cántabros y forasteros)	105
La represión por comarcas en Cantabria	107
Los campos de concentración	109
Las cárceles	113
El hambre en las cárceles	115
El comportamiento de los clérigos	117
Vida y muerte en las cárceles	119
Fallecidos por enfermedad y malos tratos en las cárceles	121
Los consejos de guerra	125
Los condenados a muerte	135
Represión ilegal: la cuestión de los paseados y desaparecidos	141
La represión en la comarca del Besaya–Torrelavega	147
Campuzano	148

El caso de Viérnoles: la microhistoria de la represión	150
Municipio de Molledo: los desaparecidos de Silió	158
Anievas y Arenas: la manía de hacer cavar la propia tumba	165
Bárcena de Pie de Concha	169
La represión en el Valle de Buelna: Cieza, San Felices y Los Corrales de Buelna	171
La represión en comarcas interiores: Tudanca y Puentenansa	181

La represión franquista en localidades de Castilla-León — 191

Los páramos burgaleses	191
Triunfo de la sublevación en Burgos y Palencia.	193
La represión franquista en Arija	197

La represión franquista en los pueblos del norte de Palencia — 201

Aguilar de Campoo	203
La represión en Aguilar de Campoo	206
Pomar de Valdivia	208
La represión en el núcleo minero de Barruelo	210
La revolución de octubre de 1934 en Barruelo	211

La represión en otras localidades castellanas: Nava del Rey — 217

Capítulo III
La represión en la inmediata posguerra (hasta 1950)

La libertad provisional — 221

El tribunal de responsabilidades políticas — 225

Los destacamentos penales — 249

La represión de los hijos de "los rojos": la arbitrariedad, las humillaciones y las vejaciones en los internados religiosos — 255

Los cántabros exterminados en los campos de concentración "nazis" — 259

Los fusilados en la resistencia antinazi — 263

Capítulo IV
El franquismo y la situación internacional en los cuarenta

Introducción — 267

Año 1942 — 269

Año 1943 — 271

Año 1944 — 273

Año 1945 — 275

Año 1946 — 277

Año 1947 — 279

Año 1948 — 281

Capítulo V
Los huidos, la guerrilla en Cantabria y comarcas limítrofes de Burgos y Palencia

Primera y segunda etapas — 285

    Gil del Amo — 285

    Los emboscados de Guriezo — 289

    "El Cariñoso" — 290

    La historia de "Joselón" — 312

    Guerrilla en la cuenca minera palentina — 316

Tercera y cuarta etapas — 319

    La guerrilla del "Gitano" en Campoo — 320

    Inocencio Aja Montes, "Tampa", "El Ferroviario" y la reorganización de la antigua partida del Cariñoso: la Brigada Malumbres — 323

    La guerrilla de Machado y de "Juanín" — 337

    La leyenda de "Juanín" — 348

    Los sucesos de Villanueva de la Peña — 351

Brigada Pasionaria (capturados en El Escudo)	353
El maquis en España	355
Los sucesos de Tama	366
El final de "Juanín" y Bedoya	372

Editorial LibrosEnRed

LibrosEnRed es la Editorial Digital más completa en idioma español. Desde junio de 2000 trabajamos en la edición y venta de libros digitales e impresos bajo demanda.

Nuestra misión es facilitar a todos los autores la **edición** de sus obras y ofrecer a los lectores acceso rápido y económico a libros de todo tipo.

Editamos novelas, cuentos, poesías, tesis, investigaciones, manuales, monografías y toda variedad de contenidos. Brindamos la posibilidad de **comercializar** las obras desde Internet para millones de potenciales lectores. De este modo, intentamos fortalecer la difusión de los autores que escriben en español.

Nuestro sistema de atribución de regalías permite que los autores **obtengan una ganancia 300% o 400% mayor** a la que reciben en el circuito tradicional.

Ingrese a www.librosenred.com y conozca nuestro catálogo, compuesto por cientos de títulos clásicos y de autores contemporáneos.